U0931162

市场营销管理制度与表格规范大全

为中国企业量身定做的市场营销规范化管理实务全书

赵 涛 李金水◎主编

台海出版社

图书在版编目（CIP）数据

市场营销管理制度与表格规范大全 / 赵涛，李金水主编.
-- 北京：台海出版社，2017.9
ISBN 978-7-5168-1553-3
Ⅰ.①市… Ⅱ.①赵… ②李… Ⅲ.①营销管理－企
业管理制度 Ⅳ.①F274

中国版本图书馆CIP数据核字（2017）第212733号

市场营销管理制度与表格规范大全

主　　编：赵　涛　李金水

责任编辑：高惠娟　　装帧设计：久品轩
版式设计：曹　敏　　责任印制：蔡　旭

出版发行：台海出版社
地　　址：北京市东城区景山东街20号　　邮政编码：100009
电　　话：010－64041652（发行，邮购）
传　　真：010－84045799（总编室）
网　　址：www.taimeng.org.cn/thcbs/default.htm
E － mail：thcbs@126.com

经　　销：全国各地新华书店
印　　刷：天津嘉杰印务有限公司
本书如有破损、缺页、装订错误，请与本社联系调换

开　　本：787×1092　1/16
字　　数：778千字　　印　　张：32
版　　次：2018年1月第1版　　印　　次：2018年1月第1次印刷
书　　号：ISBN 978-7-5168-1553-3

定　　价：68.00元

前　言

随着营销手段的高度同质化，发展和生存的压力无时无刻不在困扰着各个企业，市场竞争力度的不断升级使得职业经理人的学习也要紧跟时代的步伐。

市场营销部门在各个公司都是作为利润创造的直接体现者，其工作的好坏是决定企业成败的关键，营销总监是一个战略家、营销大师，也是联系销售队伍和公司管理层的纽带，在企业中具有不可替代的重要作用。因此营销总监的理论知识水平、管理经验和个人素质的高低已经成为企业经营业绩优劣的重要决定因素。

其实，市场营销管理是一个系统工程，要使这个系统工程正常运转，实现高效、优质、高产、低耗，营销管理就必须运用科学的方法、手段和原理，按照一定的运营框架，对各项管理要素进行系统的规范化、程序化、标准化设计，然后形成有效的管理运营机制，实现营销的规范化管理。

本书以“文字 + 图表 + 模板”的表现形式，构建了一套“新、全、细”的市场营销管理工具体系，囊括了市场营销各个岗位职责、工作流程、管理制度、管理图表、管理模型、管理方案、管理指标等维度的管理工具体系，详细论述了市场营销部各个岗位的工作事项和职责范围，包括营销战略与计划、市场调研与开发、市场分析与预测、市场定位与细分、产品管理、定价管理、订货、发货与退货管理、账款回收管理、客户关系管理、售后服务管理、促销管理、销售渠道管理、销售团队管理、品牌管理、物流管理等多方面的内容。可以说，本书是营销总监的一本规范化管理的实务性工具书。

本书具有以下特色：

选题的实用性。本书紧扣营销总监日常管理工作，为其提供兼具规范化、职业化、实用性的解决问题的方案。

内容的系统性。本书的内容涵盖了营销管理工作的方方面面，脉络清晰，结构简洁，非常方便读者查看。

表述的规范化。本书的编写体例、语言表述规范一致，便于读者学习、查阅、使用。

版式的人性化。为了给读者提供一个轻松、愉快、高效实用的阅读学习体验，本书在版式设计及编写内容设计上，力图做到知识技能表述的要点化、步骤化、图表化、功能化。

吸收书中的智慧精华，熟练掌握其中的管理方法，必将使你受益良多。在这样一个变革的时代，一切因循守旧、僵化不变的东西都将被荡涤一新。只有不断学习、不断提高自我，不断完善自我的经理人，他们的职业生命才能如这个时代一样，充满生机！

编　者

第二部分 群策群力，抱团打天下——建设完美营销组织

第三部分 精于业务，善于管理
——营销业务管理

第四部分 理顺流程，一顺百顺——营销流程控制

第一部分

把握市场脉搏，抓住无限商机

——撬动营销之门

第 1 章　相机而行，伺机而动
——市场分析与预测

第一节　市场分析与预测工作要点

一、市场分析与预测工作内容

（一）根据市场调查报告结合本企业实际情况做出市场分析。

（二）预测市场潜力和销售潜力。

（三）基于市场分析和预测做出销售决策。

二、市场分析工作流程

市场分析工作流程如图 1－1 所示。

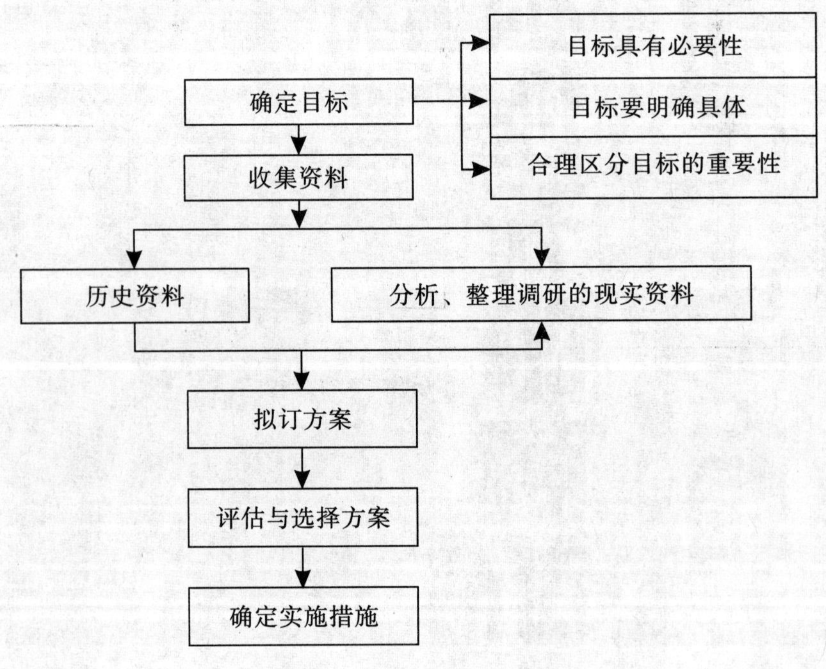

图 1－1　市场分析工作流程

三、市场预测工作流程

市场预测工作流程如图 1－2 所示。

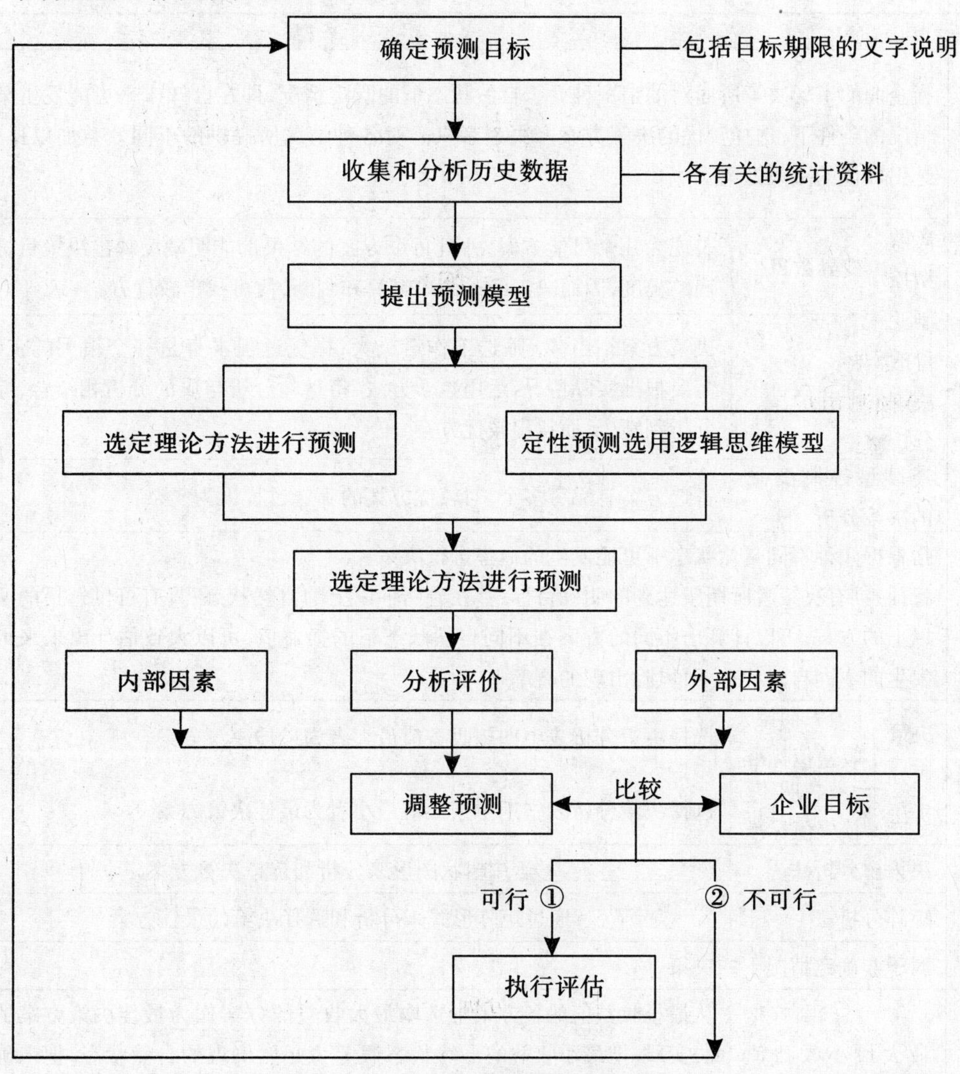

图 1－2　市场预测工作流程

四、市场分析工作方法

表1-1 市场分析工作方法

<table>
<tr><th colspan="3">方法</th><th>内容</th></tr>
<tr><td>确定型决策分析</td><td colspan="3">指企业的市场决策所面对的是一种处于自然状态下的既定情况，即在已知未来可能发生某种情况的条件下，选择较优的决策方案。决策者只需对各种情况所提供的不同效益加以比较，选出较优的决策方案</td></tr>
<tr><td rowspan="3"></td><td rowspan="2">离散型控制变量的决策分析</td><td>变异数目少</td><td>表现为几个可能方案，并且每个方案的结果都能明确反映出决策目标实现的程度，因而只需经过简单运算和判断，便可找出较优方案</td></tr>
<tr><td>变异数目多</td><td>决策方案相当多，筛选工作量极大，择优过程本身是一个很大的工程。需要根据实际情况，运用数学方法，将量的分析与质的分析相结合，综合分析判断，从而找出较优方案</td></tr>
<tr><td colspan="2">连续型控制变量的决策分析</td><td>备选方案有无穷多个，对较优方案的筛选过程极为复杂</td></tr>
<tr><td rowspan="3">风险型决策分析</td><td colspan="3">指根据几种不同自然状态下可能发生的概率进行决策
特征：具有决策者所期望达到的明确目标；存在着两种以上的自然状态；具有可供选择的两个以上的方案；可以计算出不同的方案在不同自然状态下的损益值；可以大致估计出未来可能发生的不同自然状态下，风险出现的概率</td></tr>
<tr><td rowspan="2">决策表分析法</td><td>最大期望收益值标准</td><td>选择决策分析表中期望收益值最大者为最佳决策方案</td></tr>
<tr><td>最大期望损失值标准</td><td>选择决策分析表中期望损失值最小者为最佳决策方案</td></tr>
<tr><td rowspan="6">未确定型决策分析</td><td colspan="2">决策树分析法</td><td>运用树状图形来分析和选择决策方案</td></tr>
<tr><td colspan="2">矩阵分析法</td><td>通过矩阵形式来分析和选择决策的最佳方案</td></tr>
<tr><td colspan="3">属于非确定情况下的决策</td></tr>
<tr><td colspan="2">最大最小收益值分析法</td><td>从最小收益值的各方案中选取最大收益的方案作为最佳决策方案的方法实质：把最小收益的自然状态假定为必然出现的自然状态，把未确定型问题简化为确定型问题来处理
优点：稳妥可靠、留有余地，属不利中的最有利方案</td></tr>
<tr><td colspan="2">最大最小后悔值分析法</td><td>从最大的后悔损失值中选出最小的“后悔值”作为最佳决策方案的方法</td></tr>
<tr><td colspan="2">折中分析法</td><td>运用折中系数计算出最大收益值和最小收益值之间的折中收益值，然后选择出最大的折中收益值作为最佳决策方案</td></tr>
</table>

续表

<table>
<tr><th colspan="2">方　法</th><th>内　容</th></tr>
<tr><td rowspan="3">动态决策分析</td><td colspan="2">特点：把整个决策问题分解为若干阶段而形成几个部分，每个部分的决策问题由阶段的序列贯通，形成一个多阶段的决策程序，对每个部分的决策问题，视为静态决策问题处理；动态决策问题是从最后一个阶段的部分决策开始，逐次向前推进，并在对每个阶段的部分决策问题求解的基础上，最后求得整个决策问题的答案的求解过程；每一阶段部分决策的收益值，都要逐次带入下一阶段，从而形成整个决策收益值的总和</td></tr>
<tr><td>动态规划法</td><td>最优化原则。把一个大的复杂决策问题分解成为多个前后有序的小决策问题，分阶段实现决策的最优化，进而最终实现“最优化”的决策方案</td></tr>
<tr><td>决策树分析法</td><td>与风险型决策分析的决策树法基本相同，只是依据的基础有主、客观之分</td></tr>
</table>

五、市场预测工作方法

表 1－2　市场预测工作方法

<table>
<tr><th></th><th colspan="2">预测方法</th><th>内　容</th></tr>
<tr><td rowspan="8">定性预测方法</td><td colspan="3">总述：依靠预测人员所掌握的信息、经验和综合判断能力，预测市场未来的状况和发展趋势
特点：简单易行
适用范围：可获取全面的资料进行统计分析的问题</td></tr>
<tr><td colspan="2">购买者意向调查法</td><td>前提：营销环境和条件既定
适用范围：产业用品、耐用消费品以及新产品的需求预测</td></tr>
<tr><td>营销人员综合意见法</td><td>有综合经营与管理人员的判断意见法、综合企业内外的销售人员的判断意见法、综合企业内部销售人员的判断意见法</td><td>适用：近、短期市场预测
优点：熟悉市场需求情况及其变动走向，能判断市场需求的客观实际
缺点：营销人员的局限性；过分乐观或悲观的天性会夸大或缩小对未来市场销售的预测；近期遭受的挫折或成功，使其预测结果走向极端；受所处地位的制约</td></tr>
<tr><td rowspan="4">专家意见法</td><td colspan="2">总述：是一种寻求外部帮助的需求预测方法
特点：充分利用专家的经验和知识，通过对过去和现在发生的问题进行综合分析，从中找出规律，对未来做出预测和判断
优点：快速、节省费用；公正合理性；解决基本资料不足的难题
缺点：专家意见不如具体事实令人信服；责任分散，各类专家的估计值均给以相同的权数；对于细分市场上的销售量预测不是太准确</td></tr>
<tr><td>集体讨论法</td><td>由企业召集部分专家所做的某项特殊的预测，在形成预测的过程中，专家们须相互交换意见，最后综合为集体预测</td></tr>
<tr><td>个人综合预测法</td><td>由各类专家分别提出自己的预测意见，最后由分析专家将各种意见综合为一个统一的预测</td></tr>
<tr><td>德尔菲法</td><td>由专家提出自己的预测意见，由本企业的分析专家检查后进行返还修改数次后所形成的预测</td></tr>
</table>

续表

预测方法			内容
	市场预测法		适用:预测新产品的未来销售情况,以及在预测现有产品新的分配渠道或新市场的销售状况时
	模拟的分析法		指通过建立某种数量模型来模拟预测未来市场的需求变动情况 优点:将复杂的问题简单化,可进行对某些不可控制性变量的预测 缺点:模型建立成本较高、耗时过多,模型的有效性及可靠性不易验证
定量预测方法	时间序列分析法	算术平均法	适用:产品的需求形态近似于平均形态或产品处于成熟期
		几何平均法	适用:观察期资料有显著长期趋势变动的预测
		加权平均法	特点:所得的平均数已包含了长期趋势变动
		指数平滑法	此法是美国企业普遍采用的预测方法之一
		移动平均法	该法是根据时间数列的各期数值做出非直线长期趋势线的一种比较简单的方法
		季节性波动分析	适用:当产品的市场需求呈明显的季节性波动时

第二节　市场分析与预测制度

一、市场环境分析报告模板

(一)市场分析

1. 市场状况

随着计算机的日益普及,磁盘的用量也与日俱增,未来对于磁盘的需求存在着一个巨大的潜在市场。我们在对磁盘市场分析后得知:磁盘质量的好坏是消费者购买磁盘时优先考虑的因素,而价格因素也是影响消费者购买何种品牌磁盘的重要因素之一。因此,对于××公司的磁盘而言,如果把两者有机地结合起来,找到一个最佳的结合点,就会有很大的市场机会。

2. 品牌状况

目前市场上磁盘的品牌很多,其中有国产和合资两种主要类型,如索尼、柯尼卡、万胜、金龟子等。虽然各品牌都有属于自己的消费群体,但是却存在高质量磁盘价位高、低质量磁盘价位低这样一个问题。这就为××公司磁盘以“高质量、低价位”进入市场提供了机会,为争取一定的市场占有率提供了可能。

(二)消费者分析

1. 零散消费者

此类消费者往往借助朋友的介绍或商家的推荐选购产品。因此,消费者需经过一段时间的反复使用和比较,认定性价比最好的磁盘,从而趋向于选购自己认定的品牌磁盘。

2. 银行等金融系统

大多数消费者使用的是 DOS 操作系统，金融系统则大多使用 UNIX 操作系统，而大多数磁盘生产厂家并没有生产出适合于金融系统使用的磁盘，针对这一市场空白，××公司首次推出了适合于金融系统使用的银行专用盘，从而满足了不同消费者的多种需求。

（三）目标市场的确定

经过仔细的市场调研，拟选择以追求“高质量、低价位”的零散消费者和金融系统作为××公司磁盘的市场目标。

作为主要目标市场的顾客有以下特征：在产品的所有属性中，首先最为重视产品的质量；其次是价格因素。品牌忠诚度不高，认为凡是产品使用效果好，价位又适中的，皆属购买对象。对这部分消费者来说，各种信息来源中朋友介绍影响最大。

（四）产品定位

××公司磁盘定位在大众化消费，尽量满足各类消费者需求的中高档磁盘，以高质量、低价位的形象进入市场。这样既有利于树立××公司磁盘的美誉度和品牌知名度，又能契合消费者重视产品使用效果及价格的特点。

（五）营销组合策略

1. 产品

针对消费者重视产品质量而忽视产品包装的特点，对产品应严格把好质量关，在尽量减少产品包装费用的同时，还应追求包装的多样化，如有单片装、5 片装、10 片装等，以满足不同消费者的需求。

2. 价格

采用差异化定价，使产品的价格略低于市场上同档次产品的价格，使价格具有竞争力。

3. 广告及促销

针对磁盘这一特殊商品，应大量制作 POP 广告，同时粘贴印刷精美的宣传品，使产品能迅速被消费者了解并激发消费者的购买兴趣。广告的宣传重点是树立产品形象，扩大知名度。

4. 销售渠道

走直销和分销相结合的道路。零散购盘的消费者大多通过零售商购买，因此对于零售商应该走分销的道路，并且应维护好同零售商的关系，因为一部分新用户是通过零售商对产品的推荐而进行购买的；对于金融系统，应该走直销的道路，让业务员直接面对终端客户，并且应该保持两者价格的统一。

二、市场预测报告模板

据国家信息中心提供的信息，国内有关人士认为，××年下半年至××年，钢材市场供给将保持相对平衡价格小幅攀升的态势。但由于各地经济发展不平衡，以及运输等因素影响，少数钢材价格在局部地区有可能发生较为明显的波动。

现对××年下半年和××年的市场情况分析如下：

国际钢材市场仍将看好。在××年上半年西方工业国家经济复苏带动下，出现了世界范围的钢铁热，各国对钢铁的需求普遍增长，导致出口锐减；世界上许多钢厂都在寻找钢坯，提高产品附加值。按这种趋势可以预计，××年下半年乃至××年，国际钢材市场形势看好，这将对国内钢材出口和价格产生很大影响。

国内钢材需求增幅不大。据预测，××年全年钢材消费总量将超过1亿吨，与上年相比，增幅不大。××年经济增长率可能控制在8%～10%，对钢材的需求增长不会太大，供求会达到大体平衡。由于国家将对出口产品最低价格加以限制，估计国内各钢铁企业将增加高附加值产品的生产和出口，而钢坯、生铁等初级产品出口量将减少。

资源供给较为宽松。××年上半年，全国各钢铁企业都在贯彻"限平、停滞、增畅"和"限产压库"的举措，估计下半年供求形势转向平衡，各钢厂都会增加"高质量、多品种"的产品，占领市场，力争出口。××年仍然是这种趋势。××年钢材的供求总体将逐渐平衡，但线材等品种有过剩的可能。因为××年年底前国内新投产的线材生产能力将有200多万吨，这样可能会导致某些地区线材供大于求，从而在品种、质量、价格上展开激烈竞争，加大钢铁企业的销售难度。而在短时期内"三板一片"的产量难以大幅度提高，供不应求的局面难以改观，价格仍将居高不下。

据有关部门预测，××年钢材资源量约比××年有所下降。虽然当年资源供给少于需求，但由于有上半年结转的大量库存，因而能实现供求平稳。明年钢材的资源增幅不会大，但由于需求也不会太旺，可以达到供求平衡，有的地区还会比较宽松。

市场价格将有小幅上升。××年下半年钢材价格总体平衡，××年可能会再现小幅上升的波动。这种波动往往局限在一个地区，货紧时价格上扬，货饱时又会下跌，但总的趋势是价格会在成本上升、出口价上升的推动下小幅上升，一般不会再次出现"暴涨"。

三、市场分析报告编写细则

市场分析报告是建立在市场调查的基础上，对调查材料进行分析研究后，做出的科学的、实时的市场环境分析。市场分析报告包括以下内容和步骤：

1. 市场分析

①市场状况

分析当前市场的状况以及未来市场的潜在能力、市场的发展趋势、消费者的购买需求的因素等。因此，对于××公司的产品而言，就是要找到一个最佳的结合点，发现一个巨大的市场机会。

②品牌状况

目前市场上同类产品的品牌状况，各品牌自己的消费群体分布状况。分析市场存在的问题，为产品进入市场提供机会。

2. 消费者分析

①零散消费者

分析此类消费者选购产品时的特点和消费倾向。

②大宗消费团体

大宗消费团体目前使用同类产品的状况以及选购产品的特点和消费倾向，以满足不同消费者的多种需求。

3. 目标市场的确定

经过仔细的市场调研，确定选择公司目标市场。

4. 产品定位

本公司产品是定位于大众化消费品还是中高档商品，必须做出准确定位。

5. 确定营销组合策略

①产品

针对消费者的消费特点，从产品质量到产品外包装都要做出符合消费者消费特点的营销策略。

②价格

采取何种价格策略，要根据市场需求以及产品自身特点做出合理定价。

③广告及促销策略

针对商品的特点，选择合适的广告媒体及宣传策略，树立产品形象，扩大知名度。

④确定销售渠道

是走直销渠道还是分销渠道，必须根据产品的特点以及消费者的购买特点做出选择。

四、市场预测报告编写细则

1. 市场预测报告概述

(1) 市场预测是按照客观经济规律，根据已经掌握的具体资料，对市场过去和现状进行深入调查，并对市场的需求进行科学推测的一种方法。市场预测报告描述市场预测结果，反映市场发展变化趋势。

(2) 市场预测报告的种类

市场预测报告的种类有短期预测报告、中期预测报告和长期预测报告。

2. 市场预测报告的写作流程

(1) 步骤

市场预测报告的写作，要在动笔之前做大量的准备工作：

①确定预测的对象和预测的时间期限。

②拟定调查项目，收集相关资料。

③选择市场调查和市场预测的方法。

市场调查着眼于市场的过去和现状，而市场预测着眼于市场未来的发展变化趋势。市场预测的方法通常包括以下几种：

· 经验预测法

经验预测法又分为集合意见法和专家意见法。

· 统计分析法

主要是运用有关方面的历史统计资料，用数学方程组的关系，抽象地描述调查的实体及其相互关系，进行预测计算，着重从系统性、连续性、可靠性、定性研究与定量分析相结合的角度，来评定和鉴别预测结果。旨在通过分析各种变化因素之间的因果关系，寻求发展变化的趋势，从而对未来的发展前景做出预测。

· 相关分析预测法

相关分析预测法就是通过分析影响商品流通诸因素的数量关系，对未来市场的发展变化趋势进行预测。

④整理、汇总、归纳调查结果。

将所收集到的调查结果进行整理、汇总、排序、归纳，对所有的调查结果，从各个不同的方面，运用各种分析方法，比较、权衡、论证，指出各个结果的利弊得失，为最终确定市场预测的结论提供依据，最后筛选出最有说服力的市场预测结论。

(2)方法

市场预测报告的写作，应根据具体的预测内容来定，在表述时不可能用统一的形式框定。通常情况下，市场预测报告是由标题、前言、正文、结尾和落款几部分组成。在实际的写作过程中，可以根据需要有所取舍和变化。

①标题

市场预测报告的标题由单位、时间和主要内容概括而成。如《一九九四年我国粮食市场分析》，其中“一九九四年”是时间，“我国粮食市场分析”是内容概括，省略了预测的单位。

市场预测报告的标题还可由单位、主要内容和文种组成。如《××厂对电饭锅市场供销的预测》，其中“××厂”是单位，“电饭锅市场供销”是内容，“预测”是文种。

②前言

市场预测报告中的前言，一般情况下，都是提出预测的对象，这往往反映了市场预测报告的内容指向。

③正文

这是市场预测报告的主体部分，应总体叙述，列项分析，概括地对历史和现状进行分析，对前景进行预测，并提出建议。通常包括预测对象的供需历史和现状；市场前景的预测；对产品的未来市场的营销策略及对策与建议。

④结尾

结尾部分反映市场预测报告的对策与建议。这些对策与建议，无论是抽象的策略思路还是具体的对策措施，都必须针对预测的具体问题，说明市场预测的结论或对策意图。

⑤落款

市场预测报告的落款部分，包括具名和日期。具名应在正文的右下方写明单位名称或作者姓名。日期应写明年、月、日，写在具名的下面。落款虽然简单，但不能省略，其作用主要是备查。

(3)注意事项

①注重调查研究

大量地、全面地占有第一手资料是至关重要的，调查不深入、不细致，没有把握住关键问题，或者掌握的资料不全面，数据不可靠，都有可能使预测的结果不准确、不真实。

②重视资料分析

当市场调查工作结束之后，写作者占有了一定的写作素材或事实数据，应对资料进行整理、核实和分析。第一步是将调查收集的资料，用数理统计方法和工具进行整理对比，制成图表；第二步是根据整理分析后得出的图表，进行定性定量分析。

③力求表达准确

市场预测报告要准确精练地概括市场经济的某一侧面的历史沿革和现实存在，描述未来的经济趋势，措辞要严密，语气要恰当，忌夸张，忌敷衍，做到实事求是。

第三节　市场分析与预测实用表单

一、产品市场性分析表

表 1－3　产品市场性分析表

产品名称	推出日期	销售年数	获利率	市场占有率	价格	质量	外观	竞争产品	差异性	产品改良状况	其他

二、企业信息来源分析表

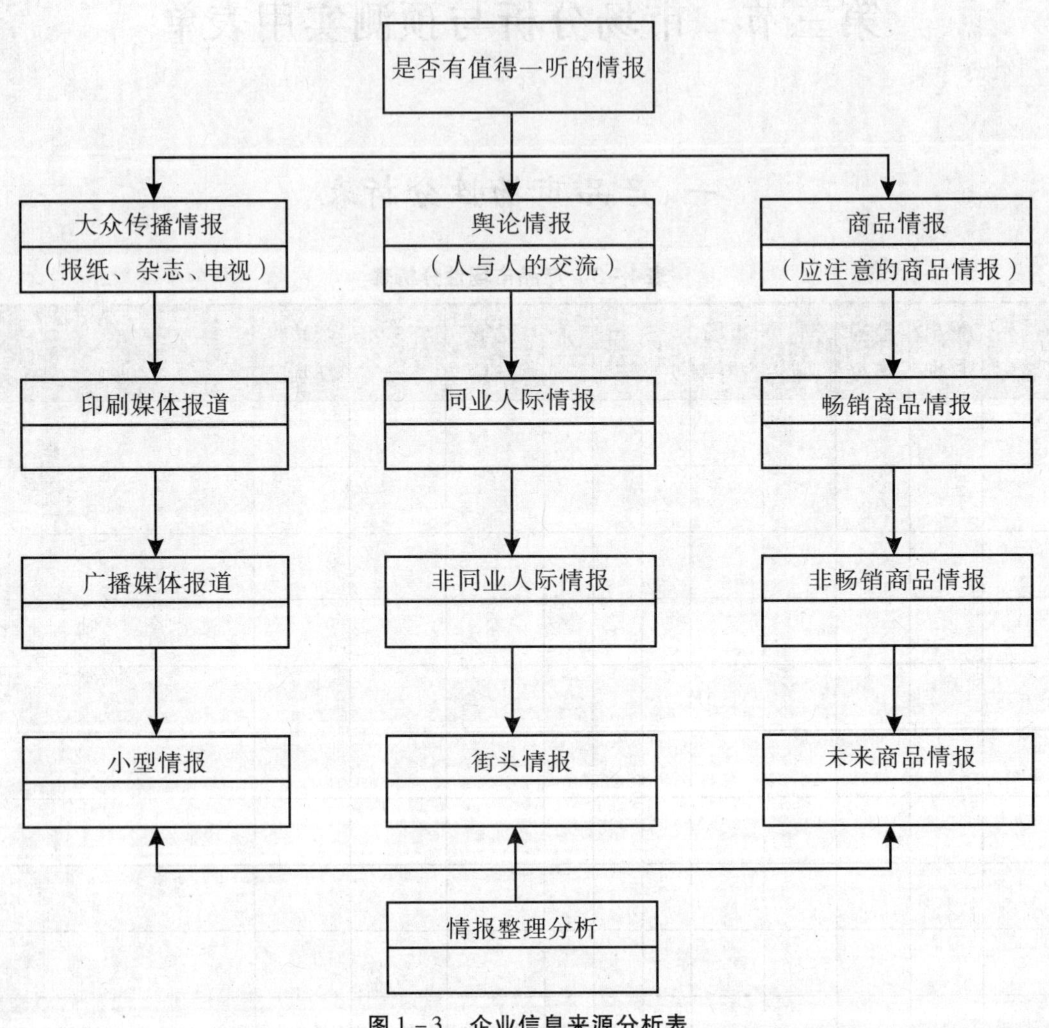

图1－3　企业信息来源分析表

三、企业消费者情报分析表

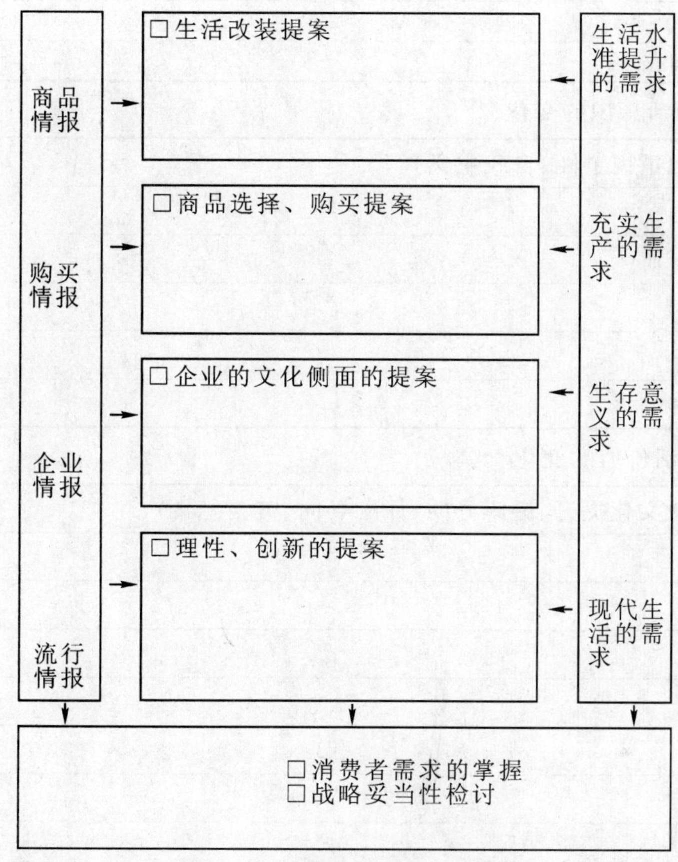

图1－4　企业消费者情报分析表

四、消费者意识变化分析表

表1－4　消费者意识变化分析表

○总括

消费者意识变化关键点	公司应对关键点

○消费者社会构造的变化

（高龄化社会、女权时代、年轻人社会、国际社会、小家庭化、个人社会）

○消费者生活意识的变化

（重视个人生活、重视个性、自我主义）

○消费者生活价值的变化

（女性重视工作、文化提升、健康导向、休闲导向、美食主义）

○公司的应对、分析

五、企业畅销产品分析表

表 1－5　企业畅销产品分析表

<table>
<tr><td colspan="5">品名</td></tr>
<tr><td colspan="2">条件</td><td>项　　目</td><td>内　　容</td><td>补充说明</td></tr>
<tr><td rowspan="8">门市条件</td><td rowspan="3">地区</td><td>靠近车站</td><td></td><td></td></tr>
<tr><td>靠近铁路沿线</td><td></td><td></td></tr>
<tr><td>其他</td><td></td><td></td></tr>
<tr><td rowspan="3">门市</td><td>大型百货公司</td><td></td><td></td></tr>
<tr><td>综合市场</td><td></td><td></td></tr>
<tr><td>杂货店</td><td></td><td></td></tr>
<tr><td rowspan="2">时间</td><td>平日营业时间</td><td></td><td></td></tr>
<tr><td>假日营业时间</td><td></td><td></td></tr>
<tr><td rowspan="5">顾客条件</td><td rowspan="5">年龄层</td><td>10～20 岁</td><td></td><td></td></tr>
<tr><td>20～30 岁</td><td></td><td></td></tr>
<tr><td>30～40 岁</td><td></td><td></td></tr>
<tr><td>40～50 岁</td><td></td><td></td></tr>
<tr><td>50 岁以上</td><td></td><td></td></tr>
<tr><td rowspan="8">商品条件</td><td rowspan="8">畅销商品</td><td>商品种类</td><td></td><td></td></tr>
<tr><td>商品数量</td><td></td><td></td></tr>
<tr><td>销售柜台布置、环境</td><td></td><td></td></tr>
<tr><td>网店装修</td><td></td><td></td></tr>
<tr><td>商品特色</td><td></td><td></td></tr>
<tr><td>包　装</td><td></td><td></td></tr>
<tr><td>质　量</td><td></td><td></td></tr>
<tr><td>价　格</td><td></td><td></td></tr>
<tr><td rowspan="3">调查</td><td rowspan="3">评议</td><td>对销售人员的评议</td><td></td><td></td></tr>
<tr><td>对店长的评议</td><td></td><td></td></tr>
<tr><td>对消费者的调查</td><td></td><td></td></tr>
</table>

六、产品营销分析表

表1－6　产品营销分析表

<table>
<tr><td rowspan="7">产品分析</td><td>质量类别</td><td colspan="3">说　明</td><td rowspan="7">竞争状况分析</td><td>厂牌</td><td>价格</td><td>等级</td><td>质量</td><td>外观</td><td>服务</td><td>信誉</td></tr>
<tr><td>功　能</td><td colspan="3"></td><td></td><td></td><td></td><td></td><td></td><td></td><td></td></tr>
<tr><td>质量等级</td><td colspan="3"></td><td></td><td></td><td></td><td></td><td></td><td></td><td></td></tr>
<tr><td>外　观</td><td colspan="3"></td><td></td><td></td><td></td><td></td><td></td><td></td><td></td></tr>
<tr><td>耐久性</td><td colspan="3"></td><td></td><td></td><td></td><td></td><td></td><td></td><td></td></tr>
<tr><td>故障率</td><td colspan="3"></td><td></td><td></td><td></td><td></td><td></td><td></td><td></td></tr>
<tr><td>使用难易</td><td colspan="3"></td><td></td><td></td><td></td><td></td><td></td><td></td><td></td></tr>
<tr><td colspan="2">产品名称</td><td></td><td></td><td></td><td rowspan="5">市场动态</td><td colspan="7" rowspan="5">1. 顾客评价
2. 顾客转变状况</td></tr>
<tr><td rowspan="8">成本项目</td><td>原料成本</td><td></td><td></td><td></td></tr>
<tr><td>辅助材料成本</td><td></td><td></td><td></td></tr>
<tr><td>人工成本</td><td></td><td></td><td></td></tr>
<tr><td>制造费用</td><td></td><td></td><td></td></tr>
<tr><td>运输成本</td><td></td><td></td><td></td><td rowspan="4">评　定</td><td colspan="7" rowspan="4"></td></tr>
<tr><td>期间费用</td><td></td><td></td><td></td></tr>
<tr><td>总成本</td><td></td><td></td><td></td></tr>
<tr><td>获利率</td><td></td><td></td><td></td></tr>
</table>

七、市场开拓可行性分析表

表 1－7　市场开拓可行性分析表

调查目的：
所要加入行业的现状：

↓

所要加入行业的市场动向：

↓　　↓　　↓

市场规模分析	可行性及竞争的分析	设备及营运情况的分析

↓　　↓　　↓

事业化的可行性分析：

↓

调查报告的概要：

八、消费者观念变化分析表

表1－8 消费者观念变化分析表

○总括

消费者观念变化关键点	公司应对关键点

○消费者社会构成的变化

（高龄化社会、年轻人社会、女权社会、小家庭化社会、个人社会）

○消费者生活观念的变化

（重视个人生活、重视个性、重视自我）

○消费者生活价值观的变化

（女性重视工作、文化提升、健康导向、休闲导向、美食主义）

○公司的应对及分析

九、市场占有率比较分析表

表 1－9　市场占有率比较分析表

公司名＼区域		A	B	C	D	E	F	G	H	合计
本公司	营业实绩									
	占有率（%）									
	位　序									
A公司	营业实绩									
	占有率（%）									
	位　序									
B公司	营业实绩									
	占有率（%）									
	位　序									

十、市场销售网点分析表

表 1－10　市场销售网点分析表

比较项目＼商店	本　店	A 商店	B 商店	对　策
经营范围				
自身条件				
店铺形象				
营业方针				
营业面积				
商品构成				
主要商品				
每月营业额				
营业人数				
平均每位店员营业额				
店员人数				
平均来店顾客数				
举办促销活动情况				

十一、市场需求量调查预测表

表 1-11　市场需求量调查预测表

调查单位：　　　　　　　　　　　　　　　　　　　　　　时间：　　年　　月　　日

摘要	品名区分		实绩					预测	备注
			年	年	年	年	年	年	
统计资料名称	大分类	销售							
		指数							
	中分类	销售							
		指数							
	小分类	销售							
		指数							
相关资料名称		销售							
		指数							
		销售							
		指数							
		销售							
		指数							
本公司资料		销售							
		指数							
		销售							
		指数							
		销售							
		指数							
景气动向									
竞争关系动向									
本公司销售政策重点									

十二、各商品需求占有率预测表

表 1－12　各商品需求占有率预测表

国别/地区：　　　　　　　　　　　　　　　　　　　　　　时间：　　年　　月　　日

商品种类	需求预测				年			
	总需求量	海外竞争企业动向	国内竞争企业动向	占有率	月平均需求量	占有率		
						本公司	其他公司	海　外
A	（　%增/减）							
B	（　%增/减）							
C	（　%增/减）							
D	（　%增/减）							
E	（　%增/减）							
F	（　%增/减）							
G	（　%增/减）							
H	（　%增/减）							
I	（　%增/减）							
G	（　%增/减）							
K	（　%增/减）							
L	（　%增/减）							

十三、市场占有率预测表

表 1－13　市场占有率预测表

年　　月　　日

<table>
<tr><th rowspan="2">商品种类</th><th rowspan="2">地区</th><th colspan="3">年</th><th colspan="3">年</th><th colspan="3">年</th></tr>
<tr><th>总需求量</th><th>本公司销售量</th><th>占有率</th><th>总需求量</th><th>本公司销售量</th><th>占有率</th><th>总需求量</th><th>本公司销售量</th><th>占有率</th></tr>
<tr><td rowspan="5">A</td><td></td><td></td><td></td><td></td><td></td><td></td><td></td><td></td><td></td><td></td></tr>
<tr><td></td><td></td><td></td><td></td><td></td><td></td><td></td><td></td><td></td><td></td></tr>
<tr><td></td><td></td><td></td><td></td><td></td><td></td><td></td><td></td><td></td><td></td></tr>
<tr><td></td><td></td><td></td><td></td><td></td><td></td><td></td><td></td><td></td><td></td></tr>
<tr><td>计</td><td></td><td></td><td></td><td></td><td></td><td></td><td></td><td></td><td></td></tr>
<tr><td rowspan="5">B</td><td></td><td></td><td></td><td></td><td></td><td></td><td></td><td></td><td></td><td></td></tr>
<tr><td></td><td></td><td></td><td></td><td></td><td></td><td></td><td></td><td></td><td></td></tr>
<tr><td></td><td></td><td></td><td></td><td></td><td></td><td></td><td></td><td></td><td></td></tr>
<tr><td></td><td></td><td></td><td></td><td></td><td></td><td></td><td></td><td></td><td></td></tr>
<tr><td>计</td><td></td><td></td><td></td><td></td><td></td><td></td><td></td><td></td><td></td></tr>
<tr><td rowspan="5">C</td><td></td><td></td><td></td><td></td><td></td><td></td><td></td><td></td><td></td><td></td></tr>
<tr><td></td><td></td><td></td><td></td><td></td><td></td><td></td><td></td><td></td><td></td></tr>
<tr><td></td><td></td><td></td><td></td><td></td><td></td><td></td><td></td><td></td><td></td></tr>
<tr><td></td><td></td><td></td><td></td><td></td><td></td><td></td><td></td><td></td><td></td></tr>
<tr><td>计</td><td></td><td></td><td></td><td></td><td></td><td></td><td></td><td></td><td></td></tr>
</table>

第四节　市场分析与预测执行标准

一、预测市场容量的步骤

市场容量的测定是一个调查研究、综合分析和计算推断的过程。一个完整的市场预测,一般包括下面几个步骤:

1. 确定预测目的

进行一项预测,首先必须明确预测的目的,即为什么要进行这项预测,它要解决什么问题。预测目的直接影响着预测内容、规模以及预测方法的选择等一系列工作。只有目的明确,才能使预测工作有的放矢,避免盲目性。

2. 收集、整理和分析资料

资料是预测的基础,收集什么资料,是由预测的目的决定的。对所收集到的资料要进行认真的审核,对不完整和不适用的资料要进行必要的调整。对经过审核和调整的资料,还要进行初步分析,观察资料结构的性质,作为选择适当预测方法的依据。

3. 选择适当的方法

必须从市场实际出发,根据预测目的和资料占有情况,选择有效的预测方法。有时选择一种,有时也可以几种方法结合起来,相互验证预测的结果,以提高预测的准确性。

4. 进行预测

根据已经选定的预测方法,利用所掌握的资料,就可以具体的计算、研究,做出定性或定量分析,推测判断未来市场的发展方向和发展趋势。

5. 分析预测误差

预测误差是预测值和实际值之间的差额。预测误差的大小,反映预测的准确程度。我们应该对预测的不精确度持灵活态度,而不要力图改进预测方法。

6. 确定预测值,提出正式预测报告

预测人员在实施预测,并对预测结果进行必要的评价、修正后确定预测值,并以书面形式反映预测结果,然后递交给有关部门,供其决策时参考。

二、预测市场容量的方法

市场预测的方法很多,随着科学技术的进步,预测手段日趋先进,在市场营销活动中,市场潜量和销售量是两项最为重要的预测内容。

1. 市场潜量预测

(1)连锁比率法。就是对与某产品的市场潜量相关的几个因素进行连锁相乘,即通过对几个相关因素的综合考虑，进行预测。

（2）购买力指数法。购买力指数就是对家庭收入、家庭户数、地区零售额等加权平均后，得出的一个标准系数。购买力指数是一个相对数，只有用全部潜在需求量乘以购买力指数，才能得出某地区的潜在需求量。

（3）类比法。也叫比较类推法，包括历史类推和横断比较两种预测方法。历史类推是一种用当前的情况和历史上发生过的类似情况进行比较来推测市场行情的方法。横断比较就是对同一时期内某国或某地区某项产品的市场情况与其他国家或地区的情况相比较，然后测量这些国家或地区的市场潜量。

2. 销售预测

（1）销售人员意见综合法。这是一个最为简单的预测方法，它要求各销售区域的销售人员，做出每个销售区域的销售预测，然后进行汇总，求出总的销售潜量。

（2）购买者意图调查法。这一方法就是采用各种手段，直接向购买者了解其购买意图。如果购买者有清晰的意图，而且愿意付诸实施，这一方法是非常有效的。

（3）行业调查法。行业调查是指对某特定行业内各家公司的调查。这类调查可能是针对用户，也可能是制造商。

（4）专家意见法。这种方法是由专门人员，特别是那些比较熟悉业务，能预见业务趋势的主管人员，集思广益，进行判断，做出预测，这是一个快速而简便的方法。为了提高预测的准确性，可以在预测前向专家提供经济形势和业务情况的资料，并组织他们讨论，然后将各种意见进行综合考虑，最后做出结论。

（5）趋势预测法。该方法是将历史资料和数据，按时间先后次序排列，根据其发展的规律，来推测未来市场的发展方向和变动程度。

（6）移动平均法。它是趋势预测法的一个基本方法。就是从时间序列的第一个数值开始，按一定项数求序列平均数，逐项移动，边移动边平均。

（7）指数平滑法。它是对过去的资料用平滑系数进行预测的一种方法。它允许预测人员对最近期的观察值给予最大的加权数，对较远的观察值递减加权数，而不是给所有的数据以同等的加权数。

（8）回归预测法。就是测定因变量与自变量之间的相关关系，建立表达两种关系的数学模型，通过模型取得预测值。

市场预测有助于企业营销管理者制定正确的营销决策，有助于企业掌握新技术、开发新产品、增强企业的竞争能力，同时市场容量的测定也是企业制订科学计划的重要依据。但是，因为预测的结果直接关系到企业的营销决策，所以企业必须慎重对待。

第2章　方向比方法更重要
——营销战略与计划

第一节　营销战略与计划管理工作要点

一、营销战略策划工作内容

营销战略策划是营销计划工作中提纲挈领的环节,后面的营销计划工作都要服从于这一前提,以此作为出发点。因此营销战略制定得好坏,直接关系到后续工作的进行,直接影响到企业战略的成败。

营销战略的目标在于为企业的目标市场寻找最佳的定位,因此对于企业来讲,营销战略的制定就是企业通过各种途径进行定位的计划。营销战略的制定包含两个环节,首先是进行差异分析,其次是选择有意义的差异,进行定位。

(一)进行差异分析

经过目标市场的选择之后,公司面临的首要问题是如何在这个目标市场取得竞争优势。目标市场通常情况下并不会只存在一家公司,因此竞争几乎是必然的,这就要求公司所提供的产品或服务与竞争对手相比,具有差异,而且这种差异能被消费者认为具有额外的价值,公司才能在竞争中立于不败之地。

要使公司提供的产品或服务与竞争对手相比有所差异可以从四个方面着手:可以提供更好的产品,如质量更好,数量更多;可以提供更新的产品,具有某种新的功能;可以更快地提供产品,减少操作或交货时间;可以以更低的价格提供产品,使得消费者可以同样的货币购得更多的产品。

具体来说,公司可在产品、服务、人事和形象这四个方面突出与竞争对手的差异。

1.产品的差异

产品差异的体现最重要就体现在质量的高低上,产品质量就是满足明确和隐含需要的能力和特性的总和。质量的构成要素主要有性能、寿命、安全性、可靠性、可维修性、经济性。企业可以在这几方面实现突破,提高产品的质量,从而拉开与竞争对手的差距。当然产品的差异不仅仅包括质量,企业还可以在式样、设计上实现差异。我国企业在这方面表现得比较差,许多我国出口的产品经别国企业一包装后,价格成倍地提高,而且我国出口的产品与别国同类产品在质量相同的情况下,由于包装不好,价格与它们差了一个档次,国外一些大企业的产品设计相当严格,而我国企业仍未能将产品的设计上升到应有的高度来认识。

2.服务的差异

产品其实是一个整体,它由物质产品及附着在其上的服务所构成。因此除了对物质产品进行差异化之外，我们还可以对服务进行差异化，特别是一些产品其质量或物质形态很难进行差异化，此时企业就可以考虑对服务进行差异化，增加服务或提高服务的质量。服务差异化主要体现在送货、安装、用户培训、咨询服务、修理等方面。这几个方面对于不同的产品具有不同的重要性，如对于计算机厂商来说，用户培训及咨询服务可能是其最重要的服务，对于一些普通的产品，送货快捷与否可能更为重要。

3. 人事的差异

这主要指的是公司的人员素质，人员的素质包含有人员的形象、人员的文化素质、人员的理念、人员的精神状态等，这些是公司的宝贵财富，人员素质的高低直接影响着公司的竞争力。一个合格的员工应该具备以下特性：一是称职，职员应该具有本岗位所应具有的技能和知识；二是良好的人际关系，公司是一个团体，目标的取得需要依靠全体员工的努力，因此良好的人际关系是团结协作的保证；三是诚实，这是对员工品质最基本的要求；四是可靠，即工作质量稳定，能始终如一、正确无误地提供服务；五是负责，敢于承担责任，能对顾客的请求总是迅速做出反应；六是善于沟通，职员应该力求理解顾客并清楚地为顾客传达有关信息。如新加坡航空公司享誉全球，就是因为其拥有一批美丽高雅的航空小姐。

4. 市场形象的差异

市场形象是公司的一种无形资产，即使竞争产品及其服务看上去都一样，顾客也能从公司或品牌形象方面得到一种与众不同的印象。市场营销专家曾经作过一次试验，请一些对不同品牌有不同偏好的消费者蒙上眼睛，然后让他们辨别一些不同品牌的产品，结果专家发现，消费者根本无法辨认出他们所喜爱的品牌，这说明成功的品牌即使在其他方面没有特别的地方，仍然能引起消费者强烈的反应。近年在我国兴起的CI设计，就是企业形象的一种设计。我国一些企业由于CI的导入，获得了很大的成功，如山东的海尔集团等，其产品让消费者总联系到该企业的形象。

（二）确定这种差别化

差异的确定必须满足一定的原则。首先，该差异应该能够向消费者或购买者传递强烈的信息，即该差异对于消费者的影响较大，这可能是由于该差异对消费者来说可以感受得到，对其比较重要，优于其他公司的差异。当然最重要的是购买者有能力购买该差异，即差异应该是一种可接近的差异。其次，该差异应该是独特的，并且是其他公司不能模仿的，这样才能保证该差异能够为公司所独享。最后，推出该差异必须能够使公司赢利，当然这种赢利应该是长期的观点，而不能仅仅要求短时期内就见效。

寻求有价值的差异可以通过以下步骤进行：

（1）对本企业的内部能力与外部环境进行分析，列出分析表；

（2）列出产品对于顾客购买决策的影响因素；

（3）针对目标市场内所有厂商对其在不同属性上进行评分；

（4）总结出自己企业的优势与劣势以及其他企业的优势与劣势，并预测差异在未来的变化。

二、营销计划制订工作内容

一份完整的营销计划应该包含如下几部分内容：

首先是营销目标，包括数量如销售量、销售额、市场占有率、利润和费用等，方针，时间范围，基本原则；

其次是营销战略，包括差异化战略、定位战略以及其他关键性战略；

最后是营销组合的具体策略，即营销方案，如定价策略、广告创意策略等。

当然一份计划书不应仅包含这些内容，但这些是营销计划的核心部分，我们将重点对其进行阐释。

三、营销计划制订工作流程

营销计划是指对有助于企业实现战略总目标的营销战略做出决策。每一类业务、产品或品牌都需要一个详细的营销计划。营销计划应包括以下几个部分：计划实施概要，市场营销现状，威胁和机会，目标和问题，市场营销战略，行动方案，预算和控制。其制订流程如下：

（一）计划实施概要

市场营销计划书开头应有一个计划实施概要，对计划中的主要目标和建议进行简短的概述，使企业管理部门能快速地浏览整个计划的内容。

（二）市场营销现状

在这部分中，计划制订做出者提供有关市场、产品、竞争和销售的相关背景资料。

（三）威胁和机会

预测产品可能面对的主要威胁和机会，目的是预测会对公司产生影响的重要发展趋势。

（四）目标和问题

在研究产品的威胁和机会之后，营销人员就可以设定营销目标并考虑可能会影响这些目标的问题，营销目标包括市场占有率、销售额、利润率、投资收益率等。

（五）制订市场营销战略

市场营销战略是指业务单位想借以实现其市场营销目标的营销逻辑。包括目标市场策略和营销组合策略。

（六）确定行动方案

市场营销战略应转变为具体的行动方案来回答以下问题：将做什么？何时做？由谁负责做？费用是多少？

（七）编制营销预算

编制各项收支的预算，在收入一方要说明预计销售量及平均单价，在支出一方则要说明生产成本、分配成本及营销费用、收支的差额为预计的利润。

（八）营销控制

计划的最后一个部分是控制，对计划执行过程的监控是将计划规定的目标和预算按月份来分解，进行有效的监督。

四、销售目标设计工作流程

销售目标设计工作流程如图2-1所示。

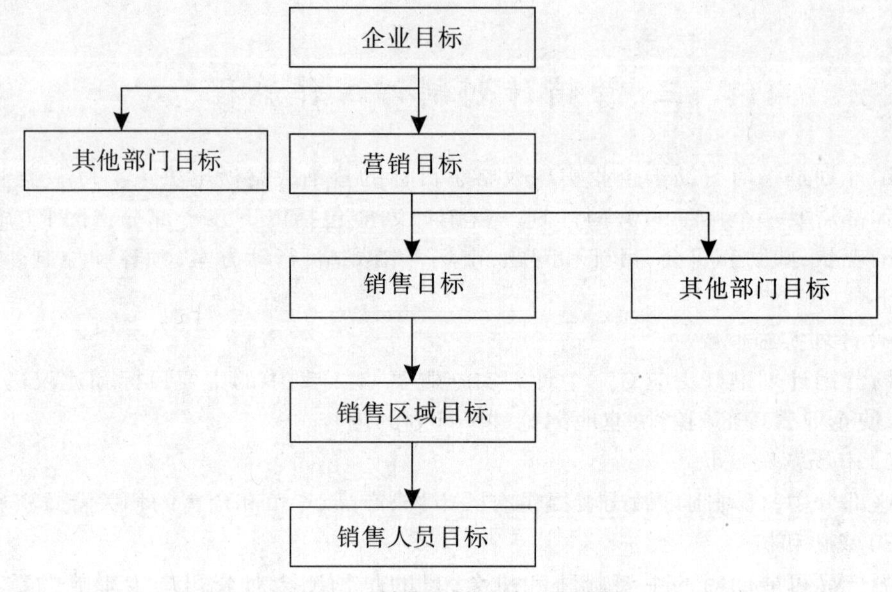

图2-1 销售目标设计工作流程

五、营销方案设计工作内容

营销战略必须转化为营销方案。需要在营销费用、营销组合和营销资源分配上做出基本决策,才能完成这项任务。

市场营销方案的制定主要体现在市场营销组合上。市场营销组合是市场学发展到20世纪50年代时提出的重要概念,指的是企业在选定的目标市场上,综合考虑环境、能力、竞争状况并对自身可以控制的因素加以最佳组合和运用以完成企业目的与任务。

企业可控制的因素很多,为了更好地实践"组合"的观念,伊·杰·麦卡锡教授把这许多因素概括为四部分,即产品、价格、渠道和销售促进,按英文字头简称为"4P"。

市场营销组合中的产品(Channel)指的是企业向目标市场提供的商品(或劳务)。其中包括产品的实体、形状、形态、内在质量、款式、包装、规格、型号、商标、厂牌、售前售中及售后服务、供退条件、保证等具体方面。

市场营销组合中的价格(Price)指的是出售给购买者的商品或服务的价格。其中包括商品价目表所列价格、各种折扣、支付期限、付款方式、信用条件等。

市场营销组合中的渠道(Channel)表示企业向目标市场提供商品时所经过的环节和

活动及其向顾客提供商品的场所。其中包括销售渠道和方式,各种中间环节及供货的区域、方向,商品实体的转移路线和条件等。

市场营销组合的销售促进(Promotion)简称促销,指企业通过各种形式与媒介物宣传企业与商品,与目标市场进行的有关商品信息沟通的所有活动。其中包括:人员销售方式、公共关系活动、广告和特种推销方法等。

市场营销组合是为实现企业战略与战略性规划的营销策略,它具体谋划企业为实现总的战略目标所采用的手段、方法和行动方案,以贯彻战略思想。"4P"中的每一个方面的因素都是这个组合体的一部分,不可分割开来。

市场营销组合体现了系统管理思想,具有整体性、多变性及协调性等特点。一个好的市场营销组合的制定和实施,不仅需要科学的方法,而且需要丰富的营销活动实践经验。

营销方案的设计就是在对市场环境及企业内部情况充分了解的基础上对营销组合的综合运用。宝洁公司"飘柔定型"新产品的成功推出就有赖于其成功的营销方案设计。

对其产品介绍阶段的营销方案拟从3W1H四个方面介绍。

第一,时机(When)。

在新产品的商业化过程中,市场进入时机是相当关键的。飘柔的推广期定在1999年11月至次年2月期间,涵盖了两大节日及澳门回归日,这无疑是促销的大好季节。

第二,地理战略(Where)。

从宝洁以前的产品全球性分销来看,都是首先将其产品推向发达国家(如日本)或地区,然后再推向不发达的市场(如印尼),而这次,宝洁把首推市场选在中国,其原因可能有二:首先,中国是一个有潜力的巨大市场,许多世界性的大公司都将目光瞄准了21世纪的中国,以宝洁公司的产品目前在中国的市场潜量、当地信誉而言,加大扩展力度,巩固其领导地位对公司的长远发展是有利的。其次,中国人的品牌意识增强,在人们考虑购买行为时,有名的牌子占第一位的比例为51.6%,而与此同时,发达国家(如美国)的消费者品牌的购买力正在减弱。在这种情况下,以中国为突破口将降低其为消费者品牌偏好而耗用的营销费用。

第三,目标市场(Who)。

在扩展市场的过程中,公司须将目标对准最有希望的购买群体,他们应具备如下特点:大量使用的用户且为舆论领袖;和他们接触的成本低。基于此,飘柔将其目标定位于活泼、好动、时尚的年轻人。

第四,用什么方式引入(How)。

公司须为新产品的引入制订详细计划,这里仅就其两个特色来说。

(1)拉开促销序幕的"迪斯科马拉松大赛",以"飘柔定型跳出激情"为主题,不仅突出产品特质,而且直接吸引其目标群体加入,极富创意。

(2)全部的配货、派货、促销及形象代表都使用大学生。这样做成本低、人员素质高且这些人是目标群体中的佼佼者,将起到引导进入的巨大作用。

六、营销方案编制工作内容

营销计划是营销过程最重要的产出之一，是营销战略和营销策划实现的具体保证。

编制营销计划已经成为大多数西方公司的一项重要工作。在西方国家的公司里，超过90%的营销人员都按营销计划工作。一般来讲，营销管理人员一年中要有45天左右的时间花在营销计划上，而且他们很大程度上依赖于销售部门的信息、管理信息系统和定期的市场研究信息。营销计划通常是以自然年度来编制的，而且是针对产品、产品系列或市场进行的。因此，制订营销计划是营销人员的一项很重要的工作，对工作的协调和效率的提高都是很有益的。

营销计划的内容大体上可以分为两个部分：市场环境分析和目标、策略以及指导公司行动的方针的制定，而侧重点在于后者。但必须注意的是，不正确的或不全面的市场环境分析通常会导致公司行动的错误决策。

什么是市场营销计划？较为简单实用的定义是：营销计划是一个书面文件，它是指导工商企业在计划阶段的营销活动的方针。首先，计划是一个书面文件，而不是藏在管理者头脑里的东西。营销计划的这个特点具有很多好处。它鼓励并要求训练有素的思维，它是提供给公司和各职能部门，如生产、财务和供应等部门之间进行联系的一种工具。营销计划也促进公司对各级人员的职责进行准确定义，并为特定的日期确定了需要实现的预期目标。在人员变动频繁的情况下，营销计划等文件为快速培训新手去适应面临的经营形势提供了帮助。

要注意的另一个方面在于，计划通常是按公司的一定标准来进行的，而在公司的哪个层次该做营销计划则随具体情况而定。例如，在实施产品管理制的公司里，每一个产品品牌都是一个利润中心，都应有一个品牌营销计划。但在某些情况下，如当直接相关的固定成本很难分配到单一产品中去的时候，则可能对多个相关的产品品牌制订一个营销计划。在有产品品牌计划的情况下，通常还可能要制订相关的产品大类的综合营销计划以及营销部门的综合营销计划。

最后要注意的一个问题是计划的时期，它也随产品的不同而变化。通常，零售行业是以很短的计划周期去适应季节性的流行趋势的变化。然而，汽车由于产品的开发和改进的提前期很长，需要有很长的计划周期。影响计划阶段长度的另一些因素是技术变化的速度、竞争强度和相关的顾客群体偏好的变化频率。但通常情况下，营销计划的周期是一年，即年度计划。

总的来说，营销计划应是一个可操作的文件。尽管营销计划中也包括总体策略，但在战略性计划与短期行动计划两者之间，它更偏向于后者。战略性计划通常有更长的计划阶段（3～5年），更概括性地描述总体经营策略，而营销计划则是关于如何实现短期目标的具体计划。

制订营销计划的目的可简要地描述如下：

（1）明确当前的经营形势；

（2）明确公司面临的问题和机会；

（3）确定目标；

(4)明确为达到目标所必需的策略和方案；

(5)明确为达到总体目标应承担的关键性职责；

(6)确定实现目标的时间表；

(7)鼓励认真和训练有素的思考；

(8)确定是顾客导向还是竞争导向等。

七、营销战略方案制定工作内容

(一)营销宗旨

一般企业可以注重这样几方面：

1. 以强有力的广告宣传攻势顺利拓展市场，为产品准确定位，突出产品特色，采取差异化营销策略；

2. 以产品主要消费群体为产品的营销重点；

3. 建立起点广面宽的销售渠道，不断拓宽销售区域等。

(二)产品策略

通过前面产品市场机会与问题分析，提出合理的产品策略建议，形成有效的4P组合，达到最佳效果。

1. 产品定位。产品市场定位的关键主要是在顾客心目中寻找一个空位，迅速启动市场。

2. 产品质量功能方案。产品质量就是产品的市场生命。企业对产品应有完善的质量保证体系。

3. 产品品牌。要形成一定的知名度、美誉度，树立消费者心目中的知名品牌，必须要有强烈的创牌意识。

4. 产品包装。包装作为产品给消费者的第一印象，需要能迎合消费者并使其满意的包装策略。

5. 产品服务。计划中要注意产品服务方式、服务质量的改善和提高。

(三)价格策略

这里只强调几个普遍性原则：

1. 拉大批零差价，调动批发商、中间商的积极性；

2. 给予适当数量折扣，鼓励多购；

3. 以成本为基础，以同类产品价格为参考，使产品价格更具有竞争力。若企业以产品价格为营销优势，更应注重价格策略的制定。

(四)销售渠道

策略产品目前销售渠道状况如何，对销售渠道的拓展有何计划，采取一些实惠政策鼓励中间商、代理商的销售积极性或制定适当的奖励政策。

(五)广告策略

广告宣传应有的放矢，因此企业在进行广告宣传时，应该做到下面几点：

1. 服从公司整体营销宣传策略，树立产品形象，同时注重树立公司形象；

2. 长期化：广告宣传商品个性不宜变来变去，否则，消费者会不认识商品，反而使老

客户也觉得陌生,所以一定时段,应推出一致的广告宣传;

3. 广泛化:选择广告宣传媒体多样化的同时,注重抓住宣传效果好的方式;

4. 不定期地配合阶段性的促销活动,掌握适当时机(如重大节假日、公司有纪念意义的日子),及时、灵活地进行。

实施步骤可按以下方式进行:

1. 策划期内前期产品形象广告;

2. 销后适时推出诚征代理商广告;

3. 节假日、重大活动前推出促销广告;

4. 把握时机进行公关活动,接触消费者;

5. 积极利用新闻媒介,善于创造、利用新闻事件提高企业产品知名度。

(六)公共关系策略

公共关系已成为现代企业营销的一个主要内容,公共关系营销要求加强企业与社会的关系,树立企业声誉。

(七)具体行动方案

根据策划期内各时间段特点,推出各项具体行动方案。行动方案要细致、周密,操作性强又不乏灵活性;还要考虑费用支出,一切量力而行,尽量以较低费用取得良好效果为原则。尤其应该注意季节性产品淡、旺季营销重点,抓住旺季营销优势。

第二节 营销战略与计划管理规范化制度

一、年度营销计划书模板

第一条 目标

到201 ____年____月____日,全公司实现:

(一)销售额(含税)人民币______亿元。

(二)利润________万元人民币。

(三)市场占有率______%。

第二条 任务内容

201 ____年内公司营销工作内容分为两部分:

(一)公司营销工作的规范化。它主要包括:

1. 代理商的规范和调整。

2. 市场价格体系的调整。

3. 产品结构的调整。

4. 强化公司的销售信息管理。

5. 售后服务体系的建立和规范。

（二）新产品的销售推广。通过____个新型产品的上市，全面调整公司产品结构和价格体系，使公司具有明晰的产品系列和品牌。

第三条　计划实施

把各项工作分配落实到各个单位，制订计划完成的时间表（略）。

第四条　营销环境分析和目标

面临的几个主要问题：

（一）品牌在全国市场的全面、规范推广时，产品结构的不合理和过大的地区价差造成的阻碍。

（二）公司从业人员对各项相关政策的设计和执行能力的欠缺。

（三）年内各项工作的调整所需时间与公司新址搬迁前后波动造成的各项工作暂时性中断间的矛盾。

（四）人员、机构对于调整工作的适应期、磨合期使工作绩效打折扣。

（五）如此之多的调整带来的不适应，个别失误甚至可能造成来自各方面的阻力。

第五条　机构和人员调整

在年末，公司已确定整体组织机构，201 ____年公司机构的最重大调整在营销组织，调整工作将分层次逐步到位，主要包括：

（一）将现销售部职能界定为销售管理、控制方面，通过上海、北京等八大分公司完成区域内销售和实施。总部只负责向这八家分公司供货。对这八家分公司实施计划、监督、控制职能。改变总公司销售人员长期脱离一线实际工作、终端管理失控、差旅费无效支出严重现象。

（二）将现企划部更名为市场部，负责对全国范围内的市场维护和控制，具体实施由分公司在市场部指导、控制、协助下运作。

（三）由分公司完成对现有代理商进行城市级改造，改变目前省级代理“圈地”现状，将市场拓展和维护工作精细化。

（四）分公司在总部指导下，对所辖城市按重要程度进行分步开发和深度挖掘，市场开发的基础工作讲求实效、扎实。现有代理商经过筛选，符合要求的成为重点城市的地市代理。现公司销售人员进驻当地，协助代理商做好市场基础工作，必要时成立办事处。对于重点城市无合格代理商的情况，公司成立营销中心，自主经营该地区市场。办事处、营销中心由所属分公司进行管理。

（五）分公司经理、分公司中层人员由总部调配管理。分公司员工均为公司员工，分公司可按公司确认的标准和编制在当地招聘，公司亦可集中招聘和派遣。

对各分公司的绩效考评，将以销售成绩和市场操作过程为双重依据。

（六）公司将在合适的时候，成立营销稽查管理部门，对各分公司所属的销售终端、广告发布、财务管理等诸方面工作进行暗访，结果作为对分公司的考评依据。

（七）售后服务工作是公司品牌战略的重点部分，代理商的城市级改造是为售后服务工作的整体、系统化打基础的，公司的售后服务工作将采取总公司规划、设计和监督，分公司设点执行、控制，城市代理商（营销中心）具体实施。

第六条　主要销售地区和销售分配

（201 ____年全国市场销售计划表　略）

第七条　战略市场的界定及依据

201 ____年，公司营销工作的重点在终端管理，为此公司制定出通过八大分公司管控地区的模式，从公司的战略角度出发，上海、北京、杭州将成为战略市场，在这三个市场中，我们必须牢固树立 AB 品牌形象，声援 AB 品牌在全国市场的形象树立工作。

由于企业起步阶段代理制的原因，在全国许多地区靠代理商开拓市场，由于前期投入和代理商素质等原因，使得拓展工作和结果非常不均衡。201 ____年，公司将系统、重点开发一批典型市场，总公司和所辖分公司将工作主要精力和广告投入集中于这些市场，迅速培养一批年销售额在____万～____万元以上的市场，这些市场将会辐射影响周边城市，并为下一年的新市场开拓工作打下基础。

第八条 产品结构调整

201 ____年，公司将对产品结构进行较大幅度调整，产品将分为三个序列：

AB 低价位系列：主要针对____～____元价位的竞争产品，通过量来冲击竞争产品，保证市场份额。这部分销售将占总量的____%。

AB 高价位系列：树立 AB 高质量的地位，通过与低价位明显的价值差体现 AB 的品牌形象，这部分产品将占产品总量的____%～____%。这两个系列的出现主要目的是理顺市场价格体系，保证 AB 产品的绝对市场优势。

卫浴电器产品：这些产品的上市，目的是为了树立 AB 产品是卫浴专家的形象，同时，为代理商淡季产品线的丰富提供条件，稳定代理商情绪。

第九条 营销渠道策略

针对公司目前渠道体系存在的问题，从 201 ____年起，调整渠道系统是当务之急。调整工作按照自上而下的顺序推进。代理区域将以城市为单位，对于新加盟的代理商，公司严格把关，给予系统、全面的支持，代理商的选择和考评将统一。《代理商素质文件》、《代理商合作管理条例》《代理合同》将成为渠道管理的纲领性文件。所以，从渠道的长远角度来讲，应该按照所示结构，改变渠道体系混乱造成的价格混乱。

在渠道调整的过程中，分公司的工作是重点，能否成功取决于分公司的人力资源储备。

在渠道调整的过程中，将对原有代理商进行评估，原则是改造和提高，不提倡撤换。在开拓新市场时，在规范代理商评价体系、建立代理商素质模型的前提下，通过业务人员的寻找、公开招募、代理权的拍卖等方式，确定城市代理商。在无法寻找到合适的代理商的城市，分公司将在该城市成立营销中心。营销中心最终必将回到代理制，当营销中心有固定的销售额和前期投入已收回后，分公司要及时寻找代理商。届时，将通过向营销中心人员或满足公司条件的代理商转让，以保证代理商素质的提高。

公司对于代理商工作的认识要统一，要对公司业务人员和代理商的沟通能力进行全面培训提高，改变以往业务人员与代理商对立或放任两种极端状态。

通过对渠道的调整，使代理商明确代理责任，改变公司产品销售在全国范围内发展不均衡现象；同时，使代理商能够在代理区域内精耕细作，严格履行代理责任。

对于零售商的管理工作，分公司必须不折不扣地贯彻执行，无论是营销中心还是城市代理，都必须以强化终端管理为工作重点，对于各零售商的管理工作，必须执行 ABC 分类管理，强化检查和指导。

对于分公司的建立，应本着工作重心下移的原则进行。

分公司对所属营销中心和办事处的管理工作，必须符合公司的管理规定，不得随意变更。工作分工应该按照公司的统一设定执行。

第十条　产品策略

在 201 ____年，公司营销工作的调整，产品策略调整是关键。公司将全力整理产品系列，强化配件的通用性和标准性，压缩产品种类，对库存进行彻底清理，保证公司和代理商资金的健康流转。

在可能的情况下，通过对高质量的卫浴电器产品的贴牌，尽快塑造 AB 卫浴电器的品牌形象。

第十一条　价格策略

我们必须坚定 AB 公司的高价策略，高价不等于暴利，我们应该有统一的认识和工作指导思想，我们应该看到公司原有策略的发展线路。

公司在产品的初级阶段采用高质高价策略以完成资金的原始积累，在产品市场成熟之后，应通过新产品上市来占领原来的价格空间，同时尽快将老产品列入低价，这样不但可以抑制竞争对手的成长，同时可以最大限度地扩大老产品的市场空间。

从理论上讲，只要老产品有一定的价格空间、新产品能够保持原有价位，调整工作即大功告成，考虑 201 ____年的利润指标，还是要做适当地控制，但价格调整一定要有竞争力，预计放在比目前竞争产品售价略低的价位，新产品一定要占领原有在全国自然形成的高价位。

价格调整工作是非常重要的一步，是一个系统工程，它要靠一系列的调整动作来完成，困难是非常大的，但我们必须明确："调整可能会有风险，但不调整是绝对的风险！"在调整过程中，困难主要来自：

（一）现渠道中的库存产品，由于长期以来我们新型号上市都未做库存清空，渠道中的阻滞型号沉淀过重，而且一些代理商为年度返利存有大量库存。

（二）由于采取不回收、不补差，通过时间调整来完成价格调整，势必在一定时期内影响销量，而调整时间放在 6、7、8 月，正是销售淡季，出货量小，效果不容乐观。

（三）由于老产品新型号所采用的配件与现产品不同，势必有剩余库存，尽管已考虑出处（新疆等新市场），但没有十分把握。

价格调整的工作步骤：

（一）调整代理商的返利政策，刺激代理商销售，尽量使代理商的库存降低和合理进货并销售，适当通过非正常途径发布信息，模糊政策，最大限度地保证销量。

（二）制定统一的代理合同，规范今后的市场操作。对新加盟的代理商开始实施新政策。

（三）规范现有型号的统一性，生产老款新型号产品。

（四）研发____个新产品。试生产，正式投产。

（五）正式通知降价，同时实行新价格阶段供货制（即通知之日起____个月后，全国新的零售价正式启动，____个月为库存清空期。在此期间可以按新价格提货，但表示老产品已清空，公司协助部分分公司和代理商向已清空地区调货，最大程度消化库存）。

（六）启动全国统一价格体系运行。

第十二条　公关、广告策略

实际上，像我们这样的企业，应该是在制造产品的同时，还在制造名声，制造的产品让我们赚钱，而制造的名声让我们多卖产品。

制造名声就是塑造品牌，在塑造品牌的时候，既要做广告又要做公关，广告让消费者“买”我，公关是让消费者“爱”我，塑造品牌是让消费者先“爱”我，然后“买”我。

对于广告，我们必须明确这样一个观念：广告是一个投资过程而绝非消费过程。广告是企业无形资产的重要组成部分。在过去我们在思想意识中多多少少都存在着模糊意识，这样，代理商操作广告，使公司的品牌塑造和产品宣传的信息非常分散，同时，使一些代理商对广告费用理解为“返利”。

对 AB 广告目前存在的一些问题，我们首先要做的工作是统一对广告的认识，说服代理商包括我们自己将广告的使用交给专业人员，对广告的投入讲求“三性一度”，即真实性、有效性、系统性和配合度。

今后 AB 将全力以赴地塑造强势品牌形象，通过整合传播，勾勒出个性鲜明、形象记忆深刻的 AB 品牌形象，品牌对于一家现代企业来讲，它是高于一切的有效资源，亦是企业参与竞争的“通行证”。

在品牌构建工作中，我们必须完成一些基础工作，这些工作是需要投入大量的资金和成本的。从这些内容我们可以看出，在 201 ____年公司在这些方面的投入是巨大的，它们都是基础之基础，是企业长久发展的基石。在费用有限的情况下，我们主要是靠压缩以往广告支出中的不合理部分，通过发挥整合传播的威力和效果来“以小搏大”。

（一）制定 AB 品牌发展战略。

（二）设计、实施 AB 品牌系统。

（三）强化企业公共关系的工作。

（四）强化市场调研工作。

（五）科学、系统、有效的广告发布。

（六）调整公司企划部的职能和人员结构。

（七）实效促销（SP）是各市场终端的工作重点，201 ____年，公司的各项工作将向终端转移。

第十三条　售后服务策略

售后服务是公司品牌形象树立的工作之一，它是一个主动工作，我们必须改变原来在售后服务工作方面的“被动”思想；售后服务是一家企业的宣传、推广过程，它不是“责任”这个观念范畴，只有我们在思想方面认识明确，才能保证在工作方针制定和投入上的正确。

建立和实施统一标准的售后服务模式是公司提升品牌形象、提高品牌美誉度的关键。在这个意义上，售后服务的投入力度，应该高于广告投入。

目前，公司面临的主要问题是：没有统一标准的售后服务模式；现有售后服务管理人员素质低下和后备人才的匮乏；售后服务硬件投入不足。

在 201 ____年，在品牌基础工作完成之后，迅速规范售后服务模式，通过设计系统的售后服务软件，强行将公司的服务水平拉升至要求高度，整体模式将在 201 ____年全国战略重点城市首先推广实施。同时，提高售后服务管理人员的待遇，引进售后服务专业人才，强化管理，保证实施效果。

第十四条　营销监督稽查策略

在各项制度出台后，执行力度的检查工作就显得尤其重要，公司将成立营销稽查组织，采取定期和不定期、明察和暗访方式对公司营销机构的工作进行考察，结果将纳入对分公司经理的绩效考评结果，与分公司经理的薪资和分公司分红应该挂钩。201____年的考评重点是终端管理、售后服务、财务管理三个方面。

二、年度销售计划编制细则

第一条　确定年度目标

（一）销售额目标

1. 部门日销售额______元以上。

2. 每一名员工日销售额______元以上。

3. 每一名营业部人员日销售额______元以上。

（二）利润目标

全年实现利润______元以上。

（三）新产品的销售目标

全年实现新产品销售额______元以上。

第二条　制定销售工作基本方针

（一）本公司的业务机构，所有人员都精通业务，人心安定，有危机意识，能够有效开展销售活动。

（二）贯彻少数精锐主义，不论精神或体力都须全力投入工作，使工作朝高效率、高收益、高分配（高薪资）的方向发展。

（三）为加强销售机构的敏捷、迅速化，公司将大幅委让权限，使销售人员得以果断迅速决定。

（四）为达到责任的目的及确立责任体制，公司将贯彻重赏重罚政策。

（五）为了完善各类规定及规则，公司将加强各种业务管理。

（六）为促进零售店的销售，改革销售方式体制，将原有购买者的市场转移为销售者的市场。

将出击目标放在零售店上，并致力培养、指导其促销方式，借此进一步刺激需求的增大。

（七）设立定期联谊会，借此更进一步加强与零售商的联系。

（八）利用顾客调查卡的管理体制来确立零售店实绩、销售实绩、需求预测等的统计管理工作。

（九）检查与代理商关系，确立具有一贯性的传票会计制度。

（十）本方针之间的计划应做到具体实效，贯彻至所有相关人员。

第三条　制订业务机构改革计划

（一）内部机构

1. 各新体制下的业务机构，暂时维持现状，不做变革，借此确立各自的责任体制。

2. 在业务的处理方面若有不备之处，再酌情进行改善。

（二）外部机构

交易机构及制度将维持经由本公司→代理店→零售商的旧有销售方式。

第四条　制订零售商促销计划

（一）新产品销售方式体制

1. 将全国主力的××家零售商店依照区域划分，于各划分区内采用新产品的销售方式体制。

2. 新产品的销售方式是指每人各自负责____家左右的店，每周或隔周做一次访问，借访问的机会督导、奖励销售，并进行调查、服务及销售指导、技术指导等，借此促进销售。

3. 上述的××家店所售出的本公司产品的总额须为以往的____倍。

4. 库存量须努力维持在零售店为一个月库存量、代理店为两个月库存量的界限上。

5. 销售负责人的职务内容及处理基准应明确化。

（二）新产品协作会的设立与活动

1. 为使新产品的销售方式所推动的促销活动得以配合，另外又以全国各主力零售店为中心，依地区设立新产品协作会。

2. 新产品协作会的事业内容大致包括下列十项：

（1）分发、寄送机关杂志。

（2）赠送本公司产品的负责人员领带夹。

（3）安装各地区协作店的招牌。

（4）分发商标给市内各协作店。

（5）协作商店之间的销售竞争。

（6）分发广告宣传单。

（7）积极支援经销商。

（8）举行讲习会、研讨会。

（9）增设年轻人专柜。

（10）介绍新产品。

3. 协作会的存在方式是属于非正式性的。

（三）提高零售店店员的责任意识

为加强零售商店店员对本公司产品的关心，增强其销售意愿，应加强下列各项实施要点：

1. 奖金激励对策——零售店店员每次售出本公司产品则令其寄送销售卡，当销售卡达到____张时，即赠奖金给本人以激励其销售意愿。

2. 人员的辅导

（1）负责人员可利用访问时进行教育指导说明，借此提高零售商店店员的销售技术及加强其对产品的知识。

（2）销售负责人员可亲自站在店头接待顾客，示范销售运作或进行技术说明，让零售商的店员从中获得间接的指导。

第五条　扩大顾客需求计划

（一）广告计划

1. 在新产品销售方式体制确立之前，暂时先以人员的访问活动为主，把广告宣传活动作为未来所进行的活动。

2. 针对广告媒体，再次进行检查，务必使广告计划达到以最小的费用，创造出最大成果的目标。

3. 为达成前述两项目标，应针对广告、宣传技术做充分的研究。

（二）活用购买调查卡

1. 针对购买调查卡的回收方法、调查方法等进行检查，借此确实掌握顾客的真正购买动机。

2. 利用购买调查卡的调查统计、新产品销售方式体制及顾客调查卡的管理体制等，确实做好需求的预测。

第六条 营业实绩的管理及统计

（一）利用各零售店店员所送回的顾客调查卡，将销售额的实绩统计出来，或者根据这些来进行新产品销售方式体制及其他的管理。

1. 依据营业处所属的不同区域，统计××家商店的销售额。

2. 依据营业处所属的不同区域，统计××家商店以外的销售额。

3. 另外几种销售额统计须以各营业处为单位制作。

（二）根据上述统计，可观察各店的销售实绩及掌握各负责人员的活动实绩，各商品种类的销售实绩。

第七条 营业预算的确立及控制

（一）必须确立营业预算与经费预算，经费预算的决定通常随营业实绩做上下调整。

（二）预算方面的各种基准、要领等须加以完善成为示范本，本部门与各事业部门则须交换合同。

（三）针对各事业部门所做的预算、实际额的统计、比较及分析等确立对策。

（四）事业部门的经理应分年、季、月别，分别制定部门的营业方针及计划，并提出给本部修正后定案。

第八条 提高经理干部的能力水准

（一）本部与事业所之间的关系

1. 各事业单位负责人应将事业所视为一企业，以经营者的精神来推动其运作和管理（另外，本身也须经常参与研修）。

2. 事业经理需就营业、总务、经营管理、劳务、采购、设备等各方面，分年、季、月份制作提出事业部门的方针及计划。

3. 事业经理针对年、季及每月的活动内容、实绩等规定事项，提出报告。内容除了预算、实绩、差异、分析及反省之外，还须提出下一个年度、季、月份的对策。

4. 本部与营业所之间的业务管理制度应明确并加以修缮成为可依循的典范。

（二）事业所内部

1. 事业经理应根据下列九点，确立事业所内部日常业务运作的管理方式：

（1）各项账簿、证据资料等完备。

（2）各种规则、规定、通告文件资料完备。

（3）确立业务计划及规定。

（4）确立指示、命令制度。

（5）事务报告制度。

（6）书面请示制度。

（7）实施指导教育。

（8）实施巡视、巡回。

(9)确立会议制度。

2. 必须贯彻实施此管理制度,使其对销售和完成预算有直接贡献。

第九条　完善销售绩效考评机制

第十条　附则

本销售计划由销售部制订并实施,报营销总监审核、批准后执行。

三、销售方针计划书模板

□　主要销售商品及大量销售据点方针

第一条　本公司以销售大众性商品为主。为了大量行销,尽量以低价位、高质量为诉求。

第二条　今后将集中生产价格低廉且质感优良的实用品,并以此作为我们的主要商品。

第三条　我们不特别重视单纯性的流行品或时代尖端的产品。但是,仍多少会推出这种类型的尖端流行物品。

第四条　在选择销售据点时,以中型规模或中型以上规模的销售店为目标。小规模的店面行销方式,除特殊情况外,原则上不予采用。

第五条　关于前项的销售据点,在做选择、决定或交易条件的企划、事务处理时,都须确实慎重行事,这样才能巩固本公司的营业根基。

第六条　与销售店开始进行新的交易之前,须先提出检查,并依照规定做好调查、审议及条件的查核后才能决定进行交易。

□　受理订货、交货及收款等事务的方针

第七条　让销售的相关机构及制度朝向合理化,并得以提高受理订货、交货及收款等事务的效率。

第八条　销售人员在接受订货和收款工作时,必须和与此相关的附带性事务处理工作分开,这样销售人员才能专心做他的销售本务。因此,在销售方面应另订计划及设置专科处理该事务。

第九条　改善处理手续(步骤),设法增强与销售店之间的联系及内部的联络,提高业务的整体管理及相关事务的效率。尤其须巧妙地运用各种账表(传单、日报)来提高效率。

□　对外订货、与厂商的业务处理方针

第十条　进货总额中的____%用于对____制造公司的订货,其他则用于公司对外的转包工程。

第十一条　进货尽可能集中在某季节,有计划性地做订货活动。交易契约的订立除了要设法使自己有利外,也要让对方有安全感。

第十二条　进货时要设立交货促进制度,并按下列条件来进行计算;对于交货成绩

优良的厂商，将采取退佣方式处理，其规定如下：

(1)进货数量；

(2)交货日期及交货数量；

(3)交货迟缓程度及数量。

第十三条　为使进货业务能合理运作，本公司每月召集由各进货厂商、外包商及相关人员参加的会议，借此进行磋商、联络、协议。

□　与______制造公司的交易方针

第十四条　______制造公司与本公司之间的交易(包括与该制造公司目前正式交易的三家公司)，一概归与本公司作直接交易。

第十五条　本公司拒绝接受传票，一旦物品交于本公司就属于本公司的营业范围内。

□　交货的督促

第十六条　为督促货品能尽快进货，负责进货人员应每天到各厂商处照会联络，并督促对方按时交货。

第十七条　在处理对外订货事宜时应使用报表，记录材料名称、色调、产品样式、号码、尺寸、厂商号码，然后交给厂商(厂商的户头也应写入)。

第十八条　前项报表在发出订单时应一起附上，另外，还要贴在产品的箱子上，连同产品一起交给零售商和消费者。

四、销售目标管理办法

第一条　本销售目标根据销售方针和销售计划制定。

第二条　具体目标管理方案如下：

1. 每月第1～5天应达成当月销售目标的____%；

2. 每月第6～10天应达成当月销售目标的____%；

3. 每月第11～15天应达成当月销售目标的____%；

4. 每月第16～20天应达成当月销售目标的____%；

5. 每月第21～25天应达成当月销售目标的____%；

6. 每月第26～30天应达成当月销售目标的____%。

第三条　当年度计划变动时，须及时调整月别计划。

第四条　销售部须加强计划的落实管理，保证目标任务的完成。

第五条　营销过程如发生重大变故，须及时报告总经理。

五、销售计划审批制度

□ 总则

第一条　为加强本公司营销计划工作,提高营销质量,特制定本制度。

□ 营销计划内容

第二条　营销计划分年度营销计划和月度营销计划。

第三条　年度计划应包括营销环境分析、主要活动主题及活动范围、重点商品等。

第四条　月度计划应包括背景分析、活动主题、活动时间、活动范围、活动内容(包括公关活动和业务活动)、媒体宣传计划、费用预算。重大促销活动方案应上报集团审批后实施。重点活动包括地区集团的区域联动活动,各店的店庆活动、换季活动、黄金周及其他重要活动。

□ 上报时间

第五条　年度计划:于每年____月____日以前上报第二年的年度计划。

第六条　月度计划及重大促销活动方案提前一个月上报(如实际活动与上报计划不符,应在活动开始前补充上报)。

□ 上报方式

第七条　送至营销本部。

□ 上报程序

第八条　营销计划上报时要附上《某集团营销计划审批表》,营销本部将评审意见填上后一周内将审批表返还各店。各店要设专人负责计划上报工作,按时或提前上报。

□ 考核

第九条　集团对各店执行计划制度情况予以考核,并将此项工作列为年度营销工作总结评比的重要内容。

第三节　营销战略与计划管理实用表单

一、营销计划表(一)

表2-1　营销计划表(一)

外销部分　　　　　　　　　　　　　　　　　　　　　　　　＿＿年

客户名称	预计订购货品	1月	2月	3月	4月	5月	6月	1~6月销售额	估计毛利	备注
合　计										

二、营销计划表（二）

表 2－2 营销计划表（二）

年度　　　　月份

目次	产品名称	单位	内销			外销			合作外销			合计		
数量	单价	金额	数量	单价	金额	数量	单价	金额	数量	单价	金额	数量	单价	金额
合计														

审核　　　　　　　　　　　　填表

三、产品营销分析表

表2－3　产品营销分析表

______年____月____日

<table>
<tr><td rowspan="9">产品分析</td><td>质量类别</td><td colspan="3">说明</td><td rowspan="9">竞争状况分析</td><td>厂牌</td><td>价格</td><td>等级</td><td>质量</td><td>外观</td><td>服务</td><td>信誉</td></tr>
<tr><td>功　能</td><td colspan="3"></td><td></td><td></td><td></td><td></td><td></td><td></td><td></td></tr>
<tr><td>质量等级</td><td colspan="3"></td><td></td><td></td><td></td><td></td><td></td><td></td><td></td></tr>
<tr><td>外　观</td><td colspan="3"></td><td></td><td></td><td></td><td></td><td></td><td></td><td></td></tr>
<tr><td>耐久性</td><td colspan="3"></td><td></td><td></td><td></td><td></td><td></td><td></td><td></td></tr>
<tr><td>故障率</td><td colspan="3"></td><td></td><td></td><td></td><td></td><td></td><td></td><td></td></tr>
<tr><td>使用难易</td><td colspan="3"></td><td></td><td></td><td></td><td></td><td></td><td></td><td></td></tr>
<tr><td></td><td colspan="3"></td><td></td><td></td><td></td><td></td><td></td><td></td><td></td></tr>
<tr><td></td><td colspan="3"></td><td></td><td></td><td></td><td></td><td></td><td></td><td></td></tr>
<tr><td rowspan="9">价格</td><td>产品名称
成本项目</td><td></td><td></td><td></td><td rowspan="5">市场动态</td><td colspan="7" rowspan="5">1. 顾客评价
2. 顾客转变状况</td></tr>
<tr><td>原料成本</td><td></td><td></td><td></td></tr>
<tr><td>辅助材料成本</td><td></td><td></td><td></td></tr>
<tr><td>人工成本</td><td></td><td></td><td></td></tr>
<tr><td>制造费用</td><td></td><td></td><td></td></tr>
<tr><td>制造成本</td><td></td><td></td><td></td><td rowspan="4">评定</td><td colspan="7" rowspan="4"></td></tr>
<tr><td>期间费用</td><td></td><td></td><td></td></tr>
<tr><td>总成本</td><td></td><td></td><td></td></tr>
<tr><td>获利率</td><td></td><td></td><td></td></tr>
</table>

四、年度销售总额计划表

表 2－4 年度销售总额计划表

____年____月____日

项目	销售量计划	平均售价	销售总额计划
1. 过去年度本公司实绩			
2. 竞争对手实绩			
3. 损益平衡点基准			
4. 资产周转率基准			
5. 纯益率基准			
6. 附加价值基准			
7. 事业发展计划基准			
8. 决定计划			

五、月别销售比重分析表

表 2－5 月别销售比重分析表

____年____月____日

月别	3 年前实绩（百万元）	2 年前实绩（百万元）	1 年前实绩（百万元）	前 3 年合计（百万元）	月别比重（%）
1					
2					
3					
4					
5					
6					
7					
8					
9					
10					
11					
12					
年合计					

六、月别商品销售额计划表

表 2－6　月别商品销售额计划表

_____年____月____日

<table>
<tr><td colspan="3" rowspan="2"></td><td colspan="2">去年同月</td><td colspan="2">1月计划</td><td colspan="2">2月计划</td></tr>
<tr><td>销售比重(%)</td><td>销售金额</td><td>销售比重(%)</td><td>销售金额</td><td>销售比重(%)</td><td>销售金额</td></tr>
<tr><td rowspan="21">月总销售金额</td><td colspan="2">1. 小计</td><td></td><td></td><td></td><td></td><td></td><td></td></tr>
<tr><td rowspan="6">销售佳的商品群</td><td>（1）</td><td></td><td></td><td></td><td></td><td></td><td></td></tr>
<tr><td>（2）</td><td></td><td></td><td></td><td></td><td></td><td></td></tr>
<tr><td>（3）</td><td></td><td></td><td></td><td></td><td></td><td></td></tr>
<tr><td>（4）</td><td></td><td></td><td></td><td></td><td></td><td></td></tr>
<tr><td>（5）</td><td></td><td></td><td></td><td></td><td></td><td></td></tr>
<tr><td>（6）</td><td></td><td></td><td></td><td></td><td></td><td></td></tr>
<tr><td colspan="2">2. 小计</td><td></td><td></td><td></td><td></td><td></td><td></td></tr>
<tr><td rowspan="5">利润率高的商品群</td><td>（1）</td><td></td><td></td><td></td><td></td><td></td><td></td></tr>
<tr><td>（2）</td><td></td><td></td><td></td><td></td><td></td><td></td></tr>
<tr><td>（3）</td><td></td><td></td><td></td><td></td><td></td><td></td></tr>
<tr><td>（4）</td><td></td><td></td><td></td><td></td><td></td><td></td></tr>
<tr><td>（5）</td><td></td><td></td><td></td><td></td><td></td><td></td></tr>
<tr><td colspan="2">3. 小计</td><td></td><td></td><td></td><td></td><td></td><td></td></tr>
<tr><td rowspan="7">销售不佳且利润率亦不高的商品群</td><td>（1）</td><td></td><td></td><td></td><td></td><td></td><td></td></tr>
<tr><td>（2）</td><td></td><td></td><td></td><td></td><td></td><td></td></tr>
<tr><td>（3）</td><td></td><td></td><td></td><td></td><td></td><td></td></tr>
<tr><td>（4）</td><td></td><td></td><td></td><td></td><td></td><td></td></tr>
<tr><td>（5）</td><td></td><td></td><td></td><td></td><td></td><td></td></tr>
<tr><td>（6）</td><td></td><td></td><td></td><td></td><td></td><td></td></tr>
<tr><td>（7）</td><td></td><td></td><td></td><td></td><td></td><td></td></tr>
<tr><td colspan="3">合计</td><td></td><td></td><td></td><td></td><td></td><td></td></tr>
</table>

七、部门别及客户制销售额计划表

表2-7 部门别及客户制销售额计划表

______年____月____日

<table>
<tr><td rowspan="2">部门别</td><td rowspan="2" colspan="2">客户别</td><td colspan="2">去年同月</td><td colspan="2">1月计划</td><td colspan="2">2月计划</td></tr>
<tr><td>销售金额</td><td>销售比重(%)</td><td>销售比重(%)</td><td>销售金额</td><td>销售比重(%)</td><td>销售金额</td></tr>
<tr><td rowspan="5">1.×××分店</td><td>(1)A级客户</td><td>①
②
③
④
⑤</td><td></td><td></td><td></td><td></td><td></td><td></td></tr>
<tr><td colspan="2">小计</td><td></td><td></td><td></td><td></td><td></td><td></td></tr>
<tr><td>(2)B级客户</td><td>①
②
③
④
⑤</td><td></td><td></td><td></td><td></td><td></td><td></td></tr>
<tr><td colspan="2">小计</td><td></td><td></td><td></td><td></td><td></td><td></td></tr>
<tr><td colspan="2">合计</td><td></td><td></td><td></td><td></td><td></td><td></td></tr>
<tr><td rowspan="4">2.×××分店</td><td rowspan="2">(1)A级客户</td><td>①
②
③</td><td></td><td></td><td></td><td></td><td></td><td></td></tr>
<tr><td>小计</td><td></td><td></td><td></td><td></td><td></td><td></td></tr>
<tr><td rowspan="2">(2)B级客户</td><td>①
②</td><td></td><td></td><td></td><td></td><td></td><td></td></tr>
<tr><td>小计</td><td></td><td></td><td></td><td></td><td></td><td></td></tr>
</table>

八、销售费用计划表

表 2－8　销售费用计划表

_____年____月____日

<table>
<tr><th colspan="4" rowspan="2">科　目</th><th colspan="2">年度合计</th><th colspan="2">月</th></tr>
<tr><th>金额</th><th>销售比重(%)</th><th>金额</th><th>销售比重(%)</th></tr>
<tr><td rowspan="24">销售费用合计</td><td rowspan="8">1. 销售变动费用</td><td colspan="2">（1）销售佣金</td><td></td><td></td><td></td><td></td></tr>
<tr><td colspan="2">（2）运费</td><td></td><td></td><td></td><td></td></tr>
<tr><td colspan="2">（3）包装费</td><td></td><td></td><td></td><td></td></tr>
<tr><td colspan="2">（4）燃料费</td><td></td><td></td><td></td><td></td></tr>
<tr><td colspan="2">（5）促销费</td><td></td><td></td><td></td><td></td></tr>
<tr><td colspan="2">（6）广告宣传费</td><td></td><td></td><td></td><td></td></tr>
<tr><td colspan="2">（7）消耗品费</td><td></td><td></td><td></td><td></td></tr>
<tr><td colspan="2">（8）其他费用</td><td></td><td></td><td></td><td></td></tr>
<tr><td colspan="3">计</td><td></td><td></td><td></td><td></td></tr>
<tr><td rowspan="14">2. 销售固定费用</td><td rowspan="5">（1）销售人件费</td><td>①工资</td><td></td><td></td><td></td><td></td></tr>
<tr><td>②奖金</td><td></td><td></td><td></td><td></td></tr>
<tr><td>③福利费</td><td></td><td></td><td></td><td></td></tr>
<tr><td>④劳保费</td><td></td><td></td><td></td><td></td></tr>
<tr><td>⑤其他费用</td><td></td><td></td><td></td><td></td></tr>
<tr><td colspan="2">小计</td><td></td><td></td><td></td><td></td></tr>
<tr><td rowspan="7">（2）销售固定经费</td><td>①交通费</td><td></td><td></td><td></td><td></td></tr>
<tr><td>②交际费</td><td></td><td></td><td></td><td></td></tr>
<tr><td>③通信费</td><td></td><td></td><td></td><td></td></tr>
<tr><td>④折旧费</td><td></td><td></td><td></td><td></td></tr>
<tr><td>⑤修缮费</td><td></td><td></td><td></td><td></td></tr>
<tr><td>⑥保险费</td><td></td><td></td><td></td><td></td></tr>
<tr><td>⑦利息费用</td><td></td><td></td><td></td><td></td></tr>
<tr><td colspan="2">小计</td><td></td><td></td><td></td><td></td></tr>
<tr><td colspan="3">计</td><td></td><td></td><td></td><td></td></tr>
<tr><td colspan="4">合计</td><td></td><td></td><td></td><td></td></tr>
</table>

九、客户赊款回收计划表

表2-9　客户赊款回收计划表

_____年____月____日

月别	销售计划金额	回收计划			合计	客户赊款余额	回收率（%）	无法回收率（%）
		现金	90天以内票据	90天以上票据				
1								
2								
3								
4								
5								
6								
7								
8								
9								
10								
11								
12								

十、部门别盈亏管理计划表

表 2－10　部门别盈亏管理计划表

______年____月____日

部门别			1. 销售总额	2. 变动费用	3. 边际利益	4. 销售固定费用	5. 部门直接利益	6. 回收总额
销售部门合计		计　划						
		实　绩						
		达成率						
	本公司	计　划						
		实　绩						
		达成率						
	本公司第一科	计　划						
		实　绩						
		达成率						
	本公司第二科	计　划						
		实　绩						
		达成率						
	××分　店	计　划						
		实　绩						
		达成率						
	××网　店	计　划						
		实　绩						
		达成率						

第四节　营销战略与计划管理规范化细节执行标准

一、营销计划编制的方法

有两种进行计划的一般方法。从上到下计划方法指由高级或中级管理者根据公司的目标制订营销计划，再由业务经理（包括销售人员）去实施计划。与从上到下计划方法相对的是从下到上的计划方法，即下级职员在市场预测、竞争对手及顾客的信息收集和分析方面积极参与到计划的制订中。这样的计划过程和所利用的信息虽然还要受到高层职员的检查，但是在这样的计划体系中，低层的管理人员扮演着重要的角色。

这两种计划方法都有各自的特点。从上到下计划法的基本原理是，人员在组织中的地位越高，那么，这些人对公司经营中面临的问题看得越透彻。而像基层经理这样的人员则倾向于把竞争的舞台看作是他们自己的业务区域，而不必是国内的或者是国际的市场。从下到上计划体系的特点是所制订的计划的实施可能会更好，因为基层业务人员从一开始就参与计划的制订并负责计划的执行。

二、营销计划编制的原则

为了提高计划书撰写的准确性与科学性，应首先把握其编制的几个主要原则。

第一个原则：逻辑原则。计划的目的在于解决企业营销中的问题，按照逻辑性思维的构思来编制计划书。首先是设定情况，交代计划背景，分析产品市场现状，再把计划中心目的全盘托出；其次进行具体计划内容详细阐述；最后明确提出解决问题的对策。

第二个原则：简朴原则。要注意突出重点，抓住企业营销中所要解决的核心问题，深入分析，提出可行的相应对策，针对性强，具有实际操作指导意义。

第三个原则：可操作原则。编制的计划书要用于指导营销活动，其指导性涉及营销活动中的每个人的工作及环节关系的处理，因此其可操作性非常重要。不能操作的方案创意再好也无任何价值。不易于操作的方案也必然要耗费大量人、财、物，管理复杂，效率低。

第四个原则：新颖原则。要求计划的"点子"创意新、内容新，表现手法也要新，给人以全新的感受。新颖的创意是计划书的核心内容。

三、营销计划编制的基本内容

计划书按道理没有一成不变的格式，它依据产品或营销活动的不同要求，在计划的内容与编制格式上也有变化。但是，从营销计划一般规律来看，其中有些要素是共同的。因此，我们可以共同探讨营销计划书的一些基本内容及编制格式。

计划书的封面可提供以下信息：计划书的名称；被计划的客户；计划机构或计划人的名称；计划完成日期及本计划适用时间段。因为营销计划具有一定的时间性，不同时间段上市场的状况不同，营销执行效果也不一样。

计划书的正文部分主要包括如下内容：

（一）计划目的

要明确本营销计划所要达到的目标、宗旨，作为执行本计划的动力或强调其执行的意义所在，以要求全员统一思想，协调行动，共同努力保证计划高质量地完成。

如要做《长城计算机市场营销企划书》文案，应对企划书的目的说明得非常具体。首先强调 9000B 的市场营销不仅仅是公司的一个普通产品的市场营销，然后说明 9000B 营销成败对公司长远、近期利益，对长城计算机系列的影响的重要性，要求公司各级领导及各环节部门达成共识，完成好任务，这样就使得整个方案的目标方向非常明确、突出。

（二）分析当前的营销环境状况

对同类产品的市场状况、竞争状况及宏观环境要有一个清醒的认识。它是为制定相应的营销策略,采取正确的营销手段提供依据的。知己知彼方能百战不殆,因此这一部分需要计划者对市场比较了解,这部分主要分析以下几项。

1. 当前市场状况及市场前景分析

(1)产品现实市场及潜在市场状况;

(2)市场成长状况,产品目前处于市场周期的哪一个阶段上,对于不同市场阶段上的产品公司营销侧重点如何,相应营销策略效果怎样,需求变化对产品市场的影响。

2. 产品市场影响因素分析

主要是对影响产品的不可控因素进行分析,如宏观环境、政治环境、居民经济条件,如消费者收入水平、消费结构的变化、消费心理等。对一些受科技发展影响较大的产品,如计算机、家用电器等产品的营销计划中还需要考虑技术发展趋势的影响。

(三)市场机会与问题分析

营销方案是对市场机会的把握和策略的运用,因此分析市场机会就成了营销计划的关键。只要找准了市场机会,计划就成功了一半。

针对产品目前营销现状进行问题分析。一般营销中存在的具体问题,多表现为以下几方面:

1. 企业知名度不高,形象不佳影响产品销售;
2. 产品质量不过关,功能不全,被消费者冷落;
3. 产品包装太差,提不起消费者的购买兴趣;
4. 产品价格定位不当;
5. 销售渠道不畅,或渠道选择有误,使销售受阻;
6. 促销方式不好,消费者不了解企业产品;
7. 服务质量太差,令消费者不满;
8. 售后保证缺乏,消费者购后顾虑多等。

针对产品特点分析优劣势,从问题中找劣势予以克服,从优势中找机会,发掘市场潜力。分析各目标市场或消费群特点进行市场细分,对不同的消费需求尽量给以满足,抓住主要消费群作为营销重点,找出与竞争对手的差距,把握利用好市场机会。

四、营销目标制定工作标准

营销目标是在前面目的任务基础上公司所要实现的具体目标,即营销计划方案执行期间,经济效益目标达到:

总销售量为______万件,预计毛利______万元,市场占有率实现______%。

五、营销费用预算制定工作内容

这一部分记载的是整个营销方案推进过程中的费用投入,包括营销过程中的总费用、阶段费用、项目费用等,其原则是以较少投入获得最优效果。费用预算方法在此不再详谈,企业可凭借经验,具体分析制定。

第3章　准确定位
——财务部门工作职责与范围

第一节　市场调研与开发管理工作要点

一、市场营销信息管理系统的建立

市场营销信息管理系统如图3-1所示。

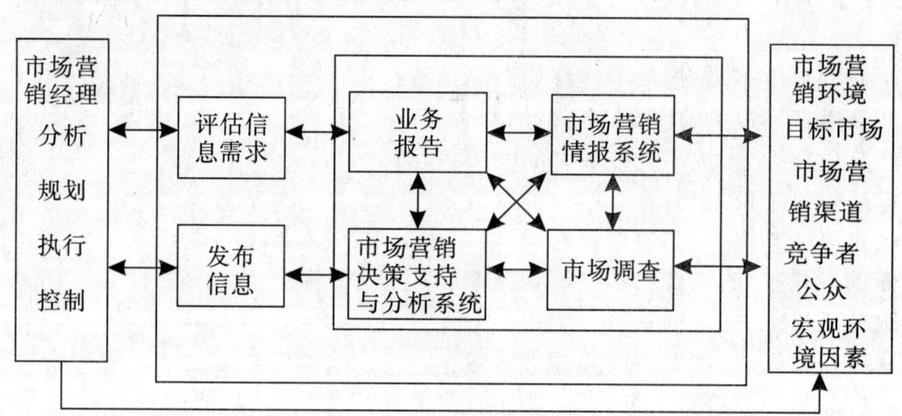

图3-1　市场营销信息管理系统

二、市场营销情报管理系统的建立

企业应采取以下措施来改进市场营销情报的质量和数量，构建适合自身经营特点的市场营销情报系统。

（一）训练和鼓励销售人员去了解和报告新的变化。

（二）鼓励分销商、零售商和其他经纪人把重要的情报报告企业。

（三）从外部情报源购买信息。

（四）建立内部的市场营销信息中心来收集和传递市场营销情报。

三、市场调查系统的建立

所谓市场调查，是指在商品或劳务从生产者到消费者这一过程中，对全部商业活动的资料、情报和数据，进行系统、客观、广泛且持续的收集、记录、分析、评价，并做出结论与建议，供企业经营决策者参考的一种活动。

市场调查活动十分繁杂，根据下列内容及相互关系，可以制成“市场调查系统图”，如图3－2所示。

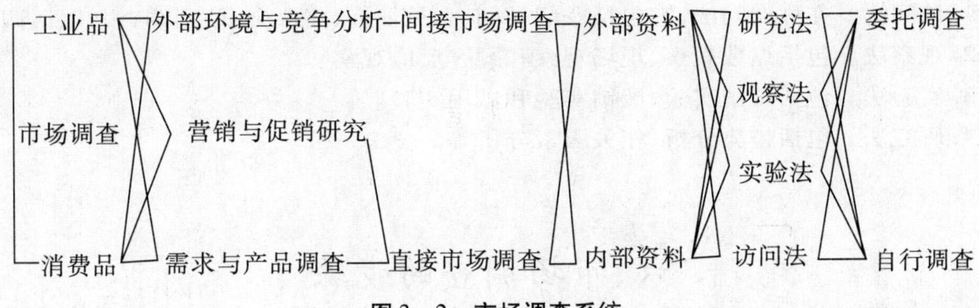

图3－2　市场调查系统

四、市场调查的内容

市场调查的内容主要包括以下七个方面：

1. 市场需求调查，包括需求结构、需求量、消费者分布与消费者特性调查。

2. 产品调查，包括产品构思、设计、开发与试验性调查；消费者对产品形状、包装、品味的偏好调查；现有产品的改进意见及竞争产品分析研究；产品新市场、新用途调查等。

3. 购买行为调查，包括消费者购买动机、购买行为和购买决策过程调查以及消费者购买特性研究。

4. 广告与促销调查，包括测量与评估商品广告与促销活动的效果，寻求最合适的促销方式与方法。

5. 销售调查，包括测量与评价现有营销方式、方法的效果，如渠道、价格、包装、商标等方面的效果和对企业营销战略的研究与评价。

6. 环境调查，包括对人口、社会、经济、政治、科技等环境因素进行调查，研究各种因素的未来变化以及对企业营销战略的影响。

7. 需求调查，对未来竞争格局及市场结构的前景做出预测，在竞争与市场需求的相互作用下，对企业产品的长期与短期需求趋势做出预测。

8. 促销调查，主要侧重于消费者对促销活动的反应，了解消费者最容易接受和最喜爱的促销形式，从而突出产品特征、吸引客户，争取潜在客户。

9. 分销渠道调查，主要包括：对批发、零售商的经营状况、销售能力的调研；配送中心规划的调研；物流优化组织的调研；如何降低运输成本的调研等。

五、市场调查的分类及方法

（一）市场调查的分类

市场调查可分为两类，一类是间接市场调查，它主要根据各种资料档案，通过归纳和演绎的方式，对某一市场调查课题做出研究；另一类是直接市场调查，即按事先设计的调查问卷，对市场进行实地调查。

（二）市场调查的方法

1. 访问法。亦称询问法，它包括登门访问、意见征询、座谈会、信函调查与电话调查。

2. 观察法。包括点数观察、现场观察和顾客反应观察。

3. 实验法。包括试销实验、展销实验和试用实验。

4. 研究法。包括趋势分析、相关因素分析等。

六、市场调查的步骤

（一）确定市场调查的目的与内容

1. 确定调查的目的。调查报告或调查结果的使用者与调查结果的执行者之间，事先必须达成共识，设定调查的范围与调查预期目标以及调查报告的提交日期。

2. 确定调查的内容。明确调查的内容，辨别是对产业结构还是经济环境变化进行研究。

3. 确定调查的要点。在此过程中要充分发挥想象力，并与相关人员进行讨论，形成相应的市场调查思路与框架。

（二）拟订市场调查计划

1. 详细列出各项调查目标，并排列出优先顺序。

2. 详细列出各种可能的资料及其来源。

3. 详细列出各类调查人员及所需知识、经验与能力并制订相应的培训计划。

4. 详细列出调查费用开支与成本控制计划。

（三）收集资料

1. 对各种资料的来源进行分析，对最重要的资料来源和各种可能的资料来源，做出必要的估计。

2. 收集资料，逐步由浅入深，由少到多，由一般性资料到专题性资料。

3. 注意资料之间的相互关系，捕捉有价值的资料。

（四）整理资料

1. 去掉不必要的资料，舍弃不可靠的资料。凡是与调查目的无关的资料或者是缺乏实质性内容的资料，以及不准确、过时的资料，均应予以剔除。

2. 对有价值的资料进行评价，必要时做出摘要同时检查资料中存在的错误，找出资料的出处或原始资料。

3. 将有效的资料整理成统一的形式，供进一步分析之用。

（五）分析资料

1. 对资料做出综合与分析，对各种资料所反映的“本质”与“现象”之间的内在联系，做出科学的解释。

2. 对各资料之间的矛盾或冲突，做出合理的解释。

3. 对资料进行逻辑性推理或归纳，从而对资料进行重组与调整。

4. 得出一系列合乎逻辑、合乎现实的结论。

5. 运用有关图表，再现结论和观点以及资料体系与结构。

（六）撰写调查报告

1. 按照结论的缓急轻重，分章节撰写调查报告提纲。

2. 报告内容力求简明扼要，切忌文不对题以及不必要的修饰词汇。

3. 认真核查所有数字与统计资料，务求准确。

4. 注意结论是否公正客观，是否前后一致，是否存在疏漏，论据是否充足，重点是否突出，语言是否准确等。

（七）调查报告书写格式

1. 调查题目。包括市场调查报告题目，报告日期，报告撰写人。

2. 调查目的。包括调查动机，调查要点，调查所要解决的问题，报告委托部门。

3. 调查结论。包括对调查问题做出的解答，调查涉及的重大问题、重大发现及其建议。

4. 调查附录。包括资料来源，详细列举调查说明资料与文献，所使用的统计分析方法。

第二节　市场调查与开发管理制度

一、市场调查管理制度模板

□　目的

第一条　为了搞好市场调查工作，对广泛的市场信息进行有效的管理，从而做出近乎实际的市场预测，特制定本制度。

□　组织与管理

第二条　市场调查工作由市场部会同有关科室参与，共同完成此项工作，直接向营销总监负责。

□　市场调查的主要内容

第三条　调查国内各厂家同类产品在国内外全年的销售总量和同行业年生产总量，

用以分析同类产品供需饱和程度和本企业产品在市场上的竞争能力。

第四条 调查同行业同类产品在全国各地区市场占有率以及本企业产品所占比重。

第五条 了解各地区用户对产品质量的反映,技术要求和主机配套意见,以提高产品质量,开发新品种,满足用户需求。

第六条 了解同行业产品更新及改进方面的进展情况,用以分析产品发展新动向。

第七条 预测主要产品在全国各地区及外贸销售量,平衡分配关系。此项工作由销售部在当年6月份前予以整理并做出书面汇报。

第八条 收集国外同行业同类产品更新技术发展情报,外贸对本企业产品销售意向,国外用户对本企业产品的反映及信赖程度,用以确定对外市场开拓方针。

□ 市场调查方式

第九条 重点调查和抽样调查。即对重点用户、各类型用户进行重点、抽样书面调查,征询对本企业产品质量及服务的意见,据此写出分析报告。

第十条 组织企业领导、设计人员、销售人员进行用户访问,每年进行一次,每次一个月左右,访问结束,填好用户访问登记表并写出书面调查汇报。

第十一条 销售人员应利用各种订货会等与用户接触的机会,征询用户意见,收集市场信息,写出书面汇报。

第十二条 收集日常用户来函来电,进行分类整理,需要处理的问题应及时反馈。

第十三条 不定期召开重点用户座谈会,交流市场信息。反映质量意见以及用户需求,巩固供求关系,发展互利协作,增加本企业产品竞争能力。

第十四条 建立并逐步完善重点用户档案,掌握重点用户需求的重大变化及各种意见与要求。

□ 资料处理

第十五条 市场调查用户预测所提供的各方面资料,市场部应有专人负责管理、综合、传递并与公司信息中心密切配合,做好该项工作。

□ 市场调查操作流程

第十六条 在实施调查以前,必须根据调查目的和调查内容,组织对调查人员的教育与培训。

第十七条 制订市场调查计划包括:

(一)调查问题的准备。

(二)调查用表的种类与形式确定。

(三)调查项目的确定。

(四)调查方法的选择,包括面谈、访问或邮寄调查。

(五)调查对象与调查样本确定。

第十八条 市场调查实施程序包括:

(一)市场调查由市场部主管负责,由市场调查室实施。

(二)年度调查方针,由市场调查室起草,董事会讨论,总裁决策。

(三)市场调查以年度调查方针为基础,把各项调查工作,分清轻重缓急,制订公司半年市场调查计划草案，上报市场部主管。

（四）市场调查对象有如下几种：

1. 一般消费者。

2. 批发商与代理商。

3. 零售店与特约门市部。

（五）市场部主管根据年度经营方针，对半年市场调查计划草案进行检查和修正，如有必要可以召开有关会议进行讨论，完善调查计划草案，再上报董事会。一旦总裁批准计划草案，由市场调查室全权负责市场调查工作。

（六）市场调查室主任可根据具体实施程序和计划方案，决定具体的调查计划和调查方法，推进市场调查。

第十九条　在对调查结果进行分析时，应注意下列问题：

（一）避免做出主观的判断，必须实事求是，以事实为依据。

（二）必须反复验证判断的正确性。

（三）必须注意有无例外情况，对可能存在的主要例外事件做出分析，避免判断失误。

（四）检查调查结果与事先假设是否一致。

（五）调查结果，包括调查资料，是否能对现实做出合理解释，与事实是否相符。

（六）不得以偏概全，随意推断，各结论都必须有可靠的事实证实。

第二十条　市场调查室可按以下程序，对市场调查结果进行分析与整理：

（一）对调查资料、调查结果或调查用表进行整理和初步分析，然后汇总或编辑成册。

（二）对所收集的调查资料进行分类、分项目分析研究，并结合原始记录或历史等数据资料，进行对比研究。

（三）对所收集的材料或调查资料的真伪、可行性和误差进行计算和分析。

第二十一条　市场调查室在征得市场部主管认可的前提下，撰写调查报告。调查报告一式多份，分送各部门，包括生产、销售、客户部等。

第二十二条　在必要的情况下召开调查报告发布会。发布会出席人员为总裁、总裁助理、市场部主管、研究开发部主管、销售部各级负责人。发布会由市场部主管主持并做报告，倾听各方意见。

□　市场调查的注意事项

第二十三条　不管调查的目的和规模如何，实施的方法一定要有细密的计划。

第二十四条　尽量以最少的费用、时间、人数来完成调查。

第二十五条　在预备调查或正式调查期间，如发觉没有继续调查下去的必要时，应即停止调查，不要碍于面子而拖延。

第二十六条　尽量利用既有资料和实地调查的资料。

第二十七条　必须确实地整理调查的内容与严格提出报告的日期。

第二十八条　负责调查者应使调查的结果能够有效地运用。

第二十九条　调查结果应尽量予以运用，不可随便否定或忽视。

第三十条　不要轻易地完全相信对方所说的话，必须先调查该机构的能力、实绩、信用等问题；负责市场调查的销售经理，应亲自去调查。

第三十一条　调查前的商讨要能充分协调。本身的要求及希望应据实提出，调查结论如不完整时，应重新调查。

□ 附则

第三十二条　本制度由市场部制定，经批准后执行。

二、市场调查报告编制细则

（一）市场调查报告概述

1. 市场调查报告的概念

市场调查报告是将由市场收集到的市场营销方面的情报信息，以科学的方法进行整理分析，并做出较为公允的结论，以便为市场营销提供切实可行的决策依据。

2. 市场调查报告的适用范围

市场调查报告的目的在于：准确确定市场对产品的需求，把握产品的竞争形势；提出产品的设想报告，为新产品的开发设计提供必要的信息；收集分析产品在用户或消费者中的反映，为进一步改进设计、制造和管理提供线索。

（二）撰写市场调查报告的流程

1. 步骤

市场调查报告的写作，必须采取适当的形式，运用多种写作方法，提高市场调查的质量。其具体做法如下：

（1）设计调查提纲

提纲包括调查的目的、对象、范围，调查的参与人员，调查的起止时间以及所采用的调查方法。设计调查提纲是很严谨的工作，提纲设计得好，为后面的调查就打好了基础。

（2）确定参与调查的人员

参与调查的人员要有代表性，有一定的工作经验，并在特定的领域中有专业知识和业务能力，最好也能适当聘请一些权威人士，以便对市场调查的项目作高屋建瓴的指导。

（3）收集整理资料

收集资料包括在调查工作中得到的原始材料，开会、座谈的记录，参观访问的记录，有关方面提供的或有关人士撰写的材料等。一份资料可以做一份提要，提要的内容既可以是典型突出的事例，又可以是对这份材料的评价，提要须简洁概括明晰，便于选择。

整理资料是对资料做去粗取精、去伪存真的选择，根据调查的目的及实际情况对资料进行归纳分类，筛选剔除，为撰写市场调查报告准备和提供充足的第一手资料。

（4）选择市场调查的方法

市场调查的方法有多种，通常比较多见的有普遍调查、抽样调查、典型调查和重点调查。在市场调查的具体实践中，运用比较普遍的具体方法有观察法、询问法、实验法和资料收集法四种。

2. 方法

市场调查报告一般包括标题、前言、正文、结尾四个部分。

（1）标题

市场调查报告的标题，应根据市场调查的目的、内容、范围等项目来拟定。通常情况下，标题直接揭示市场调查的内容。还有的标题包括写作市场调查报告的单位、时间和范围。无论采用什么样的标题，都要揭示市场调查报告的信息内容，做到用词精确，醒目简练。

（2）前言

前言，是对市场调查的简单说明，前言是否得体，对整个市场调查报告起着重要的作用。前言主要说明调查的目的、对象、范围，有时还要说明调查了多长时间，采取了哪些方法，抽样统计有多少，抽样是怎样选择的。

（3）正文

市场调查报告既要反映市场调查的基本情况，又要表明调查者的观点和建议，写作时应根据材料来安排层次，依序而言。其结构要根据调查的目的、内容、范围以及事情的繁简来决定。

（4）结尾

市场调查报告一般都要用简要说明来结束全文。所谓简要说明，即是说明那些在正文里没有谈到而应该附带说明的问题，或是一些在正文里没有涉及，但又对市场调查报告有一定影响的重要情况，或是本报告之外的一些其他材料和典型事例，或是一些统计数据和附件等，均可视需要置于结尾中一并交代。结尾之后签注上作者的单位和姓名及写作时间。

3. 注意事项

（1）要如实反映情况

市场调查报告要从客观实际出发，如实反映调查情况，内容应具体详细，真实可靠，结论必须建立在大量的第一手资料和辩证地分析研究的基础之上，表述准确严密，富于逻辑性，力避掺杂调查者的主观色彩。

（2）要详略得当

描述调查情况应选取最能说明问题的典型事例和有代表性的数据，既注意面上的情况，又突出点上的问题。

（3）要讲求时效

市场调查报告具有很强的时效性。

三、消费者调查报告编写细则

（一）消费者调查的要领

何时调查、什么目的、何种对象、以什么方法来实施等计划的建立。然后将其具体的策略做检查分析，收集资料的工作。最后再将收集得来的资料做整理，写成报告书。

（二）消费者调查的进行

对于个人调查的实行，各调查员如果提出不关联的问题的话，回答者将会作各种不同想法上的判断，问题的规格必须做到统一。

1. 调查监督员和调查员开协商会议，统一调查目的、调查方法、问题事项、回答书回收时间等，并统一各个调查行动。

2. 调查员。

(1)调查员应对问题内容做好理解,安排好问题顺序。

(2)调查员要了解掌握要调查地区的地图、交通工具、调查对象的在家时间等,以便达到花最少的时间、精力,而收获最大的成效。

(3)准备调查用的印刷物。

(4)实际调查时,要做到不看问题书,也能很顺利地将问题问完。

3. 以上各项准备完成后,才能在实际中实行,其方法依下列各要领:

(1)接近方法

①不能像是在审问犯人似的提问,也就是说,要保持尊重的态度。

②首先考虑初见面的问候,给人好的第一印象,并有自信。

③在人群当中,有配合调查的人,也有不配合的人,更有反对排斥的人,对于各类人等要随机应变,将调查工作做好。

(2)提问的方式

①从第一个问题就可知道其对调查的主题有多少的关心度或者多少的知识,所以问题应该是平易的、自然的。

②让对方在不知不觉之中,进入调查的主题。

③不对问题的内容作说明。

④依问题书的问题顺序发问。

⑤问题以外的事项不作交谈。

⑥问题书里的问题,一题不漏地问完,对问题不做自身的考虑,否则会影响对方的回答。

4. 对方如果说得太离题时,应将其拉回主题上面,并注意说话技巧。

5. 不和对方争论。

6. 如果是对问题做了不适当的回答时,自己应判断其说话的态度,包括真实性等,而转向下一个问题。

7. “不知道”回答时,在任何调查中都占有10%左右,这是很普通的事,但却可从中判断出教育的普及程度、常识的程度等,不可轻率地处理。

8. 如果有模棱两可的回答时,应引导其“在原则上同意吗”等的回答。

9. 如果是使用卡片的情况,在对方书写时不可凝视,使对方能在正常情况下顺利地写完,并且将时间定为10分钟左右。

(三)记录的处理

1. 一般当自己的回答被作记录时,都是比较不经思考的问题回答,也有因为被记录,而不愿回答的人,所以向对方说明其回答是绝对保守秘密的,取得其理解。

2. 如果被调查人因记录而拒绝回答的时候,就应该放弃记录,而将其记在脑中,一旦离去后,速作记录。

3. 如果对作记录不反对的话,可以将问题书拿出,表示调查员并不会加入个人意见,而将其回答依样记入。

4. 选择性回答的记录处理。

5. 自由性回答的记录处理。

前面的问题应向对方说明其宗旨,取得理解后,再要求回答。

6. 确实听取所说的话,并迅速确实地记录。

7. 避免漏掉记录。

努力地要求回答，对方也很诚意地回答，却因调查员的不注意，而漏掉记录，所有努力都是白费了，造成调查的不正确，这是调查员的大失误。

8. 个人的自身事项。

男女性别、职业种类、年龄、生活程度、家族关系、教育程度、财产关系等，要做好记录，并严守秘密。

9. 面谈结束后，应对占用了对方宝贵的时间表示歉意并感谢，并保证绝对保密，并希望将来能再协助。

10. 依照上列事项，调查大概终了，但调查员的工作并不是到此为止，在当天不可疏忽做下列的整理。

(1)整理回答卷。

(2)作回答者的观察记录。

(3)整理调查对象表。

四、竞争对手调查报告编写细则

(一)从竞争者的动向来把握情报

1. 虽然是没有什么变化的事情，如果仔细作分析的话，将会有一些深入的发现。

2. 对竞争者的信用调查。

3. 对竞争者保持密切地接触，依几个已知的要素来作推测。

(二)从竞争者营业状态中抓住情报

1. 营业状态是经营实态把握的第一步，这是很容易从外观上抓住的。

2. 判断营业状态的基准，大致可区分为：

(1)营业情况。

(2)与交易往来户的关系。

(3)交易条件、支付情况。

(4)与交易往来银行的关系和评价。

(5)业绩现状等。

(三)从竞争者会计方向来抓住情报

1. 要从会计上来抓住情报的话，前提就是要能拿到损益表。

2. 设法使竞争对手展示自己的经营策略。

3. 在此之前，交易开始时即应确实将损益期中的损益表的交付明确订立规则。所有的成员，都应有此概念来执行。

4. 如果不能拿到损益表，也可从许多情报中来做推测。

5. 如果支付期间是长期性的话，必须要有周密的检查追踪。

6. 在平常，就要做到严格地检查计算错误，而且要确实遵守已约束的支付条件。

7. 以损益表为基准，进行财务比率分析和损益表的分析。

(四)分析竞争者资产状态，获得情报

1. 从借贷报告表中可得知资产有流动资产和固定资产，固定资产可分为有形固定资产、无形固定资产、投资等。

2. 如果能拿到财务报表的话，就可以从数字上来作判断。

3. 从外表唯一可以衡量的事物就是商品的库存量。不但要看实际的库存量，亦要检查其入货、出货的情况。

4. 分析竞争对手是否有其担保的抵押品。

（五）竞争对手调查适用表格（略）

五、市场调查细则

第一条　总则

为了使本公司及时掌握市场情况，有效地开展广告宣传工作，收集和整理计划制订所需要的各种材料，展开有效而适宜的市场调查，规范市场调查业务的内容和方法，特制定本规程。

第二条　组织

本公司市场调查由广告宣传部市场调查室主管，有关部门应予以通力合作。

第三条　决策

由市场调查室制定市场调查实施方案，上报广告宣传部计划委员会决定。

第四条　调查方法

市场调查方法根据具体情况和具体计划来确定。原则上采用常规方法。

第五条　市场调查报告书

市场调查报告书不得擅自向其他公司公开和透露。市场调查报告书由市场调查室起草或撰写，其具体内容如下：

1. 调查目的。

2. 调查方法。

3. 调查对象或调查对象分组情况。

4. 调查规模。

5. 调查项目。

6. 面谈调查。

7. 抽样调查。

8. 调查用表。

9. 其他与调查有关的情况与结果。

第六条　报告书附件

由市场调查室撰写或编辑附件，附件内容不限。一式若干份，分送各分部门或分公司，作为研究资料。

第七条　销售记录分析

在过去的记录的基础上，对商品的需求变化趋势进行比较分析，以指导未来的经营。需要分析研究的资料如下：

1. 营业旬报。

2. 营业月报。

3. 营业概况。

4. 收支实际情况表。

5. 经费开支报表。

6. 未承兑票据明细表。

7. 承兑票据明细表。

8. 银行往来账户明细表。

第八条　销售活动调查

对销售活动的调查，主要包括以下事项：

1. 对本公司在同行业中的地位进行调查。

2. 测定推销能力与效率。

3. 测定各地区市场潜力。

4. 计算各商品的销售量。

5. 计算或测算目标市场与结构容量。

第九条　流通渠道调查

对销售机构，包括零售、批发部门进行详细调查，研究流通渠道以及本公司在流通渠道上的障碍，进而确定本公司流通渠道的长度与覆盖面。

第十条　销售费用分析

在市场调查基础上，计算各项销售开支与费用，并确定合理的费用开支额度。

第十一条　消费者调查

对消费者的调查主要包括：

1. 消费者地域人口分布。

2. 消费者受教育程度。

3. 消费者购买力情况（收入阶层情况）。

4. 消费者价值倾向调查。

第十二条　大宗消费者调查

对大宗消费者或主顾，进行以下项目调查：

1. 对公司、厂家以及其他企业单位进行调查。

2. 对政府部门、社会团体等事业单位进行调查。

第十三条　商标地位调查

对商标地位的调查分析主要有以下项目：

1. 对同行或同类商品商标的变化情况、变化地点以及变化时间，进行系统调查。

2. 调查经销单位对商标的意见。

3. 倾听消费者对商标的意见。

第十四条　批发部门调查

对批发部门进行如下调查：

1. 批发部门的地理位置调查。

2. 批发部门的经营方针和政策调查。

3. 批发部门的经营状况和经营条件调查。

4. 批发部门的市场占有率或覆盖面调查。

5. 批发部门的财务方针、习惯和信誉调查。

第十五条　产品与包装调查

产品与包装的调查分析，主要包括以下几个方面：

1. 寻找或发现商品的新需求或新用途。

2. 对消费者所喜欢的外观包装进行调查。

3. 对新产品开发方向和内涵进行研究和探索。

4. 寻找流通中不良品产生的原因。

5. 对消费者的质量评价进行调查。

第十六条　舆论调查

为了弄清公司内外的舆论倾向，需要对下列项目进行调查。

1. 对公司经营的评价。

2. 测评公司的公关工作的效果。

3. 对公司商品销售地域的舆论进行调查。

4. 测评公司与交易伙伴的公关效果。

第十七条　市场动态分析

对市场动态分析的内容是：

1. 一年以上的长期分析（预测）。

2. 一年以下的短期分析（预测）。

3. 其他必要的财政、金融和贸易市场趋势分析（预测）。

第十八条　价格调查

在新产品定价时，事先应进行价格方面的调查：

1. 一般物价的涨落趋势。

2. 与代用商品的价格关系。

3. 竞争商品的价格调整趋势。

第十九条　批发市场调查

对批发市场的调查范围如下：

1. 进货（供货）关系。

（1）年供货量、供货额增长率。

（2）供货企业、供货地区的供货量比例。

（3）各供货企业、供货地区的供货额比例。

2. 支付方式，包括预付、现付和其他支付方式的比例，现金支付的比例。

（1）批发商的进货期、进货间隔期、间隔期的长短。

（2）批发商与供货企业的关系，有无特殊关系，关系如何。

3. 销货（批发）关系。

（1）各购货商业机构购货额比例。

（2）各购货商业机构、购货地区的货量比例。

（3）年购货量、购货额增长率。

（4）货款回收方式，货款回收周期长短。

（5）利润率变动情况。

（6）购货方式以及各种购货方式（如上门订货、通信订货和现货交易等）的比例。

（7）呆账比率、增长率。

（8）退货比率、增长率。

(9)与购货商业机构的关系，有无特殊关系，关系如何。

4. 经营状况。

(1)广告宣传的方法。

(2)广告宣传费占销售收入的比率，以及比率的增减情况。

(3)商品周转率或商品周转速度。

(4)营业开支情况。

(5)月平均库存情况，包括库存增减趋势，各商品库存增减趋势。

第二十条　一般消费者调查

一般消费者调查的内容包括：

1. 消费者的实际情况，包括职业、年龄构成、收入等。

2. 消费者的态度、价值观、意识以及舆论倾向。

3. 购买动机和购买方式。

4. 对广告宣传的态度，包括对各种广告宣传媒介，如电视、广播、报纸杂志的态度。

第二十一条　通过零售商调查

通过零售商可以了解下列消费情况：

1. 在该地区、该商店的销售量。

2. 对本公司商品的质量、价格有何评价与希望。

3. 有关该地区消费者需求倾向，以及广告宣传的问题和消费问题。

第二十二条　零售店调查

对零售店需就下列问题进行调查：

1. 与批发商的关系，包括从哪家批发商购进商品，与批发商的地理联系如何，对方是否负责运送。

2. 零售店所处的地域是住宅用地还是商业用地或者是工业用地。

3. 与生产厂家的直接联系如何，生产厂家提供何种便利，成立何种机构从事这项工作。

4. 零售店的规模大小，是新店还是老店，销售收入是多少，商品周转率和利润率水平是否稳定。

5. 在店面的宣传，包括特价销售、有奖销售和宣传品等，存在什么问题，舆论评价如何。

6. 零售店的有奖销售规模有多大，奖酬有多高，有多少人关注。

第二十三条　网络代理商或加盟店的调查

1. 该店的销售量。

2. 该店对本公司的产品质量、售后、物流等方面的反馈。

3. 该店商品周转训练场和利润训练场水平是否稳定，是否有固定消费群。

4. 该店做过哪些产品宣传，存在什么问题，消费者评论如何。

第二十四条　调查员的教育培训

在实施调查以前，必须根据调查目的和调查内容，组织对调查员的教育与培训。

第二十五条　调查结果分析

在对调查结果进行分析时，应注意下列问题：

1. 避免做出主观的判断，必须实事求是，以事实为依据。

2. 必须反复验证判断的正确性。

3. 必须注意有无例外情况，对可能存在的主要例外事件做出分析，避免判断失误。

4. 检查调查结果与事先设想是否一致。

5. 调查结果，包括调查资料，是否能对现实做出合理解释，与事实是否相符。

6. 不得以偏概全，随意推断，各结论都必须有可靠的事实支持。

第二十六条　市场调查计划

市场调查计划的内容有：

1. 调查问题的准备。

2. 调查用表的种类与形式确定。

3. 调查项目的确定。

4. 调查方法的选择，包括面谈、访问或邮寄调查。

5. 调查对象与调查样本确定。

第二十七条　市场调查实施程序

市场调查实施程序包括：

1. 市场调查由广告宣传部主管负责，由市场调查室实施。

2. 年度调查方针，由市场调查室起草，董事会讨论，总裁决策。

3. 如果经营部和制定部需要对市场进行调查，必须向广告宣传部提出方案，方案一式两份。

(1)调查方案正本经市场调查室主任转交广告宣传部主管；副本直接提交调查室主任。

(2)调查方案每六个月为一期，即每年的2月和8月末，向市场调查科提交。在特殊情况下，可根据情况，临时向市场调查科提交。

(3)调查方案副本，待市场调查室的调查计划草案被批准后，返回经营部，以备联系、协调之用。

4. 市场调查以年度调查方针为基础，把各项调查工作，包括经营部的调查方案进行整理，分清轻重缓急，制定公司半年市场调查计划草案，上报广告宣传部主管。

5. 市场调查对象如下：

(1)一般消费者。

(2)批发商与批发机构。

(3)零售店(网店)与特约门市部。

6. 广告宣传部主管，根据年度经营方针，对半年市场调查计划草案进行检查或修正，如有必要可以召开有关会议进行讨论，完善调查计划草案，再上报董事会。一旦总裁批准计划草案，由市场调查室全权负责市场调查工作。

7. 市场调查室主任可根据具体实施程序和计划方案，决定具体的调查计划和调查方法，推进市场调查。

8. 市场调查室可按以下程序，对市场调查结果进行分析与整理：

(1)对调查资料、调查结果或调查用表进行整理和初步分析，然后汇总或编辑成册。

(2)对所收集的调查资料进行分类、分项目分析研究，并结合原始记录或历史等数据资料，进行对比研究。

(3)对所收集的调查结果或调查资料的真伪、可靠性和误差进行计算和分析。

9. 市场调查室在征得广告宣传部认可的前提下,撰写调查报告书。调查报告一式多份,分送各部门,包括制造、销售、总务以及广告宣传部主管指定分送的部门负责人。

10. 在必要的情况下,召开调查报告发布会。发布会出席人员为总裁、总裁协理、广告宣传部主管、研究开发部主管、经营销售部各级负责人、制造部各级负责人、总务部主管。发布会由广告宣传部主管主持并做报告,倾听各方意见。

六、个人市场调查细则

□　个人调查的主要项目

先研究调查时间、调查目的、调查对象、调查方法等问题,然后再将其具体的策略进行检查分析,收集资料的工作完成后再整理资料,形成报告书。

□　个人调查的开展

对于个人调查的开展,各调查员如果使用不关联的问题,报告者将会进行各种不同的判断,因此问题的规格必须做到统一。

第一条　调查监督员和调查员召开协调会议,将调查目的、调查方法、调查事项、回答书回收时间等充分协调,并对各项调查一致行动。

第二条　调查员的职责

1. 调查员应对问题内容加以理解并确定问题顺序。

2. 研究要调查地区的地图、交通工具、调查对象等问题,力求投入最少的时间精力收获最大的成效。

3. 准备调查用的印刷品。

4. 在进行实际调查时,要做到不看问题书也能顺利地提问。

第三条　以上各项准备完成后,才能进行个人调查,其方法主要有:

1. 接近方法

(1)不得采取审问式的发问方式,要充分尊重问题回答者。

(2)提前设计初次见面的问候,给人良好的第一印象。

(3)调查时无论对方配合与否,都要随机应变,将调查工作做好。

2. 提问的方式

(1)从第一个问题就可知道回答者对调查的问题有多少关心度或者多少的知识,因此问题应该尽量平易自然。

(2)使对方在不知不觉之中,进入调查的主题。

(3)不对问题的内容进行说明。

(4)按照问题书的问题顺序发问。

(5)不问与主题无关的问题。

(6)问题书里的问题应全部问完。

第四条　当对方的回答太离题时,应将其拉回主题,并注意表达技巧。

第五条　不和对方争论。

第六条　如果回答者对问题做了不适当的回答，自己应判断其说话的态度、真实性等，然后转向下一个问题。

第七条　对于“不知道”的回答，不可轻率加以处理。

第八条　如果有模棱两可的回答，应引导其回到“在原则上同意吗”等的回答上来。

第九条　如果使用卡片，在对方书写时不可凝视，以便使对方能顺利填写，其时间应定为10分钟左右。

□　调查员

第十条　遵照调查监督者的指示，忠实地实行调查事项。

对于回答偏向一方，在无意识的情况下造成的错误，不能完全达成调查目的等事项，要尽量避免。

第十一条　有较强的判断力和理解力。

调查员在进行调查时，要随时做出正确的判断和理解。

第十二条　具有丰富的常识。

调查员必须要有丰富的常识，如果缺乏常识，就不能得到正确而满意的调查结果。

□　记录的处理

第十三条　要向对方说明对其回答是绝对保密的，以便取得其信任。

第十四条　如果因记录而导致对方拒绝回答，就应该放弃记录，而将其谈话内容记在大脑里，离去后再做记录。

第十五条　如果对方并不反对记录，可以将问题书取出，表示调查员并不会加入自己的意见，而是要将回答忠实记录。

第十六条　确实听取被调查者所说的话，并迅速确实地记录。

第十七条　避免漏掉记录。调查员不可因疏漏而造成调查不准确。

第十八条　对于对方的性别、职业种类、年龄、家族关系、财产关系、教育程度等，均要做好记录，并严守秘密。

第十九条　调查结束后，应对被调查者表示谢意。

第二十条　依照上列事项，在当天还应进行下述整理工作：

1. 整理问卷。

2. 进行回答者的观察记录。

3. 整理调查对象表。

4. 撰写当日的报告书，向调查监督者报告。

七、面谈市场调查细则

第一条　接近的方法

1. 不能以审问人的态度进行提问，而应该不卑不亢，保持绅士风度。

2. 注意礼仪，保持自信。尤其在最初接触的一瞬间，给人留下好印象，注意见面时打招呼的方式方法和用语，力求自然得体。

3. 要掌握随机应变的能力，在众多人之中迅速判断出哪些是富有诚意、热情和容易合作者；哪些是不容易对付或难以合作者。

第二条　提问的方法

1. 万事开头难，注意提第一个问题的意义和重要性。要从第一问中迅速判断出被调查对象的认知能力和兴趣所在。

2. 逐步引导被调查对象紧紧扣住主题进行回答。

3. 不要代替被调查对象回答或解释所提问题。

4. 不要在调查主题外的事情上兜圈子、浪费时间。

5. 按调查问卷内容和顺序进行提问。

6. 在一些回答不尽如人意时，不要纠缠，要依靠自身的判断力做出合乎客观的修正，以维持良好的面谈气氛。

7. 在遇到对方喋喋不休时，不要显得不耐烦，也不要武断地打断对方说话，而应该机警地把问题引向深入。

8. 不要与对方展开某个问题的讨论。

9. 在答非所问的情况下，可根据对方的语言措辞以及所显示的态度，进行正确判断，不慌不忙地把问题引向深入。

10. 在对方回答说“不知道”时，不要草率从事，简单了之。

11. 如果对方回答问题附带各种假设或条件，必须努力摘除对方擅自附加的假设条件，让对方谈出真实感受与想法。

12. 在对方说话吞吞吐吐，或者一时回答不上来时，可以暂时让对方回答下一个问题，以免谈话出现冷场或僵持。

第三条　记录的方法

1. 一般来说，谁都讨厌或不希望自己的即席发言被他人记录下来，因此，在必须作记录的情况下，应该强调并告诉对方调查的目的是什么，告诉对方严守秘密的原则，打消对方的顾虑。

2. 如果对方依然紧张或拘束，那只能停止记录，在谈话结束之后，立即凭瞬时记忆追记面谈主要内容。

3. 如果对方并不在意记录的话，调查员可以利用调查问卷，逐字逐句地做好记录。

4. 尽可能采用要点记录的方法，抓住对方回答中的要点和主要内容做好记录。

5. 调查员做好记录的必要前提是，对所提问题的内容、价值和意义十分明确，并能运用尽量少的语言准确地表达出来，让对方听明白，理解所提问题。

6. 避免记录失误或重要方面遗漏与疏忽。好的调查员应该是一位好的听众，能够迅速把握对方的谈话思路，把握对方的表达特点。

7. 调查员必须尊重对方的隐私权，对性别、年龄、收入、家庭成员、文化程度、财产关系、健康状况等记录严守秘密。

8. 面谈结束后，必须表示感谢，并表示对所谈内容会严加保密，让对方释怀。

9. 面谈结束，并不意味着调查工作结束，调查员必须在第二天及时对面谈内容进行整理：

(1)整理调查问卷；

(2)撰写成文的谈话记录；

(3)整理被调查对象名录;

(4)撰写报告书,并于面谈结束后第三日呈交调查监督员。

第四条　调查员资格

1. 调查员必须能够服从调查监督员的指示与命令,忠诚地实行调查事项,保证做到兢兢业业、集中精力,圆满完成调查任务。

2. 调查员必须是一位能引起他人好感,或者能给人以亲切感与热情感的人,易取得被调查对象的信任与合作。

3. 调查员应该具有涵养和忍让精神。调查不是单纯的提问,也不是与对方讨论问题,最重要的在于倾听,要能够容忍对方的傲慢、批评、议论和品头评足,并且能心平气和地引导对方紧扣主题回答问题。

4. 调查员应该善于同各类人打交道,能与各种人真诚相处。

5. 调查员应该具备正确的判断力和理解力。

6. 调查员必须具备丰富的常识,善解人意,懂得人之常情。这样才能不困惑、从容不迫,圆满结束面谈。

第五条　调查表填写要点

1. 调查目的。

企业间竞争日趋激烈,对企业经营管理提出了更为苛刻的要求;为了建立确实可靠的经营方针和措施,必须尽可能详尽而具体地对营销现场做出调查。

2. 注意事项。

(1)填写尽可能实事求是,力求客观、真实和及时。

(2)必须注明填写日期和时间,资料的时间性是十分重要的。

(3)如果没有足够的时间观察并填写,可以采用"瞬时观察法",事先规定一个观察间隔时间,每一小时或每两小时观察一次,依据概率来推断总体情况。

(4)在填表之前,要把上述具体事项,填写在表头。

3. 调查项目说明。

(1)关于店铺布局调查表:

①商品陈列格局必须经常做出合理调整,现有的格局请如实记录下来;

②如果需要做出调整,那么,请把调整的设想画出来,包括柜台的增减和摆法。

(2)关于客户调查表:

①参考一下有关商品分类的规定,然后对现有分类规定做出分析、研究,确定某种适宜的分类办法,对客户购买行为进行调查。

②总有一些商品难以归类,只能作为例外处理。

③对客户购买行为进行观察,以 30 分钟为一个观察期。当然,如果时间和精力允许,一小时或两小时为一个观察期也无妨。

④对客户年龄段的划分,需切合实际,粗细得当。比如以 13~18 岁为一个年龄段,19~25 岁为一个年龄段,等等。

⑤关于客户职业划分,通常划分为"学生""女办事员""家庭主妇""蓝领阶层""白领阶层""自由职业者""无业游民""其他"。

⑥以各类客户的总和为 100% 计算各类客户的百分率。

⑦另外,再以"一人来买""两人来买""三人来买"进行分类,计算相应的百分率。

⑧在此基础上,进一步按各类商品计算。

⑨进一步观察记录客户的购买行为,可以与邻近的商店进行对比研究与分析,看一看同样的客户在他店与本店的购买行为有何不同。

⑩顺便再记录一下客户其他方面的情况,譬如客户询问“楼梯在哪”“厕所在哪”以及“某某商品在哪”,等等。

(3)关于商品调查表:

请在各种商品分类的有关栏目中,填写商品的特征。

八、公司订单情报管理制度

□ 通则

第一条 有关订单情报的获得、整理、报告等有关事项,须按照本制度所定条例实施。

第二条 本制度主要包括以下的事项:

1. 获取订单情报的方针。
2. 采用最佳调查方法。
3. 情报报告的记录。
4. 报告的整理及账目记录。
5. 订单获得的促成及联络。
6. 提供情报的奖励制度。

第三条 营销企划部门依照本制度来实施和管理工作。

□ 获取情报的方式和处理

第四条 获取订单情报的方针由部门经理负责订立,全体员工应遵照执行。在固定的期间,营业人员要每月举行一次会议。

第五条 调查的要领另行订立,并对负责者实施培训。

□ 调查的整理

第六条 在进行调查时,应在调查记录上记录重要事项,然后向销售企划部门报告。

第七条 调查所得资料送交销售企划部门。

□ 联络

第八条 销售企划部门在从各营业单位得到以上报告时,应对其内容认真核查,并要评估报告价值。如果认定其有价值,应据此制订各种销售计划。

第九条 营业单位在接到销售活动的目标指示时,须订立日程表并通知其计划日程,以此作为活动基准,而其结果也要经常向销售企划部门报告。

□ 调查的管理

第十条 销售企划部门要对其预定日程和实际业绩进行经常性的评估管理工作。

第十一条　对于获得的情报，经过审查后如果确认其适宜有效，应支付费用。

九、市场营销情报报告制度

第一条　本公司业务人员应对《客户情报报告书》的各个项目深入理解，收集有效情报及时向上级报告。

第二条　报告的种类

报告的种类有日常报告、紧急报告、定期报告三种。

第三条　报告的方法

报告的方法有当面口述或用电话，或依照《客户情报报告书》的有关规定进行。

第四条　将客户的类别分为甲、乙、丙三个等级。

第五条　客户的信用状况以公司的“信用”划分，即甲等级的为较佳的信用状态；乙等级的为普通的信用状态；丙等级的为信用状况较差。主要包括以下几类：

1. 尚欠账款达______万元以上并在甲等级以外的公司。

2. 尚欠账款达______万元或以下的公司。

3. 从业人员______人以下的小公司。

4. 有信用问题前例的公司。

5. 业界评价不佳的公司。

6. 新开发顾客。

甲等级“业界的一流公司”及乙等级“大多数的优良客户”不由业务人员来做判断，而由营业主管来进行分级。指定以外的顾客均应被列为丙等级。

第六条　日常报告

日常报告要以《客户情报报告书》的各项准则实行。

第七条　紧急报告

公司业务员要依据情况尽可能以最迅速的方法对拒付或支票的延期要求等紧急情报向公司报告。

第八条　定期报告

业务员要依照甲、乙、丙各等级的分类，以及《客户情报报告书》向营销主管定期报告。

定期报告的时间规定为：每半年对甲等级客户报告一次；每季度对乙等级客户报告一次；每月对丙等级客户报告一次。

十、业务员情报管理制度

为了加强管理，便于开展工作，特制定本制度，希望全体会员遵照执行。

第一条　总则

1. 要按照本制度所定条例对有关业务单情报的获得、整理、报告等有关事项进行实施。

2. 本制度主要包括获取业务单情报的方针；采用最佳调查方法；情报报告的记录；报告的整理及账目记录；业务单获得的促成及联络；提供情报的奖励制度。

3. 营销企划部门要依照本制度来实施和管理工作。

第二条　获取情报的方式和处理

1. 由部门经理负责订立获取订单情报的方针，全体员工应遵照执行。营业人员要在固定的期间每月举行一次会议。

2. 调查的要领另行订立，并对负责者实施培训。

第三条　调查的整理

1. 在进行调查时，要把重要事项记录在一个本上，然后报告给销售企划部门。

2. 调查所得资料送交企划部门。

第四条　联络

1. 企划部门应对各营业单位交来的调查报告认真核查，并要评估报告价值。如果认定其有价值，应据此制订各种销售计划。

2. 营业单位在接到销售活动的目标指示时，须订立日程表并通知其计划日程，以此作为活动基准，而其结果也要经常向销售企划部门报告。

第五条　调查的管理

1. 企划部门要对其预定日程和实际业绩进行经常性的评估管理工作。

2. 经过审查后，如果对于获得的情报确认其适宜有效，应支付相应费用。

十一、销售动态调查管理办法

第一条　调查目的。

企业间竞争日趋激烈，这对企业的经营管理提出了更为严格的要求。为了建立切实可行的经营方针和措施，必须尽可能详细而具体地对营销现场进行调查。

第二条　调查中的注意事项。

1. 填写应实事求是，力求客观与及时。

2. 必须注明填写日期和时间。

3. 如果没有充足的时间来观察并填写，可以采用"瞬时观察法"，事先规定一个观察间隔时间，每一个小时或每两个小时观察一次，依据概率来推断总体情况。

4. 在填表之前，把观察和推断的具体事项，填写在表头。

第三条　调查项目说明。

1. 关于店铺布局调查表。

(1) 商品陈列格局须经常进行合理调整，目前格局须如实记录下来。

(2) 如果需要对店铺布局进行调整，则须把调整的设想绘成图表。

2. 关于顾客调查表。

(1) 参考有关商品分类的规定，然后对现有分类进行研究、分析，以确定适宜的分类办法，并据此对顾客购买行为进行调查。

(2) 对于难以归类的商品，须作为例外处理。

(3) 对顾客购买行为进行观察，应以 30 分钟为一个观察期。

(4)对顾客年龄段的划分,应切合实际。

(5)对于顾客的职业,通常划分为“学生”“家庭主妇”“办事员”“蓝领阶层”“白领阶层”“无业人员”“自由职业者”“其他”。但具体划分时,必须进行分析,尤其要结合所推销的商品进行分类和分析,以做出切合实际的判断。

(6)以各类顾客的总和为100%,计算各类顾客的百分比。

(7)再以“一人来买”“二人来买”“三人来买”进行分类,计算相应的百分率。

(8)在此基础上,进一步按各类商品计算。

(9)进一步观察记录顾客的购买行为,并与邻近的商店进行对比研究与分析,确认同样的顾客在邻店与本店的购买行为有何不同。

(10)顺便记录顾客其他方面的情况。

3. 关于商品调查表在各种商品分类的有关栏目中,填写商品的具体特征,尤其是区别于同类商品的明显特征。

第四条　顾客流量的调查。

对于顾客流量的调查,要做到客观、准确,应根据公司实际情况做出具体规定。

第五条　店铺布置调查。

对市场上各类相关店铺地理位置及经营状况要有详细的分析,并上报相关部门进行处理。

第六条　顾客购买行为调查。

要对不同季节顾客的购买行为进行充分的调查,调查要详细、具体,不能走过场。

第七条　顾客流量调查。

顾客流量调查应根据不同的时间段来进行,对时间段的划分尽量做到细化,从而使调查结果客观准确。

第八条　顾客类型调查。

顾客类型的调查应根据不同的时间段进行综合划分,不能以点带面。

第九条　顾客构成调查。

对顾客的构成要详细分类,尽量做到细化。

第十条　顾客购买动向调查。

第十一条　顾客购物行走调查。

第十二条　畅销商品销售调查。

对畅销商品的调查应该把握时效性,并要对各种情况进行综合考虑。

第十三条　顾客购物数量调查。

第十四条　工作内容调查。

第十五条　顾客咨询记录。

第三节　市场调查与开发管理实用表单

一、市场调查报告表

表 3-1　市场调查报告表

调查日期：	
调查内容：	
调查对象：	
调查方法：	
状况：	
动向：	
统计说明：	图解：
竞争厂商趋势：	
调查意见：	

二、市场调查计划表

表 3－2 市场调查计划表

调查单位：　　　　　　　　　　　　　　　　　　　　　　年　月　日

调查目标	
考虑因素	
方法设计	
预定进度	
使用人力	
预　算	

三、市场总需求量调查估计表

表3－3 市场总需求量调查估计表

调查单位： 年 月 日

摘要	品名区分		业绩						备注
			年	年	年	年	年		
统计资料		销售							
		指数							
		销售							
		指数							
		销售							
		指数							
资料关系		销售							
		指数							
		销售							
		指数							
		销售							
		指数							
		销售							
		指数							
		销售							
		指数							
		销售							
		指数							
景气动向									
竞争关系动向									
本公司销售政策重点									

四、竞争厂商调查表

表3－4　竞争厂商调查表

调查单位：　　　　　　　　　　　　　　　　　　　　　　　　　　　年　　月　　日

地区		姓名		开会检讨日	年　月　日
竞争厂商名称					
公司地址					
工厂地址					
业务人员姓名					
学历、年龄					
服务时间					
业务员的口才					
行销能力					
业务员给客户印象					
业务的方针及做法					
待遇					
销售的对象					
代理商名称					
产品的种类（特殊规格）					
产品的性能					
产品的品质					
产品的价格					
市场占有率					
其他特别事项（人、事、地、物、时）					

五、同行业产品市场价格调查表

表3－5　同行业产品市场价格调查表

调查单位：　　　　　　　　　　　　　　　　　　　　年　月　日

品名	规格	厂牌	单价	价格来源根据（发票或经办人）	对质量价格的批评
说明					

营业主管：　　　　　　　　制表：

六、经销商调查表

表3－6　经销商调查表

调查单位：　　　　　　　　　　　　　　　　　　年　月　日

经销商名			产权性质	
注册地址			经营地点	
	TEL			TEL
产权人	姓名		经营方针	
	TEL			
负责人	姓名		经营品种	
	职务			
	TEL			
销售收入			资产	
成立日期			资金	
员工人数			经营能力	
卖场数量			经营者素质	
地域分布			库存状况	
员工素质			下属网络	
合作意向			合作厂家	
合作方式			送货服务	
当地市场地位	实力排名	第　名	组装力量	
	信誉排名	第　名	促销方式	
计划目标			促销投入	
合作时间			业内评价	
支持条件			综合评价	

调查人：

七、零售店调查一览表

表 3－7　零售店调查一览表

区域　　　　　　　　　　　　　　　　　　　　　　　　年　　月　　日

序号	路名	店名	电话	店主	详细地址	类型	有无本品	竞争品牌	销量	价格	进货渠道	备注
类型：◆特渠　☆大型商场　★连锁超市　□批发　●批零兼营　○零售　▲移动摊点												

八、区域市场购买力调查表

表3－8　区域市场购买力调查表

调查单位：　　　　　　　　　　　　　　　　　　　　　　年　月　日

区域划分	总容量	竞争者占领容量	剩余或可占领容量
××区	人口		
	人均年收入		
	所有银行存款总额		
	存款年增减额		
	物价指数		
	其他		
××区	人口		
	人均年收入		
	所有银行存款总额		
	存款年增减额		
	物价指数		
	其他		
××区	人口		
	人均年收入		
	所有银行存款总额		
	存款年增减额		
	物价指数		
	其他		
合计			

九、竞争商家比较表

表 3-9　竞争商家比较表

调查单位:　　　　　　　　　　　　年　　月　　日

店名 比较项目	本店	A 商店	B 商店	对策
自身条件				
经营范围				
店铺形象				
营业方针				
商场面积				
商品构成				
主要进货厂牌				
每月营业额				
销售人员				
平均每位店员营业额				
店员人数				
举办促销活动				

十、客户流量调查表

表 3-10　客户流量调查表

调查单位:　　　　　　　　　　　　年　　月　　日

你现在正在调查的科(组)，什么时候客户光顾的最多、最勤						
分类 时间	商品 A	商品 B	商品 C	商品 D	商品 E	……	合　计
何月							
何日							
周几							
几点							

十一、客户购买力行为调查表

表3－11 客户购买力行为调查表

调查单位： 年 月 日

分类 时间	商品A	商品B	商品C	商品D	商品E	……	合 计
购买者							
触摸而没有购买							
只看而已							
匆匆而过							

十二、客户购买量调查表

表3－12 客户购买量调查表

分类 购买情况	商品A	商品B	商品C	商品D	商品E
人均购买量（个）					
人均花费金额（元）					
商品平均单价（元）					

十三、客户信用调查表

表3－13 客户信用调查表

调查单位： 年 月 日

企业行号			地 址		电 话	
负 责 人			住 所		电 话	
创业日期	年 月 日	营业项目		经营方式	□独资□合伙□企业	
开始交易日期	年 月 日	营业区域		经营地点	□市场□住宅□郊外	

续表

负责人	性格	□温柔□兴奋□开朗□古怪□自大	气质	□稳重□寡言□急躁□饶舌
	兴趣		名誉	
	学历	□大学□高中□初中□小学	出生地	
	经历		说话要领	□能说□口拙□普通
	思想	□稳健派□保守派□革新急进派	嗜好	酒:□饮 □不饮 烟:□抽 □不抽
	长处		特长	
	短处		技术	□熟练□不很熟练□不懂

会计方面	银行往来	银行账号　　号	银行信用	□很好 □好 □普通 □差 □很差
	账簿组织	□完备 □不完备	同业者评判	□很好 □好 □普通 □差 □很差
	经营组织		近邻评价	□很好 □好 □普通 □差 □很差
	营业执照		付款态度	□爽快□普通□尚可□迟延□为难 □赊欠尾款
	登记号码			
	资本额	元	备注	

企业行号		地址		电话	
负责人		住所		电话	
创业日期	年 月 日	营业项目		经营方式	□独资□合伙□企业
开始交易日期	年 月 日	营业区域		经营地点	□市场□住宅□郊外

使用店铺	资产	汽车　辆　□自有　□租用				
	场所	□马路边□离马路不远□离马路很远□偏僻	面积		面积	
	店内	□装饰好□普通□差	层数		层数	
	保险	□火险(　　元)　□无	市价		市价	

营业方面	交易品种	交易品名	月销售量	金额	备注	贩卖情况	品牌	月销售量	备注
		合计							

信用核定限额	1.	年　月　日　元	记录盖章	7.	年　月　日　元	记录盖章
	2.	年　月　日　元		8.	年　月　日　元	
	3.	年　月　日　元		9.	年　月　日　元	
	4.	年　月　日　元		10.	年　月　日　元	
	5.	年　月　日　元		11.	年　月　日　元	
	6.	年　月　日　元		12.	年　月　日　元	

第四节　市场调查与开发管理执行标准

一、行业情况调查问卷制作标准

××领域改革与物资供应调查问卷

此访问调查的目的在于了解中国政府在过去及未来两三年内在××领域进行的或将要进行的改革，对国内市场的销售渠道网络，特别是对生产××产品的原料的销售供应的影响。此外，合资企业政策、交通运输政策、仓库管理等与销售渠道管理有关的政策也属于探讨范围。

访问时，希望参与访问的官员能尽量协助，对有关问题表示意见并解释有关政策。但是，并非必须就此问卷内的每一条问题都做出提问，研究员应诚意邀请处于不同阶层（中央、省、市、地方）的官员参与此访问。

第一部分　基本情况

被访者姓名：________________

被访者的部门或工作单位：____________________________

职位：____________________________

城市：____________________________

访问日期：____________________________

行政范围及责任：____________________________

前曾任职部门/单位：____________________________

负责访问者资料：____________________________

第二部分　过去三年××领域的改革

1. 根据您的意见，过去三年我国的××领域有哪些显著的变革？在此省/城市/地区又有哪些突出的改革？

2. 上述的改革如何影响在国内/此城市及地区内的销售渠道管理（出口、进口、代理、零售、批发）？

3. 上述的改革如何影响中外合资企业在国内及此城市的销售渠道管理活动（出口、进口、代理、零售、批发）？

4. 根据您的观察，已在中国生产及运作的中外合资企业，它们采取哪些措施来管理产品的内销活动？

5. 此外，您认为它们应采取哪些措施以适应上述改革，从而保持它们在市场上的竞争优势？

6. 已进行的改革中包括将商业局及物资局合并组成国内贸易部，请问此改革政策的目的何在？涉及的部门应采取哪些相应措施予以配合？

7. 请问您所属的部门如何配合上述的××领域改革（功能、角色、组织结构上的改变，行政程序的改变）？这些新的措施需要多少时间才能完成？

8. 针对上述改革对国内的百货商店及超级市场在销售渠道所扮演的角色及活动范围所引起的变化，发表您的看法。

9. 请重点针对已进行的××领域改革，请您谈谈这些改革是如何影响××产品的原料供应的工贸中心及其他主要的分销渠道的角色及活动范围的。

第三部分　未来四年在××领域内将要进行的改革

1. 请问未来四年我国政府在流通领域及外贸领域有可能施行哪些改革（政策法规，新的部门或组织）？

2. 我国政府为配合“入关”的计划在××领域及政策上将有何改变？

3. 上述这些改革对产品代理（包括国内产品、进口商品）、零售或批发的商业企业的销售活动会产生哪些重要影响？

4. 贵部门将会采取何种应变措施，以适应或推动在未来三年于××领域、交通运输及仓库管理上的改革？

5. 请您谈谈在未来四年内在上述各范围中的改革及新措施将如何影响化工原料及××产品的进出口及国内的分销活动？

6. 我国政府在中外合资政策上将有哪些调整（包括内销权、销售渠道、进口原料、优惠政策等），以适应未来四年在××领域进行的改革？

7. 未来四年，我国政府在贮存原料及产品的仓库设施方面，将有哪些改革计划及新的管理政策，以配合××领域的改革？

8. 未来四年，本地政府在储存原料及产品的仓库设施方面，将有哪些发展计划及新的管理政策，以配合本地的××领域改革？

9. 入关后，估计对化工原料及××产品的进出口活动及价格上有何影响？

10. 未来四年，我国政府在与××领域有关的交通运输系统内将有哪些配套性的改革和措施？提出这些新的交通运输政策或建议的目的何在？

11. 本地政府亦将有哪些新的交通运输发展政策或改革作相应的配合？

12. 面对上述将可能实行的种种改革和措施，国内的各种分销商（包括进口代理商、零售商、批发商、工贸中心等）应（将）采取何种应变措施，从而适应改革后的新竞争形势？

13. 请问国内××领域存在哪些最主要的管理难题？

14. 可否说明国内贸易部在全国实施推行的时间表？

第四部分　产品

1. 根据您的意见，我国政府对××产品持有何种态度？将推行哪些政策和措施鼓励/控制该产品的发展？

2. 请问您对××产品未来五年在我国的销售潜力有何意见？

极好________好________一般________仍待努力开发________差________

3. 您认为外商在我国推行的改革和发展计划中应扮演什么角色？

4. 哪些部门或国有企业负责发展和生产××产品？它们在经营及管理上曾遇到哪些难题？

5. 我国加入世贸组织及××领域的进一步改革后，这些负责生产及销售××产品的部门和单位，可能遇上来自中外合资企业及同类进口产品在市场上竞争的威胁。根据您的意见，您认为这些部门和单位应采取哪些新的策略和竞争手段来应付这些威胁？

（转自王奎荣主编：中国经济出版社《成功企业市场营销管理制度范本》，2001 年 1 月第一版）

二、供应商情况调查问卷制作标准

××产品原料供应商调查问卷

本调查是关于在中国市场中，××产品的供应及销售渠道的情况及顾客对此类产品的态度。此类产品包括：

A1：普通型××产品；

A2：特殊型××产品；

B1：食品型××产品；

B2：工业用××产品；

C1：民用××产品；

C2：包装用××产品；

D1：材料用××产品；

D2：服务业××产品。

问卷共分三部分，请务必按要求回答，谢谢！

注：该产品系列用原材料分别用 PE、PV 和 PD 代表。

第一部分　基本情况

1. 单位名称______。
2. 所有制类别______。
3. 负责生产“PE”“PV”及“PD”部门职工人数______。
4. 2016 年所有产品的总营业额为______。
5. 2017 年上半年（1～6 月）总营业额为______。
6. 2016 年“PE”“PV”及“PO”产品的总营业额为______。
7. 2017 年 1～6 月同类产品总营业额为______。
8. 估计同类产品的营业额在 2017 年较 2016 年增长______。
9. 估计同类产品的营业额在明年（2018 年）将比今年增长______。
10. 请根据贵企业的情况，以下表中的项目说明下列原材料在总营业额中所占的百分比______。

表 3－14　原材料占营业额比率表

原材料名称	2016 年	2017 年
PE		
PV		
PD		

11. 就下列原材料，列出两种主要竞争者的品牌（按受欢迎程度排列，1 = 最受欢迎，2 = 次受欢迎）。

表 3－15　原材料品牌比较表

年　　月　　日

原材料名称	国产品牌（包括合资生产品）		进口品牌	
	1	2	1	2
PE				
PV				
PD				

12. 贵公司由何处获得制造××产品所需的原料？请说明它们在总供应量中所占的百分比（%）。

（1）直接由海外进口________%；

（2）自行寻找的代理商________%；

（3）自行安排的批发商________%；

（4）同系统内的原料供应单位________%；

（5）不同系统内有指定协作的原料供应单位________%。

13. 您认为今后三年内，这类原材料产品在本市销售额的每年增长速度如何？_____。

（1）每年增长 5%；

（2）每年增长 10%；

（3）每年增长 15%；

（4）每年增长 20%；

（5）每年增长 30%；

（6）每年增长 50%；

（7）其他（请注明）。

第二部分　供应渠道与对象

此部分的问题主要探讨贵单位采取哪些渠道供应原料给那些与××产品有关的生产商。

1. 请问贵单位通过哪些渠道物色上述那些与××产品有关的生产商？请用“1”代表“主要渠道”，“2”代表“次要渠道”，“3”代表“非主要渠道”，“4”代表“没有使用此渠道”填写。

（1）通过刊登报刊或杂志广告：_______。

（2）通过参加展销会：_______。

（3）通过单位的营业员：_______。

（4）通过系统内的定期供销会议：_______。

（5）通过客户或朋友介绍：_______。

（6）分销商主动上门：_______。

（7）通过设于工贸/商贸中心内的销售处：_______。

（8）通过商业部安排的供销会议：_______。

（9）其他渠道（请说明）：______________。

2. 可否解释贵单位采取的“供货政策”的特点？

(1)客户需要提前多少天订货？

(2)是否接纳电话订货：　　是　　否。

(3)是否需要支付现金作订金：　　是　　否。

(4)是否提供送货服务：　　是　　否。

(5)是否允许客户上门亲自提货：　　是　　否。

(6)是否需要签订一份供销购货合同：　　是　　否(年限为________年)。

(7)是否允许客户退回不合格的原料：　　是　　否。

(8)是否提供仓库设施让客户暂存货品：　　是　　否。

(9)是否定期提供××产品库存资料给客户：　　是　　否。

第三部分　产品竞争与合资

此部分的问题探讨在中国的××产品在市场中是否能够竞争成功及贵单位对待组织合资企业的看法。

1. 根据您的经验，判别下列各因素对决定××产品的生产是否能在市场上竞争成功的影响程度。请用“1”表示“无影响”，“2”表示“轻微影响”，“3”表示“颇具影响”，“4”表示“很有影响”，“5”表示“极重要的影响”。

(1)营业员的素质	1	2	3	4	5
(2)稳定的原料供应	1	2	3	4	5
(3)产品售价低于竞争者	1	2	3	4	5
(4)足够的广告支持	1	2	3	4	5
(5)经常性的促销活动	1	2	3	4	5
(6)先进的生产科技	1	2	3	4	5
(7)经济性的促销活动	1	2	3	4	5
(8)良好的财政状况	1	2	3	4	5
(9)大批生产带来的经济效益	1	2	3	4	5
(10)充分利用厂房的生产能力	1	2	3	4	5
(11)有效地管理及控制库存	1	2	3	4	5
(12)覆盖面广的分销网络	1	2	3	4	5
(13)良好的售后服务	1	2	3	4	5
(14)供货准时	1	2	3	4	5

2. 与其他企业组织合资企业，是扩大活动能力、加速企业成长的有效策略。对此你：

同意　　　　不同意　　　　有保留

3. 假设贵单位计划与其他企业组织合资企业，扩充供应××产品的原料，贵单位最愿与那一类企业合作？请用“1”表示“第一优先”，“2”表示“第二优先”，“3”表示“第三优先”，依此类推。

外资生产商________国内的代理商________。

外资代理商________国内的零售商(网店)________。

国内的生产商________国内的批发商________。

其他(请说明)：

4. 贵单位若与外资组成合资企业，其主要动机为：

(1)提高企业知名度；

(2)引进先进的生产管理制度及方法；

(3)稳定原料的供应；

(4)有助于进一步开发国内市场；

(5)有助于进一步开拓海外市场；

(6)改善财政状况；

(7)改善管理分销活动的能力；

(8)学习先进的市场营销管理技巧；

(9)引进高科技，提高生产能力；

(10)改善市场的信息渠道；

(11)有助于改善产品设计、品质及品种。

5. 如贵单位有意与外资企业组织合资企业，哪些因素为选择合作伙伴最主要的考虑因素？

请按重要性顺序说明("因素一"为最重要因素，以此类推)。

因素一：____________________

因素二：____________________

因素三：____________________

因素四：____________________

因素五：____________________

6. 当贵单位与外资企业组织合资企业时，贵单位将会遇上哪些管理难题？

(1)____________________

(2)____________________

(3)____________________

(转引自王奎荣主编：《成功企业市场营销管理制度范本》，2001 年 1 月第一版)

三、消费者情况调查问卷制作标准

特许经营公众调查问卷

(一)您的基本情况：

性别：□女士　　□先生

您的年龄：□25 岁以下　　□26～35 岁　　□36～45 岁

□46～60 岁　　□60 岁以上

您的国籍：________

(二)您的受教育程度：

□初中　□高中/中专　□大专　□本科　□研究生

(三)您的就业情况：

□在职　□待业　□下岗　□退休　□学生　□军人

(四)您的职位：

□专业人士　□部门主管　□市场营销/销售总监

□行政经理/人事经理　　□财务总监/总会计师

□总经理　　□董事长　　□其他

(五)您是否有过从商经验?

□有　　□无

(六)您是否从事过特许经营活动?

□是　　□否

(七)如果您对特许经营感兴趣,您选择特许项目的标准将依次是(请标明顺序):

□加盟费低　　□知名度高

□行业有发展潜力　　□特许体系完善

(八)您在特许经营方面打算投入多少资金?

□1 万美元以下　　□1 万 ~5 万美元(含 5 万美元)

□5 万 ~20 万美元(含 20 万美元)　　□20 万 ~50 万美元(含 50 万美元)

□50 万 ~100 万美元(含 100 万美元)　　□100 万美元以上

(九)您计划何时开始投资(请选一项)?

□未来 6 个月　　□未来 1 年　　□未来两年　　□尚无计划

(十)如果您有投资计划,最感兴趣的行业将是(请选出所有适用项目):

(1)餐饮

□中式快餐　　□西式快餐　　□正餐　　□饮品

(2)零售业

□便利店　　□百货店　　□超市　　□服装服饰　　□药店　　□眼镜店

□其他

(3)商业服务

□会计及审计事务　　□复印　　□速递　　□商业清洗　　□其他

(4)汽车服务

□美容保养　　□维修　　□租赁　　□零配件　　□其他

(5)其他行业

□教育培训　　□洗衣　　□美容和保健　　□IT 行业　　□家居装修

□彩扩店　　□房地产中介　　□其他

(十一)您认为最有影响力的特许加盟品牌是(请每项填写 3 家):

中式快餐____________________

中式正餐____________________

西式快餐____________________

餐饮老字号____________________

汽车服务____________________

超市、便利店____________________

洗衣店____________________

药店____________________

美容和保健____________________

服装专卖店____________________

其他____________________

（十二）您主要从哪些报刊上了解特许经营方面的信息（请列出3个以上）？

（十三）您了解《商业特许经营管理办法》吗？

□了解　　□不了解

（十四）您是否参加过特许经营研讨会或展览会？

□是　　□否

（十五）您参加活动的主要目的是：

□寻找盟主　□招募加盟者　□了解特许经营相关知识

（十六）如果您是加盟者，您对您的特许总部的评价为：

□满意　□一般　□不满意

（十七）您认为合格的特许加盟体系应具备以下哪些条件（请选出所有适用项目）？

□独立法人资格　□注册商标　□有直营店

□正式签约10天前需向加盟者披露详细真实的信息

□开展特许经营有1年以上时间

□有向加盟者提供服务和支持的能力　□其他

四、企业情况调查问卷制作标准

（一）企业基本情况：

企业名称：____________________

法人代表：____________________

电话：____________________

传真：____________________

总部地址：____________________

联系人：____________________

邮政编码：____________________

（二）所属行业：

□超市　□便利店　□百货店　□正餐　□快餐　□服装服饰

□汽车及配件　□汽车租赁　□汽车美容　□体育休闲用品

□电器销售　□房地产中介　□旅馆　□保健品销售　□美容美发

□教育培训　□钟表眼镜　□彩扩　□家居装修　□商业清洗

□咨询服务　□饮品　□家政服务　□药店　□洗衣

□计算机软、硬件销售　□书店　□其他

（三）注册资本__________美元。

（四）目前拥有直营店__________家，特许加盟店__________家，区域特许机构或分公司__________家。

（五）企业注册时间：__________年__________月__________日。

（六）第一家直营店开业时间：__________年__________月__________日。

（七）第一家特许加盟店开业时间：__________年__________月__________日。

（八）第一家区域特许机构或分公司成立时间：______年______月______日。

(九)连锁店在本市有__________家,本省有__________家,外省有__________家,国外有__________家。

(十)特许总部共注册__________个商标,第一个商标于__________年注册。

(十一)商标注册范围涵盖__________类__________项。

(十二)产品类商标__________个,服务类商标__________个。

(十三)是否在国外注册商标?

□是　　　　□否

(十四)企业共获得__________项专利。

(十五)是否有加盟手册?

□是　　　　□否

(十六)是否有运营手册?

□是　　　　□否

(十七)是否与加盟者签订了商标使用许可合同?

□是　　　　□否

(十八)总部人员总计__________人。

(十九)总部对加盟者开业前的培训时间为:

□1 周以内　　　□1 周至两周

□1 个月　　　　□1 个月以上

(二十)总部对加盟店是否开展督导工作?

□是　　　　□否

(二十一)总部是否设立了秘密顾客?

□是　　　　□否

(二十二)加盟店的基本情况:

单店平均员工人数:__________

单店营业面积(平方米):__________

单店年营业额(万美元):__________

(二十三)特许经营合同的期限为__________年。

(二十四)从签约至加盟店开业所需的时间为__________________________________。

(二十五)开办一家加盟店需要投资约__________万美元。

(二十六)今年特许加盟店的销售额占总部总销售额的比例为__________%。

(二十七)特许总部是否实现统一配送?

□有　　□没有

(二十八)店铺数量:

前年为__________家,去年为__________家,今年为__________家。

(二十九)总部收取的费用包括(选出所有适用项目):

□加盟费　　□保证金　　□特许使用费　　□广告费　　□其他

(三十)总部向加盟者收取加盟费__________万美元。

(三十一)特许使用费提取方式:

□按营业额收取,提取比例为__________%

□按定额收取,定额为__________万美元

□按保底加比例，提取__________万美元。

（三十二）企业总销售额：

前年为__________万美元，去年为__________万美元，今年为__________万美元。

（三十三）特许总部对加盟店是否实现计算机联网管理？

□是　　　　□否

（三十四）贵公司开展特许经营所遇到的主要问题、难点是什么？需要得到哪些方面的支持？

第4章　选准目标，主宰市场
——市场定位与细分

第一节　市场定位与细分工作要点

一、市场细分工作流程

市场细分工作流程如图4-1所示。

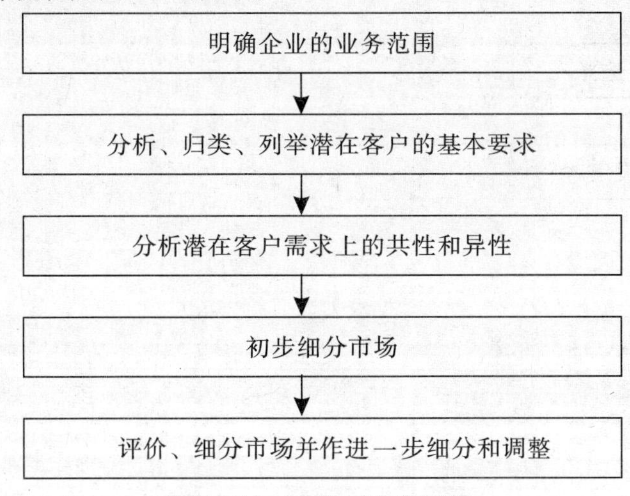

图4-1　市场细分工作流程

二、市场定位与细分工作内容

（一）通过市场调查与预测，确定市场细分的基础。

（二）勾勒市场细分的大致轮廓。

（三）分析并确定细分市场吸引力的衡量标准。

（四）对目标细分市场进行选择。

（五）将产品开发定位落实到每个目标细分市场中。

（六）将营销组合落实到每个目标细分市场中。

三、市场定位工作流程

市场定位工作流程如图4-2所示。

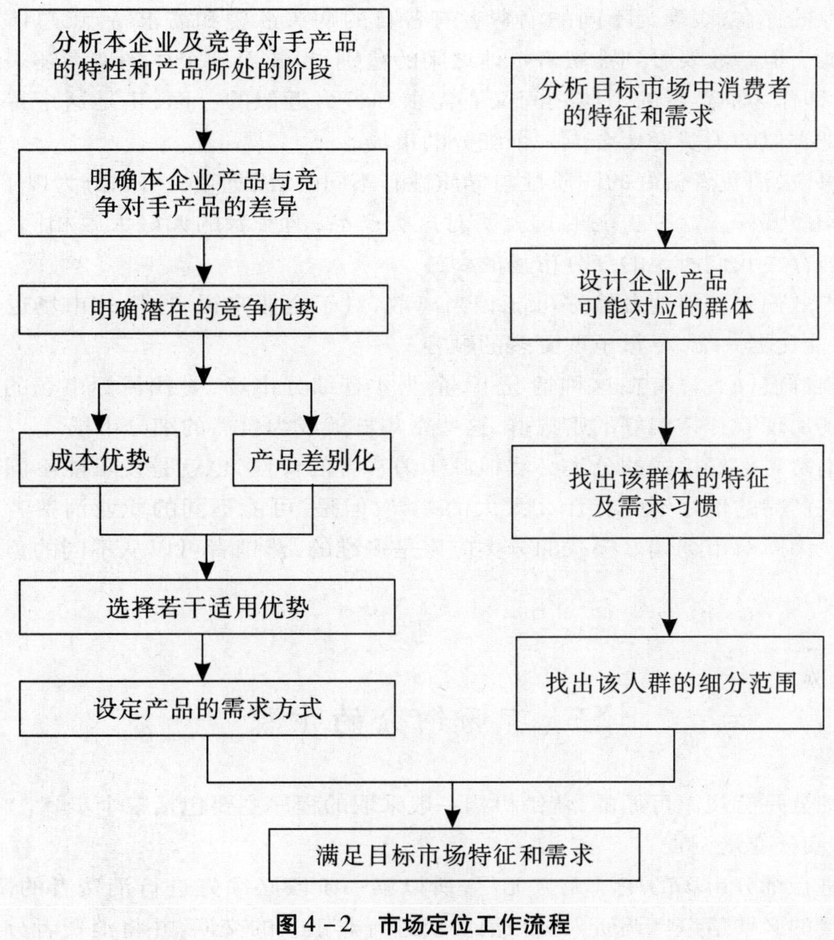

图4-2 市场定位工作流程

四、市场细分的基本条件

成功的市场细分对于企业来说，是一个良好的开端。虽然细分市场已成为很多企业成功的利器，但是能否进行市场细分，还要取决于以下两个条件。

第一，供给的差异。

同类产品的生产由于不同企业的禀赋不一样，可以有不同的特点。这种差异可以是由企业的硬件所引起的，如设备、生产线、设计能力等的不同，也可以是由企业的软件所引起的，这里指的是企业对市场的理解或对需求的特点、变化趋势的预测的不同。只有供给存在多元化的可能性，谈市场细分才有意义，如果所有企业的产品都达到高度的同质性，那么即便消费者有不同的需求，企业也无法满足。当然，现代企业总在力求创造差异，以提高企业的竞争力，而且只要企业愿意的话，差异总是可以被创造出来的。但我们认为，有些差异可能并不是必须，也就是说制造差异所带来的收益可能并不能弥补制造差异的成本。

第二，市场偏好模式。

构成总体市场的消费者是一个个不同的个体，这些个体既有差异性也有同类性。因为有差异性的存在，表现为不同的消费者有各自的购买欲望和需求特点，总体市场才有细分的可能。但企业要看到消费者个体之间的差别，也要看到个体消费者还表现出一定的同类性，即作为消费者的个体之间又有需求和行为近似的一面，正是这个特点使市场细分能够把类似的消费者聚合成一个细分的市场。

一般来说，消费者偏好的同质性与异质性有不同的表现形式，可以分为以下三种。

一是同质偏好。这种表现形式表明对这类产品，消费者的偏好大致相同，这样的市场是不可能存在我们所说的细分市场的。

二是扩散偏好。消费者偏好可能相当离散，对于企业来说，这样的市场也没有更好的选择，只能占据一端，尽量争取更多的顾客。

三是集群偏好。只有在这种情况下，企业才有细分市场，寻找目标市场的必要。这时候的市场出现有独特偏好的密集群，这些密集群就成为自然的细分市场。

对于消费者偏好模式的分类必然根源于消费者的特性，也就是说可能不同年龄的消费者对该类产品的偏好不会有什么太大的差异，但是，可能不同的职业消费者对其有不同的要求。因此对市场偏好模式的分类应该是多维的，营销者可以从不同的角度对其进行区分。

五、市场细分的步骤

市场细分是有规律可循的，营销机构一般采取的程序主要包括三个步骤。

第一，细分变量调查。

可以进行细分市场的变量无穷无尽，所以第一阶段必须先进行消费者的情况调查，以获取变量的必要信息。调研人员与消费者进行非正式的交谈，并将消费者分成若干个专题小组，以便了解他们的动机、态度和行为。在此项基础上，调研人员准备正式的调查表分发给样本消费者，以收集下列资料：消费者所选择的变量及其顺序；消费者对各种品牌的了解程度；消费者如何使用产品；对不同的产品的态度；被调查对象的特征，包括生理、社会以及所接受的营销信息多寡。

第二，分析阶段。

以上所收集的数据就可以用以分析，判断出哪些变量影响消费者的选择。多元统计分析在这里大有用武之地，既可以用聚类分析方法，将不同的消费者区分开来，也可以用因子分析法将影响因素寻找出来，对应分析将消费者选择与变量结合起来考虑等。

第三，细分。

通过以上分析，可以找出哪些变量影响购买者的选择，此时就可以根据这些变量对购买者进行划分，将他们分成不同的消费者群体。这种细分既可以根据单一变量来进行，最好将多个变量结合起来，对市场进行详细的细分。

细分市场往往受宏观与微观环境的影响，因此这些环境变化了，细分市场随之也会发生变化，这就要求营销者必须经常对原先的细分市场进行复核，以发现最新的细分市场的依据。

第二节　市场定位与细分实用表单

一、市场细分依据表

表4-1　市场细分依据表

市场细分			依据
消费者市场细分的依据	按地理变量细分市场		国家、地区、城市规模、气候、人口密度、地形地貌等
	按人口变量细分市场		年龄、性别、家庭规模、家庭生命周期、收入、职业、教育程度、宗教、种族、国籍等
	按心理变量细分市场	心理细分	社会阶层、生活方式、个性特点等
		行为细分	购买时机、追求利益、使用者状况、使用数量等
生产者市场细分的依据			用户规模、产品的最终用途、工业者购买状况等

二、市场细分作业表

表4-2　市场细分作业表

年　　月　　日

按产品或服务划分的市场区段	最佳客户	最差客户	进一步行动
1.			
2.			
3.			
4.			

第三节　市场定位与细分执行标准

一、消费者市场细分的依据

细分市场是基于客观存在的需求差异，因此进行市场细分其实就是寻找能够对购买者的需求产生影响的变量的过程。消费者市场的购买者主要由购买消费品的顾客所构成，这样的市场其所形成的需求主要受消费者本身所具有的属性影响。

因此对消费者市场的细分首先可以从对消费者的属性进行分类开始。有些市场营销人员的工作就是这样开始的，他们并不考虑产品的情况，只是根据消费者的属性细分市场。这些属性包括在消费者购买行为分析一节所提到的如生理特征、心理特征、社会特征和地理特征等。进行这样的区分之后，他们再对每一消费者群体进行考察，研究不同的消费者群体对产品是否有不同的反应。

当然还可以从别的角度来考虑消费者市场的细分，对消费者的属性进行分类之后，要确定这样的细分是否有效，还必须测定每一部分的消费者是否对产品有不同的需求，也就是说对产品是否有不同的反应。那么营销者当然可以直接跳过消费者属性的划分而直接考虑消费者对产品的不同反应，也就是说直接从消费者对产品的不同要求入手来进行市场的细分。这些反应包括消费者追求不同的东西、质量、价格或服务，消费者的不同使用时间，消费者对某一品牌的不同忠诚程度等。这些都可以从对消费者调查的资料中分析而得。

这两种细分的依据并不是截然独立的，事实上，两者应该结合使用。消费者对产品的不同反应肯定根源于其某种特征，但是单纯从现有的特征出发进行分类，可能会忽视某一有重大影响的变量，因此既要考虑经验的这些变量，同时营销者也应根据消费者的反应去寻求可能存在的有用的细分变量。

宝洁公司曾经成功地推出飘柔定型产品，其对市场的细分就独树一帜。在选择目标市场时公司将目标对准最有希望的购买群体，他们应具备如下特点：早期采用者；大量使用的用户为舆论领袖；和他们接触的成本低。经过这些标准的确定，宝洁公司将目标群体定位于活泼、好动、时尚的年轻人。可以发现宝洁公司细分市场的变量并不是我们通常所用的那些变量，但正是这些变量如他们的使用期限、使用数量与及对新产品的反应等使宝洁公司找到了最佳市场切入点。

二、消费者市场细分的具体变量

对于消费者市场细分，一般的营销者主要从以下几个方面来考虑：社会人口因素、地理因素、心理因素以及购买行为因素。

社会人口属性主要考虑消费者的一些生理的、经济的、文化的、政治的特征，包括消费者的年龄、性别、家庭规模、收入、职业、教育程度、宗教信仰、民族、家庭所处生命周期等。社会人口属性是区分消费者群体最常用的标准，消费者的欲望和偏好往往与其社会人口属性有着密切的关系。如美国福特汽车公司曾经按年龄和收入来细分市场，设计了一种野马牌的跑车。

地理因素即按照消费者的地理位置来划分市场，这种划分也是一种比较传统的方法，这种划分的依据主要是处于不同地理位置的人们对于产品的喜好、需求有所不同，对价格、销售渠道和广告宣传等营销措施的反应也有所区别。这在一些不发达地区尤为明显，由于这些地区信息不通畅，所以会造成同一地区的消费者在很多属性上具有同一性，如具有同样的文化观念，追求同样的价值观念等，因此在消费模式上也就具有一定的相似性。

心理因素其实是属于人口属性更深层次的东西，这种划分已为一些具有创新意识、进取精神的营销人员所采用。心理因素对消费者的消费行为存在着重大影响，它在一定程度上决定着消费者对产品的反应。如我们可以按个性将消费者分为爱交际与不爱交际两类，也可将女性分为主妇型与事业型。另外一些购买动机其实也是消费者心理因素的一种外在表现而已，如我国改革开放之初，曾经有一段时间兴起一股盲目高消费的热潮，这本质上就是消费者追求时髦的一种心理表现。

购买行为类型也是一种较为复杂然而又是较为有效的分类标准，购买行为可以从消费者的购买频率、偏爱程度、敏感程度及品牌忠诚程度等角度进行划分。如我国一些药品企业对病人服药的时间也给了具体的建议，治疗感冒的药品“白加黑”就是一个典型的例子。宝洁公司则在洗涤用品上下尽了工夫，每一种洗涤产品都赋予了不同的特色，使追求不同东西的主妇有了更多的选择。

营销者通过调查，对消费者的特征有了了解后所进行的就应该是对市场的细分。首先可以将消费者按不同的属性进行划分，然后对每个细分再进行审核，剔除特点不突出的或无意义的分片，也可以先将有同样购买行为及反应的消费者归为一类，然后寻找他们共同的属性。但无论怎样进行区分，还是不能忽视多种属性的相互交叉作用，应该综合考虑多种属性，由于属性多种多样，因此通过多个分类表才能比较全面地反映出消费者不同的特征。我们可以制作多个复合表，将不同的特征分列在表格的栏内，然后逐个考虑交叉项。

三、市场细分的业务标准

业务市场的细分是业务产品供应商进行营销的重要步骤。虽然许多用来细分消费者市场的变量,同样可以用来细分业务市场。如业务市场同样可以依据地理因素、追求的利益和使用率等来进行细分,但业务市场的购买行为不同于消费者的购买行为,因此其细分的标准和方法与消费品的细分存在着不小的区别。

业务市场的细分可用的标准非常多,不同的营销研究在实践中发现了非常丰富的可用作业务市场细分的标准。如罗伯逊从业务市场购买者的购买次数将购买者分为首次潜在购买者、新手、复杂的购买者,显然这样的细分有一定的意义。首次购买者由于以前对该产品没有接触过,因此特别需要销售者能够给予较为详细的解释和介绍;新手虽然也许已经购买过,但对产品仍不太了解,对本企业的产品还处于怀疑阶段,因此销售者应该提供一定的培训,加强售后的服务,以保留住顾客;复杂购买者则对产品的要求更加详细,由于业务市场不同于消费者市场,每个业务市场的购买者都可能有特殊的要求,而业务用品的供应者如果不能和购买者进行很好沟通的话,是很难了解其一些隐含的要求的,所以对于复杂购买者,供应商应该与其多加沟通,对自身产品的设计和服务加以改进,以满足这些购买者的特定要求。

传统上对业务市场的细分可以分为以下几种。

第一是依据地理位置进行细分。对业务产品的要求在不同的地方可能是不同的,由于不同的地理位置其地理特点不同,因此常会影响到对业务产品的具体要求。以水泥为例,不同的地理环境对水泥的性能要求是不一样的,有的地方对其防酸性能要求较高,有的则要求其防水,所以企业进行营销时要针对不同地区的特点设计产品,以使其符合不同地区的地理特点。

第二是行业细分。一种业务产品可以同时提供给多种行业,因此由于这些行业不同的生产特点,它们对业务产品的性能与服务也会有不同的要求。如一家玻璃制品企业其所生产的产品就应对其产品所提供给的行业作一细分,汽车行业、航空行业、家居用等不同的用途其对玻璃的要求也是不一样的,防震、防碎、防光等性能特点为不同的行业所重视。

第三是规模细分。购买者的规模大小也会影响其购买需求与购买行为。大型客户需求量大,因此对供应商来说一旦能够揽上这种客户便意味着取得了很大的成绩。但这必须要付出更大的努力,因为这种客户由于购买量大,所以购买比较慎重,对供应商要求较高,而且往往需要在价格上打折扣。

四、市场细分的精细化标准

上述那些细分都是相当粗略的细分,但也是一些基本的细分。现代营销学的发展,对业务市场的划分已经不再满足于这些传统的细分了。对业务用品购买者行为及其决策的深入分析,使营销有了更为有效的细分利器。

首先我们可以针对不同企业的经营特色进行细分，如企业的采购方式，有的采用投标，有的则采用系统采购；也可按权力结构，如是哪一类型的人员决定企业的重大决定；也可按其经营方针，如是注重服务还是注重价格或注重质量。

其次我们还可以根据业务用品购买者的购买行为进行细分，如产品的使用频率，是否对供应商忠诚等。

兰卡尔、莫里来蒂和斯沃茨对传统的两个细分市场（喜欢低价和较少服务的购买者，喜欢高价和较多服务的购买者）进行研究，数据分析的结果显示出这两个市场内还存在着另外一种细分。

一种是程序购买者。这些购买者由于对产品并不重视，因为该产品与其经营关系不大，他们经常有规律地采购，全额付价并只需要低水平的服务。这类购买者在我国经常可以看到，以前的国有企业，现在的一些政府机构在购买一些办公用品时并不在意如何采购。这类购买者可以使供应商获得高额利润。

一种是关系购买者。这部分购买者对产品有所重视，需要少量折扣和中等服务，但要求不高，供应商很容易就能够满足他们的需求。

一种是交易购买者。这些购买者认为产品对其业务非常重要，他们对价格和服务相当敏感。一旦供应商不能满足他们的要求，他们随时会转向其他的供应商。

一种是竞价购买者。这些购买者认为产品非常重要，并对所有的供应商都相当了解，他们会激烈地讨价还价，因此供应商面对这种购买者只能获得很少的利润。

能够进行业务市场细分的变量仍有很多，这里不再一一列举，在现实营销实践中不应拘泥于以上所介绍的变量，而应针对市场特点及企业自身情况进行创造性的选择。

五、市场细分评估标准

进行有效的市场细分后，企业剩下来要做的就是选择细分市场，也就是目标市场的确定过程。目标市场确定得好，企业就可以针对目标市场确定最佳的营销策略。可以说，目标市场的确定对于企业来讲，犹如已经接受了顾客的订货单一样，营销工作已经完成了相当重要的一步。在目标市场的选择过程中，企业应该做的事情主要有两项，首先是对已经细分的市场进行评估，从中选取企业可以进入的细分市场；其次是确定进入市场的策略，不同的企业往往会采取不同的进入市场的策略。对于企业来说，选取恰当的进入策略也是相当重要的一个环节。

市场细分化显示了厂商所面临的市场细分机会，厂商必须对每个细分市场进行评价。一般而言，对细分市场的评估可以从三个方面进行考虑：细分市场的容量与发展前景；细分市场的赢利前景；公司的目标和资源。

第一，细分市场的容量和发展前景。

在特定时期下，每个市场都有一定的市场容量，这一市场容量就规定了在这一时期企业所能发展的极限，所以企业应该对细分市场的容量有所考虑。大公司可以考虑销售量大的细分市场；小公司由于实力问题，更多地应考虑销售量较小的细分市场。

市场容量并不是固定不变的，所以对该市场发展前景的展望也是必需的，有些市场经过营销开拓之后，市场容量会急剧扩大，而有些市场则会由于其他因素而容量逐渐缩小,这些在现实中都是经常发生的。

第二,细分市场的赢利前景。

显然市场容量的大小及其发展仅仅是一种理论上的企业发展的限制。对于企业来讲,除非有垄断的能力,否则在任何一个细分市场都会遭到各种各样的威胁。因此考虑市场结构对赢利及企业发展的影响无疑更现实一些,因为一个小市场由一家来独自占领也许胜过在一个大市场内许多厂商的竞争。

细分市场的赢利前景主要受到五种因素的威胁。

一是市场内竞争对手的威胁。竞争对手众多意味着企业必须付出更多的努力才能获得一定的市场份额,这样的市场一般不具有太大的吸引力,尤其在细分市场已经处于稳定或者衰退期时,这样的市场进去后即便能占有一定的市场份额也是得不偿失。

二是新的竞争者加入的威胁。如果新的竞争对手加入能提高市场生产能力,扩大资源,并迅速增加市场份额,则该市场不具有吸引力。这里的关键显然在于新的竞争者能否轻易进入这个细分市场。如果新的竞争者进入这个细分市场时遇到森严的壁垒,并且遭受到细分市场内原来的公司的强烈报复,他们便很难进入。这一方面企业应该主要考虑进入与退出的难易程度与利润率的高低。

三是替代产品的威胁。更好的替代产品的存在本身就宣布了这一行业处于衰退期,替代产品会限制细分市场内价格和利润的增长。厂商应密切注意已存在的替代产品和潜在的替代产品的发展,一旦发现潜在的威胁,就应果断采取措施。

四是价格高低。完全竞争市场仅是一种理论上假设,事实上厂商自己也可制定价格,这要视市场结构而定。这种价格的制定往往受到购买者讨价还价能力的影响,如果某个细分市场中购买者的讨价还价能力增强,那么这个市场的吸引力就会减弱。如果购买者比较集中或者有组织,就会增强购买者的还价能力。

五是成本高低。企业需要中间投入,这些投入价格的高低,也影响着企业的赢利前景;如果公司的供料商如设备、原材料、公用事业、银行进行提价或减少供应量,也会影响到企业的赢利前景。

第三,公司的目标与资源。

以上的分析仅针对一般企业而言,目标市场的选择最终仍需落实到企业本身,也就是说必须结合公司的实际情况进行考虑。影响公司目标市场选择的主要因素是公司的目标与资源。公司的长期发展目标可能跟有吸引力的细分市场有矛盾,如派克金笔的发展目标是高档的身份象征的书写工具,就不应该去发展低档的钢笔,即便该市场很有吸引力,与公司长远目标相悖的细分市场只会让公司顾此失彼,派克公司的上述失误是值得借鉴的。

很显然,无论哪个细分市场,要在其中取得成功,必须具备某些条件。如果公司在某个细分市场缺乏一个或更多的能力并且无法获得,该细分市场就应放弃。但是营销者必须记住一点,如果它要真正赢得该细分市场,它需要发展其压倒竞争者的优势。公司如果不能制造某些优势价值,就不应该进入该市场或细分市场。

随着社会营销的兴起,在细分市场的评估上营销不得不添加一些非经济的考虑,有些细分市场会牵涉到社会责任问题,所以厂商在进行细分市场选定时,必须充分考虑社会的反应,如公众可能对厂商针对孩子的细分市场所采取的营销手段非常敏感,或对社会地位处于弱势地位的群体的营销也较为关注,这些就需要企业在营销时,既考虑经济利益,同时也应考虑社会责任。

六、细分市场进入策略

经过评估,确定了对企业有吸引力的细分市场后,企业营销者就必须确定进入哪些市场以及怎样进入。将细分市场数与所生产产品数结合起来分类,可以将企业对细分市场的选择分为以下几种。

第一,单一集中营销。

这是最简单的方式。厂商选择一个最有吸引力的细分市场,并仅提供一种产品集中单一营销,如企业可以针对某一年龄段的消费者,满足其一种需要。美国一家化妆品公司就把市场定位在青年女子身上,满足其去除青春痘的需要,为其开发产品,进行市场营销。

厂商通过密集营销,可以有如下好处:可以集中财力、人力及有限的资源;可以更加了解本细分市场的需要;可以在这一领域建立自己的优势,巩固自己的市场地位。只要市场规模适当,厂商可以获得不菲的收益。

但是这种方式正如我们前面所提到的,风险较大,由于细分市场的容量不断地在变化着,所以一旦市场容量缩小了,那么这类厂商就会受到相当大的影响。

第二,选择性市场策略。

选择性市场策略克服了单一集中营销的弊端,企业根据划分的市场,有选择地选取一个或一些细分市场,设计不同的商品和营销方案。

选择性策略包含以下几种具体策略。一是选择多个细分市场,这几个细分市场对公司都是有吸引力的,并用多种类型的产品去满足消费者,这些产品间并没有很大的联系。这种策略的优越性是明显的,首先它降低了企业的风险,虽然不可能在每个细分市场都赚钱,但是不同的市场之间可以互相调节,使企业承担的风险不致太大。当然这种策略也有它的缺点,成本和销售费用相对于集中营销要高些。二是细分市场专门化,但产品多样化,如不同的书店即是选择不同的细分市场,有专营法律书籍的,有专营经济书籍的,有专营数学书籍的,它们主要是满足某一细分市场的不同需要。这种选择性策略的风险也较高。

第三,完全市场策略。

完全市场策略指公司想用各种产品满足各种顾客群体的需求,这种策略只能适用于一些超大型的公司,例如通用汽车公司试图为“财富、目的和个性”各不相同的人生产不同的轿车。这种营销策略可以创造更大的总销售额。因为经由多样化的渠道和多样化的产品线来进行销售,通常会使总销售额增加。但是不利因素也是显然的,这种营销方式会使成本增加,如产品修改、生产、管理、存货和促销等都必须针对多种产品,因此成本的增加是不可避免的。

第四,单一产品策略。

这是一种为我国企业所常用的市场策略。这种策略指的是企业把整个市场看成是一个整体,不进行细分,并仅向市场提供一种产品。这种策略并不是一种低级的市场策略,相反它对企业的要求相当高。首先,企业必须对市场有充分的理解,市场的需求必须具有某种内在的一致性；其次，企业必须具有广泛的销售渠道，有足够的财力进行大规模的广告宣传。

我国许多企业实行这种策略并获得了成功，这说明这种策略并非没有生命力，但是我国企业的成功并不是企业营销的成功，而是更多依赖于我国消费市场固有的特点。一是中国市场规模极大，且存在着很大的同质性。消费者的需求是非常类似和接近的，在一个产品刚刚进入市场的时候，消费者的要求和标准相对来说比较雷同，并且消费具有十分明显的模仿性，一旦一个群体对某些产品形成需求，则很快会形成对这个产品的整体需求。二是中国的全国性媒介覆盖能力较大，消费者对媒介信任度高，企业比较容易通过全国性媒介向全国市场进行广泛传播。

可以说在我国相当一段时期内，类似三株口服液一年内增长几十倍、爱多 VCD 用三年时间成为行业规模最大企业的例子仍然会出现。但是，消费者意识的觉醒终将使这种策略难以为继，对目标市场的追求将成为未来企业发展的方向。

第二部分

群策群力，抱团打天下

——建设完美营销组织

第5章　在其位，司其职
——营销部门做什么？

第一节　营销部工作范围

一、营销部工作范围描述书

（一）根据公司长远战略规划，提出相应的营销发展目标、规划和年度营销工作计划，并制订细化的季度、月度营销计划；

（二）负责完成公司下达的年度销售指标及诸如销售额、合同履约率、销售计划完成率、销售成本和回款速度等考核指标；

（三）积极开拓市场，运用各种有效促销方式，确保细分市场的占有率，及时做好应收款项回笼的工作；

（四）负责建立营销网络和售后服务体系，遴选、培训、指导、评价、调整、淘汰、奖励与惩罚经销商和推销员队伍；

（五）负责商品广告的费用预算、策划、委托设计、制作和发布，评估广告效果，并及时做出调整；

（六）会同信息部开发互联网上营销和上网广告方案及其实施；

（七）负责市场调研与市场预测工作，及时掌握市场行情动态并做出相应调整，对重大市场变动和政策变动情况及时上报公司领导；

（八）负责各类销售原始资料的归类、整理、收集、存档的管理工作，及时编制销售统计报表和分析报告；

（九）负责公司客户资料的建立、保存和分类管理，以及包装装潢、商标设计、使用管理；

（十）完成总经理交办的其他任务。

二、市场分部工作范围描述书

企业营销工作由营销总监全面领导，营销中心下设市场部、销售部、客户部、各销售办事处等职能部门，全面负责企业营销策划、市场调研与开发、客户开发与服务等与产品销售有关的工作。

市场部受营销总监领导，直接向营销总监报告工作。根据企业需要可以下设市场调研室、广告宣传科、公共关系科等科室。部门职责主要是全力做好市场开发与市场研究工作，为公司销售目标的实现提供帮助：

（一）围绕公司销售目标拟订市场开发计划。

（二）现有市场分析和未来市场预测。

（三）营销信息库的建立和维护。

（四）消费者心理和行为调查。

（五）消费趋势预测。

（六）品牌推广、消费引导。

（七）竞争对手分析与监控。

（八）渠道调研。

（九）会同企划部制定营销、产品、促销、形象等企划案，并与销售部、客户部共同实施。

（十）现有产品研究和新产品市场预测。

（十一）为公司新产品开发提供市场资料。

（十二）其他相关职责。

三、销售分部工作范围描述书

销售部受营销总监领导，直接向营销总监报告工作。部门职责主要是全力负责公司销售工作，完成公司销售目标：

（一）围绕公司下达的销售目标拟订营销方针和策略计划。

（二）组织货物发运。

（三）组织货款催收。

（四）受理退货。

（五）指导和监督各驻外办事处的工作。

（六）考核各驻外办事处的业绩。

（七）产成品存量控制，提高存货周转率。

（八）销售员营销技能培训。

（九）配合市场部实施促销方案。

（十）收集销售信息，并反馈给市场部。

（十一）其他相关职责。

四、客户分部工作范围描述书

客户部受营销总监领导，直接向营销总监报告工作，根据工作需要可以下设客户服务中心、调查室等其他职能部门。部门职责主要是建立与客户的良好合作关系，为公司销售目标的实现提供帮助：

（一）围绕公司的销售目标，拟订客户开发计划。

（二）客户分析与行为调查。
（三）客户资料库的建立与维护。
（四）售后服务。
（五）客户联谊与客户访问。
（六）客户需求调查。
（七）受理客户投诉。
（八）代理商和经销商管理。
（九）客户信用分析与调查。
（十）新客户开发。
（十一）收集客户信息，并反馈给市场部。
（十二）其他相关职责。

五、营销部工作流程

第一条　制订市场营销目标，分为长期目标和短期目标
（一）目标利润。
（二）市场占有率的增长率。
（三）销售额或销售量的增长率。
（四）销售价格。
（五）质量水平与投诉。
（六）产品体系构成。
（七）营销渠道。
（八）促销活动。
（九）品牌（知名度、美誉度）。
（十）与竞争对手的对比度。
第二条　市场环境分析
（一）行业动向分析
（二）目标市场分析
（三）购买行为分析
（四）企业形象分析
（五）SWOT 分析（优势、劣势、机遇和挑战）
第三条　确定目标市场
（一）市场细分
将市场分为具有不同需要、特征或行为，因而需要不同产品或营销组合的不同购买者群体的过程，称为市场细分。
（二）目标市场选择
企业在划分好细分市场之后，可以进入既定市场中的一个或多个细分市场。目标市场选择是指估计每个细分市场的吸引力程度，并选择进入一个或多个细分市场。
（三）市场定位

市场定位是指为使产品在消费者心目中相对于竞争产品而言占据清晰、特别和理想的位置而进行的安排。因此，营销人员设计的位置必须是他们的产品有别于竞争品牌，并取得在目标市场中的最大战略优势。

第四条　确定营销组合战略(4P)

(一)产品组合，产品定位、产品特色、产品品质、产品品牌与形象，产品包装、使用与售后服务。

(二)价格组合，价位、折扣、定价对销售的影响，付款条件。

(三)销售渠道组合，顾客区隔、销售地点、营销渠道与网络，中间商、零售商、仓储与配送、库存量、商圈。

(四)促销组合，与顾客沟通、广告宣传、促销活动、公共关系、受理投诉。

第五条　营销管理

(一)市场营销管理的主要内容

1. 具体销售事务

(1)签订销售合同，合同管理，合同进度管理。

(2)成品库存管理。

(3)开销售发票，发货，包装，运输管理。

(4)销售货款收回，催款，拒付业务处理。

2. 市场供求研究

(1)企业内部各种销售业务数据的收集和信息处理。

(2)组织收集企业外部信息和开展(委托)市场调查。

(3)组织开展(委托)市场预测。

(二)市场拓展

(1)产品顾客管理。对顾客的基本情况、交易状况、信誉状况及顾客意见进行管理。

(2)推销员管理。推销员的计划安排，检查考核和奖惩。

(3)促进销售管理。有计划地开展广告准备、宣传产品说明书等。

(4)销售渠道管理。对销售渠道的开发、联系、考核评价和支援。

(5)组织商品的包装、装潢和商标设计。

(6)品牌管理。

(三)市场营销组织结构类型

1. 单纯推销型组织平台

成立销售部门，并由一位副总领导，主要管理推销员，兼管若干市场调研和广告宣传工作。

特点：生产什么(多少)，则销售什么(多少)，为被动推销。

2. 具有辅助功能的推销型组织平台

在推销部门，专设一位营销主管，负责经常性的营销、广告宣传及其他促销活动。

特点：营销活动成为专门职能。

3. 独立营销部门组织平台

分立出两个部门：销售部(推销)和营销部，并分属两位副总领导。

特点：

(1)推销与营销成为平行的职能部门。

(2)两部门分别注重短期、长期效益,避免产生矛盾,造成对立冲突。

4. 现代营销部门组织平台

在一位副总领导下,分设推销与营销部门,并统一管理。

特点:能够协调配合。

5. 现代营销企业组织平台

在“以顾客为中心”的服务经营哲学指导下,不仅营销部门而且企业全体员工和职能部门都落实到为顾客服务的思想和行动上来。

特点:完成了真正意义上的营销管理革命。

(四)营销控制

营销管理者对营销计划实施情况进行判断、调整和采取纠正措施,主要控制内容为:

1. 月度计划控制

由业务人员按制度提出工作报告,一线管理者认真审核并提出处置意见。

报告类型:

(1)月度工作计划报告。

(2)月度计划执行进度报告。

(3)费用报告。

(4)新增顾客报告。

(5)失去老顾客报告。

(6)区域或营业点的定期情况报告。

(7)其他专题报告。

2. 年度计划控制

主要对销售额、市场占有率和费用率进行控制。

3. 赢利控制

对各种产品、地区、顾客群、销售渠道、合同额等方面的获利能力进行评价、控制。

4. 战略控制

利用营销审计,定期重新评估企业的战略计划及执行情况。营销审计是对企业或战略业务单位的营销环境、目标、战略和营销活动诸方面进行独立的、系统的、综合性的定期审查,以发现营销机会、找出问题、提出改善营销工作的计划和建议。

六、营销部组织结构建设工作内容

(一)根据企业规模和产品特性进行销售组织的建立。

(二)销售人员的招聘、考核、培训。

(三)销售渠道的建立和维护。

七、市场营销制度建设工作内容

(一)市场营销战略制定。

（二）年度销售计划的制订。
（三）销售综合管理制度的制定。
（四）产品管理制度的制定。
（五）定价管理制度的制定。
（六）促销管理制度的制定。
（七）客户关系管理制度的制定。

八、市场调查和信息管理工作内容

（一）市场调查管理。
（二）市场分析管理。
（三）市场预测管理。
（四）营销信息系统的建立与维护。
（五）促销管理。

九、产品管理工作内容

（一）新产品开发管理。
（二）产品定位管理。
（三）产品组合管理。
（四）产品定价管理。
（五）品牌管理。
（六）包装管理。

十、销售管理工作内容

（一）销售目标和计划的制订。
（二）销售预算的制定。
（三）销售计划的执行。
（四）订货发货管理。
（五）账款回收管理。
（六）销售队伍管理。
（七）客户管理。

十一、营销控制工作内容

（一）营销风险管理。

（二）销售控制管理。

（三）市场秩序研究与管理。

第二节 营销部各岗位职责范围

一、营销总监岗位职责范围描述书

（一）在公司总裁的领导下，负责主持本部门的全面工作，组织并督促部门人员全面完成本部职责范围内的各项工作任务。

（二）贯彻落实本部门岗位责任制和工作标准，密切与生产、人事、计划、财务、质量等部门的工作联系，加强与有关部门的协作配合工作。

（三）组织制定产品销售、入库、出库、库存保管制度。明确销售工作标准，建立健全销售管理网络，认真做好协调、指导、调度、检查、考核工作。

（四）负责组织编制年、季、月度销售计划，适时合理地签订供货合同，确保销售计划指标完成，节约销售费用，及时回笼资金，加速公司资金周转。

（五）加强仓库管理基础工作。认真办理产品出入库手续，定期进行清仓盘点工作，做好在库产品的安全消防工作。

（六）负责编制销售统计报表。做好销售统计核算基础管理工作，建立和规范各种原始记录、统计台账、报表的核算程序，汇总填报年、季、月度销售统计报表，及时写出销售统计分析报告，为公司领导决策服务。

（七）负责驻外分公司、营销网点销售调度及运输工作。及时汇总编制产品需求量计划，合理平衡产品供货，做好对外销售点联络工作，组织产品的运输、调配，完善发运过程的交接手续。

（八）负责抓好市场调查、分析和预测工作。做好市场信息的搜集、整理和反馈，掌握市场动态，积极适时、合理有效地开辟新的经销网点，努力拓展业务渠道，不断扩大公司产品的市场占有率。

（九）负责做好优质服务、售后服务工作。加强对营业人员的教育，走访用户，及时处理用户投诉，提高企业信誉。

（十）负责抓好营销人员的考核、考评与管理教育工作。关心营销人员的生活及思想动态，做好耐心细致的思想教育工作，杜绝经济犯罪事件发生。

（十一）有权向主管领导提议下属科长、经理人选，对其工作考核评价。

（十二）按时完成公司领导交办的其他工作任务。

二、营销经理岗位职责范围描述书

（一）在营销总监的指导下，编制各种销售计划、目标责任和考核指标，并协助落实。

（二）重点负责相关的市场调研与分析预测工作，负责与委托的调研机构保持正常联络，提出市场研究报告供领导参考。

（三）重点负责公司产品或服务的广告业务，负责与委托的广告公司，发布媒体保持正常联络，提交广告方案供领导选择，并评估广告效果，提出改进建议。

（四）不断追踪国内外先进的营销理念和营销技巧，收集和剖析案例并与公司比较，对公司营销战略和策略进行调整，提出有价值的建议，在获得肯定后，负责编制实施方案。

（五）负责对推销员的业务培训、绩效考核和督促，在市场态势突变时对推销人员和地区进行重新分配。

（六）负责对公司商标和品牌的管理，主持或会同其他部门处理假冒商品问题。

（七）负责对招标的重大工程项目评估和夺标的具体方案策划，争取最大中标可能。

（八）完成营销总监临时交办的其他任务。

三、地区销售经理岗位职责范围描述书

（一）根据营销总监制定的营销方针，全面、具体地负责管理指定地区的营销工作。

（二）掌握所辖地区的市场动态和发展趋势，并根据市场变化规律，提出具体的区域营销计划方案，以及个体营销工作流程和细则。

（三）扩大所辖地区的销售网络，熟悉该地区的市场特点、营销特点，与该地区的主要经销商、客户建立长期稳定的合作关系。

（四）重点负责所辖地区的市场调研与分析预测工作，以及公司产品或服务的广告业务；负责与相关的调研机构、广告公司、发布媒体保持正常联络；评估市场调研、广告效果，提出改进建议或研究报告供领导参考。

（五）负责对地区销售机构的行政管理和下属推销员的业务培训、绩效考核和督促，并根据市场变化对推销人员和营销资源进行动态优化分配。

（六）负责主持或会同其他部门对所辖地区处理假冒商品问题。

（七）负责协调公司整体营销方针与所辖地区营销特点的矛盾冲突，灵活运用公司营销和价格政策。

（八）完成营销总监临时交办的其他任务。

四、销售业务员岗位职责范围描述书

（一）认真贯彻执行公司销售管理规定和实施细则，努力提高自身推销业务水平。

（二）积极完成规定或承诺的销售量指标，为客户提供主动、热情、满意、周到的服务。

（三）负责与客户签订销售合同，督促合同正常如期履行，并催讨所欠应收销售款项。

（四）对客户在销售和使用过程中出现的问题、须办理的手续，帮助或联系有关部门或单位妥善解决。

（五）收集一线营销信息和用户意见，对公司营销策略、广告、售后服务、产品改进、新产品开发等提出参考意见。

（六）填写有关销售表格，提交销售分析和总结报告。

（七）做到以公司利益为重，不索取回扣，馈赠钱物上交公司，遵守国家法律，杜绝经济犯罪。

（八）完成营销经理临时交办的其他任务。

五、销售助理岗位职责范围描述书

（一）负责公司销售合同及其他营销文件资料的管理、归类、整理、建档和保管工作。

（二）负责各类销售指标的月度、季度、年度统计报表和报告的制作、编写，并随时答复领导对销售动态情况的质询。

（三）负责收集、整理、归纳市场行情、价格，以及新产品、替代品、客源等信息资料，提出分析报告，为部门业务人员、领导决策提供参考。

（四）协助销售人员做好上门客户的接待和电话来访工作；在销售人员缺席时，及时转告客户信息，妥善处理。

（五）负责客户、顾客的投诉记录，协助有关部门妥善处理。

（六）协助营销总监做好部内内务、各种部内会议的记录等工作。

（七）逐步推广使用电脑信息系统处理营销资料，妥善保管电脑资料，不泄露销售秘密。

（八）完成营销总监临时交办的其他工作。

六、大客户经理岗位职责范围描述书

（一）负责确定公司内部所有大客户的发展方向，根据市场调查做出销售预测并根据销售预测制定费用预算。

（二）负责公司内外部的营销政策协调。

（三）负责发展、培训和激励区域经理。

（四）负责同各区域销售经理协调制定可行性客户发展计划和指标及费用预算。

（五）负责组织每 3 个月召开全国大客户销售会议，确定下季度工作方向。

（六）负责培训、指导区域经理完成既定的客户销售目标。

（七）与公司各部门的沟通、协调工作。

（八）与区域经理每季度回顾、分析、总结每一个客户的销售情况。

七、销售信息主管岗位职责范围描述书

（一）接到订单后，根据订单流程一日内处理订单。

（二）负责订单的统计及归档。

（三）监控订单的执行情况，并及时向各分公司、分销商反馈信息。

（四）分析统计年、月各种规格产品的销售。

（五）统计全国各地直供分销商的销售。

（六）统计各地零售商、展厅、专卖店的销售。

（七）统计各地区销售人员的销售数据。

（八）汇总各地区销售人员反馈回来的市场信息。

（九）根据各地销售情况，做出月度销售分析报表。

（十）完成部门经理交予的工作。

八、客户经理岗位职责范围描述书

（一）负责组织、策划有关的市场活动。

（二）管理、控制相关客户咨询事宜。

（三）分析客户需求，保持与客户良好的关系，持续寻求新的业务发展机会。

（四）与媒体资源保持良好的关系。

（五）建设并控制数据库，采集和分析相关信息。

（六）与客户所在的公司其他部门保持良好的关系。

（七）完成上级下达的各项年度及月度任务。

（八）协调咨询员的业务活动。

（九）关注市场动态，为公司提供精确的市场报告。

九、渠道经理岗位职责范围描述书

（一）寻求、建设并管理渠道成员。

（二）对渠道成员的资格和开发工作负责。

（三）对渠道成员进行技术培训、售前协助、售后服务支持。

（四）执行公司渠道政策。

（五）与渠道成员共同组织、策划各项促销活动。

十、销售培训主管岗位职责范围描述书

（一）根据公司培训计划制订年度、月度培训计划。

（二）时刻关注市场动态，不断总结和创新相关培训教材。

（三）完善培训策略，指导实施销售培训工作。

（四）寻找专业的培训机构或培训讲师，保证培训的质量和数量。

（五）检查监控培训工作实施情况，分析评估培训效果。

十一、商务代表岗位职责范围描述书

（一）熟悉公司产品性能及价格，了解市场行情，严格遵循公司相关工作制度和工作流程。

（二）保持与供应商良好的关系，了解市场动态及产品政策，争取优惠待遇。

（三）负责收集供应商的相关资料并加以分析。

（四）负责收集产品的各种相关资料并加以分析。

（五）及时更新产品报价单，准确报告新的报价。

（六）执行公司采购流程。

（七）负责代表公司签订采购合同。

（八）负责到库产品的签收。

（九）整理相关资料，制作商务标书。

十二、促销主管岗位职责范围描述书

（一）根据公司下达的促销计划，保证计划的完成。

（二）拟订各种促销方案，监督各项促销方案的实施。

（三）设计、发放各种促销用品。

（四）统计各销售区域的销售量并提出整改和推进方案。

（五）制定各项促销活动预算，控制促销经费的使用。

十三、促销员岗位职责范围描述书

（一）根据相关促销计划，在促销主管的带领下完成相关促销任务。

（二）熟悉本公司产品性能及价格，向客户进行讲解。
（三）保持与客户良好的合作关系，维护本公司形象。
（四）及时反馈市场信息，对促销活动提出合理化建议。
（五）为本公司渠道成员提供必要的帮助。

十四、发货主管岗位职责范围描述书

（一）建立各种发货账目与档案。
（二）负责日常的销售统计与库存统计。
（三）负责客户销售到款、提货统计。
（四）及时反馈相关信息。
（五）负责各种销售用品的管理及发放。

十五、发货员岗位职责范围描述书

（一）受理电话订货和订货单。
（二）审核订货单，办理发货手续，协调发货安排。
（三）开具出库单、发货单、调拨单。
（四）建立发货账目。
（五）进行发货统计。

十六、客户开发主管岗位职责范围描述书

（一）负责与客户进行谈判、联络及收款工作。
（二）负责对客户动态的监控，并将信息反馈到销售人员处。
（三）将公司的促销方案及时告知客户并使之接受。
（四）与客户保持持续的沟通，并将获得的信息加以记录。
（五）培育新客户，开发新业务。

十七、客户关系主管岗位职责范围描述书

（一）负责建立和发展客户项目，落实企业政策协议和预算结构。
（二）负责对客户支持项目进行计划和分析，同时保存数据和资料。
（三）根据企业实际情况，制定企业营销政策和预算，对客户信誉进行管理。

（四）负责对客户关系管理专员进行管理和培训。

（五）负责为售后服务员工提供指导，落实企业信誉制度。

（六）负责制订客户服务管理和售后部门计划，提高企业形象。

（七）负责客户忠诚度的管理。

十八、公共关系岗位职责范围描述书

（一）负责制订公司公关计划。

（二）牵头落实企业对外的各项公关活动。

（三）负责对市场公关活动的监督，与企业有关部门进行良好的沟通。

（四）制作并提交公关活动报告，通过公关活动的分析对市场整体策略提出建议。

（五）负责公众关系的调查，根据实际情况不断完善调整公关宣传政策。

（六）负责向公众传达企业的有关情况，协调处理各方面的关系。

（七）负责建立和维护公共关系数据库。

（八）负责制订企业新闻传播计划，落实新闻宣传的监督和效果评估。

（九）负责提供市场开拓及促销、联盟、展会、现场会等方面的公关支持，协助接待企业来宾。

十九、产品主管岗位职责范围描述书

（一）负责开展市场调研工作，包括制订对竞争对手、行业、企业产品信息的市场调研计划。

（二）通过对市场信息的分析、总结，为企业的总体战略制定提供相关的依据。

（三）负责策划、组织市场活动，安排企业产品宣传，并反馈总结所有信息，收集和应用产品市场信息。

（四）负责策划新产品的上市和已有产品的更新换代，包括计划的制订、实施，广告创意、宣传文章的撰写及相关活动的策划与实施。

（五）协助市场营销部门的销售工作，维护与供应商的关系。

二十、网店客服主管岗位职责范围描述书

（一）熟悉产品特点、生产工艺；对生产、销售、物流整个流程明确掌握。

（二）掌握销售技巧，解答顾客疑问，引导顾客进行购买，促成网上交易。

（三）熟悉卖家操作规则，处理客户要求，修改价格及收货地址、订单整理等。

（四）解决已发货订单出现的问题；对售后问题总结归纳，提出可行性方案。

第6章　适合的才是最好的
——营销组织管理

第一节　市场营销组织管理要点

一、市场营销组织管理内容

市场营销组织管理内容如下：

（一）构建营销团队，明确各部门及其成员的职能与职责。

（二）制订营销计划，并确保计划的施行。

（三）制订各部门管理制度。

二、市场营销组织管理基础

市场营销组织管理工作需要考虑以下各方面因素：

（一）企业规模大小。

（二）目标市场的特性。

（三）产品的特性。

（四）企业的类型。

（五）企业的经营状况。

三、市场营销组织管理原则

市场营销组织管理原则如下：

（一）一切以客户为中心。

（二）统一领导，分级管理。

（三）合理分工，紧密联系。

四、市场营销组织管理流程

市场营销组织管理流程如图6-1所示。

企业
经销商
区域销售商
零售终端
消费者
销售经理
销售主任
销售主管
销售代表
导购

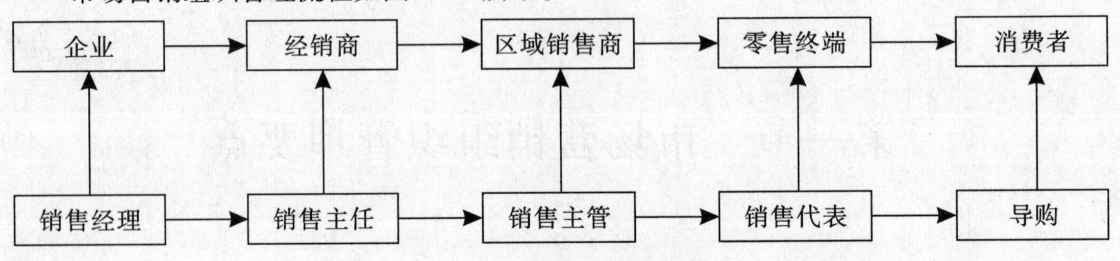

图6-1 市场营销组织管理流程

五、产品销售工作流程

产品销售工作流程如图6-2所示。

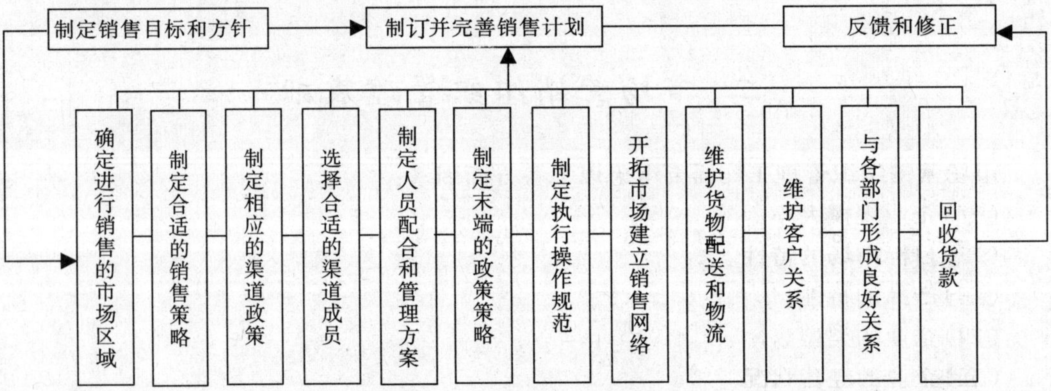

制定销售目标和方针
制订并完善销售计划
反馈和修正
确定进行销售的市场区域
制定合适的销售策略
制定相应的渠道政策
选择合适的渠道成员
制定人员配合和管理方案
制定末端的政策策略
制定执行操作规范
开拓市场建立销售网络
维护货物配送和物流
维护客户关系
与各部门形成良好关系
回收货款

图6-2 产品销售工作流程

六、生产企业销售流程

销售流程是整个企业流程的一个部分，企业从内到外的主旋律是研究开发、生产制造、物流运输、市场和销售、技术支持和服务等流程。在这个主流程外，还有人力资源、财务管理等支持性的流程。基本流程如下：

挂牌标价→洽谈业务→签订合同→收取货款和发运商品→开具发票及提单→提供售后服务和客户回访。

（一）挂牌标价。企业根据自身可提供的产品数量、质量及成本状况，及时向外发布产品价格信息，通过市场推广活动，培养客户需求，树立品牌形象，创造销售机会。发布方式一般可采取在各种媒体上刊登广告，对于长期关系的客户，也可直接邮寄产品价格目录单。发布内容包括可供产品的品种规格、型号、产地、单价、单位及数量等。

（二）洽谈业务。挂牌标价后，销售团队应通过各种渠道将收集到的销售机会转变为订单。企业销售人员应开始和有购买意向的客户进行交易条件的洽谈。销售人员接待客户，洽谈业务是树立企业良好形象、提高服务质量的重要环节，是顺利开展销售业务的前提条件。因此，在接待客户时，要主动热情，介绍商品要仔细认真。

（三）签订合同。买卖双方对合同中的每一条款都要认真填写，内容要完整、严密。合同一旦签订，双方必须严格执行。

（四）收取货款和发运商品。应根据合同规定的时间、数量和方式收取货款。收取货款时，应根据票据使用的有关规定，对支票或汇票进行认真审核。同时，根据合同规定的提货方式和时间，交付货物。企业应很好地衔接这两个环节，避免出现货已付出、而货款不能到位的情况。

（五）开具增值税专用发票，专用发票填写完毕后，必须盖上财务专用章。

（六）发货票（提货单）的开具。发货单是购货方提取商品的凭证，也是供货方开展销售业务的内部凭证。

（七）提供售后服务和客户回访。商品售出以后，企业应根据具体情况提供良好的售后服务，如送货上门、安装调试、维修保养、使用指导，等等。除此之外，还应定期回访，听取顾客对产品及服务的建议和意见，以便更好地改进产品、完善服务。

七、商业企业销售流程

（一）批发企业的商品销售业务

批发企业商品销售具体步骤如下：

拟订销售计划→销售洽谈→签订合同→开具销货单→结算货款→发货装运。

（二）零售企业商品销售过程

零售企业商品销售具体步骤如下：

接待顾客→展示商品→介绍商品→计量包装→收款付货→送别顾客。

八、销售员推销流程

销售员推销工作通常包括以下几个步骤。

（一）寻找潜在顾客

潜在顾客须具备两个基本条件：一是愿意购买；二是有支付能力。

寻找潜在顾客的主要途径有朋友、熟人、广告、邮寄信件和电话等。在这个阶段，销售人员应努力收集尽量多的信息。

（二）访前准备

一般来说，接触前的准备是正式接触前的所有活动，销售人员应对他们的行业、公司产品或劳务、竞争对手和顾客等都非常熟悉，尤其是潜在顾客的个人和商业信息活动。

销售人员准备得越充分,成功的可能性就越大。

(三)接近并与客户建立良好关系

初次会晤是销售人员与潜在顾客的首次真正接触,在初次见面中,销售人员必须与潜在的客户建立良好的关系,销售人员必须吸引顾客的注意力,否则销售人员以后的行动可能会不起作用。

在这一阶段,销售人员要进行大量的提问和倾听。提问有助于吸引顾客的注意力,销售人员聆听顾客的回答,可以在双方之间建立起一种互相信任的关系。

在倾听的过程中,一旦发现问题,销售人员就可以向潜在顾客介绍解决问题的方法。在介绍方法时,应富有创造性,并努力创造一个轻松愉快的氛围。销售人员提出的每一个问题,都暗含着对潜在顾客的关心与兴趣。销售人员越多倾听潜在顾客的谈话,顾客就会越喜欢并信任销售人员。由此,销售人员可以和潜在顾客建立良好的客户关系。

(四)了解客户的需求

在这一阶段中,销售人员能从客户的谈话中了解客户所面临的问题及客户希望获取的信息等,进而达到销售的目的。

(五)描述产品

在明确顾客存在的问题之后,销售人员就要准备解释并生动地描述相关产品的特征和优点。

在描述产品的过程中,销售人员要与顾客不断地交流,描述要针对客户的需求,一定要让顾客知道为什么要听你讲、利益是什么及对他们有什么好处。

(六)异议的处理

销售人员要解决有关顾客购买的一切问题。

(七)成交

销售人员在顾客满意的情况下完成销售,此时应对客户的合作表示感谢,谢意的表达必须是真诚的,应让客户感受到交易的达成是值得庆贺的,他们随时都会受到热情地接待。

(八)回访

交易达成后继续与客户保持经常性的联系,对于重复销售和更大市场的开拓具有重要的意义。在回访过程中,销售人员不但要确认客户对产品是否满意,还要进一步巩固与客户的关系。

九、电商部客服工作流程

(一)客服必备要素

1. 积极向上的心态。

2. 严谨、负责、认真、热忱的工作态度。

3. 极强的团队合作意识。

(二)售前和售中的工作流程

1. 了解公司产品的特色及企业文化内涵,提升业务的专业水准。

2. 设置旺旺迎宾、离开、忙碌等不同时段的自动回复内容,以确保买家熟知我们的状态，从而减少因让买家久等而产生的不必要的误会。

3. 店铺举行各大活动时，自动回复内容都要重新设置，以更新最新、最实用的活动内容，让买家一看就知，简单明了。

4. 对于买家的咨询和疑问，应当尽量做到第一时间迅速回应并有效回复。在解答客户疑难的同时要适当引导或建议客户购买店铺的其他相关产品，以促进再次销售。

5. 归类总结买家经常咨询的问题，并设置好快捷语。建议设计至少 3 种模板，以免在买家纠结于同一问题时产生厌烦心理。一定要提高响应速度，以防客户流失。

6. 客服答应给予买家的优惠或特别注明等，应在后台及时备注，以便仓库对接员在进行发货时提高效率，另一方面也可以随时查看对应订单。备注格式要有客服姓名、买家姓名、备注事项、所送礼品等，且要简单明了。

7. 如果有后续问题需跟进解决的要及时处理，避免拖沓或遗留问题。

8. 熟悉对应平台的规则，客户咨询时要灵活机动，热情解答。

9. 每一位咨询而未成交的客户均要登记留存。

10. 拍下而未付款的买家，要温馨提醒，讲究方式方法。对于没有付款的买家，要找到原因并做好登记。

11. 在买家咨询时，也要留意买家的购买信誉及好评率等，优质客户在为其服务后要垂询对方的意见，是否加为好友便于联系。再根据买家的实际情况设置不同的客户组。

12. 货物发出后要进行跟踪服务。一般情况下，买家在签收 3 天左右仍未确认收货或做出评价的，可以酌情致电问其是否对货物满意，间接引导其确认收货。

13. 对于每天新出的评价要予以跟踪。比如，买家反映的哪些细节做得不够好，并积极热情地予以回应。

14. 日常客户来电时，要讲究说话的语音、语调，最大限度地解决客户提出的问题。

(三)售后客服工作流程

1. 熟悉“七天无理由退换货”及“售后退换货”的相关条件。

2. 当买家联系换货处理时，有两种情况：非质量问题，质量问题。二者要区别对待，妥善解决问题为准。

(四)客服接待中注意事项

1. 注意说话的语气，你的热情对方能感知到。

2. 不要盲目给客户承诺。

3. 熟悉网店平台的相关规则和细则。

4. 依据公司实际情况，制定不同颜色的旗帜。比如发货是红旗，换货是蓝旗等。

第二节 市场营销组织结构模板

一、区域型组织结构模板

区域型组织结构模板如图6-3所示。

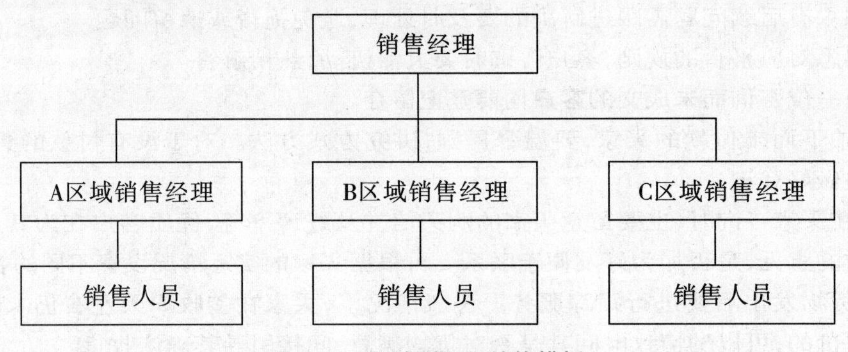

图6-3 区域型组织结构模板

二、产品型组织结构模板

产品型组织结构模板如图6-4所示。

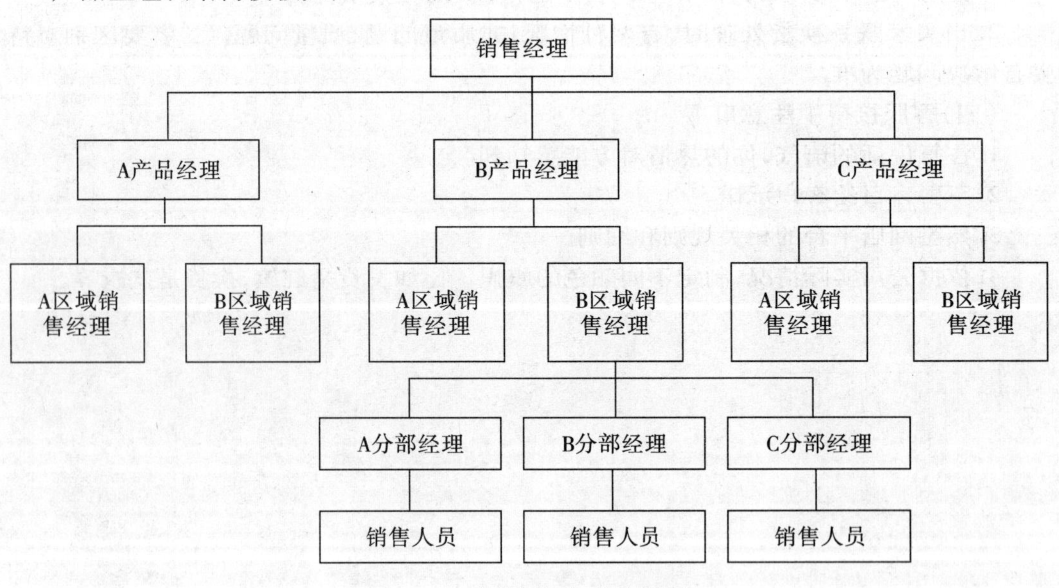

图6-4 产品型组织结构模板

三、客户型组织结构模板

客户型组织结构模板如图 6－5 所示。

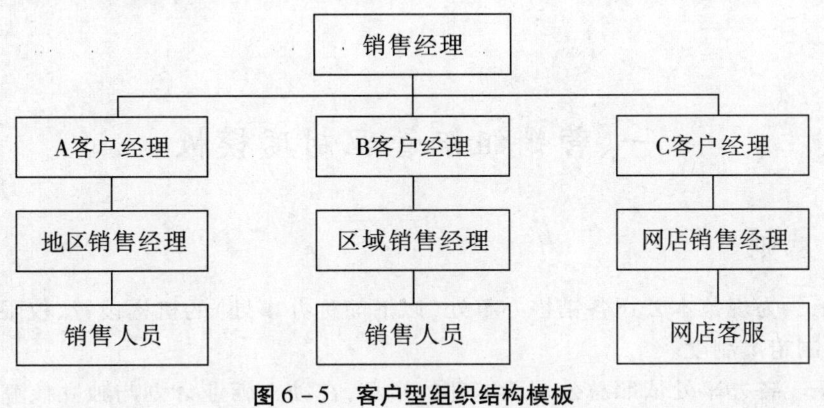

图 6－5　客户型组织结构模板

四、职能型组织结构模板

职能型组织结构模板如图 6－6 所示。

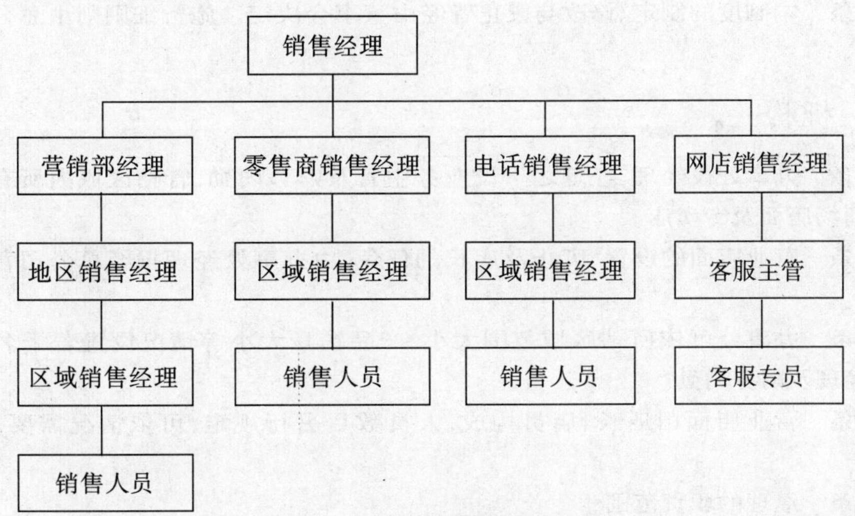

图 6－6　职能型组织结构模板

第三节 市场营销组织管理制度

一、营销组织管理制度模板

□ 总则

第一条 为规范本公司各销售办事处(以下简称办事处)的机构设置、权限与日常运作管理,特制定本制度。

第二条 各办事处依照总公司营销部的指示,在独立营业计划与独立核算制度的原则下,负责指导管理所管辖的营业店面,并负责管辖区域内的订货契约、收款及筹划发展新客户等相关的业务运作及业务处理。

第三条 办事处设于全国各主要城市,在称呼时各冠上城市名称。

第四条 各办事处的设置、改制、废止、管理区域及经理的任免,皆经由总裁办公室决议后执行。

第五条 本制度的制定、修改与废止皆经由董事会决定。施行细则则由总公司营销总裁决定。

□ 机构

第六条 办事处设经理,经理之下设业务主管及财务内勤,管辖区域内所有营业店面,包括商场店面及专卖店。

第七条 营业店面的设置、废止及店长的任免,由办事处经理报经总公司营销部同意后决定。

第八条 办事处可依所辖区域范围大小、产品销量大小等情况设置若干名业务主管、批发经理及财务内勤。

第九条 营业店面由店长、店员构成,人员数目另行规定,可依情况需要,设置副店长。

第十条 经理的职责范围

1. 企划、指示营业方法;

2. 经常调查、听取营业情况的发展以决定营业方针;

3. 听取部内及营业店的业务报告,并随时监视业务状况;

4. 裁决办事处内的人事问题;

5. 举行业务磋商会议;

6. 排除业务上的困难。

第十一条 业务主管职责范围

1. 拟订接受订货的计划并负责其运作；
2. 对契约的执行进行监督、指导；
3. 加强、完备营业店的体制；
4. 管理营业店的业务并负责指导；
5. 负责指导、教育业务人员；
6. 负责营业店人员的录用、解雇、升迁、降职及勤怠管理；
7. 调查各营业所及外勤人员的业绩。

第十二条　财务内勤职责范围

1. 处理契约事务及审查契约；
2. 策定契约费用的回收计划并负责其运作；
3. 实施营业收支计划与负责出纳事务；
4. 负责管理内勤人员的薪资、变动及怠勤；
5. 处理部内的用品供应、修建等相关事务；
6. 负责文书的收发管理；
7. 处理部内的风纪、保密、对外交涉、车辆及常务；等等。

□　权限

第十三条　经理的权限

1. 直接监督业务主管及营业店店长(网店主管)；
2. 负责企划所属业务的运作；
3. 迅速、准确地处理业务；
4. 管理所属人员的工作状态。

第十四条　经理的自决及请示事项

经理可自行决定及必须请示的事项包括下列各项：

1. 营业方面

(1)自行决定事项：

①指示业务主管及营业店店长处理部门的业务运作，并负责其管理；
②决定外部销售人员的任用、调动、解雇；
③负责支付外勤人员的薪资；
④负责缔结团体契约与约定；
⑤决定另有规定范围内的契约。

(2)请示事项：

①外勤人员的任用、升迁、解雇及职工的特别任用；
②营业店的设置、废除及店长的任免。

2. 经营管理方面

(1)自行决定事项：

①另有指示的费用或限度以内的支出；
②监察部门的收支、营业所的业务及会计业务。

(2)请示事项：

①指示以外的费用的支出、许可费用但超出限度额的支出；

②公司房地产及不动产的买卖、借贷，×万元以内的紧急维修契约不在此限之内；

③设定未经公司指示的交易银行；

④以部门名义捐款及支出协会费用等。

3. 人事方面

(1)自行决定事项：

裁决所属人员 5 日以内的休假、出差、早退、加班、假日出勤等事项的批准，但业务主管及营业店店长的管辖外出差则须请示总公司。

(2)请示事项：

①内勤职工的任用、解职、调动，部内的内勤与外勤的相互调动；

②经理本人的休假及出差；

③所属人员的赏罚除有另文规定之外，应请示总公司裁决。

4. 总务方面.

(1)请示事项：

①诉讼、强制执行及与此相对等的法律手续；

②提交国家机关的申报、申请书的制作及提出；

③事务账单、传票的企划与制作；

④内部回文的制作、公布。

第十五条　业务主管的权限

业务主管于第十四条所规定的经理权限内，完成经理所指示的业务。

第十六条　营业店店长的职权

营业店店长受业务主管的指示，负责指挥、监察所属人员，并从事管辖区域内的业务。

□　营运

第十七条　办事处的业务经营必须按公司的规定回文呈报总公司营销部及相关部门，并以其指示为执行依据。如有违反，视情给予处罚。

第十八条　总公司的指示、重要计划、命令及其修正和废止，一概由总公司营业部以文书方式传达。

第十九条　办事处须令所管辖的营业店提出下列事项的报告，并做好综合统计后，再报告给总公司营业部。

1. 每日的营业成绩。

2. 每日的收支情况。

3. 每日的活动及怠勤状况。

第二十条　管辖区域内的调整

办事处须迅速、确实地收集掌握管辖区域内业务的相关事项，并依下列三项予以谋划、实施业务上的对策。

1. 收集、调查与业务有关的产业、经济、财政、社会、政治、企业经营等情报与资料。

2. 调查、发掘有潜力客户与市场，并依照管辖区域内的事业、职业类别，进行行情调查与预测。

3. 针对营业实绩做分析性、综合性的研究，以企划对策。

二、营销管理制度范例

□　总则

第一条　以质量求生存，以品种求发展，确立“用户第一”“质量第一”“信誉第一”“服务第一”的宗旨，维护企业声誉，重视社会经济效益，生产物美价廉的产品投放市场，满足社会需求是我企业产品的销售方针。

第二条　掌握市场信息，开发新产品，开拓市场，提高产品的市场竞争能力，沟通企业与社会，企业与用户的关系，提高企业经济效益，是我企业产品销售管理的目标。

□　市场预测

第三条　市场预测是经营决策的前提，对同类产品的生命周期状况和市场覆盖状况要作全面的了解分析，并掌握下列各点：

1. 了解同类产品国内外全年销售总量和同行业全年的生产总量，分析饱和程度。

2. 了解同行业各类产品在全国各地区的市场占有率，分析开发新产品，开拓市场的新途径。

3. 了解用户对产品质量的反应及技术要求，分析提高产品质量，增加品种，满足用户需求的可行性。

4. 了解同行业产品更新及技术质量改进的进展情况，分析产品发展的新动向，做到知己知彼，掌握信息，力求企业发展处于领先地位。

第四条　预测国内各地区及国外市场各占的销售比率，确定年销售量的总体计划。

第五条　收集国外同行业同类产品更新及技术发展情报，国外市场供求趋势，国外用户对产品的反应及信赖程度，确定对外市场的开拓方针。

□　经营决策

第六条　根据企业中长期规划和生产能力状况，通过预测市场需求情况，进行全面综合分析，由销售科提出初步的年度产品销售方案，报请厂部审查决策。

第七条　经过厂务会议讨论，厂长审定，职代会通过，确定年度经营目标并作为编制年度生产计划和企业年度方针目标的依据。

□　产销平衡及签订合同

第八条　销售科根据企业全年生产计划及近年来国内各地区和外贸订货情况，平衡分配计划，对外签订产品销售合同，并根据市场供求形势确定“以销定产”和“以产定销”相结合的方针，留有余地，信守合同，维护合同法规的严肃性。

第九条　执行价格政策，如需变更定价，报批手续由财务科负责，决定浮动价格，经经营副厂长批准。

第十条　销售科根据年度生产计划，销售合同，编制年度销售计划，根据市场供求形势编制季度和月度销售计划，于月前10天报计划科以便综合平衡产销衔接。

第十一条 参加各类订货会议,扩大销售网,开拓新市场的原则,巩固发展用户关系。

第十二条 建立和逐步完善销售档案,管理好用户合同。

□ 编制产品发运计划,组织回笼资金

第十三条 执行销售合同,必须严格按照合同供货期编制产品发运计划,做好预报铁路发运计划的工作。

第十四条 发货应掌握原则,处理好主次关系。

第十五条 产品销售均由销售科开具"产品发货通知单"、发票和托收单,由财务科收款或向银行办理托收手续。

第十六条 分管成品资金,努力降低产品库存,由财务科编制销售收入计划,综合产、销、财的有效平衡并积极协助财务科及时回笼资金。

第十七条 确立为用户服务的观念,款到发货应及时办理,用户函电询问,3 天内必答,如质量问题需派人处理,5 天内与有关部门联系,派人前往。

□ 建立产品销售信息反馈制度

第十八条 销售科每年组织一次较全面的用户访问,并每年发函到全国各用户,征求意见,将收集的意见汇总,整理,向企业领导及有关部门反映,由有关部门提出整改措施,并列入全面质量管理工作。

第十九条 将用户对产品质量、技术要求等方面来信登记并及时反馈有关部门处理。

第二十条 负责产品销售方面各种数据的收集整理,建立用户档案,收集同行业情报,提供销售方面的分析资料,按上级规定,及时、准确、完整地上报销售报表。

三、市场部组织管理制度模板

□ 市场部组织构架

第一条 本公司市场部组织架构如图 6-7 所示。

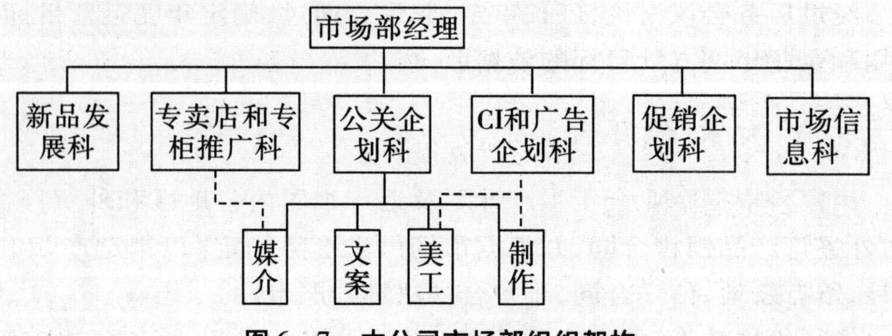

图 6-7 本公司市场部组织架构

□ 市场部职能

第二条 制订并执行市场调查计划,以及日常的市场信息的收集与整理。

第三条　品牌规划与管理。

第四条　制订并执行年度整体市场营销计划与预算（参谋）。

第五条　制订并执行市场推广计划与预算。

第六条　制订并执行广告与专卖店、专柜推广计划与预算。

第七条　制订并执行公关与促销活动计划与预算。

第八条　负责市场推广物品的设计制作。

第九条　制订与执行新产品上市计划。

第十条　进行市场推广导购员培训。

第十一条　档案资料管理。

□　市场部工作细则

第十二条　领导和组织部门内各成员共同制定营销公司年度营销目标和整体市场营销工作计划。

第十三条　制订年度市场推广计划和预算，监督投放过程并及时评估和调整。

第十四条　指导部门内部及部门与其他部门之间的合作关系。

第十五条　与生产、销售部门磋商，结合市场情况做出合理的产销计划。

第十六条　与开发、销售部门磋商，结合市场情况做出合理和前瞻性的新产品开发计划。

第十七条　与销售部配合进行通路及通路政策设计与完善。

第十八条　协助销售部门实施市场推进工作，对过程及结果进行监控和评估。

第十九条　策划与推广顾客服务计划和增值性活动，并组织相关部门协助顾客服务部门执行好增值性的顾客服务活动，对工作过程及结果进行监控和评估。

第二十条　评定本部门工作售货员资信及其业绩表现，并负责内部人员调配。

第二十一条　招募、训练、培养市场推广人员，为公司发展储备人才。

□　新品发展科工作细则

第二十二条　结合消费市场和产品信息提交新产品研发计划和提案（包括技术、功能、成本控制、外观等）。

第二十三条　新产品上市计划（包括定位、价格、名称、包装、视觉形象、广告、促销等）。

第二十四条　产品组合规划，协助专柜、网店推广经理发展、开拓新的利润源。

第二十五条　产品销量规划。

第二十六条　产品区域性、季节性投放规划。

□　公关企划科工作细则

第二十七条　公关活动策划、说明及实施监控。

第二十八条　审核地区性公关活动计划并给予指导和修正，监督其执行。

第二十九条　良好、稳定的媒介、政府和行业相关机构关系。

第三十条　外部公关工具《×××》报刊（DM）的编辑和发行，协同顾客服务部共同执行。

第三十一条　内部公关工具《×××》报刊的编辑和发行。

第三十二条　内外部公关礼品的制作和管理。

第三十三条　组织相关人员成立临时性的“公司故事编写小组”，编撰、发布“公司故事集”。

第三十四条　公关活动效果评估。

□　CI 和广告企划科工作细则

第三十五条　年度广告计划与预算。

第三十六条　地区广告计划的制订、指导或审批及实施监控。

第三十七条　企业及品牌视觉形象设计及实施管理。

第三十八条　协助、督导广告及制作代理公司工作。

第三十九条　媒体监测。

第四十条　公关、促销活动、网店、专卖店（产品和服务）及市场助销用品的设计、制作。

第四十一条　广告效果评估。

□　促销企划科工作细则

第四十二条　制订年度促销活动计划及预算，并根据城乡、地区性、时间段进行分解。

第四十三条　与广告等相关部门配合进行促销活动的实施。

第四十四条　指导、审批、监督各地区市场促销计划的制订和实施。

第四十五条　进行促销活动效果评估。

□　专卖店和专柜推广科工作细则

第四十六条　向市场部经理提交年度、季度、月度直属或授权产品/服务专卖店和专柜建设计划，专柜为店中店和商场专柜。

第四十七条　设计《直属或授权产品/服务专卖店和专柜手册》和《导购手册》并制作部分统一的专柜推广工具监督各地区的专柜制作质量。

第四十八条　指导和协助制定地区直属或授权产品/服务专卖店和专柜建设计划，并督导和监督各地区市场持续、有效地进行地区直属或授权产品/服务专卖店和专柜建设工作。

第四十九条　定期与非定期向市场部经理反馈一线市场信息，并提供书面市场报告。

第五十条　对地区市场发布的媒体广告实施监测和监督，以确保广告准确及时地发布。

第五十一条　定期和非定期进行专卖店和专柜建设、导购代表管理和推广活动培训、研讨交流及效果评估。

第五十二条　配合人力资源部和终端管理科制定专卖店、网店、专柜导购代表的培训计划，制作培训工具并监督培训计划实施。

□　市场信息科工作细则

第五十三条　建立营销公司内部信息反馈系统，及时把握一线市场与销售动态。

第五十四条　负责市场调查计划（消费者、配销渠道）的制订、实施和监控。

第五十五条　进行宏观营销环境、行业状况、产品市场信息的收集工作。

第五十六条　负责市场信息的收集、整理与分析，定期或不定期向市场部经理、营销公司领导及相关部门领导提交行业动态分析、消费者市场分析、流通渠道、产品动态和策略分析、本公司销售实绩分析、销售政策实施结果分析及政策修正建议报告，为市场部制订和修正各项市场营销计划提供依据。

第五十七条　编辑《公司市场信息快报》，并负责传阅。

第五十八条　建立市场信息及文档资料管理。

四、销售部组织管理制度模板

□　销售部组织构架

第一条　本公司销售部组织架构如图6－8所示。

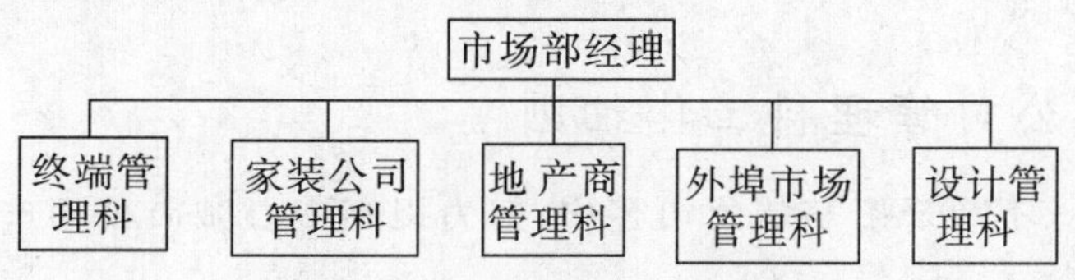

图6－8　本公司销售部组织架构

□　销售部岗位职责

第二条　根据营销公司总体年度营销计划制订销售部及其区域别、时间别及部门别销售计划与预算，包括销售额、市场占有率、渗透率等。

第三条　依据销售计划，制订销售部销售方针、政策，对销售业务活动的过程及结果进行管理。负责销售目标、市场占有率与渗透率的达成。

第四条　依据整体营销计划，执行和配合公司、市场部所制订的各项市场推进计划。

第五条　负责经销代理商的开发、选择、评估与激励；通过服务性销售方法，与中间商建立长期稳定的"赢—赢"关系。

第六条　负责外地营销分公司、直属经营部及直属办事处的开发、建设和管理（支持、服务和监控）。

第七条　销售货款的及时、安全回收。

第八条　市场信息的收集、整理、分析与反馈。

第九条　销售报表的收集、整理、分析与反馈。

第十条　与市场部沟通和配合做好销售计划的制订，进而与生产部门协调"销—产计划"，确保销售计划的严肃性。

第十一条　负责销售队伍建设及管理。依据业务发展，与人力资源部共同制订销售部人力资源规划（人力资源的结构、储备等）及员工的招聘、培训、调配、评估与激励。

□　销售部经理工作细则

第十二条　依据营销公司管理制度，制订销售部管理细则，全面计划和安排本部门工作。

第十三条　指导部门内与其他部门之间的合作关系。

第十四条　主持制定销售策略及政策，协助销售业务执行人员顺利拓展商业客户并进行客户管理。

第十五条　主持制定完善的销售管理制度，严格奖惩措施。

第十六条　评定部门内工作人员的资信及业绩表现，并负责内部人员调配。

第十七条　应收账款的回收管理。

第十八条　促销计划执行管理。

第十九条　审定并组建营销分公司、直属经营部及办事处。

第二十条　制定销售费用预算并进行成本控制。

第二十一条　制订部门员工教育及培训计划，训练、培养销售管理人员，为公司储备人才。

第二十二条　对部门工作过程、效率及业绩进行支持、服务、监控、评估、激励并不断改进和提升。

□　家装公司管理科工作细则

第二十三条　不断开拓家装公司客户，努力提高中心城市公司产品的主要市场覆盖率。

第二十四条　有计划地组织拜访客户并缔结销售合约。

第二十五条　负责本科室业务员的具体管理工作。

第二十六条　协助地区市场推广主任专员完成业务员的培训。

第二十七条　与家装公司谈判和公关争取到推荐的最佳位置，努力争取在家装公司的促销活动中的最佳位置处，摆放公司的促销用品，确保管区内达到公司要求的产品陈列及形象展示标准。

第二十八条　在地区市场推广主任专员及经营主任指导下，执行公司的广告促销与其他市场推广计划。

第二十九条　执行公司的价格政策，控制家装公司的价格，控制市场零售价格。

第三十条　协助地区市场推广主任专员完成对家装公司工作人员的培训和管理工作。

第三十一条　收集区域内有关的市场信息。

第三十二条　通过与储运调度人员合作，组织产品的发运与接收。

第三十三条　按照公司规定处理损坏货品，处理消费者及客户的投诉。

第三十四条　按照公司规定积极进行客户关系维护。

第三十五条　按时完成行政管理报表及信息反馈工作。

第三十六条　按照公司规定对销售代表进行奖惩考核。

□　地产商管理科工作细则

第三十七条　不断开拓地产商的工程项目，实现最佳的合作关系。

第三十八条　有计划地组织拜访地产客户并缔结订单。

第三十九条　积极开发地产项目的样板间建设、联合促销活动等。

第四十条　负责本科室业务员的具体管理工作。

第四十一条　协助地区市场推广主任专员完成对业务员的培训。

第四十二条　在地区市场推广主任专员及分公司经理指导下执行公司的广告、促销与其他市场推广计划。

第四十三条　确保货款回收工作的顺利完成。

第四十四条　收集区域内有关的房地产市场信息。

第四十五条　通过与储运调度人员合作，组织产品的发运与接收。

第四十六条　按照公司规定处理损坏货品，处理消费者及客户的投诉。

第四十七条　按照公司规定积极进行客户关系维护。

第四十八条　按时完成行政管理报表及信息反馈工作。

第四十九条　按照公司规定对销售代表进行奖惩考核。

□　终端管理科工作细则

第五十条　监督自营专卖店/专柜/授权产品店的店面管理，并进行巡检。

第五十一条　负责终端营业人员的培训及公司自身导购、促销人员的具体管理工作。

第五十二条　协助完成对终端营业人员的培训及公司自身导购、促销人员的培训。

第五十三条　按时完成行政管理报表及信息反馈工作。

第五十四条　按照公司规定对终端销售人员进行奖惩考核。

第五十五条　在市场部指导下，执行公司的广告促销与其他市场推广计划。

第五十六条　收集区域内有关的市场信息。

第五十七条　执行公司价格政策，控制市场零售价格。

□　外埠市场管理科工作细则

第五十八条　和市场部配合不断开拓直营经销代理客户。保证找到当地最佳经销/代理商，实现最佳合作关系。

第五十九条　有计划地拜访客户并缔结订单。

第六十条　指导和协助经销代理商的销售代表完成分销管理，产品的陈列、展示、助销用品的发放及使用等目标。

第六十一条　帮助培训经销代理商的销售代表及分销网络的营业人员。

第六十二条　在地区市场推广主任专员及市场部指导下执行公司的广告、促销与其他市场推广计划。

第六十三条　执行公司价格政策，控制经销代理商及其分销网络的价格。

第六十四条　监控货物流向，防止跨区销售。

第六十五条　确保货款回收工作的顺利完成。

第六十六条　收集区域内有关的市场信息。

第六十七条　通过与储运部调度人员的合作，组织产品的发运与接收，协助客户做好库存管理工作（合理的库存水平、安全的产品存放）。

第六十八条　按照公司规定处理损坏货品，处理消费者及客户的投诉。

第六十九条　按时完成行政管理报表及信息反馈工作。

第七十条　按照公司规定对经销代理客户开发人员进行奖惩考核。

□　设计管理科工作细则

第七十一条　分配设计任务，并建立跟踪机制，确保设计任务的按时完成，支持各渠道销售任务的达成。

第七十二条　对设计方案的拟订、修改、确认、设计、下单进行全程监控和支持。

第七十三条　按照公司规定对设计人员进行奖惩考核。

五、客户服务部组织管理制度模板

□　顾客服务部组织构架

第一条　本公司顾客服务部组织架构如图6－9所示。

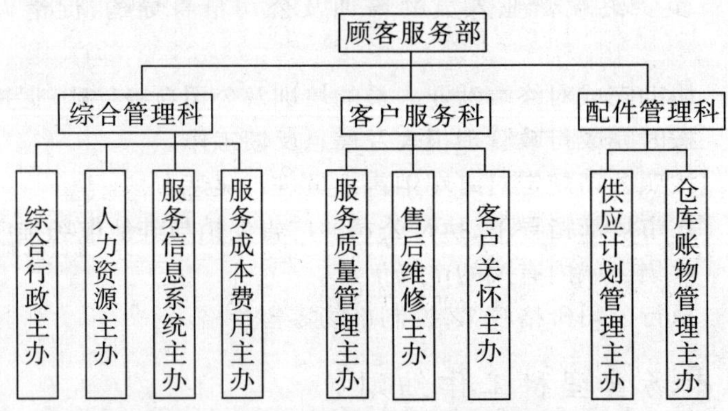

图6－9　本公司顾客服务部组织架构

□　顾客服务部部长岗位职责

第二条　参与制定公司营销战略与计划，依据公司整体营销战略与计划，组织顾客服务部人员及相关部门和人员制订中长期顾客服务战略（如服务理念、服务承诺、维修网点的布局与建设等）和年度顾客服务工作计划，并参与其审定，负责其组织实施并参与评估。

第三条　负责各职能科室及各中心的建设、评审及其负责人的考核与任免，并组织对中间商维修网点的建设规划和审批。

第四条　组织审定各职能科室的年度计划和中长期计划。

第五条　向各职能科室发布年度计划的实施命令，并全面管理其实施的过程及结果，组织年度评审与考核。

第六条　组织制定年度预算。

第七条　当公司所处的竞争环境发生重大变化时，及时组织顾客服务部门及相关部门和人员制定应变对策，参与应变对策的决策和实施发布，管理其过程和结果。

第八条　参与影响公司目标完成的重大危机事件的处理决策和实施管理。

第九条　代表部门向营销总监承诺年度工作目标的完成和特殊任务的完成。

第十条　协调其他部门与顾客服务部门的关系。

第十一条　负责组织、主持各种大型顾客服务活动。

第十二条　完成公司制定的顾客服务满意度指标。

第十三条　负责本部员工培训。

□　综合管理科工作细则

第十四条　依据公司整体营销战略与计划，在部门领导班子的指导下，组织综合管理科人员及相关职能科室人员制订中长期顾客服务战略和年度顾客服务工作计划，并参与其审核，负责其组织实施并参与评估。

第十五条　负责本科室年度、月度工作计划的制订和管理，以及顾客服务部月度工作计划与总结的管理。

第十六条　负责服务策划与服务传播管理。

第十七条　负责服务体系的管理。

第十八条　负责顾客服务部成本费用的预算编制及费用成本核算、审核、控制。

第十九条　负责按本部门考核制度、监察制度提出考核、监察方案和建议。

第二十条　负责顾客服务部人力资源及培训的归口管理。

第二十一条　负责服务信息系统的管理。

第二十二条　负责顾客服务部综合行政管理。

第二十三条　负责顾客服务系统内外部的协调。

第二十四条　负责本科室员工的绩效评估与奖罚。

第二十五条　完成主管部长布置的其他工作。

第二十六条　负责建立、维护顾客服务部机要档案。

第二十七条　建立、健全档案管理制度。

第二十八条　负责公司和顾客服务部文件的登记和收发。

第二十九条　负责差旅单据审核。

第三十条　负责顾客服务部薪酬管理及部门资产管理。

第三十一条　完成部门领导及综合管理科科长布置的其他工作。

第三十二条　根据顾客服务部人力资源情况，定期提出人力资源分析报告。

第三十三条　负责顾客服务部对人员的定期考核、评估管理。

第三十四条　负责顾客服务部人力资源开发管理。

第三十五条　负责顾客服务部人事关系手续办理。

第三十六条　负责与人力资源部门的专业上的协调、沟通。

第三十七条　负责顾客服务部服务员工定期培训的归口管理与组织。

第三十八条　负责顾客服务部部门方针目标计划的管理。

第三十九条　负责顾客服务部综合管理科年度月度工作计划与总结管理。

第四十条　完成综合管理科科长布置的其他工作。

第四十一条　负责与营销信息系统的接口管理。

第四十二条　负责制订定期市场信息收集计划。

第四十三条　负责组织通过营销系统内部、服务系统内部、横向部门、上级主管部门收集国内外同行信息，并进行建档、分析汇总、定期提交分析结果和建议。

第四十四条　参与本科室年度工作计划的制订。

第四十五条　在结算管理科、技术服务科协助下，开展客户数据库的管理与分析工作。

第四十六条　完成综合管理科科长布置的其他工作。

第四十七条　对顾客服务部成本费用使用的知情权。

第四十八条　对顾客服务部成本费用财务及费用额度审核权。

第四十九条　对服务费用调配的建议权。

第五十条　对服务费用使用的考核建议权。

第五十一条　负责服务成本费用的分析。

第五十二条　负责顾客服务部年度预算费用的编制。

第五十三条　负责资金计划的管理。

第五十四条　负责服务成本费用的财务及费用额度审核。

第五十五条　负责服务成本费用台账的建立与维护。

第五十六条　负责资金的调配方案建议的提出。

第五十七条　负责与财务部的接口管理。

第五十八条　完成综合管理科科长布置的其他工作。

□　客户服务科工作细则

第五十九条　参与制订顾客服务部的战略发展计划，依据本部顾客服务战略与年度计划，负责制订本科室的管理制度，参与其审定，管理其实施活动。

第六十条　负责顾客服务中心的管理和监督工作。

第六十一条　负责本科室年度、月度工作计划（对各顾客服务中心的技术支援与培训）的制订和实施管理。

第六十二条　积极配合与支持营销部门统一组织的有关活动。

第六十三条　负责顾客、竞争产品和本公司产品信息的收集、分析与反馈。

第六十四条　负责本科室员工的绩效评估与奖罚。

第六十五条　培训本科员工。

第六十六条　负责组织应对重要的非常规事件的发生。

第六十七条　负责协调与相关部门的关系。

第六十八条　完成部长布置的其他任务。

第六十九条　实现本科工作范围内的顾客满意指标。

第七十条　协助建立各品类技术咨询网络及管理规范。

第七十一条　负责每日终端或用户技术问题的咨询解答工作。

第七十二条　负责科内信访人员的定期培训指导工作。

第七十三条　参与技术培训、技术支援、技术文件的编制工作。

第七十四条　负责跟踪指导重大投诉问题的处理过程。

第七十五条　和相关技术部门负责编制整理各种品类的维修工艺规程。

第七十六条　负责督促维修人员严格按工艺文件要求进行操作。

第七十七条　负责车间返修后的产品质量检查。

第七十八条　负责执行质量的检测制度，对各返修装配工序进行巡检。

第七十九条　负责对损坏故障信息及损坏零件的质量问题（每月）列表汇总，并将其反馈至本科质量信息员处。

第八十条　接受客户保修要求，安排维修日程。

第八十一条　监控维修质量，包括准时、礼仪、态度、现场等。

第八十二条　按照公司规定执行配件/辅料的领用、收费、余留、旧件等管理。

第八十三条　核实维修下单，与储运、生产等部门联系，并确认日期。

第八十四条　制定热线服务人员工作程序、原则和技巧，并进行督导和培训。

第八十五条　负责本科室员工的绩效评估与奖罚。

第八十六条　负责组织应对重要的非常规事件的发生。

第八十七条　负责处理重大投诉事件和建立良好的公共关系。

第八十八条　负责协调与相关部门的关系。

第八十九条　组织员工在热线服务工作中收集和整理市场和用户信息。

第九十条　组织本组员工进行用户回访，测量用户满意度，并将回访结果分中心编制月度统计表，作为每月对中心优质服务评分的依据之一。月表交部长及有关科室。

第九十一条　完成部长布置的其他任务。

第九十二条　学习并掌握使用和维修保养的知识、原理、功能方面的技术知识、安装知识、故障诊断知识，顾客服务和电话应答技巧，提高接待水平。

第九十三条　负责24小时热线电话咨询工作。

第九十四条　负责顾客的咨询、信访、投诉和接待工作。接待时，必须做到文明用语，认真听取顾客意见，耐心做好解释，详细记录用户姓名、联系电话和地址及顾客要求。

第九十五条　处理顾客投诉，并密切跟踪投诉的解决情况。

第九十六条　建立和维护顾客投诉档案，及时向技术科反馈产品质量信息。

第九十七条　根据中心的安装、维修单，向用户电话回访查询。

第九十八条　设计顾客满意测量方法并每年定期电话访问用户测量用户满意度。

第九十九条　建立健全顾客档案管理制度。

第一百条　负责维护管理技术文件、电话记录、质量信息档案、培训档案等。

第一百〇一条　负责科室通知文件的登记和收发。

第一百〇二条　完成科长布置的其他任务。

第一百〇三条　认真参加技术培训，熟练掌握橱柜/配件/电器种类、型号、规格性能、特点，掌握产品维修技术，按规定做好产品的维修与上门服务工作。

第一百〇四条　熟悉掌握国家制定的“消费者权益保护法”“产品质量法”以及有关部门制定的“三包”规定，本公司制定的相关条例，服务承诺，网点结算标准，“超期”收费标准，上门服务技巧、服务语言、行为规范，并在上述规定指导下开展工作。

第一百〇五条　努力钻研维修技术，积极参加维修技术改进活动，不断提高维修技术水平，确保维修和服务质量。

第一百〇六条　爱护维修设备与工具，并按规定进行日常维护与保养，搞好维修现场和工具箱的文明卫生与管理。

第一百〇七条　按规定完成维修工作呈报。

□　配件管理科工作细则

第一百〇八条　制订月度配件需求计划，与供应部门有效协调，确保配件供应及时准确。

第一百〇九条　负责保修期产品更换和配件/辅料计划的审核。

第一百一十条　负责配件监控帐的维护工作，每月对账目进行核对。

第一百一十一条　负责旧坏配件的回收管理工作，并对其进行检验，核实故障情况是否属实。

第一百一十二条　负责保修期间及配件/辅料编码、价格维护工作。

第一百一十三条　负责配件管理工作监督、指导、考核，对不符合要求的给予纠正。

第一百一十四条　负责本科员工培训工作。

第一百一十五条　与中心主任共同决定仓管员和仓库账目员的任免。

第一百一十六条　完成部长交办的其他事宜。

第一百一十七条　及时跟踪新产品试制及生产动向，了解每月产品生产计划。

第一百一十八条　负责与公司各部门的有关产品配件/辅料的业务联络。

第一百一十九条　负责汇总服务部仓库库存情况、产品销售情况和维修的配件需求情况后，在每周编制配件/辅料的需求计划。并对需求计划进行跟踪落实，及时向科室和部门领导反馈有关供应信息。

第一百二十条　负责对公司供应部门不能提供的配件另找供应渠道。

第一百二十一条　负责配件供应分析报告的汇总和编制。

第一百二十二条　负责对售后物料编码、价格的健全、维护及管理。

第一百二十三条　协助顾客服务部客户服务科编制有关配件/辅料通用性的技术资料。

第一百二十四条　负责对外埠市场提出的配件需求计划进行跟踪落实。

第一百二十五条　负责所有新品类维修配件技术资料的准备及配件技术指导工作。

第一百二十六条　负责对紧急需求计划的全过程跟进协调，确保计划用最短的时间实施。

第一百二十七条　负责用户直接购配件的手续办理。

第一百二十八条　负责仓内配件的账目及实物管理，并定期进行盘点，确保账卡一致。

第一百二十九条　负责仓内定置管理、安全管理、库房卫生。

第一百三十条　每提交收发存报表及科内所需的一切库存信息统计。

第一百三十一条　负责与日常配件领用的核对。

第一百三十二条　负责对不能及时提供给中心的配件进行记录，进货后及时跟踪补充。

六、储运部组织管理制度模板

□ 储运部组织构架

第一条 本公司储运部组织架构如图 6－10 所示。

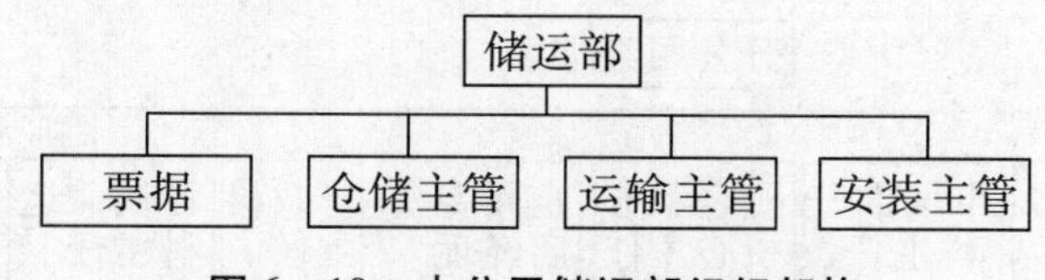

图 6－10 本公司储运部组织架构

□ 储运部职能

第二条 负责储运部日常所有工作。制订合理的库存（包括分库建设）与运输计划，确保对销售部门的产品供应。

第三条 制定完善的储运管理制度，确保产品安全存放和运输。

第四条 严格货品出入库管理。

第五条 控制安装的服务质量。

□ 储运部工作细则

第六条 制订年度、月度、季度和产品类别储运发展计划及预算。

第七条 建立库存信息系统，完成库存统计工作，与销售、生产部门协商，制订合理的年度、季度、月度生产与库存计划，确保对销售部门的产品供应支持。

第八条 指导仓储管理人员建立各品类库存信息系统并制订相应库存需求计划。

第九条 制定完善的仓储管理制度，确保产品安全存入并严格货品的出入库管理。

第十条 制订货品运输时间计划，寻找合适的运输商，并对运输过程中货物质量、时间、安全性进行监控。

第十一条 核查并有效控制仓储和运输成本的支出。

第十二条 改进安装效率和服务质量。

□ 安装主管工作细则

第十三条 管理安装工人，并按照公司规定进行奖惩考评。

第十四条 监督出库、装车及出车，保证安装任务按期完成。

第十五条 处理安装过程中出现的问题，确保安装任务的顺利完成。

第十六条 提高安装效率和服务质量。

七、营销分公司组织管理制度模板

□ 营销分公司(精耕市场)组织构架

第一条 本公司营销分公司组织架构如图6-11所示。

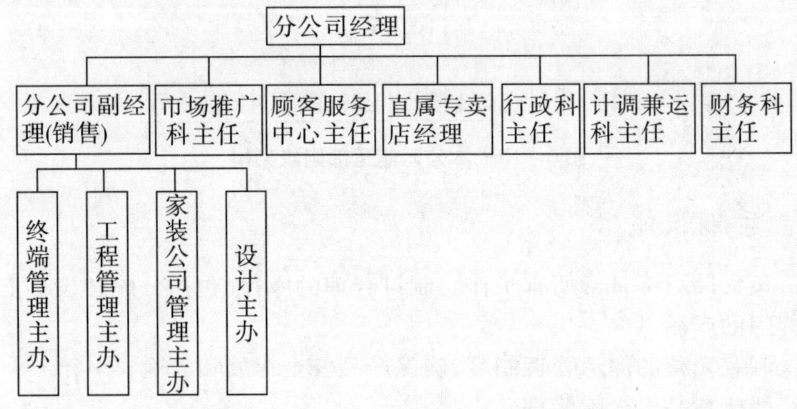

图6-11 本公司营销分公司组织架构

□ 营销分公司职能

第二条 依据公司整体营销计划,全面负责营销分公司的市场信息、销售、市场推广、顾客服务工作及销售队伍的建设和管理。按照营销总公司各职能部门统一要求,制订相应的分公司管理政策和制度。

第三条 依据公司整体规划,全面负责所辖区域的推广、销售及顾客服务工作,确保分公司营销计划的完成。

第四条 依据公司营销计划及分公司营销目标,制订分公司营销计划,并分解为月别、部门别、产品别计划。

第五条 依据公司规章制度,制订分公司管理细则。

第六条 依据公司销售政策,制订分公司的商品政策、顾客政策、销售政策、宣传广告政策等。

第七条 接受营销公司各职能部门的统一领导,及时向相关部门汇报工作,争取营销公司各职能部门对口工作的支持。

第八条 依据公司整体推广策略,在市场部的统一指挥下,执行市场部全国性统一市场推广计划,并结合本地市场实际,规划本地区的推广方案,报请市场部审批后,严格贯彻执行及监控。

第九条 负责家装公司的开发、评估与选择;进行家装公司的培训与激励,协助及支持家装公司分销;通过服务性销售努力,与家装公司建立“赢—赢”关系及合作协议,严格按协议操作,规范及监控家装公司的销售行为。

第十条 分公司所辖区域为精耕区域,要大力加强地产商的开发、评估与选择,提高市场覆盖率;建立与地产商的“赢—赢”关系及合作协议,严格按协议操作,规范及监控地产商的采购行为。

第十一条　负责本地区的公共关系，搞好与当地政府、金融机构、新闻机构及居民之间的关系，树立企业形象。

第十二条　按照总公司对专卖店的统一规划，负责直属或授权产品/服务专营店的选址及管理。

第十三条　负责审定和组建地级（含省辖市）销售经营部。

第十四条　负责所辖区域市场的消费者、竞争者、经销商的情报收集制度的建立、实施。

第十五条　按照公司人力资源政策，提交分公司人力资源计划，报请总公司人力资源部审批后，负责所辖区域的人员招聘、调配、培训、评估及奖罚。

第十六条　负责实施与控制销售预算费用的使用，审核下属经营部的费用报销，指导其以最经济的方式运作。

□　直属办事处工作细则

第十七条　依据公司整体规划，协助总代理/经销商进行所辖区域的推广、销售及顾客服务工作，协助总代理对公司营销目标的完成。

第十八条　依据公司营销计划及代理协议，协助总代理商制订地区性营销计划，并分解为月别、部门别、产品别计划，并指导、协助、支持、监督其执行。

第十九条　依据公司规章制度，制订办事处管理细则。

第二十条　接受总公司各职能部门的统一领导，及时向相关部门汇报工作，争取总公司各职能部门的支持。

第二十一条　依据公司整体市场推广计划，在市场部的统一指挥下，执行好全国性统一的市场推广计划，并与总代理/经销商共同规划本地区的推广方案，报请市场部审批后，严格贯彻执行及监控。

第二十二条　办事处所辖区域为粗放市场，重点协助总代理商/经销进行家装公司/地产商专卖店专柜的开发、评估与选择；建立“赢—赢”关系及合作协议，严格按协议操作，规范及监控代理商的销售行为。

第二十三条　协助总代理/经销商进行零售商专柜的开发、评估与选择，提高市场覆盖率；协助总代理/经销商进行零售商的培训与激励，协助及支持零售商分销；建立与零售商的“赢——赢”关系及合作协议，严格按协议操作，规范及监控零售商的销售行为。

第二十四条　协助总代理/经销商进行公共活动，搞好与当地政府、金融机构、新闻机构及居民之间的关系。

第二十五条　与总代理商/经销商共同负责所辖区域市场的消费者、竞争者、经销商的情报收集制度的建立和实施。

第四节　市场营销组织管理表单

一、销售人员综合业绩统计表

销售人员综合业绩统计表如表6-1所示。

表6-1　销售人员综合业绩统计表

年　月　日

业绩项目 / 月份	销售业绩		回款业绩		客户管理		市场信息收集	
	计划（元）	实际（元）	计划（元）	实际（元）	上　月客户数（人）	本　月客户数（人）	信息条目	有价值信息率
1月								
2月								
3月								
业绩综合评价								

二、销售效率分析表

销售效率分析表如表6-2所示。

表6-2　销售效率分析表

年　月　日

年月 / 项目	本月	去年同月	增减率	今年累计	去年同期累计	增长率	今年每月平均	去年每月平均	增长率
本月销售量									
本月客户数									
每位客户平均销售量									
员工人数									
平均每位员工销售量									
销售人员人数									
销售人员平均销售量									
工资总额									
平均每万元工资的销售额									
经销商个数									
经销商平均销售量									

第7章　当好团长管好团
——营销团队管理

第一节　销售团队管理工作要点

一、销售团队管理工作内容

(一)清晰的销售团队远景、价值和目标。

(二)销售经理为销售团队提供推动力。

(三)具有行之有效的增加价值系统。

(四)销售团队存在肯定的气氛。

(五)有效发挥销售能力的销售组织结构。

(六)销售团队具有适合目前和未来发展需要的能力。

(七)良好的销售人员的个人发展。

二、销售团队发展阶段及其管理对象

一般的销售团队,从组建到最终消失,经历6个阶段,即正式观望阶段,飞速发展阶段,经受考验阶段,富有成效阶段,走向成熟阶段和衰败没落阶段。销售经理通过了解每一个阶段特点,可判断自己目前的销售队伍处于什么阶段。

(一)正式观望阶段

该阶段是销售团队刚刚组建起来,由于销售成员之间、经理与销售成员之间都不太熟悉,相互缺乏了解,因此业务员之间的基本行为模式就是“观望”,表现为相互试探着了解情况,通常隐藏自己的真实想法,掩盖自己的个人弱点,也不怎么关心别人的事。能以销售经理为权威中心,服从已建立的规划,每位业务员都比较听话和守纪,对团队中的一些变革举措和变化表示理解、接受。此时的销售团队及其成员都没有明确的目标,更不可能对目标进行沟通。由于没有充分的沟通,成员之间容易造成误会,也容易以表面现象为依据,做出错误判断。

(二)飞速发展阶段

此阶段销售团队成员之间相互进一步沟通、熟悉,相互关系有了很大的增进,每个人的强弱项都开始彼此了解,大家对领导的表现也敢于评说了,销售团队的任务在成员之间被争议,有人也开始公开表达不同的观点,由于在正式观望阶段形成的相互印象和喜

好不同，销售团队中，可能形成“小集团”和“小派系”。

（三）经受考验阶段

销售团队发展到了一定阶段，个人主义开始盛行，内部竞争冲突公开化，销售团队成员开始抗拒团队，各行其是，不遵循一致的方法开展工作，甚至根本不讲究方式方法，对公司设定的价值和条件争论不休，领导也受到议论和挑战，个人之间的憎恶暴露，风险问题被公开提出。与此同时，个人的创造性和寻求对团队适应的调整行为也开始出现。如有的销售成员进行自我反思，更好地聆听别人的建议。在前几个阶段不动声色的人，逐渐展示出自己的能力，对尝试新的方式方法主动、有激情，对运作方法进行修正。大多数销售人员对自己的销售行为进行改善。

（四）富有成效阶段

在经历了考验之后，团队和个人的行为都得到了改善和校正，整个销售团队作业的效果开始显现出来。在此阶段通过频繁地改善，运作方法得到检查，销售管理程序得到修正，许多解决问题的技巧也得到发展，多数问题能创造性地处理，在每个销售团队成员心中，目标变得更清晰，同时积极寻找更有效的销售工作方法。由于销售团队的成绩显现并成为有目共睹的事实，每位销售人员也体会到了团队的成就感，有了团队自豪感，同时也把销售团队的凝聚力确立起来了。

（五）走向成熟阶段

此阶段的销售团队趋向稳定。在经受考验阶段出现的销售团队成员的矛盾，得到公开关注和修补，确立了正式的相互尊重关系，销售团队形成了有效的工作方法，经验在销售团队中得到公开交流并被其他人效仿。销售团队对外保持开放的心态，欢迎外部帮助，积极向其他团队和个人学习，成员之间不隐瞒自己与其他团队的关系，他们感到在团队中工作愉快，得到获益和回报。

（六）衰败没落阶段

一些销售团队，随着时间的推移，可能走向衰败没落。到了此阶段，其特征为：整个销售团队思想保守、正统，情绪自满。由于缺乏外部挑战或对挑战视而不见，销售团队成员疲惫厌倦，没有热情，缺乏创造性，无论在思想与行为上，都陷入严重的唯上主义综合征。销售经理往往思想保守不现实，决策无理性，做事处处考虑周全，不能容忍意见分歧。

三、销售配额任务和指标分解工作流程

一般来说，销售配额指标依据销售预测来确定，与销售预测略低一些或相等。一个有效的销售配额指标有三个标准：

（1）伸展性。即确定指标是让销售人员更加努力，在销售中更有创造性。一个合适的销售指标将促使销售人员完成比他们自己期望还高的销量。

（2）可信性。当你的销售人员相信他们有理由也能达到这一指标时，它才能起作用。你给你的销售人员的销量指标增加多少，同时又有可能完成多少？在这方面，很难找到一个正确的增长百分比。只有你提供证明能完成新指标的事实越多，团队越可能接受你“合理增加”的建议。

(3)公平性。你的团队需要看到，你确定的数量不管有多少，一定是公平和平衡的。这就涉及新业务员和老业务员、新开发的销售区域和老的销售区域之间的平衡问题，而且这些问题又是和销售人员的酬金联系在一起的。

为了让销售人员感到公平，可以采取以下原则：

第一，高职、高薪、高销售指标，低职、低薪、低销售指标。给高级业务代表高指标是可以让人接受的，但如果给一个低薪的新业务员高指标，则是不公平的。

第二，根据不同的区域市场情况，确立不同的销售增长率，对于高增长市场，高销量增长指标；低增长市场，低销量增长指标；对于往年销售基数大，市场开发得差不多的区域，销售增长中应低一些，而对新兴区域，可定得高一些。

第三，还要注意每位销售人员劳动量的平衡，如果两位业务员指标一样，而一个要付出的劳动量是另一个人的一倍，那么这个指标就有失公平了。

当然，你不可能做到绝对的公平，你只能把这种大致的公平保持在较合理的范围内，使你的销售人员不要产生不满和抱怨，从而削弱对他们的激励。

对销售配额的分派，销售经理可分三步进行：

第一步，在销售团队成员预测的基础上，销售经理还要考虑公司管理层对增加销量的要求，把二者结合起来，算出总销量指标，并获得上级批准。

第二步，召集你的销售人员，一起来分解总销量指标，形成每个人的销售配额，为了指标的分解既符合各个业务员的实际又促使他们为更高目标奋斗，你要从战略和公司竞争优势来分析事实，确定与往年相比必须的一个一般销量增长率。再让你的销售人员列出他们的客户和市场增长点，对销售人员实现这些客户和市场增长点时需解决的问题，要和他们一起策划解决的办法。

对那些感到没有办法达到即使接近去年的销售水平的人提供你的帮助。如果你帮他们想办法，他们也希望向你证明他们需要一个预期指标，这正是个好机会。你可以和他们进行讨论，看看如何在来年达到更高销量。重要的是，让你的部下有机会说出他们所想甚至是反对意见，这样就可以帮助他们改进销售方法，提高销售技巧和客户拜访效率。

第三步，在和每位销售人员在销售配额上，初步达成一致后，不要马上确定和下发。尽可能在新年的第一天下发配额指标，最好在小组会议上，让每个人都能看到大家的配额是多少，要使配额指标落实到文件上。之所以在新年第一天下发配额指标，是因为，如果在今年结束之前分派指标，可能分散销售人员对完成年末目标的注意力，甚至引起他们推迟或隐藏现有定单到明年使用。

分派新指标的关键之处，就是你如何管理销售团队的认识和情绪。情况很可能是，当你做到第二步时，少数部下认为他们的新数量是不可行或不公平的，这时对你来说正是机会，你可以解释为什么你觉得每个销售人员能实现新的销售指标，今后，对少数不高兴的人，可以进行私下谈话。

四、销售方案制定工作内容

销售配额指标确定下来后，销售经理须明白销售人员采取什么行动以确保他们达到

销量指标。这就要确定销售具体方案,包括:

(1)销售区域的划分。销售经理应以文件的形式,明确每位业务员的销售区域和客户,这样,在处理潜在客户或新业务时,不会在业务员之间出现混乱和重复拜访,也使得你的销售人员"固定"在某一地区或某些客户身上。如果不划定区域和客户,销售人员就会就近舍远,就易避难,忽视那些"顽固"的客户或要求过多、很难处理的客户。"固定"在某一区域或某些客户,就使得业务员不得不在这固定区域或客户身上"精耕细作"。

(2)销售区域的机会和新增长点。销售人员通过分析,确定来年增长销量的主要机会在哪儿,从而明确为把这些机会实现为销量要采取哪些措施。

(3)主要任务和工作事项。为实现增长点,须做的重点工作,如增加多少铺货点,要开发哪几个客户,准备重点推广哪种新产品等。

(4)阶段性目标。对于主要目标和任务,在时间安排上,落实到每个月度、季度,这样销售人员可以在每个阶段,集中完成阶段性目标,同时有利于销售经理的检查和控制。

(5)销售费用预算。

(6)销售计划的执行控制。

销售计划制订后,它就是用来衡量实际销售过程的标准。销售经理要不断地与销售人员接触,查看每一个阶段计划完成的情况。

五、销售人员的个人业绩计划工作内容

个人业绩计划是销售经理促使每个业务员成长的文字记录,一般为期一年,它包括销售人员个人销售区域任务描述、要达到的指标、特殊客户的销售目标、个人主要工作重点、个人知识技能培训提升措施等。

有效的个人业绩计划,对销售团队激励环境的建立,有很大的作用。它为销售人员的行动提供持续的推动力,可成为开启你和销售人员就期望目标进行深入沟通的主线。你可以通过与销售人员制订计划、讨论,使他们如何不断完善自己,鼓励他们形成较高的工作目标和期望。

个人业绩计划也是衡量每个销售人员的极好工具。依据它,你和销售人员可以讨论他们业绩的正负两面,纠正或消除不良行为。个人业绩计划实施的结果,也是你评估合格人才,并对业绩低的人不予提拔的依据。

个人业绩计划的优点是,让你和你的销售人员认识到你们都可以改变自己,改善销售环境和工作条件。在制订和评估个人业绩计划的过程中,你和你的业务员的沟通是双向的,一是你作为职业教练和顾问对你的部下,二是你的销售人员对你作为经理所做的工作的评价反馈,这有利于你本人管理工作的改善。

销售人员个人业绩计划方案的制定和有效实施,包括 3 个关键的步骤,即确定个人业绩测评项目、与个人面谈、业绩方案会议。

确定个人业绩测评项目,共包括 6 个方面:

(1)业务量和产品目标。包括配额或个人产品或服务期望销售量。个别客户的特殊销售目标和新业务期望的特殊目标。

(2)营销目标。包括销售代表如何期望完成销售配额,确定对公司的资源或人员的

使用，以及希望如何、何时从经理那儿获得对重要访问或关键客户情况的帮助，包括你的授权、责任和支援。

(3)区域管理目标，这方面是确定一个销售人员如何管理他的区域和销售努力，这也使你在通过地理区域或客户目录确定特别的区域任务的时候，估计预算和开支，你也要确保所有的报告和预测，能完全准确、准时地被销售人员执行，对能获得令人关注的最大的客户，以及涉及销售代表在此处的报酬，也要数量化。销售经理对区域经理的期望也在此明确描述，必须包括预期的产量和效率的改善等特殊内容。

(4)顾客满意目标。它描述希望销售人员如何管理顾客服务，不能低于某一标准，以及对竞争者或不满意顾客的处理。

(5)个人和职业发展目标。明确你希望的销售人员行为和价值取向，在此方面，你要强调肯定态度和精神的重要性，概括每个人必须如何沟通和处理好与支持人员、客户、团队的关系，明确你的公司对不断进行培训和技能提升的要求。你也可以在例如产品更新换代知识、行业或业务技能、时间管理、个人销售技巧等方面，对销售人员的个人改善，特别提出一些期望，你还可通过特殊培训项目书或自我研修磁带，提出业务员需完成的培训目标。

(6)其他计划和责任。这方面使你和你的销售人员能够认识到在来年要改善的其他行为技巧或行动，例如某些公司包括职业生涯发展和晋升期望，其他公司则希望销售人员对行业或社团的投入或对初级业务员的培训提供帮助。

六、业绩计划会议工作内容

这个会议的目的是向团队表明，一个业绩计划方案为什么和如何使雇员受益。你可能想说这样的一些话，如“这个计划将使你对自己的期望有一个更清晰的理解，它也使你在设定每年的目标和期望时，参与整个计划过程”。你需要解释，业绩计划是首要的也是最重要的沟通工具，它并不直接决定你的薪水提高、职位晋升，然而长久的业绩表现最终会让团队成员薪水提高或个人晋升，虽然成功的业绩方案评估并不保证每个人都如此。在会议结束时，要求每个业务员写下他今年的计划，告诉他们你对每个人都一视同仁，并将和每个人面谈，最终确立个人业绩计划。

在业务人员上交业绩计划后，就要和每个业务员面对面会谈。在会谈中，强调计划完成是个人的事，而且对其他人保密。和你的销售人员逐一讨论他个人计划的每个主要方面，关键要讨论在每个方面需要包括什么。如果销售人员同意所有的期望目标并认为投入是有意义的，业绩计划就成为有效的教练工具。会谈的结果将形成详细的业绩计划草稿，你和销售人员要在上面签字，表明对计划内容的同意和对在未来一年内达到计划预期的重视。在销售人员离开时，在原稿和复印件上签上你的名字，复印件给他们，你保存签字的原件。一个更为有效的计划需要一个多月的非正式修改和讨论，重要的是，要使你的部下感到计划能导致进步和作为参照标准，促使他们时时关注业绩和富有成效的行动。当然，随着环境和区域变化，计划可能没有结果或修改。业绩计划最好成为你和业务代表之间的工作文件，而不是绝对不变的教条。大公司的业绩计划是由管理者撰写的(雇员不参与)，而且通过经理开会向大家宣布后再改动，所以并没有什么效果。在一年之后,计划就被忽视和不再被提及。到了年底,因为销售代表很少完成销售任务或目标,然后就粗略评估一下算了。

第二节 销售团队管理规范化制度

一、销售人员招聘与测试规定

第一条 人员招聘作业程序

人事部收集人员增补申请单至一定时期,即行拟订招聘计划,内容包括下列项目:

(1)招聘职位名称及名额。

(2)资格条件限制。

(3)职位预算薪金。

(4)预定任用日期。

(5)通报稿或登报稿(诉求方式)拟具。

(6)资料审核方式及办理日期(截止日期)。

(7)甄试方式及日程安排(含面谈主管安排)。

(8)场地安排。

(9)工作能力安排。

(10)准备事项(通知单、海报、公司宣传资料等)。

第二条 诉求

即将招聘信息告诉大众及求职人,方式如下:

(1)登报征求。先拟广告稿,估计刊登费,决定刊登媒体及时间,然后联系媒体。

(2)同仁推荐。以海报或公告方式进行。

第三条 应征信处理

(1)诉求信息发出后,会收到应征资料,经审核后,对合格应征者发出"初试通知单"及"甄选报名单",通知前来公司接受甄试。

(2)不合格应征资料,归档一个月后销毁,但有要求退件者,应给予退件。为了给社会大众一个好的印象,对所有未录取者发出"谢函"也是应有的礼貌。

第四条 甄试

新进销售人员甄选考试分笔试及面谈。

(1)笔试包括下列内容:

①专业测验(由申请单位拟订试题);

②定向测验;

③领导能力测验(适合管理级);

④智力测验。

(2)面谈。由申请单位主管、人事主管、核定权限主管分别或共同面谈。面谈时应注意:

①要尽量使应征人员感到亲切、自然、轻松;

②要了解自己所要获知的答案及问题点;

③要了解自己要告诉对方的问题;

④要尊重对方的人格;

⑤将口试结果随时记录于“面谈记录表”。

(3)如初次面谈不够周详,无法做有效参考,可再发出“复谈通知单”,再次安排约谈。

第五条　背景调查

经甄试合格,初步决定的人选,视情况应做有效的背景调查。

第六条　结果评定

经评定未录取人员,先发出谢函通知,将其资料归入储备人才档案中,以备不时之需,经评定录取人员,由人事主管及用人主管会商录用日期后发给“报到通知单”,并安排职前训练及有关准备工作。

第七条　注意事项

应征资料的处理及背景调查时应尊重应征人的个人隐私权,注意保密工作。

二、销售人员聘用制度

第一条　为加强公司员工队伍建设,提高员工的基本素质,特制定本规定。

第二条　公司系统所有员工分为两类:正式员工和短期聘用员工。

正式员工是公司系统员工队伍的主体,享受公司制度中所规定的各种福利待遇。短期聘用员工指具有明确聘用期的临时工、离退休人员以及少数特聘人员,其享受待遇由聘用合同书中规定。短期聘用员工聘期满后,若愿意继续受聘,经公司同意后可与本公司续签聘用合同,正式员工和短期聘用员工均应与本公司签订合同。

第三条　公司系统各级管理人员不许将自己亲属介绍、安排到本人所分管的公司里工作,属特殊情况的,需由董事长批准,且介绍人必须立下担保书。

第四条　公司各部门和各下属企业必须制定人员编制,编制的制定和修改权限见人事责权划分表,各部门各企业用人应控制在编制范围内。

第五条　公司需增聘员工时,提倡公开从社会上求职人员中择优录用,也可由内部员工引荐,内部引荐人员获准聘用后,引荐人必须立下担保书。

第六条　从事管理和业务工作的正式员工一般必须满足下述条件:

1. 大专以上学历;

2. 两年以上相关工作经历;

3. 年龄一般在35岁以下,特殊情况不超过45岁;

4. 外贸人员至少精通一门外语;

5. 无不良行为记录。

第七条　特殊情况人员,经董事长批准后可适当放宽有关条件,应届毕业生及复员转业军人需经董事长批准后方可考虑聘用。

第八条　所有应聘人员除董事长特批可免予试用或缩短试用期外，一般都必须经过3至6个月的试用期后才可考虑聘为正式员工。

第九条　试用人员必须呈交下述材料：

1. 填好的由公司统一发给的招聘表格；
2. 学历、职称证明；
3. 个人简历；
4. 近期照片2张；
5. 身份证复印件；
6. 体检表；
7. 结婚证、计划生育证或未婚证明；
8. 面试或笔试记录；
9. 员工引荐担保书（由公司视需要而定）。

第十条　试用人员一般不宜担任经济要害部门的工作，也不宜安排具有重要经济责任的工作。

第十一条　试用人员在试用期内待遇规定如下：

基本工资待遇分为：

1. 高中以下毕业：一等；
2. 中专毕业：二等；
3. 大专毕业：三等；
4. 本科毕业：四等；
5. 硕士研究生毕业：五等；
6. 博士研究生毕业：六等。

同时，试用人员享受一半浮动工资和劳保用品待遇。

第十二条　试用人员经试用考核合格后，可转为正式员工，并根据其工作能力和岗位重新确定职称，享受正式员工的各种待遇；员工转正后，试用期计入工龄，试用不合格者，可延长其试用期或决定不予聘用，对于不予聘用者，不发任何补偿费，试用人员不得提出任何异议。

第十三条　总公司和各下属企业的各类人员的正式聘用合同和短期聘用合同以及担保书等全部材料汇总保存于总公司人事监察部和劳资部，由上述两个单位负责监督聘用合同和担保书的执行。

三、销售人员绩效考核管理制度

第一条　本规章所进行的绩效考核是企业定期地对部门主管级别（含）以上管理人员的任务绩效和管理绩效进行的客观评价，并运用评价结果，有效地进行人力资源开发与经营管理的一项重要的人事管理工作。

第二条　绩效考核的目的是通过对管理人员的定期绩效评价，为薪资调整、职务变更、岗位调动、培训等人事决策提供依据。

第三条　绩效考核采用绝对标准方式，即考评人按照员工的岗位描述、工作目标与任务计划、企业规章制度进行考核。

第四条　本规章对绩效考核的程序和内容、绩效考核的要素与评价标准、绩效考核结果的运用等作了规定。

第五条　本规章适用于公司总经理以下、部门主管级别（含）以上所有的在岗管理人员。

第六条　绩效考核程序见行政工作运行程序。

第七条　考核依据基准主要包括：岗位描述、工作目标与任务计划、企业规章制度。

第八条　考核内容主要分为任务绩效和管理绩效两个方面。

考核要素构成、定义及简要操作如下：

(1)任务绩效是指个人及部门任务完成情况。

本职工作质量：常规工作合格率、“客户”满意率、责任行为到位率。

本职工作数量：单位时间内完成的工作总量（有效负荷、超额或提前）。

本职责任事故：一般性责任事故出现频率。

额外工作任务：上级领导临时交办的有关任务。

(2)管理绩效（管理人员角色行为到位程度）。

纪律性：服从领导指挥、遵规守纪、有效管理控制。

组织意识：横向沟通、妥协、合作。

团队建设：部属团队和谐、进取。

忠诚性：维护（不非法侵占）企业利益，积极预防和解决问题。

工作创新：为稳定提高部门或组织的未来绩效所做的工作贡献。

第九条　对绩效考核每个因素的评价标准均采用四等级记分，记分含义如下：4 分：良好，明显超出岗位要求；3 分：较好，总体满足岗位要求；2 分：尚可，与岗位要求稍有差距；1 分：差，不能达到岗位要求。考核总评结果采用五级制，评价含义分别为：A. 卓著；B. 良好；C. 达到要求；D. 有待改进；E. 不能胜任。

第十条　绩效考核分为年度考核和日常考核。年度考核每年一次，日常考核每季度一次。

第十一条　各岗位人员绩效考核的直接责任人为其直接上级，人力资源部依据本规章提供技术支持和服务。

第十二条　个人岗位描述由上级提前制定，在工作实践中根据具体情况要不断修正，修正条款附在原文件后，双方签字并报人力资源部备案。

第十三条　考核对象在直接上级的指导下，根据岗位要求和上级部门的年度工作目标和任务计划拟定《个人年度目标计划书》，经直接上级审定签字后成为岗位年度绩效考核的重要依据。《个人年度目标计划书》应包括预算内容。

第十四条　考核对象按照《个人年度目标计划书》，根据不同时期工作重点和工作任务变化情况拟定《个人季度目标计划书》，经直接上级审定签字后成为日常考核的重要依据。《个人季度目标计划书》应包括预算内容。

第十五条　在考核期内，如有重要工作任务和目标变化，考核对象须及时将变更情况记录在计划书内。

第十六条　日常考核由直接上级根据考核对象的工作表现定期对其进行简要评估，并记录在案。考核者有义务将日常观察的评估印象与考核对象进行沟通，指导其改进工作。

第十七条　考核期末，由人力资源部统一组织管理人员实施年度绩效考核。绩效考核评估依据由四方面构成：

1. 个人年度总结。被考核者预先提交《个人年度工作总结书》，并在人力资源部安排的双边述职会议上进行述职。

2. 直接上级日常考核评估记录和年度综合评估意见。

3. 横向部门主管人员评估意见。

4. 隔级上级和企业外部客户评估意见。

第十八条　部门内各级主管人员绩效评估结果应与部门工作成效呈一致性。如出现较大偏差，部门主管须向人力资源部提交书面解释，并回答有关质询。

第十九条　最终绩效考核结果依据数据汇总得出。直接上级评定、部门间评定、隔级上级评定，数据的标准合成关系为4∶3∶3，具体权重系数依据部门绩效标准的清晰性、部门间工作关联性和部门工作环境条件的可控性进行确定。

第二十条　绩效考核结果的汇总和使用。

1. 绩效考核数据应在考核结束后以部门为单位送达人力资源部。

2. 人力资源部依据规程对所报考核数据的质量进行审查汇总分析，形成管理人员绩效考核报告呈报总经理。

3. 考核数据和报告作为重要管理档案由人力资源部及时存档，妥善保管。

4. 主要考核结果反馈给考核对象的直接上级和隔级上级存用。

第二十一条　年度绩效考核工作完成后，由总经理在公司年度工作总结会上通报最终绩效考核结果。

第二十二条　本规章由人力资源部制定，总经办主任审阅后报总经理批准施行。

四、销售人员奖惩办法

□ 奖惩分类

第一条　奖励：

1. 小功；

2. 大功。

第二条　惩罚：

1. 小过；

2. 大过；

3. 解职；

4. 解雇。

第三条　考核：

1. 全年度累计三小功：一大功；

2. 全年度累计三小过：一大过；

3. 功过相抵；

4. 全年度累计三大过者解雇；

5. 记小功一次加当月考核3分；

6. 记大功一次加当月考核9分；

7. 记小过一次扣当月考核3分；

8. 记大过一次扣当月考核9分。

□　奖励办法

第四条　提供公司“行销新构想”，而为公司采用，即记小功一次。

第五条　该“行销新构想”一年内使公司获利____万元以上者，再记大功一次，年终表扬。

第六条　业务员主动反映可开发的“新产品”而为公司采用，即记小功一次。

第七条　该“新产品”一年内使公司获利____万元以上者，再记大功一次，年终表扬。

第八条　提供竞争厂牌动态，被公司采用为政策者，记小功一次。

第九条　客户信用调查属实，事先防范得宜，使公司避免蒙受损失者（即呆账），记小功一次。

第十条　开拓“新地区”“新产品”或“新客户”，成效卓著者，记小功一次。

第十一条　达成上半年业绩目标者，记小功一次。

第十二条　达成全年度业绩目标者，记小功一次。

第十三条　超越年度目标____%（含）以上者，记小功一次。

第十四条　凡公司列为“滞销品”，业务员于规定期限内出清者，记小功一次。

第十五条　其他表现优异者，得视贡献程度予以奖励。

□　惩罚办法

第十六条　挪用公款者，一律解雇。本公司并循法律途径向保证人追踪。

第十七条　与客主串通勾结者，一经查证属实，一律解雇。

第十八条　做私生意者，一经查证属实，一律解雇。直属主管若有呈报，免受连带惩罚。若未呈报，不论是否知情，记小过两次。

第十九条　凡利用公务外出时，无故不执行任务者（含上班时间不许喝酒），一经查证属实，以旷工处理（按日不发给薪资），并记大过一次。若是干部协同部属者，该干部解职。

第二十条　挑拨公司与员工的感情，或泄露职务机密者，一经查证属实，记大过一次，情节严重者解雇。

第二十一条　涉足职业赌场或与客户赌博者，记大过一次。

第二十二条　上半年销售未达销售目标的____%者，记小过一次。

第二十三条　全年度销售未达销售目标的____%者，记小过一次。

第二十四条　未按规定建立客户资料经上司查获者，记小过一次。

第二十五条　不服从上司指挥者：

1. 言语顶撞上司者，记小过一次。

2. 不遵照上司使命行事者，记大过一次。

第二十六条　私自使用营业车辆者，记小过一次。

第二十七条　公司规定填写的报表，未缴交者每次记小过一次。

五、销售人员管理制度

第一条　对本公司销售人员的管理，除按照人事管理规程办理外，悉依本规定条款进行管理。

第二条　原则上，销售人员每日按时上班后，由公司出发从事销售工作，公事结束后返回公司，处理当日业务，但长期出差或深夜返回者除外。

第三条　销售人员凡因工作关系误餐时，依照公司有关规定发给误餐费×元。

第四条　部门主管按月视实际业务量核定销售人员的业务费用，其金额不得超出下列界限：经理××元，副经理××元，一般人员××元。

第五条　销售人员业务所必需的费用，以实报实销为原则，但事先须提交费用预算，经批准后方可实施。

第六条　销售人员对特殊客户实行优惠销售时，须填写"优惠销售申请表"，并呈报主管批准。

第七条　在销售过程中，销售人员须遵守下列规定：

（一）注意仪态仪表，态度谦恭，以礼待人，热情周到；

（二）严守公司经营政策、产品售价折扣、销售优惠办法与奖励规定等商业秘密；

（三）不得接受客户礼品和招待；

（四）执行公务过程中，不能饮酒；

（五）不能诱劝客户透支或以不正当渠道支付货款；

（六）工作时间不得办理私事，不能私用公司交通工具。

第八条　除一般销售工作外，销售人员的工作范围包括：

（一）向客户讲明产品使用用途、设计使用注意事项；

（二）向客户说明产品性能、规格的特征；

（三）处理有关产品质量问题；

（四）会同经销商收集下列信息，经整理后呈报上级主管：

1. 客户对产品质量的反映；

2. 客户对价格的反映；

3. 用户用量及市场需求量；

4. 对其他品牌的反映和销量；

5. 同行竞争对手的动态信用；

6. 新产品调查。

（五）定期调查经销商的库存、货款回收及其他经营情况；

（六）督促客户订货的进展；

（七）提出改进质量、营销方法和价格等方面的建议；

（八）退货处理；

（九）整理经销商和客户的销售资料。

第九条　公司营销或企划部门应备有"客户管理卡"和"新老客户状况调查表"，供销售人员做客户管理之用。

第十条 销售人员应将一定时期内（每周或每月）的工作安排以“工作计划表”的形式提交主管核准，同时还需提交“一周销售计划表”“销售计划表”和“月销售计划表”，呈报上级主管。

第十一条 销售人员应将固定客户的情况填入“客户管理卡”和“客户名册”，以便更全面地了解客户。

第十二条 对于有希望的客户，应填写“希望客户访问卡”，以作为开拓新客户的依据。

第十三条 销售人员对所拥有的客户，应按每月销售情况自行划分为若干等级，或依营业部统一标准设定客户的销售等级。

第十四条 销售人员应填具“客户目录表”“客户等级分类表”“客户路序分类表”和“客户路序状况明细卡”，以保障推销工作的顺利进行。

第十五条 各营业部门应填报“年度客户统计分析表”，以供销售人员参考。

第十六条 销售人员原则上每周至少访问客户 1 次，其访问次数的多少，据客户等级确定。

第十七条 销售人员每日出发时，须携带当日预定访问的客户卡，以免遗漏差错。

第十八条 销售人员每日出发时，须携带样品、产品说明书、名片、产品名录等。

第十九条 销售人员在巡回访问经销商时，应检查其库存情况，若库存不足，应查明原因，及时予以补救处理。

第二十条 销售人员对指定经销商，应予以援助指导，帮助其解决困难。

第二十一条 销售人员有责任协助解决各经销商之间的摩擦和纠纷，以促使经销商精诚合作。如销售人员无法解决，应请公司主管出面解决。

第二十二条 若遇客户退货，销售人员须将有关票据收回，否则须填具“销售退货证明单”。

第二十三条 财会部门应将销售人员每日所售货物记入分户账目，并填制“应收账款日记表”送各分部，填报“应收账款催收单”，送各分部主管及相关负责人，以加强货款回收管理。

第二十四条 财会部门向销售人员交付催款单时，应附收款单据，为避免混淆，还应填制“各类连号传票收发记录备忘表”，转送营业部门主要催款人。

第二十五条 各分部接到应收账款单据后，即按账户分发给经办销售人员，但须填制“传票签收簿”。

第二十六条 外勤销售员收到“应收款催收单”及有关单据后，应装入专用“收款袋”中，以免丢失。

第二十七条 销售人员须将每日收款情况，填入“收款日报表”和“日差日报表”，并呈报财会部门。

第二十八条 销售人员应定期（周和旬）填报“未收款项报告表”，交财会部门核对。

第二十九条 销售人员须将每日业务填入“工作日报表”，逐日呈报单位主管。日报内容须简明扼要。

第三十条 对于新开拓客户，应填制“新开拓客户报表”，以呈报主管部门设立客户管理卡。

第三十一条 销售人员外出执行公务时，所需交通工具由公司代办申请，但须填具有关申请和使用保证书。

第三十二条　销售人员用车耗油费用凭发票报销，同时应填报“行车记录表”。

第三节　销售团队管理实用表单

一、销售人员作业记录表

表7－1　销售人员作业记录表

营业员姓名：

项目 日期	准备与计划	准备耗费时间	交通时间	接洽时间	洽谈时间	休息时间	整理记录时间	合计
合计								
平均								
使用说明： 1. 营销人员所耗用的总计时间，由本人或营销主任填写。 2. 如以月为记录区间时，须在上、中、下旬各3日内填妥资料。 取纵轴为各营销人员时，可求得该部门作业时间的平均值。								

主管：______　制表人：______　　　　制表日期：______年______月______日

二、销售人员业务洽谈评价表

表7-2　销售人员业务洽谈评价表

销售量:______　评价人:______

项目	分类	得分	备注
态度	1. 表情		
	2. 动作		
	3. 气氛		
	4. 热情度		
	5. 感染力		
语言	6. 致礼问候		
	7. 说明表述		
	8. 语言		
	9. 洽谈		
	10. 推销用品的使用		
	11. 辞行致礼		
评价		实际得分	总得分

主管:_______　制表人:________　　　　制表日期:______年______月______日

三、销售毛利统计日报表

表7－3 销售毛利统计日报表

单位:元

编号	姓名	当日销售额	当日毛利额	当月销售目标	当月销额累计	完成率	当月毛利累计	利润率

主管:______ 制表人:______ 制表日期:____年____月____日

四、销售人员销售统计表

表7－4 销售人员销售统计表

制表日期:____年____月____日

业务员 / 产品名	A区		B区		C区		合计
	金额	百分率（%）	金额	百分率（%）	金额	百分率（%）	

续表

业务员 产品名	A区		B区		C区		合计
	金额	百分率（%）	金额	百分率（%）	金额	百分率（%）	

主管：______　制表人：______　　　　　　制表日期：______年______月______日

五、销售人员业绩报告表

表7－5　销售人员业绩报告表

姓名	客户数					销售金额					备注
	原有客户	新增客户	删减	现有	增加率	原有客户	新增客户	本期销售	上期销售	增加率	

总经理：______主管人：______　填表人：______　　　　制表日期：______年____月____日

六、销售人员工作记录表

表7-6 销售人员工作记录表

姓名							
销售额							
销货退回							
销货折让							
销货报损							
销货净额							
成本							
毛利							
个人费用	薪金						
	旅费						
	其他						
	合计						
净利益							
收款记录	应收						
	实收						
	未收						
绩效							

填表人:________ 制表日期:______年____月____日

七、销售人员业绩考核报告表

表7－7　销售人员业绩考核报告表

日期		1	2	3	4	5	6	7	8	9	10	11	12	13	14	15	16
天气	晴																
	阴																
	雨																
	台风																
访问家数																	
电话访问数																	
合计																	
访问接单																	
来店来单																	
合计																	
访问收款																	
来店缴款																	
合计																	
经办人																	
销售部部长																	
经理																	
备注																	

填表人：________　　　　制表日期：______年____月____日

八、销售部门业绩考核表

表7-8 销售部门业绩考核表

考核项目	权数	计算	初核得分	核定得分
收款率	60	当月收款/当月计划目标收款额×100%		
销售额目标达成率	20	当月产际销售额/计划销售额×100%		
未收款率	20	1-(当月销售额-当月收款额)/当月销售额×100%		
等级		合计得分		

填表人：________　　　　制表日期：_____年____月____日

九、销售人员培训计划表

表7-9 销售人员培训计划表

编号：　　　　　　拟定日期：

<table>
<tr><td rowspan="3">受训人员</td><td>姓名</td><td></td><td>培训期间</td><td colspan="2">月　日至　月　日止</td><td rowspan="3">辅导员</td><td>姓名</td><td></td></tr>
<tr><td>学历</td><td colspan="4"></td><td>部门</td><td></td></tr>
<tr><td>专长</td><td colspan="4"></td><td>职称</td><td></td></tr>
</table>

项次	培训日期	培训天数	培训项目	培训部门	培训员	培训日程及内容
1	月　日至 月　日止	天			职称： 姓名：	
2	月　日至 月　日止	天			职称： 姓名：	
3	月　日至 月　日止	天			职称： 姓名：	

续表

项次	培训日期	培训天数	培训项目	培训部门	培训员	培训日程及内容
4	月　日至 月　日止	天			职称： 姓名：	
5	月　日至 月　日止	天			职称： 姓名：	
6	月　日至 月　日止	天			职称： 姓名：	

经理：________审核：________拟定：________

十、销售人员培训报告书

表 7－10　销售人员培训报告书

______年______月______日

<table>
<tr><td colspan="2">培训名称及编号</td><td></td><td>参加人员姓名</td><td></td></tr>
<tr><td colspan="2">培训时间</td><td></td><td>培训地点</td><td></td></tr>
<tr><td colspan="2">培训方式</td><td></td><td>使用资料</td><td></td></tr>
<tr><td colspan="2">导师姓名及简介</td><td></td><td>主办单位</td><td></td></tr>
<tr><td>培训后的检讨</td><td colspan="4"></td></tr>
<tr><td rowspan="4">培训人员意见</td><td colspan="4">受训心得（值得应用于本公司的建议）</td></tr>
<tr><td colspan="4"></td></tr>
<tr><td colspan="4">对下次派员参加本训练课程的建议事项</td></tr>
<tr><td colspan="4"></td></tr>
<tr><td>主办单位意见</td><td colspan="4"></td></tr>
</table>

总经理：________________　经（副经）理：__________　主办单位：______________________

副总经理：______________　厂（副厂）长：__________

十一、销售人员工资表

表7－11　销售人员工资表

单位：　　　　　　　　　　　　　　　　　　　　　　　　　　　　　　　　　＿＿＿月份＿＿＿页

编号	姓名	每月工作天数	日薪	本薪	奖金	假日津贴	提成	加班津贴	本期工资总支	扣除部分				实发工资
										福利金	伙食费	所得税	借支	
合计														

总经理：＿＿＿＿经理：＿＿＿＿会计：＿＿＿＿填表人：＿＿＿＿填表日期：＿＿＿＿　　　　＿＿年＿＿月＿＿日

十二、销售人员提成比例一览表

表 7－12　销售人员提成比例一览表

编号	姓名	提成比例	备注	编号	姓名	提成比例	备注

总经理：________销售经理：________制表：________　　　　日期：______年____月____日

第四节 销售团队管理规范化细节执行标准

一、年终评审会议组织工作实施标准

这个会议有两个目标:评审销售人员的成绩和行动,准备下一年个人业绩计划。

开始,先让销售人员发表对刚结束的一年工作的看法和观感,并给自己打分。在你做出评论以后,对往年的业绩计划逐项浏览,并对每一项打分。关键之处在于,你和你的销售人员都已对每项打完了分,如果在某一特殊项目,你打的分和销售人员自己打的一样,就不会有太大的争议,你就可以过渡到下一个项目;当你在某些项目上和销售人员的打分不一致时,进行深入细致、较长时间的讨论是必要的。事先可写下你的评论,到时做参考。

当你主持会议时,重要的是,要掌握好在讨论对成绩的肯定与需要改善的地方之间的平衡。业绩评定会上否定的越多,整个业绩计划带来的收益会越少。切记,业绩计划是“大框架”的教练工具,目的是有助于使销售人员的激励环境最优化,它不是一个纪律工具。如果在一年中,销售人员的行为是完全被否定和不被承认的,就要立即回应,不要等到年末评审业绩时,才让你的销售人员知道你对他的表现感到不满意。

对任何获得低等级分的项目,必须采取行动立即纠正。如果这些项目涉及由个人完成,就和销售人员讨论如何改变;如果问题涉及整体的销售水平或工作业绩,你可召集正式会议,商量阻止对策。

为了完成业绩评审,你和你的销售人员需要写下最终的评语,在最后文件上签上名字和日期后,文件放入雇员档案,销售人员持有复印件。

业绩评审是讨论销售人员长期职业生涯目标和期望的最好时机,他的目标是什么?他在未来5~10年内希望达到什么状态?

在你开始做下一年计划之前,评审也提供了一个好机会,使你可以获得有关往年你作为销售经理的业绩情况及其反馈意见,寻求对你的行为和管理风格方面,其他人的观感和建议。你的销售人员觉得你在那些方面做得好吗?在来年需要在哪些方面改善?他们最希望看到你的哪些变化,以便有助于改善他们的能力,完成销售配额和目标?也寻求一下他们对公司和其他部门销售支持的评价,哪些变化和改善将增加他们的产能或销售成功率?切记,你不必对他们说的每件事都去做,重要的目的就是获得建议,如果你对建议或反馈的反应过度敏感或极力阻碍,良好的激励环境就给破坏了,双向交流的目的,就是了解每个人关心的是什么,如何在实际中改善自己的工作。

销售经理对销售人员的评估工作是建立有效销售团队的关键部分。如果所有的评估和反馈都是单向的,你在和销售人员一起工作时,他们感觉如何?一些寻找反馈意见的销售经理说,在为销售力量改善工作环境上,他们得到许多好的建议。你最近什么时候请求你的部下评价你的管理工作?

二、销售信息沟通方式选择工作实施标准

在日常管理中，有3种不同的信息沟通方式：

（一）历史导向的信息，即发生了什么。包括销量统计、费用统计、每周拜访记录等，利用这些信息，你能清楚哪些事已发生了，结果如何，这些信息确保你评估销售已做了哪些工作，做得怎么样。

（二）现在导向的信息，即市场、销售中正在发生什么。包括顾客正在做什么，即顾客需求、意见反馈；竞争者正在做什么，即竞争情报监控；销售人员正在做什么，即情况报告会；公司正在做什么，即公司文件下达。现在导向的信息，往往需要采取立即行动和补救措施，涉及短期反应，也就是"救火"或"危机处理"。

（三）未来导向的信息，即将要发生什么，未来干什么。包括销售战略策划方案、销售计划、销售人员个人业绩计划等未来导向的信息沟通，通常涉及：

1. 未来有哪些新市场和新的顾客增长点？

2. 未来竞争对手如何反应，我们如何确立独一无二的竞争优势并向顾客传达？

3. 计划如何开发潜在客户，销售我们的产品和服务？

4. 未来将要达到什么样的团队销售目标和个人销售目标？

5. 计划主要有哪些具体行动方案来奠定公司在市场中的地位和实现销售目标？

三、销售人员酬金设计工作实施标准

世界上没有一个完美无缺的酬金方案，但肯定有适合为达到销售目标而设计的酬金方案，酬金方案的好坏主要看目的，我们看看不同的酬金方案能达到何种目的以及它们的优缺点。

（一）直接给销售提成，没有基本工资

这是许多公司在创业时期采用的酬金方案，很多小公司仍然采取这种方法。销售人员只拿佣金意味着销售人员收到的唯一报酬就是根据已有销售量的一定比例，获取现金提成。有的公司还规定，如果销售人员年终销售超过某一指标，还可以拿到年度鼓励奖，但对销售过程中发生的费用，基本上由销售人员自己承担。这种方案对公司的好处是：

1. 对每年的销售，你都可以确切知道成本。因为你的唯一销售成本，就是根据销售支取一定的佣金比例。

2. 你不必为销量少的销售人员承担费用。大多数公司对新销售人员在3个月内，先每月预支一些钱给他做销售费用，他实现销量后，再从他的佣金中扣除预支的钱。如果3个月后这位销售人员还没有卖出产品得到提成，他要么自己掏钱，继续干下去；要么自己走人，也不必向公司辞职。

3. 利用这种方案，即使增加其他销售人员也没有什么花费。因为你只需为头几个月

预支一些钱，并在以后的佣金中扣除，而且头几个月可预支的费用有一个最高限额。

4. 公司对销售业务员，基本上不需要什么管理。除了确定他们的提成比例、销售区域和产品价格，也就任其发挥了，因而也不需要很多管理成本。

这种酬金方案，对那些有销售经验或有一定的客户关系渠道的人是有利的，而且从事销售时间越长越有利。然而，此种酬金方案实施的年头长了，问题就会暴露出来。

只拿佣金的方案的弊端是：

1. 因为销售人员没有得到公司的销售支持，是凭自己的能力拿回扣，所以除了为自己着想外，不会考虑公司的利益。

2. 公司对销售人员的管理，控制能力差。随着销售人员完成的销售规模的增加，会出现"客大欺店"。河南省某家生产涂料的企业，采取这种提成方式销售，有两个业务员的销售逐渐占了企业总销售额的80%。由于市场价格的下降，公司产品利润减少，年终总经理希望把他俩的提成压低一些，这两位销售人员一气之下，离开了该企业，自己成立了销售公司，销售竞争对手的产品，导致这家企业第二年因销售困难而倒闭。

3. 不利于新的销售人员的培养。业务员只顾自己拿提成，不会指导新业务员，甚至和新业务员抢客户。

如果你的销售团队采取的是100%的佣金提成方案，你就要发挥它的优点，以弥补它的不足，你可以采取以下措施：

1. 随着公司销售量的增大，不断增加对销售人员的销售支持，如促销用具、培训。同时，与销售人员就他所在的地区市场竞争、销售策略增加沟通，引入销售策略企划方案、销售计划、销售业绩指标管理，对市场、客户中出现的问题，公司应积极帮助销售人员解决，尽管这些做法会增加成本，但会让销售人员感到自己完成的销售额，是与公司的支持帮助分不开的，而且这种支持帮助又会促进销量进一步增长，为公司带来更多利润。

2. 适时地为销售规模扩张快的销售人员配置销售助理，销售助理的酬金一定要由公司支付，规定该地区老业务员对培养销售助理负有责任。有些公司还规定，地区销售助理如果完不成销售任务，地区销售主管的年终提成将被打折扣，如果新业务员销售超额，主管也能获得一份奖励。

3. 对驻外办事处的销售人员而言，销售达到一定额度，可配备外源财务人员，负责区域贷款账目，工资由公司财务部发放。

100%佣金提成方案，在公司市场前途看好、销量持续增加时，无论是实施、运行还是对销售人员的控制都较易进行。但一旦市场竞争激烈，产品价格下降，销量滑坡时，由于没有新增销量，按此方案，就不可能有新业务员加入和"生存"，而老业务员随着年龄增长，精力下降，尤其是信心老化，没有了进取精神，公司将面临销量不振、销售人才"青黄不接"的危机。到了这个时候，可能就不完全是酬金方案改革的问题了。

（二）基本工资加销售佣金方案

这一酬金方案有两种形式，一是低基本工资、高提成比例；二是高基本工资、低提成比例，哪种形式更好一些呢？

首先从对销售人员招聘的吸引力来看，第一种形式对销售人员的风险大，公司付出的成本低，所以对应聘者的吸引力不大，除非某些业务员有许多原有的客户关系，而且一旦被聘用，马上就会有很大的销量，然而遗憾的是，此种情况很少见。第二种形式由于基本工资高，公司成本高，业务员风险小，所以对应聘者的吸引力大。显然，假如有A、B两家公司，A公司开出的底薪是600元，B公司开出的底薪是2000元，哪家公司能招到素质更高的业务员呢？千万不要凭想象认为，销售人员都愿迎接挑战，承担风险，少拿工资，多拿提成，别人还没有进入你的公司之前，怎么能让他们相信你公司的产品就是非常容易销售的呢？

你在招收销售人员时，是追求数量还是质量呢？如果你认为多多益善，任其大浪淘沙或悉心培养，你可以采取低底薪高回扣；如果你坚持招到高素质的有经验的业务人员，并且宁缺毋滥，你最好采取高底薪低回扣。

第一种形式会对业务员的管理造成困难。由于给业务员底薪低，他们不会太在意这份工作，如果你让他们服从管理，威胁要炒他们的鱿鱼，他们会说："想炒就炒吧，就给这么点工资，上别的公司也能找到这样的工作，谁在乎。"而第二种形式，业务员底薪高，他们会珍惜这份工作。原因是，如果失去这份工作，再找一家有这么高底薪的公司不太容易，他们会积极地在管理上配合你。

第二种方式与第一种方式相比，公司支付的成本高，假如一年下来，这些高底薪的业务员并没有实现很高的销量，公司的损失就比较高，这是第二种方案的缺点。

如何能把两种方案的优点结合起来呢？对底薪的分层设计可解决这一问题。

（三）从100%佣金提成向底薪加佣金的过渡

中国许多企业尤其是民营企业，在创业发展时期，大多数采用100%佣金提成方案。如今，许多企业已达一定规模，此种酬金方案的弊端越来越严重，已极大影响了企业的发展。随着市场竞争的激烈，销售量增长变缓，问题就更加突出，到了不得不改变该方案的时候。如何实现从100%佣金提成向底薪加佣金方案的平稳过渡呢？

从表面上看，100%佣金提成是公司给它的业务员的利益分配，但公司和业务员的关系实际上等同于公司与经销商的关系，二者成了两个不同利益的主体。数年以后，那些创业期的老业务员成为100%佣金方案的既得利益者，成了一个个"山头"，当你要改革这种方案时，他们成了最大的障碍，你还不能主动消除这些障碍。因为一旦这些老业务员"罢工"，销量大减，公司可能会遭受灭顶之灾。你必须有步骤、循序渐进地展开"削藩"的工作。

你所要做的第一项工作，就是让这些老业务员认识到，如此下去，公司肯定会垮掉，如果公司破产了，他们就再也没有钱可挣了。无论从他们个人未来还是公司发展的角度，他们必须要进行角色转换，从创业型经理变成职业型经理。你也可以聘请外部的培训师进行培训，实现老业务员的观念转换和心态调整。

在销售人员观念上有所触动后，可以借新产品进入市场、增加销售新区域或区域调整等名义，增派销售助理，熟悉客户和当地业务。

然后，要求每个业务员将自己负责的客户上报，建立客户资料库；同时，进行业务员销售费用核算，把由业务员自行消化的费用改由财务进行处理，但回扣总额，减去费用部分，返还业务员。

最后，导入底薪加提成酬金方案。这可能导致一些老业务员收入减少，但到此步，已是水到渠成。

在此过渡过程中，你会遇到个别业务员的激烈反对，也会遇见很多障碍，因此，在进行改革前，更要取得你的上级坚定的支持。

对于此项改革导致老业务员收入的减少，你可以给予解释，因为竞争激烈，市场价格下降,利润减少,公司规模扩大,管理成本提升,个人收入减少也是不可避免的。当然,如果你的公司引入股票期权激励方案,给予这些老业务员一定的股票期权,问题就迎刃而解了。

当然,你应该明白,从100%佣金方案过渡到底薪加提成方案,实际上为公司节约了成本。

例如,有A、B两家公司,以同样的价格销售同样的产品,二者的边际利润也相近。A公司采用100%佣金提成方案,按销售额的10%直接支付给销售人员佣金;B公司付给销售人员基本工资加5%佣金。把每个公司给员工的总费用进行比较,5年后,假如销售人员的销量增加一倍,情况如下:

第一年,A、B两公司的销售人员都得到10万元,A公司销售人员完成100万元销售额提成10%得到10万元,B公司销售人员基本工资5万元,加上5%的销售提成,也正好是10万元。假如B公司因为区域内销量增长强劲,给他的员工基本工资每年增加5%,一直到第五年,基本工资达到6.0775万元,第五年,A公司销售人员总收入为20万元,仍占公司销售额的10%,然而B公司只给销售人员16.0775万元,只占公司总销售收入的8%。

这种随公司每位销售人员平均销量增加,公司总费用的下降,叫"缓冲酬金方案",在这种方案下,随销售人员销量增加,公司实际提高了销售利润率。

(四)指数佣金方案

在底薪加佣金提成酬金方案上,采取对底薪分级设计,比较科学,而对佣金提成,按什么比例设计呢?"缓冲酬金方案"虽然节约了公司成本,但实际上销售越多的人,暗中吃了亏,这是不公平的。如何在提成上增加激励呢?采用指数佣金方案可以克服这一缺点。

指数佣金方案指在基本底薪基础上,先确定每个业务员完成的定额指标,凡达到这一指标,给予固定的奖金,然后根据业务员实际完成的销售额占销售定额的百分比,再对百分比平方,乘以固定佣金数,就得出销售人员实际获得的佣金。

例如,有3个业务员甲、乙、丙,他们的销售定额都是200万元,达标固定佣金是10万元,到年底,甲只完成160万元,乙正好完成200万元,丙超额达240万元,其实际获得佣金如表7-13所示。

表7-13 销售人员佣金表

名称	定额指标	达标固定佣金	实际销售额	占定额比例	应获佣金
甲	200万元	10万元	160万元	80%	10×80%×80%=6.4万元
乙	200万元	10万元	200万元	100%	10×100%×100%=10万元
丙	200万元	10万元	2400万元	120%	10×120%×120%=14.4万元

由此可见,指数佣金方案的意义在于,实现的销量比定额指标越低,你的佣金提成比例越低;相反,实际销量超过定额指标越大,你的佣金提成比例越高。

指数佣金方案的作用就是鼓励销售人员超额完成配额指标,也间接地"惩罚"了没有完成定额指标的人。

(五)佣金比例权重方案

对销售总额进行一定比例的佣金提成也有缺陷,就是对销售总额中不同种类的产品在不同地区销售未加区分，考虑到不同产品、不同地区销售的难度和工作量不一样，而且公司对不同产品的销售重视也不一样，如何能把这种因素体现出来呢？

你可以采取加入权重的方法，来解决这些问题。假如有 A、B、C 三种产品，A 产品已销售几年，一直畅销，不需要销售人员太大的努力；C 是新产品，刚进入市场，公司希望销售人员能力推此产品。假如乙业务员完成 200 万元销量中，A 产品 100 万元，B 产品 50 万元，C 产品 50 万元，三种产品的权重分别是 80%、100%、120%，那么乙可获得的佣金如下：

$$10\text{万} \times 85\% \times 85\% = 7.225(\text{万元})$$

乙只能拿到 7.225 万元，由于他在易销的 A 产品上销售量大，难销的新产品 C 销量少，所以总体的佣金下来了。

你还可以对不同的销售地区，有些是已销售多年的区域，有些是正在开发的新区域，因工作量不同，设置不同的权重，体现对不同地区的销售人员在佣金上的公平。

第三部分

精于业务，善于管理

——营销业务管理

第8章　一种产品，一种营销
——产品管理

第一节　产品管理工作要点

一、产品开发工作内容

一位营销学家曾经说过：伟大的设计在实验室产生，而伟大的产品在营销部门产生。一个公司一旦细分了市场，选择了它的目标顾客群，确定了所希望的市场位置，它就准备开发和推出希望能够成功的合适的产品。特定产品的开发不仅是研究与开发部门的事情，营销部门在这其中也应该发挥重要的作用，参与新产品开发的每一步骤。

所谓新产品指在原理、结构、性能、技术、材质、用途等某一方面或某几方面具有创新或改进的产品。新产品是一个相对的概念，在不同地区、不同时间、不同环境中，其具体含义和特点会有所不同。但如果只有商标、品牌、包装装潢等方面的改进和提高，没有结构、性能等的创新与提高，就不能构成新产品。

为了便于对新产品进行分析研究，我们可以从多个角度对它进行分类。

按新产品所在的地域特征分类：

(1)国际新产品。指在世界范围内首次研制成功并生产销售的产品。

(2)国内新产品。指在国外已经试制成功但国内尚属首次生产和销售的产品。

(3)地区或企业新产品。指在国内其他地区或企业已经生产但本地区或本企业首次生产和销售的产品。

按新产品创新程度分类：

(1)全新新产品。指利用新的科技成果，采用新的原理或技术生产出的产品。

(2)换代新产品。指在原有原理的基础上，采用新技术新材料或新结构制成，其性能指标比原有产品有较大提高。

(3)改进新产品。指利用改进技术，对原有产品的功能、外观、型号等进行改善后制成的产品。

接新产品的开发方式分类：

(1)独立开发新产品。指从用户所需要的产品功能出发，探索能够满足功能需求的原理和结构，结合新技术、新材料的研究独立开发制造的产品。

(2)技术引进新产品。指避开自身开发能力较弱的难点，直接引进市场上已有的成熟技术制造的产品。

(3)混合开发的新产品。指新产品的开发过程中，既有独立开发的部分，又有直接引进的部分，将两者有机结合在一起而制造出的新产品。

二、产品构想实施流程

新产品开发的风险是很大的。高层经理可能会不顾市场调研已做出了否定的报告，强力推行他喜爱的产品构思；也可能构思是好的，但是对市场规模估计过高；也可能实际产品并没有达到设计要求；也可能产品在市场上定位错误，没有开展有效的广告活动，或对产品定价过高；有的时候，产品的开发成本高于预计数，或者竞争对手的激烈反击超出事先估计。

一般来讲，成功开发的新产品具有以下特征：

（1）相对优点突出；

（2）适应性强；

（3）利于保护环境；

（4）时代感强；

（5）多功能化；

（6）人体工程化，对生活消费品要更多地考虑这一点；

（7）简易化；

（8）微型化、轻便化。

以上几方面是对企业发展新产品的要求，也标明了今后新产品的发展趋向。

对于企业来说，新产品开发成功的最根本保证主要在于以下两个方面。

首先，必须进行细致的市场调查。一项调查表明，相比于竞争者有更高优势的产品成功率为98%，较占优势者有58%的成功率，稍占优势者为18%的成功率。可见，开发一项新产品必须首先仔细地界定和评估目标市场、产品要求和利益，这就需要进行深入细致的市场调查。

其次，要有可靠有效的组织保证。公司在处理新产品开发中有以下几种方法。

一种是组建一个高层管理委员会负责审核新产品。少有时间考虑新产品，同时，他们也缺乏开发新产品所需的专有技能和知识。

一种是在公司内部设有属产品经理领导的新产品经理职位。一方面，这个职位使得开发新产品的功能专业化；另一方面，新产品经理的工作局限于他们的产品市场范围的产品改进和产品线的扩展。

一种是常设一个新产品部，该部的主管拥有实权并与高层管理当局密切联系。其主要职能包括产生和筛选新构思，指挥和协调研究开发工作，进行实地试销和商品化。

3M公司等则把新产品开发的主要工作指派给新产品试验组。新产品试验组由各业务部门人员组成，负责把一种特定产品或生意投入市场。他们暂时解除其他职务，制定预算、期限与“战斗任务”。

为了加快新产品的开发，许多公司采用了小组导向的方法，并称之为同时并进的产品开发。这种组织架构保证了产品开发要求与开发、工程、制造、采购和营销等各部门的人一开始就密切配合。

新产品的“构想”是在企业战略基础上开发的，也称为“创意”或“设想”。新产品“构想”从哪里来？主要来源于购买者（包括消费者和工业用户）、专家、批发商、零售商、竞争者、企业的营销人员及各级决策人员。

因此在企业中，以上人员的工作有下面几项。

一是寻找“构想”。设法从环境中发掘好的关于产品的“构想”，如从消费者对现有产品的意见中发现，从专家的新的科技成果中寻找，也可以从竞争对手企业的产品上思索。

二是激励“构想”。设法鼓励企业内部的工作人员产生和发展新“构想”。在这项工作中，不可忽视营销人员的作用，因其经常与顾客打交道，了解顾客对产品的喜恶，往往能产生出新的“构想”。

三是增修“构想”。将收集到的、汇集的“构想”送到企业内部有关部门，征求修正和补充意见，以完善最初的“构想”。

在收集“构想”的过程中，怎样才能最有效地发掘出“构想”需要一定的方法。可用的方法有下面几种。

一是特点罗列法。把某一产品的特点列出，然后逐一推敲，以便找寻出另一组有特点的组合来对本产品进行改进。

二是硬性结合法。将不同产品项目排列出来，通过自由联想，考虑不同的产品的关系，进而组合成新的产品的“构想”。

三是多因素分析法。将存在的几个重要因素提出来，考虑每一个变化的可能性，在这几种因素的基础上，试验其改进的可能性。

四是头脑风暴法。可采用几人一组的方法（6～10人最宜），将问题告诉大家，任他们对所遇问题发表看法，这样一个想法会激起另一个新的“构想”的产生。

产品构想指企业准备推向市场的可能产品，这种作为企业希望提供给消费者的可能产品的构思必须要经过反复的筛选，优选出好的构思进一步开发，及时剔除那些不能达到预期经营目标或虽能达到目标而企业力所不及的、不经济的产品构思。产品构思的筛选一是要防止误舍，即对好的构思没有认真分析，轻率放弃；二是要防止误用，对不好的构思错误地估计该产品的发展前景，轻率采纳。

要科学地进行构思的筛选，就应该根据企业内部和外部的具体条件进行全面的衡量。美国企业界普遍采用一种评估新产品构思的方法，该方法首先将决定新产品成功的因素细分成七个方面，对这七个方面的重要性给予不同的权数，然后针对每种构思对其在这七个方面的表现进行评分，加权之后得到每种构思的总得分，从而得到对构思的量的评价。这七个方面分别为：企业策略与目标、营销技术与经验、财务状况、分销渠道、生产能力、科研与开发能力、供应能力。

经过筛选后的新产品构思还必须经过具体化，形成比较完整的产品概念。产品的概念应该能够明确、清晰地表达产品策划的意图。所谓的产品概念指用有意义的消费术语表达的精心阐述的构思。消费者不会去购买产品构思，他们要买的是产品概念。一个产品构思可以通过不同的具体化转化成几种产品概念。营销者选用何种产品概念，就必须对有不同偏好的细分市场的规模进行研究。如我国广东太阳神集团开发的产品系列口服液，有一定的保健作用，这本身仅是一个产品构思，但该集团将这一构思转化成了几种产品概念，如胃病辅助治疗口服液及健脑提神的口服用品等。

三、产品开发策略

企业要在风云突变的商场上立于不败之地，仅靠实力与竞争对手竞争，往往会被动挨打，故还得靠智谋策略，巧妙运用产品开发策略。

第一，领先策略。

这种策略就是在激烈的产品竞争中采用新原理、新技术、新结构优先开发出全新产品，从而捷足先登，领略市场上的无限风光。这类产品的开发多属于发明创造范围，采用这种策略，投资数额大，科学研究工作量大，新产品实验时间长。故而采用此种策略的企业往往须有一支人员素质高、实力雄厚的科研队伍，这支队伍可为企业提供外界不具备的科学技术成果，具有更快、更强的开发新技术和运用新技术开发新产品的能力。

日本索尼公司素有“先驱者”之美称，总是率先推出新产品以领导电器发展的新潮流，如随身听等产品改变了许多人的业余生活。它之所以能够做到这一点，不仅仅由于其拥有一支高水平、高素质的科学研究队伍和一流的实验设备，也源于公司的价值观：索尼是开拓者，永远向着那未知的世界探索，朝气蓬勃，充满青春气息。

要做到领先，就应能够领导市场，而不是跟随市场，企业应该注意研究消费者的心理，注意分析、预测市场趋势，才能抢先一步研制生产新产品，激起消费者的消费欲望，引导市场走向。柯达公司在发明自动式照相机后，敏锐地捕捉到胶卷的巨大商机，公开宣布放弃柯达照相机的专利，随着许多厂商纷纷仿造这种被称为“傻瓜”的相机，对胶卷的需求量剧增，柯达胶卷很快就席卷了全球。

第二，跟随策略。

采用这类策略的厂商往往针对市场已有的产品，进行仿制或进行局部的改进和创新，但基本原理和结构是仿制的。这种厂商紧跟既定技术的先驱者，以求用较少的投资得到成熟的定型技术，然后利用其特有的市场或价格方面的优势，在竞争中对早期开发者的商业地位进行侵蚀。

松下电器公司就是一家专门模仿他人产品的公司。松下电器公司拥有二十多个技术先进的研究室，这些研究室不仅设备精良，而且研究人员不乏电器行业的精英，但是松下电器公司的老板却很少让他们做领头羊，开发研制新产品。而是命令他们专门分析同行业竞争对手的产品，从中发现不足或缺点，寻找改进的办法，努力使自己产品的质量和功能在竞争对手已有产品的基础上更加完善。

第三，补缺策略。

任何一个企业都不可能满足市场的所有需求，因此在市场上总存在着未被满足的需求，这就为厂商留下了一定的发展空间。这就要求企业对市场上现有产品及消费者的需求进行详细的分析，从中发现尚未被占领的市场。这种策略可以用日本电脑公司创始人佐木明的一句话来概括：用并不比别人高明的技术去开发别人还没有注意到的社会需要。

据报载，日本泡泡糖市场原来大部分为“乐天”所占领，但江崎通过周密细致的调查发现，成年人泡泡糖的潜在市场很大，而且消费需求呈多样化趋势。而“乐天”一直将重点放在儿童泡泡糖市场上，其花色品种及其目标顾客群都比较单一。江崎根据这一特点，研制出了功能性泡泡糖，并根据市场细分原理对产品开发创新，先后研制生产了具有不同功能、适应于不同目标顾客群的新产品，投放市场后，一举获得了成功。

四、产品生命周期

产品生命周期是指一种产品从投放市场开始，经历成长、成熟和衰退阶段，直至被市场淘汰的整个过程。

典型的产品生命周期曲线呈 S 型，可分为开发期、介绍期、成长期、成熟期和衰退期五个阶段。

开发期指的是产品引入市场时销售缓慢成长的时期。在这一阶段，因为产品引入市场所支付的巨额费用所致，利润几乎不存在。

介绍期指的是产品刚刚投放市场，没有什么知名度，销售增长缓慢。由于高额的开发研究费用和推销费用，并且生产批量较小，几乎没有利润，甚至可能亏损。

增长期指的是产品被市场迅速接受，利润大量增加的时期。

成熟期指的是因为产品已被大多数的潜在购买者所接受而造成的销售成长减慢的时期。为了对抗竞争，维持产品的地位，营销费用日益增加，利润稳定或下降。

衰退期指的是销售下降的趋势增强，利润不断下降的时期。

并非所有的产品都呈现S型产品生命周期。研究人员确定了 6 ~ 17 种不同的产品生命周期形态。如“成长—衰退—成熟”的形态。小型厨房设备常常具有这种特点。例如，电动刀具在首次导入时销量迅速上升，然后就稳定或“僵化”在该水平上。这一僵化水平之所以能维持，是因为后期采用者的首次购买与早期采用者之间的相互更换。

如果一种产品的用途一个接一个地被发现，它的产品生命周期就呈现出一种“扇形”的特征。例如尼龙销售就显示了这种特征，因为许多新的用途——降落伞、袜子、衬衫、地毯，一个接一个地被发现。

五、不同生命周期阶段的营销策略

产品生命周期概念可以用来描述生命周期不同阶段的特点及企业可能采取的竞争性营销策略，有助于策划人员拟定产品生命周期各阶段的营销策略，并促使他们预先设计产品的新用途、新特色，开拓新的细分市场，以延长产品的全部生命周期。

产品生命周期策划同产品策划的其他部分有所不同，因为产品生命周期各阶段呈现出不同的特点，有不同的营销目标，所以作为策划者应当依据各个不同阶段的不同特点，进行有针对性的策略谋划。

第一是介绍期。它的特点如下：首先，从产品方面来看，产品初步研制成功，开始投放市场，产品的结构和工艺尚未完全定型，产品还有待于进一步完善，此时还不能大批量生产，加上推销费用高、产品成本高，只有少量创新者才能接受这种产品，因而销售量小，增长缓慢，利润率较低，甚至亏损。销售渠道窄且不够稳定，竞争尚不激烈，很可能只有少数企业出售这种产品甚至可能是独家经营。其次，从消费者方面来看，产品以全新的形象出现在市场上，这时一般只有少数求新求异的消费者率先购买。对于大多数消费者来说，他们对这种产品的有关信息了解得很少，因而只是有关心这种新产品的兴趣，并希望继续了解它、认识它。在他们得到有关产品的比较充足的信息之前，一般不会贸然购买。

基于以上特点，企业在介绍期一般采取以下策略：要把主要精力放在解决人们对产品不认识或不熟悉的问题上，要千方百计使人们熟悉，使自己经营的产品站得住脚。一是这时的产品还立足未稳，要大量地做广告，扩大对该产品的宣传，建立产品信誉。对企业来讲，要建立长期的形象，此时适当的广告宣传是很重要的。二是利用辅助发展的办法，用本企业的名牌产品或别的企业的名牌产品带一下，提升新产品的社会接受度。三是可以采取试用的办法。这种办法在国外比较普遍。最近我国企业也开始采用这种方法，有的企业由此取得了很大的成功。四是给经营产品的批发、零售或其他类型后续经销企业加大折扣，刺激中间商的积极性，使中间商卖力气推销。

第二是增长期。它的特点如下：这是产品打开销路的时期，也是市场需要迅速发展的时期。这个时期，产品经过试销和改进已基本定型，新产品开始转入大批量生产。广大消费者和用户已开始迅速接受新产品，需求量增加，加上分销渠道已疏通，销售量迅速增长，大批量生产使单位产品的生产成本降低，大量销售使促销费用与销售额的比率降低，从而带来了较高的利润，高利润势必会吸引越来越多的竞争者涌入，使竞争日趋激烈。

该阶段采取的营销策略应是扩充目标市场；广告宣传转向厂牌、商标的宣传，使人们对该产品产生好的印象，产生好感和偏爱；增加销售渠道或加强销售渠道。

第三是成熟期。它的特点如下：这是产品畅销的全盛时期，这时消费者对产品已产生了信赖感，并形成了消费习惯，产品的产量和销量最大，利润最高。消费者对产品的式样、花色、品种、规格的挑选性增加，同行业之间的竞争也达到高潮，市场开始出现饱和，销售量增长速度减慢。

这一阶段的营销策略有以下几种：一是千方百计稳定目标市场，让原有的消费者都消费你的产品，提高消费者对本品牌的忠诚度，主要采取稳定目标市场的策略；二是增加产品的系列，使产品多样化，增加花色、规格、档次，扩大目标市场，最少也要维持原市场占有率，改变广告宣传的重点和服务措施；三是要重点宣传企业的信誉。这时的广告宣传和试销阶段的情况不同，不能仍介绍某种产品。这时市场上同类产品很多，再作那样的宣传稍有失误便会替别人花了广告费。同时还要加强售后服务工作。四是研制第二代产品，为原有产品的消亡做好准备，这是这一时期企业应当具有的远见。一旦这个产品一蹶不振，马上有新的产品问世。

第四是衰退期。衰退期的特点是：产品将被市场淘汰，生命周期即将结束。产品销售增长量和利润急剧下降，产品库存开始积压，竞争者相继退出市场。

这一阶段采取的策略，一个比较普通的办法就是转移，撤出现有市场。有经验的营销人员总结了三个字，叫作“撤、转、攻”，如“甩卖”是“撤”的一种，“撤”还要讲究方法和策略。“转”有几层意思：一是转移目标市场，其中包括地域上的“转”。大城市没销路转向中小城市、城镇乃至乡村，有时一种产品在某地区已经无人问津了，但转到另一个地区可能顾客盈门；二是转移产品的用途，实际上是寻找和开发产品的新用途。“攻”指的是在撤出旧市场的同时，推出新产品。在这一阶段推出新产品已经属于比较迟了，因为此时企业现金流量不多，不比成熟期有不断的现金流入，因此进行新产品的开发对企业来讲，显得仓促而且往往会力不从心，但如能成功推出新产品，也是摆脱旧产品衰退期的一个好方法。

六、产品开发管理工作流程

产品开发管理工作流程如图8-1所示。

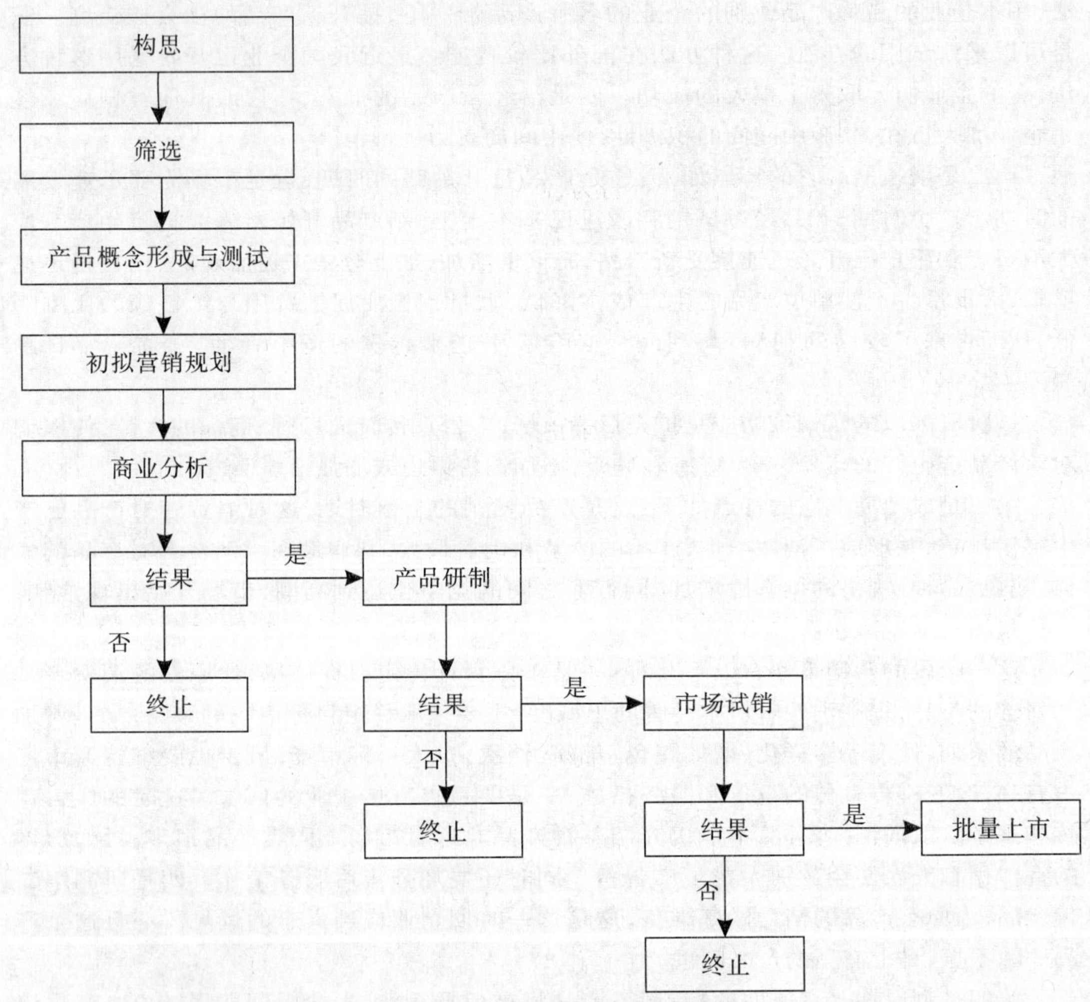

图8-1 产品开发管理工作流程

第二节　产品管理规范化制度

一、产品管理制度模板

□　总则

第一条　为规范本公司产品管理行为，使本公司产品管理更加合理，特制定本制度。

第二条　本制度中所称产品，指为应销售需要而储存的各类型产品及其供应品。

第三条　本制度由公司董事会起草制定，凡营销部有关产品管理各项事宜如存货、进货、出货、调货、试用、保管等悉遵照本制度执行。

□　存货管理

第四条　为了避免资金呆滞或存量不足影响产品销量，同时为了达成适货、适量、适时的产品供应计划，本公司所有产品的存货都由物流部仓库控制。

第五条　仓库工作人员于每月 1 日会同销售部、生产部人员分析畅销产品库存量留置，确定最合适的产品库存。

□　进货

第六条　本公司所有产品，包括购入材料、退货、残次品，均有仓库人员验货后入库。

第七条　仓库人员应将每项验收后进库的产品列记产品型号入账。

第八条　产品的验收，应依有关的订购单、提货单和验收单等所列的品名、型号或规格等办理验收。如发现型号、规格不符或外箱破损等情形时，应立即通知进货或采购单位。

□　出货

第九条　本公司所有出货事项，仓库都应凭《产品（供应品）订货单》出货。

第十条　仓库接到订货单，即于当日发货，如缺货而需调拨供应时，亦应于当日回复预定供货的日期。

第十一条　仓库部库存充足时，应依据过去的销售资料统计及市场营销部对市场需要的预测，随时注意库存情况。

第十二条　任何出货，仓管人员均应于出货当日将有关资料入账，以利存货的控制。

第十三条　各单位人员不得随意自行进入仓库内部，仓管人员有权拒绝任何人擅自入内。

第十四条　出货人于产品领出时，应同时检查产品的性能、品质及附件等是否优良或齐全。

第十五条　库存产品经出货后（除陈列展示外）一律限于当天还仓或开立发票交货，如当天未能交货而必须交与客户试用者，则应按规定办理。

□　试用

第十六条　为推广市场及服务客户，部分产品可应客户的要求，做短期的试用。

第十七条　为保持产品的流通，各型号产品均应依试用规定期限归还，销售主管的试用期限核准权限最高为七日；若因特殊情形而需超过此期限者，应以书面形式表明理由及希望延长天数，报请所属销售经理核准，书面报告即日转交仓管部作为延长试用的凭证。

第十八条　试用的规定：一般一次领用试用的产品不得超过三件，如超过三件，则应填写《产品（供应品）领货单》，经销售经理及仓库主管加签核准后出货。

□　调货

第十九条　为保证产品的供应，仓库部应根据需要，随时发出调货通知。

第二十条　调货应由仓库部以《产品（供应品）调拨单》统筹办理。

第二十一条　仓库工作人员的紧急调货单应视为调货命令，各单位对仓库所发出的《紧急调货单》，除非该产品将于三天内交货，否则均不得对该项调货的要求予以拒绝，并应依通知的内容，于两日内（自通知发出之日起算）办理完毕。

□　产品运输

第二十二条　本章所称“产品运输”是指已经抵达仓库部的产品在其正式销售之前的运送，产品抵库前的一切运输问题均由采购单位负责与供货厂商洽办。

第二十三条　有关仓库部与各单位间的产品运输，包括运输人员、运输车辆、车辆调配、货品包装托寄、保险和索赔等，由仓库部负责，并会同有关单位办理。

第二十四条　本公司库存产品的运输，除由公司备置车辆输送外，并视实际业务的需要，由仓库部会同市场营销部洽请托运处托运。

第二十五条　产品运输前，仓管人员应妥善处理装箱、包装和搬运等工作，以确保运输产品的安全。

第二十六条　产品交运时，仓管人员除应详细填写《货品交运明细表》，交由运送人员持往运往单位签收外，并应另行填写《产品（供应品）调拨单》寄往运往单位签复，同时作为其进货的入账凭证。

第二十七条　凡产品经由公司车辆运送时，有关车辆的调配等悉依《车辆管理办法》办理。

□　附　则

第二十八条　本办法自核准之日起实施。

第二十九条　本制度最终解释权归于公司董事会。

二、产品设计管理方法

第一条　为了规范新产品开发设计工作流程，使之有章可循，特制定本办法。

第二条　凡本公司新产品的开发设计，悉依照本办法的规定管理。

第三条　开发部负责本办法制定、修改、废止的起草工作。

第四条　总经理负责本办法制定、修改、废止的核准。

第五条　新产品技术任务书。在产品的初步设计阶段，开发部需提出技术任务书，技术任务书应体现产品合理设计方案的改进性和推荐性意见。

第六条　新产品技术任务书应根据公司产品开发的中长期策略和年度目标，提出现在进行新产品开发设计的必要性、可行性。

第七条　新产品技术任务书应明确说明新产品的用途和使用范围。

第八条　新产品技术任务书应对开发计划提出有关的修改意见。

第九条　新产品技术任务书应说明新产品的基本参数及主要性能指标。

第十条　新产品技术任务书应叙述新产品的总体布局及主要部件结构。

第十一条　新产品技术任务书应说明新产品的工作原理。

第十二条　新产品技术任务书应列出同行或本公司同类型产品的主要技术性能、规格、结构、特征，予以详细比较，阐明新产品的优缺点。

第十三条　新产品技术任务书应对新产品预期达到的标准化系数与该类产品的国际标准、国家标准或行业标准、企业标准之间的比较。

第十四条　新产品技术任务书应有关键技术解决办法的说明。

第十五条　新产品技术任务书应对特殊材料、重要部件的资源分析。

第十六条　新产品技术任务书应对新产品设计方案的价值工程分析，提出不同方案的优缺点供比较。

第十七条　新产品技术任务书应有新产品开发设计的周期预估计划。

第十八条　新产品技术任务书应有新产品开发的费用预算。

第十九条　技术设计流程。技术任务书经权责主管核准后，由开发部对产品做进一步的技术设计。

第二十条　完成设计过程中必需的试验研究，并写出试验研究大纲和试验研究报告。

第二十一条　做出产品设计计算书（如对运动强度、刚度、热变形、振动、电路、液气路、能量转换、能源效率等方面的计算、核算）。

第二十二条　画出产品总体尺寸图，主要零部件图，并校准。

第二十三条　对产品中造价高、结构复杂、体积笨重、数量多的主要零部件结构、材质、精度进行价值分析、比较，选择合理方案。

第二十四条　绘出各种系统原理图。

第二十五条　提出特殊条件、外购件及零部件明细方案。

第二十六条　列出预计开发的模具清单。

第二十七条　对产品的可靠性和可维护性进行分析。

第二十八条　对技术任务的某些内容进行审查、修正或补充。

第二十九条　技术资料设计。是指在技术设计完成后，形成进一步的指导试制及量产的全部工作图样和设计文件，由开发部负责设计。

三、新产品开发周期管理办法

□　总则

第一条　制定目的。为了规范新产品开发各阶段周期时间，提高新产品开发的效率，特制定本办法。

第二条　适用范围。凡涉及新产品开发各阶段的作业，其周期管理悉依本办法执行。

第三条　权责单位。

1. 开发部负责本办法制定、修改、废止的起草工作。

2. 总经理负责本办法制定、修改、废止的核准。

□　新产品种类区分

第四条　技改型新产品。由原有的老产品，在保留大部分（或全部）性能和结构的基础上，仅做局部改良或变更而产生的新产品，称为技改型新产品。

第五条　移转型新产品。由客户或其他途径移转过来的，已经过试验、量产的产品（如 OEM 产品），已有较为完整的可行性分析、产品设计资料、试制工艺和鉴定结论的，称为移转型新产品。

第六条　开发型新产品。完全新的产品类别或虽属于老产品类别，但在性能和结构原理上有很大的改变，或外观造型有巨大变化的产品，称为开发型新产品。

□　产品开发周期规定

第七条　开发型新产品

1. 调查研究，可行性分析周期：一般产品 1 ~ 2 个月，复杂产品 2 ~ 3 个月。

2. 产品设计周期：一般产品 1 ~ 2 个月，复杂产品 2 ~ 3 个月。

3. 模具制作、物料供应商开发周期：一般产品 2 ~ 3 个月，复杂产品 4 ~ 6 个月。

4. 样品试制与鉴定周期：1 ~ 2 个月，但鉴定中长期性试验工作（如寿命试验）除外。

5. 小批试制与鉴定周期：1 ~ 1.5 个月。

6. 产品评审与量产导入周期：1 个月内。

第八条　技改型新产品。可直接从技术设计开始，除模具制作与长期性试验外，周期应在 1 ~ 3 个月内。

第九条　移转型新产品。一般参照开发型新产品，从样品试制阶段开始，周期为 2 ~ 4 个月。

第十条　补充说明。

1. 各阶段工作可以交叉进行，如在进行技术资料设计的同时，模具制作与物料供应商开发可以同时进行。

2. 不同类型产品周期不同，应在年度开发计划书中予以明确。

第三节　产品管理使用表单

产品管理使用表单分别如表 8-1 ~ 表 8-4 所示。

一、新产品开发进度一览表

表 8-1　新产品开发进度一览表

产品名称	产品编号	新产品类型	可行性分析		产品设计		模具制作		厂商开发		样品试制		小批试制		量产导入	
			起	讫	起	讫	起	讫	起	讫	起	讫	起	讫	起	讫

二、新产品开发评价表

表8－2　新产品开发评价表

产品名称		型号	
特点说明			
工艺分析			
成本预测		预定售价	
销售分析		市场定位	
总结			

三、新产品试制鉴定表

表 8－3　新产品试制鉴定表

产品名称		产品编号	
试制类型	□小批试制　□样品		
开发部意见	审核：　　鉴定人：		
生产部意见	审核：　　鉴定人：		
采购部意见	审核：　　鉴定人：		
制造部意见	审核：　　鉴定人：		
品管部意见	审核：　　鉴定人：		
结论	核实人：		

四、新产品评审表

表 8－4　新产品评审表

<table>
<tr><td colspan="2">产品名称</td><td></td><td>产品编号</td><td></td><td>产品类型</td><td></td></tr>
<tr><td rowspan="2">技术资料评审</td><td colspan="6">开发部意见：
审核：　评审：</td></tr>
<tr><td colspan="6">生产部意见：
审核：　评审：</td></tr>
<tr><td rowspan="4">模具评审</td><td colspan="2">开发部</td><td colspan="4">□合格　□不合格：________评审：</td></tr>
<tr><td colspan="2">生产部</td><td colspan="4">□合格　□不合格：________评审：</td></tr>
<tr><td colspan="2">制造部</td><td colspan="4">□合格　□不合格：________评审：</td></tr>
<tr><td colspan="2">品管部</td><td colspan="4">□合格　□不合格：________评审：</td></tr>
<tr><td rowspan="2">工艺评审</td><td colspan="6">开发部意见：
审核：　评审：</td></tr>
<tr><td colspan="6">制造部意见：
审核：　评审：</td></tr>
<tr><td>品质评审</td><td colspan="6">品管部意见：
审核：　评审：</td></tr>
<tr><td>结论</td><td colspan="6">技术副总批示：
批示人：</td></tr>
</table>

第四节 产品管理执行标准

一、新产品财务分析标准

进行新产品的合格分析主要是测算、估计新产品的销售量、成本与利润以及投资收益率等，判断它是否符合企业的目标。这对企业决策十分重要。

有的企业在进行新产品的合格分析阶段就初步拟定了营销组合策略的方案，如产品的结构、目标市场、消费者购买行为及新产品的市场定位；产品的定价、销售渠道策略、短期的销售量的预计及销售费用的预算；预计长期销售量和各个阶段的利润目标及销售策略。这种分析即财务可行性分析。

由于营销环境的不确定性，在财务分析当中，最复杂也是最重要的一部分是风险分析。上述的测算和估计都应该对其可能出现的结果进行预测，可以简单地进行三种估计：乐观、悲观和最可能。采用何种估计则视公司战略而定。

二、新产品市场试销工作标准

市场试销阶段并非是必需的，但对于高风险产品或具有新奇特点的产品，市场试销是必需的。市场试销的目的是了解消费者和经销商对处理、使用和再购买该实际产品如何反应，以及该市场容量有多大。通过市场试销能够获得有价值的信息如购买者、经销商、营销方案的有效性、市场潜量和其他事项等。

市场试销方法可有多种，这几种试销方法的成本不一。

成本最低的是销售波研究，即通过几次免费或低价提供本企业的产品或竞争者的产品后，公司密切注意有多少消费者再次选择本公司的产品和他们对满意程度的评论。当然也可以不提供产品，只是让消费者接触到几次本公司的广告，然后观察他们的购买行为。

另外一种是模拟销售方法，由公司选择一些消费者，预先并不告诉其本公司的产品，而提供其一定数量的金钱，然后观察其购买行为，确定他们对产品的态度、使用情况、满意程度和再购买意图。这种方法的准确性通常是比较高的。

还有一种是控制销售法，由公司选定一些商店，给予折让或一定费用，让其试销本公司的新产品。控制销售可以使公司得以测试店内因素的影响，并在随后再用抽样调查的方法抽选一部分消费者，征求他们对产品的印象。公司可以不动用自己的销售力量，但这种方法使自己的产品暴露在竞争者面前。

最昂贵的一种方法是全面测试法。一般来说，公司需要与外界的调研公司合作，以选定少数有代表性的测试城市，在那儿，公司的销售队伍努力把该产品推销给商业部门经销以及为它取得良好的货架陈列的机会，这样全面的测试费用是相当可观的，是正式销售的一次预演。

三、新产品正式销售工作标准

新产品决定进入市场后，企业就必须建立或租赁一个全面的生产制造设施，并抓住时机进行推广，把新产品引进市场并达到使消费者普遍接受的目的。这一阶段主要考虑四个方面。

一是何时引入，介入时机的好坏影响企业是否能够达到预期的效果，如有的产品具有季节性，在淡季推出，企业将遭受不必要的损失。

二是推向何地，即销售面的问题，是推向单一地区，还是面向区域。

三是目标市场的再确定，在新产品开发时所确定的目标市场可能跟实际的购买者不相吻合，此时公司就应对目标市场再重新界定，以寻找最有希望的顾客群体。

四是导入策略，这主要指的是公司把新产品引入市场的实施计划，主要是在营销组合中如何搭配，分配营销预算。

四、产品组合策略实施标准

产品组合是企业营销决策的重要组成部分，产品组合的确定在很大程度上决定了企业未来的发展。我国一些民营企业在这方面为我们留下了令人深思的教训，史玉柱的巨人集团确实也有过一段“东方巨人”的形象，但盲目决策而追求发展速度，盲目决策而追求多元化经营，特别是兴建巨人大厦的投资决策失误，使“巨人危机”加重，无可挽回地导致巨人集团垮下来。沈阳飞龙集团的总裁姜伟说得好：“民营企业家的发迹大多是抓住一两个好的产品，瞅准一个市场空当，然后押宝于市场促销，一举成功。这种偶然性的成功渐渐成为民营企业家的一种思维定式；在决策时带有很强的赌博性。但一两个产品赌赢了，并不意味着所有产品都可以如法炮制。”可见，产品组合的好坏，某种程度上决定了企业的成败。

而产品组合指的是企业制造或经营的全部商品的有机构成方式，是企业生产和经销的全部商品的结构。当代社会的发展，一方面企业要以大批量生产获得较大的经济效益，另一方面又由于市场、消费需求的变化，要发展多品种的产品以适应消费需求的多样化。如何在生产和经销中进行产品的搭配和组合就成为企业在经营决策中必须要面对的重要问题。

产品组合的分析可以从几个方面进行。首先定义产品线。产品线指一组密切相关的产品，这些产品功能相同，售给同类顾客群，通过同一类的渠道销售出去，售价在一定幅度内变动。有了产品线的定义作为基础，我们就可以定义产品组合的宽度。产品组合的宽度是指公司所拥有的产品线的数目。如宝洁公司的宽度为7，分别为清洁剂、牙膏、条状肥皂、纸尿布、纸巾、漱口剂和卫生纸等产品线。

每一条产品线内的产品品目数称为该产品线的长度，当然如果一个公司具有多条产品线，我们可以将所有产品线的长度加起来，得到公司产品组合的总长度，除以宽度则可以得到公司平均产品线长度。

每一产品品目内的品种数称为产品组合的深度，如两面针牙膏具有多种口味与香型，这些就构成了两面针牙膏的深度。

不同的产品线在最终用途、生产条件、分销渠道或者其他方面可能有某种程度的关联，这种关联性我们将其称为相关度。

产品组合的四个方面为公司确定产品战略提供了依据。

公司可以采用四种方法发展其经营业务：可以增加新的产品线，以扩大产品组合的宽度；可以伸长它现有的产品线，成为有更完全产品线的公司；可以更多地增加每一产品的品种，以增加产品组合的深度；可以使产品线具有或多或少的相关度，开拓新的领域或收缩领域。

五、产品组合决策实施标准

首先要分析产品组合，一般考虑以下几方面因素。

第一，对产品处境的分析。要对企业的每一项产品逐一分析，可利用杜拉克的“六层次”产品处境分析法。这六个层次分别是：企业未来的主要产品，即新产品，这种产品也可能是由目前的主要产品改进的；企业目前的主要产品；在竞争条件下，可能为企业主要盈利的产品；过去的企业主要产品，产销量大但销路日渐萎缩的产品；仍可继续经营，尚未完全失去销路的产品；完全失去销路或未打开销路的产品。企业将产品组合中全部产品项目的“处境”进行判定再决定每一个项目的剔除、保留和发展。对产品的分类要结合对产品的经济生命周期的研究。

第二，产品定位分析。就是要分析本企业产品定位的优劣，提出产品再定位的设想。

第三，产品品目关系及对企业的贡献分析。主要考察产品的总体组合方式，每项产品对企业经营的影响，以明确经营产品项目中的主、次关系，做到有主有次，主次扶持，以充分发挥企业的优势和潜力。

第四，对企业产品组合的改进。主要的方法是调整，通过调整扩展企业的产品组合或缩减产品组合。企业要从实际情况出发，根据自身的营销目标、营销范围、营销能力（人、财、物的优势与劣势）等因素来确定。扩展企业的产品组合即进行更多品目或品种的生产或经营，可以充分利用企业的人力、物力和财力，减少经营的风险，但同时提高了经营的复杂程度；缩减企业的产品组合即进行更少品目、更专业化的经营，有利于企业采用先进的生产技术和营销方法，提高效率，降低成本和费用，提高产品质量和服务水平，但是，要承担较大的经营失败的风险。因此要求企业有关决策人员，善于把多品目与专业化结合起来，妥善地处理以上矛盾，使企业的产品组合独具特色，并通过不断调整保持最佳状态。

其次是产品线长度决策。产品线决策面临的主要问题之一，是产品线的最佳长度。如果能够通过增加产品品目来增加利润的话，那就说明现有的产品线太短；如果能够通过削减产品品目来增加利润的话，那就说明现有的产品线太长。

产品线长度的安排受到公司目标的影响。正在试图寻求较高的市场份额的公司就会希望具有完善的产品线;同时,市场成长也会要求公司具有较长的产品线。如果一些品目无法提供利润,它们就会被忽视。追求高额利润的公司宁可拥有"经慎重挑选的"品目组成的产品线。

一般来说,公司的产品线具有不断延长的趋势。生产能力过剩会促使公司倾向于开发新的产品品目。推销队伍和分销商也希望产品线更为全面,以满足顾客的需求。为了追求更高的销售量和利润,公司也会希望增加产品线上的产品品目。

但是必须注意的是,当产品品目增加后,有几类费用也相应上升。这些费用有设计费和工程费、仓储费、订货处理费、运输费,以及新产品品目的促销费。其结果,有人会要求遏制住产品线迅速发展的势头。由于出现资金的短缺和生产能力的不足,公司的高层管理当局可能会冻结一些事物。主管人员可能就产品线的盈利能力提出一些问题,并要求就这些问题作一番研究。研究以后,可能会发现大量亏损的产品品目,为了提高产品线的盈利能力,应作一次重大努力将这些产品品目从产品线中删除掉。先是产品线随意增长,随后是大量的产品削减,这种模式将会重复多次。因此产品线的增加与否要视未来收益与可能发生的成本的配比结果。

公司可以采用四种方式来有系统地增加其产品线的长度。

一是向下扩展。许多公司刚开始生产高端产品,随后将产品线向下扩展。做法通常是在其产品线的低端增加一些新品种。例如西尔斯公司生产了仅售 240 美元的室内空调器,通用汽车公司生产了一种售价仅仅为 7000 美元的新型的"雪佛莱"汽车。公司采用向下扩展产品线的决策有多方面的原因,如高档产品市场增长缓慢,或利用低档产品作为避免竞争或反击竞争的工具。

采取向下扩展的策略,公司会碰到一些风险。新的低档产品可能会改变公司原来所确立的形象。派克公司原先已经确立了高档产品产商的形象,后来其领导层决定生产大众化的钢笔,这一向下扩展的决策导致消费者对派克公司形象产生怀疑,从而影响了其原来的高档产品销售。

二是向上扩展。这里指的是原先生产低档产品的公司转而生产高档产品。向上扩展的原因不外乎制造商为了长期的发展想要拥有完整的产品线,或被高档产品的较高的增长率和利润率所吸引。

向上扩展同样存在风险。首先会招致高档产品厂商的反击,而且由于原先的低档形象,消费者可能会怀疑它的生产能力,影响到其市场的开拓。

三是双向扩展。生产中端产品的厂商向上向下两个方向扩展。这种策略对于公司的实力要求更高,但这种扩展所带来的好处是明显的。成功的双向扩展可以使中端产品厂商确立其市场的领导地位。

四是填补策略。这种产品线的扩展并没有明显的向上或向下的特征,而仅仅是增加了一些产品品目。采用这种策略的原因主要是为了充分利用剩余的生产力或者为了填补市场空隙,防止竞争者的侵入。

产品线的削减也是产品线决策的一个重要方面。不同的产品品目对企业利润的贡献是不一样的,有的产品品目甚至是使利润减少的原因,这样的产品品目就应该进行削减。另外,如果公司缺乏生产能力或需求较为紧张时,公司也应该削减一些产品线。无论是增加还是削减,都必须通过销售额或成本的分析来判断有利的或疲软的产品品目。

第9章　贵的不一定就是好的
——定价管理

第一节　定价管理工作要点

一、定价管理工作内容

（一）对定价目标进行描述。

（二）对定价目标进行市场可行性分析。

（三）对市场现有价格体系进行分析。

（四）建立合理的价格体系。

（五）对定价策略做出分析并持续改进。

二、定价目标选择工作内容

选择定价目标是整个企业定价过程的核心，事关企业定价的成效。定价目标还决定着企业对具体定价策略、定价方法和定价技巧的选择，定价目标不同，与其相应的定价策略、方法和技巧也就各不相同。

企业定价的基本目标是追求利润，这是由企业整个生产经营的总目标决定的。同时，客观环境也迫使企业以追求利润作为根本目标。因为从长期来看，一个企业不赢利或亏本，是无法生存下去的，也就谈不上发展和壮大了。因此，在具体实践中，尤其是从长期来看，企业定价都是以追求利润为根本目标的，其他目标，如市场占有率、树立良好的企业形象等，都是为最终获取利润服务的。

但是，企业定价的目标也不是唯一的，即不仅仅是为了追求利润的增加。在现实中，企业定价的目标是多种多样的，尤其是从短期目标来看，更是如此。其中的理由主要有以下几点。

一是利润目标有长期利润最大化和短期利润最大化之分，而企业的长期利润最大化目标和短期利润最大化目标并不总是完全一致的。企业往往为了争取长期最大利润，不得不放弃短期的部分利润，这就是“放长线，钓大鱼”。既然企业短期经营目标同长期目标不完全一致，那么，在不同时期的特定条件下，企业的定价目标也就会有差别。

二是企业通常追求的并不是每一种产品的生产、经营都要实现利润最大化，而是整个企业的利润最大化。因此为了实现整个企业的利润最大化，往往放弃部分产品的部分利润。这使得被放弃产品的定价目标也与追求利润的目标发生偏离。

三是企业要实现短期利润最大化,必须以明确的需求函数、成本函数和市场竞争状况为前提,而上述前提条件在现实生活中往往很难完全具备。在面临种种不确定因素的前提下,企业便转而追求更容易实现的目标。

四是与追求利润最大化目标相比,企业定价的其他目标往往是由各种不同的环境条件决定的具体目标,往往是利润最大化尤其是长期利润最大化目标实现的桥梁。因此,面对不同的环境条件,企业便采取了多种不同的随时间、地点而变化的具体定价目标。

以上各点的共同作用,决定了企业定价的目标不是单一的,而是多元的。一般来说,企业定价目标可以分为三类:利润目标、市场目标和信誉目标。

三、产品定价工作流程

企业定价程序通常包括以下步骤,如图 9－1 所示。

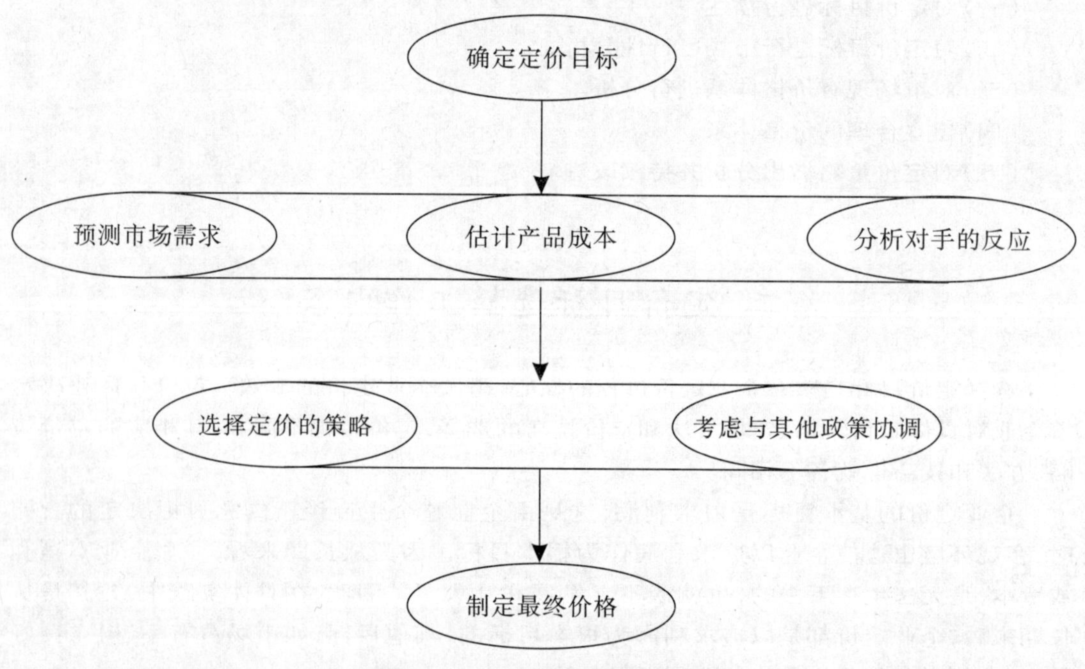

图 9－1　企业定价程序的步骤

企业定价程序通常包括以下步骤:

第一,确定定价目标。

企业在选择与确定定价目标时,应当遵循如下原则。

一是可行性原则。任何一种定价目标的成功实现,都需要相应的前提条件。比如,短期利润最大化目标的实现必须有产品的需求函数和成本函数比较稳定、容易把握等条件,而扩大市场占有率目标的实现也必须具备企业实力雄厚、成本低廉等条件。企业在选定某个时期某种产品的定价目标时,一定要根据自身的能力和可能,选择有实现条件的定价目标,不能忽视其实现的前提条件。

二是风险性原则。企业在选择和确定定价目标时,既要坚持可行性原则,量力而行,又要树立风险性原则，勇于进取。在大多数情况下，企业定价总是面临不易完全准确把握的需求函数，不能充分了解竞争对手的对策，整个定价环境往往存在着诸多不确定性因素。在这种情况下，企业不能刻意求稳，缩手缩脚，而应该敢于冒险，大胆决策。不能等到把一切不确定性影响因素都完全弄清，所有条件完全具备之后才做出决策。因为市场是瞬息万变的，如果不抓住时机，迅速决策，将错失良机，就会在竞争中失败。

三是全局性原则。企业定价的各种目标有时是互相矛盾的。比如，追求短期利益最大化目标，需要把产品价格定得很高，但这却是与扩大市场占有率目标相违背的，同时产品高价也容易招致消费者的反感，不利于树立企业的良好形象。又比如，追求短期利润最大化目标和当前销售收入最大化目标也是不一致的。针对各种互相矛盾的定价目标，企业应该树立全局的观点，从整个企业的利润出发，通盘考虑。

四是变化性原则。企业对任何定价目标的选择都不能"一价定终身"，永远固定不变，而是应该根据市场状况、产品周期、生产成本等主客观条件的变化，适时加以调整。

第二，预测市场需求。

价格是影响需求的重要因素，那么，一种产品的定价目标确定之后，必须首先对这种目标下的市场需求进行预测。预测市场需求的步骤如下。

一是确定市场上是否已经有了一个预期价格。市场预期价格的准确测定关系到企业定价的科学程度以及企业经济效益的大小。如果实际价格低于预期价格，企业的利益受到损失，甚至还会影响产品的销路和企业的荣誉。如果实际价格高于预期价格，则可能限制产品销路，甚至会导致产品因被顾客拒绝而销售失败。

二是估计不同价格下的销售量。估计不同价格下的销售量的目的在于确定各种售价和销量的均衡点及最优价格。

第三，估计产品成本。

一般来说，需求的企业定价确定了一个上限，而企业产品成本则规定了价格的下限。某种产品的价格应当包括所有的生产、分销和推销该产品的成本，还应包括生产经营和承担投资风险应该获取的正常利润。

第四，要分析竞争对手的反应。

竞争者的价格对企业定价的影响也极大，特别是那些容易经营、利润可观的产品及新产品，潜在的竞争威胁最大。企业在定价时，应该根据竞争对手所提供的价格和产品特点，采取相应的对策。这里主要有三种情况：

1. 如果竞争对手的产品与本企业的产品差别不大，那么企业必须把价格定得与竞争者的价格接近，否则就会失去顾客和销售市场；

2. 如果竞争对手的产品优于本企业的产品，那么企业必须把价格定得比竞争者的价格低一些；

3. 如果竞争对手的产品比本企业的产品差，那么企业可以放心地把价格定得比竞争者的价格高。

要对竞争对手的反应采取及时、正确的对策，关键在于及时准确地了解竞争对手的价格和产品特点。一般可采取以下手段：

派人去比较顾客对价格的态度，对照竞争者的产品；

设法获取竞争者的价目表，购买竞争者的产品并对其进行分析研究；

询问购买者所认可的价格和对每一个竞争者的产品质量的感觉。

第五，选择定价策略、方法和技巧。

在对市场需求、产品成本和竞争状况进行分析或预测之后，企业定价过程便进入了通过定价策略、方法和技巧的选择来制定最终价格的阶段。

定价策略是指导企业在动态的市场环境中，如何根据定价目标的要求以及与其他营销活动协调一致的需要，来制定出最为恰当的产品价格的战略性决策。它主要包括两方面的内容：一是制定价格应遵循的基本方针，如实行高价还是低价等；二是对制定出的价格如何进行管理、促进销售、对付竞争，如何调整价格等。定价策略着重解决的是定价手段中的思维方式和战略问题，它是沟通企业定价目标和具体定价方法和技巧的桥梁。它一方面受定价目标的决定，另一方面又决定着定价方法和技巧的选择。

定价方法是确定产品价格的具体手段，是企业定价目标和定价策略的具体化，属战术范畴。定价方法受定价目标和定价策略的决定，但定价目标和策略只有通过具体的定价方法和技巧才能实现。企业常有的定价方法有成本定价法、需求定价法、竞争定价法等。

第六，考虑与企业其他政策的协调。

企业在制定最终价格前还必须综合、全面地考虑企业整个的生产经营计划，使定价政策同企业的其他政策协调一致。企业在定价过程中，要考虑的其他政策主要有：

1. 产品政策。不同的产品以及同种产品所处的不同阶段，对定价政策影响极大。企业在确定最终价格前要全面考虑企业的产品政策，如延长产品生命周期的措施、包装方法、厂牌商标的选择或改进政策，以及其他产品的定价政策等。

2. 营销渠道选择策略。销售渠道的分配和经销商的选择也与定价关系密切。例如，如果向用户直接销售，产品价格可以最低；如果企业同时向批发商、零售商和用户销售产品，则应根据不同对象销售职能和所需成本的差别，分别给予不同价格。

3. 推销计划。推广促销计划也是企业定价应考虑的因素。如果由零售商推广促销，则应给之以低价，使其能够获得合理利润；如果由制造商直接负责广告等促销活动，中间商无须另做广告，则应以较高价格提供商品。

第七，可以制定最终价格。

企业根据定价目标的要求，通过分析成本、需求和竞争因素，选择具体的定价策略、方法和技巧，然后再根据与其他政策的协调要求对价格进行修订之后，就可以制定出产品的最终价格来。

第二节　定价管理规范化制度

一、产品定价管理制度模板

第一条　本公司各子公司及控股企业产品的市场定价要遵循市场规律，以集团的整体营销目标为转移，重视定价策略。

第二条　与定价直接有关的各子公司及部门营销目标有维持子公司的生存、争取当期利润最大化、争取最大限度的市场占有率和确立产品质量领先地位。

第三条　产品成本是产品价格的最低限度，产品价格必须能够补偿产品生产、促销和分销的所有支出，并补偿总公司为产品承担风险所付出的代价。

第四条　定价策略必须与产品的整体设计、促销和分销策略相匹配，形成一个协调的营销组合。

第五条　各子公司产品价格中应包含较大的贸易折扣，以使中间商有利可图，愿意经营本公司的产品。

第六条　各子公司需首先制定价格策略，然后再根据价格策略制定其他营销组合策略。

第七条　如产品是在非价格因素的基础上定位的，则定价要以有关产品质量、分销、促销等其他营销组合因素策略为依据。

第八条　在进行定价决策时，必须充分了解产品价格与市场需求之间的关系。

第九条　定价策略必须以消费者为中心来制定，子公司在定价时必须考虑消费者对价格的理解及这种理解对购买决策的影响。

第十条　各子公司必须了解消费者购买产品的理由，并按照消费者对该产品价值的认识来定价。

第十一条　针对不同特色的产品，各子公司应采取不同的定价策略，确定不同的价格。

第十二条　各子公司必须决定制定价格的责权归属。

第十三条　各子公司的高层管理人员应负责确定定价目标，并听取基层管理人员和推销人员的意见。

第十四条　生产经理、销售经理、财务经理和会计师等，对定价有发言权。

第十五条　各子公司及控股企业应建立专门的定价机构，该机构与子公司的最高管理者和营销部门直接联系，专门负责定价工作。

第十六条　子公司要认真听取顾客对品牌质量和价格的意见，以此作为定价参考。

第十七条　子公司要了解每个竞争者所提供产品的质量与价格，以巩固自己的竞争地位。

第十八条　定价时应参照竞争者的产品和价格，如果公司的产品与主要竞争者的产品相似，则必须使价格也近似。

第十九条　子公司以价格为自己的产品定位时，必须估计到竞争者将改变价格作为回应。

第二十条　子公司定价必须考虑产品成本和市场需求两方面因素，并根据不同情况采取适当的定价方法。

第二十一条　依据买方对产品价值的理解和需求程度，企业可采取需求导向定价。

第二十二条　运用各种营销手段和策略影响买方对产品的认识，使之形成对卖方有利的价值观念，根据产品在买方心目中的价值定价。

第二十三条　采用目标利润定价时，应明确目标利润数额，根据产品的需求弹性来考虑各种价格的影响。

第二十四条　控股公司在保障市场供求和适当收益的情况下可采用随行就市定价。

第二十五条　采用投标定价时，子公司与控股公司要计算期望利润，以期望利润最高者作为定价依据。

二、定价管理办法

□　定价方式的决定

第一条　不管定价内容的粗浅繁杂，都要决定固定的方式。

第二条　新产品、提供的新服务应由各部门累计成本后，再予以慎重定价。

第三条　定价的方式，必须请教有关人员，以求彻底地了解。

第四条　销售经理一定要仔细看定价单。

□　充分了解有关的情报

第五条　定价单提出以前，必须尽量正确地收集客户的情报。

第六条　要积极地使用各种手段来收集情报。

第七条　必须慎重考虑有无洽谈的必要及洽谈的方式。

□　定价单提出后的追踪

第八条　定价单提出后，必须收到迅速而正确的回馈。

第九条　根据定价单的存根，作定期或重点式的研讨。

第十条　当交易成功，经理必须出面时，要即刻行动。

□　定价策略

第十一条　采取分段定价法。

抢先引进某种新产品，刚开始采取高价政策，以获取抢先上市利润（同时，借以支付庞大的市场开发费用）。等到许多对手跟进时，则降价以打击竞争对手，防止市场被抢。如此，该种产品对本公司而言，总利润是划算的。

采取分段定价法，必须不断开发新产品，抢先上市。

第十二条　采取副品牌策略。

□　加强非价格竞争策略

第十三条　售前服务：推荐适用产品，提供试用。

第十四条　售后服务：修护零配件齐全，修护迅速确实，服务阵容强大。

第十五条　准时进货。

第十六条　邀请国外权威学者举办学术演讲会。

第十七条　举办产品经营管理研讨会。

三、产品价格管理制度

1. 定价策略

(1)企业和物流中心的定价权限

①对实行国家指导价的商品和收费项目，按照有关规定制定商品价格和收费标准。

②制定实行市场调节的商品价格的收费标准。

③对经济部门鉴定确认，物价部门批准实行优质加价的商品，在规定的加价幅度内制定商品价格，按照规定权限确定残、损、废、次商品的处理价格。

④在国家规定期限内制定新产品的试销价格。

在定价过程中，要考虑下列因素：

A. 国家的方针政策。

B. 商品价值大小。

C. 市场供求变化。

D. 货币价值变化等。

(2)商品价格管理

根据国家规定，企业和物流中心在价格方面应当履行下列义务：

①遵照执行国家的价格方针、政策和法规，执行国家定价、国家指导价。

②如实上报实行国家定价、国家指导价的商品和收费项目的有关定价资料。

③服从物价部门的价格管理，接受价格监督检查，如实提供价格检查所必需的成本、账簿等有关资料。

④执行物价部门规定的商品价格和收费标准的申报、备案制度。

⑤零售商业、饮食行业、服务行业等，必须按照规定明码标价。

(3)物价管理的基本制度

①明码标价制度。

实行明码标价制度，便于顾客挑选商品。明码标价，要做到有货有价，有价有签，标签美观，字迹清楚，一目了然。标签的内容要完整，标签的颜色要醒目有别。实行一物一签制，货签对位。对标签要加强管理，标签的填写、更换、销毁都应由专职或兼职物价员负责，标签上没有物价员名章无效。对于失落、错放、看不清的标签要及时纠正、更换。

②价格通知制度。

价格通知制度就是将主管部门批准的价格用通知单的形式，通知各个执行价格的单位，包括新经营商品的价格通知、价格调整通知和错价更正通知。价格通知单是传达各种商品价格信息的工具，直接关系到价格的准确性，也关系到价格的机密性。

③物价工作联系制度。

物价工作联系制度就是制定和调整商品价格时，同有关单位和地区互通情况、交流经验、加强协作、及时交换价格资料的制度。

④价格登记制度。

价格登记就是把物流中心经营的全部商品的价格进行系统的记录，建立价格登记簿和物价卡片。价格登记，是检查物价的依据，所以要及时、准确、完整，便于长期保存。在登记簿和卡片上应写明下列内容：商品编号、商品名称、产地、规格、牌号、计价单位、进货价格、批发价格、批零差率、地区差率、定价和调价日期、批准单位等。

⑤物价监督和检查制度。

物价监督包括国家监督、社会监督和单位监督三种基本形式。

国家监督就是通过各级物价机构、银行、财政、工商行政和税务部门从各个侧面对物价进行监督。社会监督就是群众团体、人民代表、消费者以社会舆论对物价进行监督。单位内部监督就是企业和物流中心内部在价格联系中互相监督。

物价检查，一般是指物价检查部门或物价专业人员定期或不定期地开展审价和调价工作。

2. 物价管理权限

(1) 认真贯彻执行党和国家有关物价的方针、政策，负责组织学习培训、加强物价纪律教育，不断提高企业员工的政策观念、业务水平和依法经商的自觉性。

(2) 正确执行商品价格，按照物价管理权限，制定审批商品或服务收费的价格，检查、监督基层物价管理工作的执行情况，发现价格差错及时纠正，情节严重的予以经济处罚。

(3) 认真做好物价统计工作，搞好重点商品价格信息的积累，建立商品价格信息资料，分析市场价格变化情况，开展调查研究，为企业经营服务。

(4) 对重点商品和招商商品的价格实行宏观控制，限定综合差率，审批价格。

(5) 凡新上岗的物价员，审批价格由中心经营部负责。半年后视工作情况，下放审批价格权。

(6) 按照权限审批处理价格。

凡处理残损商品，损失金额不超过______元的（一种商品），由各专业部门主管经理审批，交市场经营部备案。

凡处理残损商品，损失金额在______～______元的（一种商品），由中心经营部主管部长审批。

凡处理残损商品，损失金额超过______元的（一种商品），由物流中心主管副总经理审批。

处理超利商品。对超过保本期、保利期确属需要削价处理的商品每月月底，由物价员会同有关人员提出处理价格，处理价格不低于商品进价的，由物流中心主管业务经理负责审批，交公司经营部备案；处理价格低于商品进价的，上报公司经营部，由公司经营部主管部长视全公司经营情况酌情审批；对一种商品损失金额超过5000元的必须上报公司总经理审批。

3. 物价管理的基本要求

(1) 物流中心所经营的商品（包括代销、展销商品）都要使用商品编号，按物流中心计算机管理要求，根据商品种类进行统一编号，并逐步实施商品条形码。物流中心所有业务环节凡涉及商品编号的（商品购进、定价、调价、削价处理、标价签、出入库、盘点等）所用票据，均使用统一编号。

(2) 凡商品定价要按有关规定执行。商品定价原则：根据市场行情、价格信息、企业经营情况，坚持勤进快销的原则，合理制定商品价格。

凡特殊商品定价（化妆品、家用电器、食品、黄金、皮鞋等）需要持有质量检测证件的，物价员必须验证定价，证件不全者不予定价。

(3)制作物价台账。物价台账是企业审查价格、实行经济核算的重要依据，其范围包括：经营、兼营、批发、展销、试销、加工。必须做到有货有账，以账审价。

根据专业公司新价通知单，自采商品定价单，进货票和进货合同，物价台账登载内容：包括产地、编号、品名、规格、等级、单位、进价、单价税额。物流中心专职物价员要全面、完整、连贯、准确登记，同时存入计算机对应管理。

(4)商品的价格调整，必须以上级供货单位下达的调价通知单为依据。严格按照规定的编号、品名、规格、等级、价格和调整时间执行。商品需要调整价格时，由各专业物流中心物价员会同有关业务人员根据市场行情、调价依据、库存情况、资金周转率等，提出调价意见，填制《商品价格调整计划表》，由市场经营部审批。调整价格前，专职物价员按调价内容更改物价台账，须在执行前一天，通知营业部兼职物价员，填制新价签，并盖章。调价商品在执行前一天业务终了后盘点，填制《商品变价报告单》，报物价员审核盖章，部门做进销存日报表转财会做账。调价通知单建立存档制度，由物价员统一保管。

(5)凡柜台出售的商品和服务收费标准都必须实行明码标价制度，并使用统一商品标价签。在商品同部位设置商品标价签，要做到“一货一签”、“货签对位”。商品标价签应注明商品编号、品名、规格、单位、产地、等级、零售价，标价签由物价员审核盖章后方能使用。属于试销商品和处理商品应注明“试销”或“处理”字样。填写商品标价签应做到整齐、美观、准确、清楚，所用文字一律采用国家颁布的简化汉字，零售价格要盖阿拉伯数字戳。

(6)价格检查：商品的零售价格，以及服务收费标准(包括生产配件、加工费率、毛利率、产品质量等)是否正确。有无违反有关规定越权定价、调价和处理商品现象。是否正确执行明码标价和使用统一商品标价签。商品质价是否相符，有无以次充好、以假充真、掺杂使假、改头换面、变相涨价的问题。

(7)价格信息：为使价格触角更加灵敏，为企业经营决策服务，必须加强价格信息工作，价格信息来源于各方经营信息和国家有关行业信息反馈，其基础工作是采价。

物流经营部每周要组织各部门专职物价员进行一次半日采价，主要对某类商品或一段时间内价格波动大的商品、季节性商品、销售畅旺的商品等，进行类比分析，并作较详细的记录。记录内容包括：采价商品的名称、零售价、所到单位名称。采价后物价员需对价格动态进行分析，计算出与本中心的价格差，提出参考变价意见，报各部门经理室和中心经营部(专职物价员留存一份)，建立价格信息数据库。

(8)物价纪律：

①企业员工必须遵守物价纪律，不准泄露物价机密，不准越权擅自定价、调价，不准早调、迟调、漏调商品价格。由物价员按照分工管理权限定价，其他人员无权定价。

②切实执行明码标价制度，杜绝以次顶好、掺杂使假、少斤短两等变相涨价的做法。

③削价处理商品，一律公开出售，不准私留私分。

四、产品估价管理细则

（一）商品的估价须根据下游生产及采购的估价统一来估算，做成后经由经理的决裁，提供给各客户作为参考。

（二）估价书的制作由营业科的内务负责，通常须先从客户处拿到正确的规格书后才着手进行。

（三）营业部必须以主要材料价格表、预估成本计算表、一般市价表、标准品单价表等资料作为估价参考资料。

（四）营业科对于定期委托制造部生产的标准品，应要求制造部提出其主要材料价格表与估价成本计算表。

（五）对于标准品以外的交易或估价委托，每次都须经由制造部经理的裁决，以估价的价格方式处理。

（六）对客户做估价时，应尽速进行状况调查，尽速提出报告。

（七）将估价书送给客户之后，必须在估价账目表中提出日期及合同的成立与不成立等事项。

五、产品价格调整管理细则

□ 通　　则

第一条　营销过程中所有降价（或折价）销售业务的处理均按照本规定办理。

第二条　降价分两种情况，一种是营销人员自行判断决定；另一种是要经过必要的申请手续。

第三条　营销人员在决定降价时，必须统筹兼顾，综合考虑本公司与客户的相互关系，避免造成本公司的利益损失。

第四条　降价唯一的目的是扩大销售，坚决杜绝为满足个人的私利而抛售，因此其依据是客观的交易现实，必须做到公正、客观。

□ 降价销售事务处理

第五条　营销人员自行判断降价，原则上适用于以下情况，但特定商品除外：

1. 客户支付额中未足×元的尾数；

2. 支付额达×万元以上时，可以有1/200的浮动额，但让利总额不能超过××元。

3. 支付额未满×万元，但在×万元以上时，可以有1/200的浮动额，但让利总额不得超过××元。

4. 支付额未满×万元时，降价幅度应在××元以内。

同时，无论何种情况，均须有充足的理由和严格的核算。

第六条　实施降价销售时，必须填写降价销售业务传票。

第七条　降价销售业务的清单处理。

1. 降价销售业务传票，由营销人员保存，作降价处理凭据之用。

2. 降价销售业务传票，本传票由营销员转交客户。

3. 降价销售通知单，交财务部进行财务处理。

4. 降价销售统计单，存业务部作统计资料之用。

第八条　降价销售申请。

1. 大量订货、特殊订货及客户降价要求超出规定限额时，营销人员须提交“降价销售申请”。

2. 降价销售申请提交给业务部，由业务部转交上级审批。特殊紧急情况下，可通过电话请求总经理裁决。

3. 电话申请批复时，营销人员须补送“降价销售申请”。

4. 降价销售申请一式两份，一份由申请者留存，以作降价销售的凭证依据，另一份送交业务科审查后，经营业部长送交总经理裁决，如总经理同意，返交业务部，再由业务部转交商品管理部。

5. 商品管理部据此填制“降价销售业务传票”。

6. 降价销售业务传票共五份，须进行以下处理：

(1)降价销售业务传票由商品管理科留存。

(2)降价通知(商品管理部—客户)。

(3)货款扣除通知单(商品管理部—财务部)。

由财务部据此从客户销售账上扣除等额赊销款。

(4)降价销售核算单(商品管理部—财务部—客户)。

与降价销售统计表一起送交财务部。

(5)降价销售统计表(商品管理部—业务部)。

由业务部据此进行该类降价销售统计。

□　降价洽谈要领

第九条　在大批量订货和特殊订货情况下，客户大都提出降价要求，营销人员如认为理由充足，且降价要求没有超出本公司指定限度，可自行决定降价。

第十条　如非降价销售品，营销人员应婉言谢绝。

第十一条　如客户的降价要求超出公司规定的降价限度，营销人员应讲明自己无权决定，然后可请示上级，或打电话请示，并要求对方压低降价幅度。

第三节 定价管理使用表单

各定价管理使用表单如表9－1～表9－9所示。

一、成本估价单（一）

表9－1 成本估价单（一）

年 月 日　　　　　　　　　　　　　　　　　　　　No.

<table>
<tr><td colspan="2">制品编号或形式</td><td>品名</td><td>规格</td><td colspan="2">估价单编号</td><td></td></tr>
<tr><td colspan="2"></td><td></td><td></td><td colspan="2">客户</td><td></td></tr>
<tr><td colspan="2">原料及物料</td><td colspan="4">每打用量及单价</td><td rowspan="2">备注</td></tr>
<tr><td>品名</td><td>规格</td><td>单位用量</td><td>单价</td><td>单位</td><td>金额</td></tr>
<tr><td></td><td></td><td></td><td></td><td></td><td></td><td></td></tr>
<tr><td></td><td></td><td></td><td></td><td></td><td></td><td></td></tr>
<tr><td></td><td></td><td></td><td></td><td></td><td></td><td></td></tr>
<tr><td>日期区分</td><td>第一次</td><td>第二次</td><td>第三次</td><td>第四次</td><td colspan="2">成品略图</td></tr>
<tr><td>原料</td><td></td><td></td><td></td><td></td><td colspan="2" rowspan="13"></td></tr>
<tr><td>物料</td><td></td><td></td><td></td><td></td></tr>
<tr><td>损耗（%）</td><td></td><td></td><td></td><td></td></tr>
<tr><td rowspan="4">工资</td><td></td><td></td><td></td><td></td></tr>
<tr><td></td><td></td><td></td><td></td></tr>
<tr><td></td><td></td><td></td><td></td></tr>
<tr><td></td><td></td><td></td><td></td></tr>
<tr><td>制造费用</td><td colspan="4"></td></tr>
<tr><td>小计</td><td colspan="4"></td></tr>
<tr><td>利润</td><td colspan="4"></td></tr>
<tr><td>合计</td><td colspan="4"></td></tr>
<tr><td>折合外币</td><td colspan="4"></td></tr>
<tr><td>估计</td><td colspan="4"></td></tr>
</table>

经理　　　　　　厂长　　　　　　填表

二、成本估价单（二）

表9-2　成本估价单（二）

产品编号　　　　　　　　　　　　　　　　　　　　年　　月　　日

产品名称规格　　　　　　　　　　　　　　　　　　最低订量

A. 制造成本						B. 营业成本		
项目	原材料名称规格	单位	数量	单价	金额（元）	项　目	分摊率	金额（元）
（1）原料						（9）销管费用		
						（10）财务费用		
						总成本	(8)+(9)+(10)	
						每打成本		
						报　价		
						利　益		
（2）物料						利益率		
						销□FOB		
						售□CIF		
						条□C&F		
						件□C&I		
						成品略图及说明		
（3）包装用料								
（4）直接工资		工时						
		工时						
		工时						
（5）损　耗								
（6）合　计	(1)+(2)+(3)+(4)+(5)							
（7）制造费用								
（8）总　计	制造成本（6）+（7）	NT						

三、产品售价分析表

表 9－3　产品售价分析表

编号　　　　　　　　　　　　　　　　　　　　　　　　　　年　　月　　日

产品名称												
	成本项目	用量	售货类别									
			外销 A 价		外销 B 价		外销 C 价		内销	中盘	内销零售	
			单价	成本	单价	成本	单价	成本	单价	金额	单价	金额
材料成本												
	合计											
	损耗											
	材料成品											
其他成本	项　目	单位成本	用量	成本	用量	成本	用量	成本	用量	成本	用量	成本
	人工成本											
	制造费用											
	销管费用											
	利润											
	售价											
备注												

总经理　　　　　　　经理　　　　　　　分析员

四、产品价格分析表

表 9－4　产品价格分析表

□　外销　　　　　　价

□　内销　　　　　　价

产品编号					产品名称规格			
说　明		1	2	3	4	5	6	7
产品售价								
估计月销售量								
月销售额								
单位材料成本								
	合　计							
总材料成本								
单位人工成本								
制造费用（%）								
销售费用（%）								
单位利润								
估计利润								
利润率								
裁决								

总经理　　　　　　　审核　　　　　　　拟订

五、产品售价表

表9－5 产品售价表

编号　　　　　　　　　　　　　　　　　　　　　　　　年　　月　　日订

<table>
<tr><td colspan="5">产名名称规格：</td></tr>
<tr><td>产品说明及图样</td><td colspan="4"></td></tr>
<tr><td rowspan="11">规定售价</td><td>销售条件说明</td><td>售价范围</td><td>决定者</td><td>备　注</td></tr>
<tr><td></td><td></td><td></td><td></td></tr>
<tr><td></td><td></td><td></td><td></td></tr>
<tr><td></td><td></td><td></td><td></td></tr>
<tr><td></td><td></td><td></td><td></td></tr>
<tr><td></td><td></td><td></td><td></td></tr>
<tr><td></td><td></td><td></td><td></td></tr>
<tr><td></td><td></td><td></td><td></td></tr>
<tr><td></td><td></td><td></td><td></td></tr>
<tr><td></td><td></td><td></td><td></td></tr>
<tr><td></td><td></td><td></td><td></td></tr>
</table>

总经理　　　　　　审核　　　　　　拟订

六、产品价格调整分析表

表9－6　产品价格调整分析表

产品编号		产品名称规格						
说明		1	2	3	4	5	6	7
产品售价								
估计销售量								
月销售额								
材料成本								
	合　计							
总材料成本								
单位人工成本								
制造费用(%)								
销售费用(%)								
单位利润								
估计利润								
利润率								
价格调整意见								

七、产品售价调整表

表 9－7 产品售价调整表

<table>
<tr><td colspan="5">产品名称规格：</td></tr>
<tr><td>产品说明及图样</td><td colspan="4"></td></tr>
<tr><td rowspan="7">售价调整</td><td>销售条件说明</td><td>售价范围</td><td>决定者</td><td>备　注</td></tr>
<tr><td></td><td></td><td></td><td></td></tr>
<tr><td></td><td></td><td></td><td></td></tr>
<tr><td></td><td></td><td></td><td></td></tr>
<tr><td></td><td></td><td></td><td></td></tr>
<tr><td></td><td></td><td></td><td></td></tr>
<tr><td></td><td></td><td></td><td></td></tr>
</table>

八、地区产品价格表

表 9－8 地区产品价格表

地区	产品名称	1		2		3		4		5		6	
		规格	售价	规格	售价	规格	售价	规格	售价	规格	售价	规格	售价

九、产品报价单

表 9－9　产品报价单

____公司____先生：

蒙贵公司　　月　　日 □电话 / □来函，不胜感激，现将本公司部分产品之报价提供如下，以备贵公司选择参考。

一、报价有效日期：____年____月____日以前。

二、报　　价：

项　目	说　　明	数　量	单价	金额	参考资料

三、交货日期：订货后____日内交货。

四、付款条件：

经手人（签字）__________

经　理（签字）__________

年　　月　　日

第四节 定价管理执行标准

一、薄利多销定价策略

薄利多销定价策略指商品定价时，有意识地压低单位利润水平，以相对低廉的价格刺激需求，增大和提高市场占有率，实现长时期的总利润的一种定价策略。对于社会需求量大，资源有保证，生产有潜力，价格与成本弹性又较大的商品，宜采用这种定价策略。

采用薄利多销定价策略有三个约束性条件：

(1)从企业内部看，生产条件或库存条件允许产量或销量的扩大，能满足降低价格所引起的需求量的增加，反之，将蒙受"薄利"的损失；

(2)需求的价格弹性大于1，即一定的价格下降幅度能引起更多的需求上升幅度，否则，会得不偿失；

(3)销售额增加量扣除上缴税金的增量后尚大于成本的增量，即如果企业原有价格下的生产与销售量是有利润的话，能增加利润额，如果原来是亏损的，则能减少损失额。

以下两种情况属于薄利多销：

(1)在既定需求状况下，要扩大原有产量和销量，必须降低原有成交价格；

(2)若产品尤受顾客欢迎，需求曲线上升，企业一般有涨价动力，但不一定采取涨价策略。只要具备上述三个条件，企业通过相对降价而扩大销量，也是薄利多销。

二、厚利限销定价策略

厚利限销定价策略指企业对某些商品有意识地实行高价以获取厚利的策略。该策略的目的是获取厚利，而非限销，限销只是该策略的执行所带来的必然后果。

厚利限销策略的适用范围为：使用稀缺资源生产的非生产必需品；外贸商品中的非生活必需品；有较大心理价值和观赏价值的声望性商品；消费者急需，但受经济或技术条件限制不能短期内迅速增长的商品。

运用厚利限销定价策略应注意"厚利"与"限销"之间应相互适应，适当把握。"厚利"并非利润越大越好，它必须控制在市场能容纳预期销售量的可销价格水平的限度之内；"限销"并非销量越少越好，而是将销量和一定的市场供求状况联系起来，并能实现较佳的经济效益。

利用厚利限销定价策略有三个约束性条件：

(1)在市场上无十分相近的竞争者，以至于能维持厚利价格局面；

(2)需求弹性缺乏，要增加一定幅度的销量得以更大幅度降价为代价，或减少一定幅度销量更大幅度提价；

(3)降低价格所损失的利润大于扩大销量所能得到的利润，或者说，通过增加的销售收入，扣除成本增量和应多交的税金后的利润增量不及直接提价、减少销量所多得的利润。

以下两种情况属于厚利限销：

(1)在既定需求的状况下，减少销量，须提高市场成交价格；

(2)如果有一个更高的需求状况出现，扩大销量没有直接提价有利，企业自然会采取厚利限销定价策略。

三、高价漂取策略

高价漂取策略又称为撤资价格策略。这是厂商对其效能高、质量优的新产品所采取的一种策略。

人们的消费结构、需求量等，是由其收入水平决定的。收入高的阶层往往对高质量、高效能的新产品感兴趣。有的企业就把这一部分消费者作为它的目标顾客群，利用高收入阶层愿意比别人支付更高价格，购买对其有很大现实价值的产品这一情况，制定一个比较高的价格，以获得高额利润，待满足了高收入阶层的需求之后，再逐步降低促销价格。

并不是所有商品都可以实行高价策略，它需要具备的基本条件有下面几点：

一是商品独特，性能优越；

二是具有较高档次和豪华外观，能够满足高收入消费者的心理需求；

三是产品的可模仿性弱，既可以是因为产品在技术和工艺上属于自行研制，已申请了专利，并严格控制生产技术和工艺的对外转让，也可以是所生产的商品需大量投资，建设周期长，或者在资源环境、人员的需求方面有严格的限制；

四是不存在替代品；

五是需求价格弹性很小。

实行高价漂取策略的优点有下面几点：

首先，在产品进入市场的初始阶段制定较高价格，可以在短期内收回开发、研制成本和高额的促销费用，获得高额利润，并且能为以后各阶段实行降价措施准备一笔损失基金，以降低企业的损失程度。

其次，由于高价策略主要是针对高收入阶层，需求价格弹性低，高价格并不会对销售量产生抑制作用，加上消费模仿效应的影响，也会吸引一部分中等收入消费者加入消费行列，有利于扩大市场占有率。

最后，如果产品质量、服务与价格相符，就能树立起产品高价高质的品牌形象，为产品今后的发展奠定基础。

采取高价漂取策略也有一些不利的方面：

首先，如果高价与高质量、高服务不相符合的话，就会给企业造成不良影响，损害企业形象；

其次，高定价高利润，会引起竞争者的加入，从而缩短生命周期，特别是假冒产品出现，将对企业产品销售产生直接的冲击。

最后,市场容量可能并不大,因为该策略排除了中低收入的消费者。

第二次世界大战期间,绅宝公司以制造战斗机而闻名。战后,绅宝利用自己的一批技术力量,按照制造飞机的高要求,生产一种小型、高价、注重驾驶乐趣的汽车,每年在美国市场售出一万辆左右。20 世纪 70 年代末期,汽车业竞争加剧,美国的通用和日本的丰田在生产经济车方面竞争十分激烈。绅宝公司也面临着两种选择,要么生产经济车,要么生产昂贵车。

绅宝公司选择了生产昂贵车,因为按照它的经济实力和设备能力,很难同通用、丰田等汽车公司竞争。如果它也生产经济车,必须年产 25 万辆才能有利可图,显然它在经济车市场竞争中将处于不利地位。昂贵汽车市场虽然很小,但由于每辆车利润高,又能发挥绅宝的技术优势,因此进军昂贵车市场才是绅宝的出路。

绅宝汽车公司估计,到 20 世纪 80 年代末,跑车市场将急剧扩大,购买这类跑车的顾客其年龄在 25 岁到 44 岁之间。这一年龄群增长较快,而且大多是双职工,夫妻都有较好的工作,薪水较高,比较富有,他们需要质量高、性能好、驾驶舒适和服务良好的汽车,贵也买得起。

从 1979 年起,绅宝汽车公司推出新的“SAA900”涡轮增压汽车,价格是每辆 2 万美元,广告强调它是高性能、新款式、形象独特、独一无二的高级车,而且提供消费者想要的各种附加设备,加上适当的促销和销售渠道策略,有钱人对绅宝汽车产生了强烈的购买欲望。

这种高价赚取的策略取得了很大的成功。绅宝汽车 1983 年在美国的销量超过了 2.5万辆,市场出现了供不应求的局面,有些经销商甚至以拍卖方式将车卖给出价最高的人。这一年,绅宝车年增长率为 42%,成为汽车行业中销售增长率最高的一家。该公司的最高级管理人员曾自豪地说:“通用汽车公司要卖出几百万个汉堡包,而我们只要卖出极少的牛排便可与它竞争。”

四、低价渗透策略

低价渗透策略,也就是把商品价格定在相对较低的水平上,以便新产品迅速进入市场,取得在市场上的主动权,以获取长期利润最大化。

适用于这种策略的商品一般要具备的条件有以下两点。

一是商品的需求价格弹性较大,相关的替代品较多,调低价格能促进销售量的增长;

二是企业的商品生产能力较大,批量生产后,成本能有较大的降低。

厂商正是利用上述两个特点,通过薄利多销,打开市场销路,阻止竞争者进入市场,最大限度地控制市场。但是采取这一策略,一方面,由于价格利润薄,企业投资费用的回收需要较长的时间,这又要求企业有雄厚的资金做后盾;另一方面,不利于企业树立品牌形象,特别是对于那些质量不易鉴别的商品,消费者往往由于价格低而怀疑商品质量,影响销量。尽管如此,实行低价策略更易为广大的消费者所接受。因此,企业采取这一策略时要注意两个方面的问题。

一是实行低价策略,并不意味着实行低质策略,企业同样要有质量保证和服务保证,真正使消费者感到安全,使商品成为“物美价廉”的大众商品。

二是实行低价政策从整体看必须要保证利润总额最大化。现实中不少企业为了应付竞争而不顾企业经营状况、成本费用状况及商品特点，人为地压低价格，虽一时销售额有所扩大，但造成了企业资金周转不灵，经营亏损。

实事求是的态度是通过市场调研来确定消费者所能接受的价格水平，以此作为制定价格的上限，再结合企业的实际生产能力和管理水平，确定最低成本，测算价格与成本之间的差额，只要这个差额接近社会平均水平，就可以生产经营，并以此价格为标准制定出能够扩大销售量的价格水平，以销售量的有效扩大来实现企业利润最大化。也就是说低价策略中单位商品利润可能低于社会平均水平，但销售量的增加必须要保证利润总额等于或大于社会平均水平。

在我国台湾省，自从“宝健375”以低价位(每包12元新台币)、新包装(铝箔包)攻入运动饮料市场后，运动饮料市场被分为两大块，一为易拉罐市场，舒跑在其中称雄；一为铝箔包市场，宝健占霸主地位。就整个市场而言，舒跑以过半的市场占有率遥遥领先其他品牌，宝健则以“实实在在的好朋友”形象排行第二，其他品牌则呈现一片混战，并没有明显的老三，每个品牌的市场占有率也都不大。

这种情况自从“生活”运动饮料介入市场，就有所改变了。1987年，益华食品公司推出每包12元的“生活400”铝箔包运动饮料，这种低价策略顿时受到市场的欢迎，并对铝箔包盟主“宝健375”构成威胁。宝健当年以低价策略掠取了不少封闭市场(如学校、军队福利社、管站等)，使其占有率迅速爬升。如今“生活400”也如法炮制，以低价渗透封闭市场，颇有收获，使其市场占有率扶摇直上，成为不可轻视的竞争对手。

“宝健375”和“生活400”的先后成功是与市场特性有很大关系的。经过厂商多年来的努力，大多数消费者都已知道运动饮料是什么，且大多数人认为运动饮料之间本身没有太大差异。之所以“宝健375”能够取得成功，建立起铝箔包装运动饮料的王国，而“生活400”低价策略能够成功出击，都归功于消费者的这种认识。

五、中间路线策略

中间路线策略又称满意价格策略，指企业将产品价格定在高价和低价之间，兼顾生产者和消费者的利益，使两者都能得到满意的价格策略。实行这一策略的宗旨是在长期稳定的增长中，获取平均利润。因此这一策略为广大企业所重视。

虽然中价策略能避免高价策略带来的风险，又能防止采取低价策略给生产经营者带来的麻烦，集中了二者的优点，但实行起来困难较多，主要原因有以下几条：

一是随着生产技术的不断成熟，生产规模不断扩大，在生产规模达到经济规模之前，单位产品成本随时间的推移不断降低，价格也在不断变化，中价水平不易确定。

二是新产品，特别是全新产品，在市场上第一次出现，价格无参照物可比较。

可见，在初始期为新产品制定一个不高不低的适中的价格有一定困难。通常的做法是：如果新产品与老产品差别不大，可参考老产品的价格制定新产品适中价格；或者是参照替代品价格来制定；或者是通过对不同收入层次的划分，以中等收入水平为标准来制定；或者是选择适当价格先进行试销，而后进行调整，以确定价位。

长期以来，中国香港的百货业结构偏重于中档和低档两个市场。高档市场基本上由连卡佛、先施、永安等老牌英资、华资公司垄断,这些公司主要销售欧、美高档名牌商品,价格昂贵,一般市民望而却步,其目标市场是香港社会的上层人士。低档市场则由数目众多的国货公司展开争夺,这些公司以销售国货为主,虽然价格低廉,但往往质量低下或种类单一,款式设计与香港的消费潮流脱节,其销售对象是广大的低薪阶层。中档市场则是中国香港百货业中的薄弱环节,这种状况显然与20世纪80年代之前的香港消费结构有莫大关系。

进入20世纪80年代以后,随着中国香港经济的持续高速增长,经济结构向服务业转型,中国香港的中产阶级迅速崛起,成为市场消费欲和消费力都极强的一族,中国香港消费者结构因而发生很大变化。

日资百货公司正是根据中国香港消费市场的这种转变,以中产阶级为主导销售目标,确立走中价路线为主的价格定位,一举成功地从中国香港百货业的薄弱环节中取得突破性的发展。日资百货业在香港取得成功的因素很多,但很重要的因素是选择了中价路线,弥补了供给链条上的短缺。

六、商品阶段定价策略

商品阶段定价策略指在对"商品生命周期"分析的基础上,依据周期不同阶段的特点而制定和调整价格。

引入期策略:一般可参考新产品的定价策略,对上市的新产品(或者是经过改进的老产品)采取较高或较低的定价。

增长期定价策略:消费者接受产品,销售量增加,一般不贸然降价。但如果产品进入市场时价格较高,市场上又出现了强有力的竞争对手,企业为较快地争取市场占有率的提高,也可以适当降价。

成熟期定价策略:消费者人数、销售量都达到最高水平并开始出现回落趋势,市场竞争比较激烈,这时一般宜采取降价销售策略。但如果竞争者少也可维持原价。

衰退期定价策略:消费者兴趣转移,销售量急剧下降,这时一般宜采取果断的降价销售策略,有时销售价格低于成本。但如果同行业的竞争者都已退出市场,或者是经营的商品有保存价值,也可以维持原价,甚至提高价格。

各类商品在其经济生命周期的某个阶段一般具有共同的特征,但由于各类商品的性质、特点及其在国计民生中的重要程度、市场供求状况的不同,需要不同的商品采取的定价策略要实事求是,灵活调整。

七、折扣价格策略

折扣价格策略也叫"折扣让价策略",是企业为调动各方面积极性或鼓励顾客做出有利企业的购买行为而采取的常用策略。这一策略常用于生产厂家与批发企业之间,批发与批发之间以及批发与零售或批、零企业与消费者之间。常见的有四种:

第一是数量折扣,也称批量折扣。即根据购买者购买数量的大小给予不同的折扣。

其中“一次性折扣”是企业为鼓励购买者多购货，根据一次购买数量的大小给予不同的折扣；“累进折扣”是企业为了建立稳定的购销关系而将同一位购买者在一段时间从本企业购买的数量加总，根据累计购货量的不同给予不同的折扣。

第二是季节折扣，也称季节差价。一般在有明显的淡、旺季的行业中实行。主要是鼓励购买者淡季购货，以减少供应企业的压力和负担，降低经营成本。

第三是现金折扣，也称付款期折扣。其目的在于鼓励购买者尽早付款，加速企业资金周转。零售企业使用这种方法的很普遍。购买者如以现金付款或提前付款，可以在原商品价格的基础上享受一定的折扣。

第四是业务折扣，也称同业折扣。这是生产厂家给予批发企业和零售企业的折扣。折扣的大小因中间商企业在商品流通中的不同功用而异。各国的情况也不相同，我国的业务折扣体现在各主管部门对不同行业、不同品种商品的进销差价上。

八、心理定价策略

心理定价策略是针对不同消费者的不同消费心理，制定相应的商品价格，以满足不同类型消费者的需求的策略。

心理定价策略主要有以下几种：

第一，尾数定价策略。

尾数定价策略指企业有意将商品制定一个与整数有一定差额的价格，使顾客产生心理错觉从而促进购买的一种价格策略。

很多零售企业在售货实践中发现一种有趣的现象，消费者往往比较喜欢带尾数的商品标价。同一种商品标价 29.99 元或标价 30.17 元比标价 30.00 元销路要好。在大多数消费者看来，带有尾数的价格比较精确地反映了商品的价格，给人以货真价实的感觉。以后，研究消费心理学的专家又进一步发现，消费者不仅喜欢有尾数标签的商品，而且喜欢尾数是奇数的商品，在消费者的心理感觉中，尾数为单数的商品比尾数为双数的商品有更便宜的错觉，所以营销学中专门把这种定价方法称为奇数定价法。采用奇数定价要获取最大限度的利润，就必须挑选最大的奇数“9”了。所以在许多连锁超市、仓储式商场中，标价尾数为 9 的商品大量出现。

尾数定价一般要注意两点：一是只能适用于价值比较低的商品，这样消费者在购买时，才会觉得商家的确是严格定价，货真价实；二是对于高档商品，尾数定价就无法显示出它的高贵身份，消费者反而不容易接受。

总之，这种策略针对的是顾客的求廉心理，往往用于多次性购买的基本生活商品或日用品，或积压等待清仓的商品。

第二，整数定价策略。

与尾数定价正相反，整数定价就是将商品价格有意地定为整数，以显示商品的高档，而此时，如果商品定价带有尾数的话，反而使消费者觉得“掉价”，有失身份。这是针对求名或自尊心理的顾客所采用的定价策略。

第三，声望定价策略。

声望定价策略是整数定价策略的进一步发展。消费者一般都有求名心理，根据这种心理行为,企业将有声望的商品,制定比市场中同类商品价高的价格,即为声望性定价策略。它能有效地消除购买心理障碍,使顾客对商品或零售商形成信任感和安全感,顾客也从中得到荣誉感。

第四,习惯性定价策略。

对于某些商品,其价值不高,但是消费者必须经常、重复地购买,因此,这类商品的价格也就"习惯成自然"地为消费者所接受。企业对这类商品定价,应充分考虑消费者的这种习惯性倾向,不可随意变动价格,应比照市场同类商品价格定价。否则,一旦破坏消费者长期形成的消费习惯,就会使之产生不满情绪,导致购买的转移。若确实需要调整价格,则应预先做好宣传,让顾客充分了解调价原因,先让价格为消费者心理上所接受,后实行调价。

第五,最小单位定价策略。

最小单位定价策略指企业把同种商品按不同的数量包装,以最小包装单位量制定基数价格,销售时,参考最小包装单位的基数价格与所购数量收取款项。通常,包装越小,实际的单位数量商品的价格越高;包装越大,实际的单位数量商品的价格越低。

这一策略的优点,一是能满足消费者在不同场合下的需要;二是利用了消费者的心理错觉,因为小包装的价格使人误以为便宜,实际生活中消费者很难也不愿意换算出实际重量单位或数量单位商品的价格。

第10章　客户是利润的源泉
——客户关系管理

第一节　客户关系管理工作要点

一、客户关系管理工作内容

（一）基础资料：即客户的最基本的原始资料，主要包括客户的名称、地址、电话，所有者、经营管理者、法人代表及他们个人的性格、兴趣、爱好、家庭、学历、年龄、能力、创业时间、与本公司交易时间、企业组织形式、业种、资产等。

这些资料是客户管理的起点和基础，主要是通过推销员进行的客户访问收集来的。

（二）客户特征：主要包括服务区域、销售能力、发展潜力、经营观念、经营方向、经营政策、企业规模、经营特点等。

（三）业务状况：主要包括销售实绩、经营管理者和业务人员的素质、与其他竞争者的关系、与本公司的业务关系及合作态度等。

（四）交易现状：主要包括客户的销售活动现状、存在的问题、保持的优势、未来的对策、企业形象、声誉、信用状况、交易条件，以及出现的信用问题等方面。

二、客户关系管理工作原则

第一，动态管理。客户资料卡建立后置之不顾，就会失去它的意义。因为客户的情况是会不断地发生变化的，所以客户的资料也要不断地加以调整。剔除过去旧的或已经变化了的资料，及时补充新的资料，对客户的变化进行跟踪，使客户管理保持动态性。

第二，突出重点。有关不同类型的客户资料很多，我们要通过这些资料找出重点客户。重点客户不仅要包括现有客户，而且还应包括未来客户或潜在客户。这样为企业选择新客户、开拓新市场提供资料，为企业进一步发展创造前提条件。

第三，灵活运用。客户资料的收集管理目的是在销售过程中加以运用。所以，在建立客户资料卡或客户管理卡后不能束之高阁，应以灵活的方式及时全面地提供给推销人员及其他有关人员，使他们能进行更详细的分析，使死资料变成活材料，提高客户管理的效率。

第四，专人负责。由于许多客户资料是不宜流出企业的，只能供内部使用，所以客户管理应确定具体的规定和办法，应由专人负责管理，严格规范客户情报资料的利用和借阅。

三、客户关系管理基本程序

（一）建立客户资料卡

采用资料卡的形式，主要是为了填写、保管和查阅的方便。客户资料卡主要记载各个客户的基础资料，这种基础资料的获取主要有三种形式：由营销人员进行市场调查和客户访问时整理汇总；向客户寄送客户资料表，请客户填写；委托专业调查机构进行专项调查。在实际操作中，第一种方式最为常用。第二种方式由于客户基于商业秘密的考虑，经常不愿提供全部翔实的资料，或者出于某种动机夸大某些数字，所以对这些资料应加以审核，但一般情况下，由客户提供的基础资料绝大多数是可信且比较全面的。第三种方式主要用于收集较难取得的客户资料，特别是危险客户的信用状况等，且成本较大。

（二）客户分类

将企业拥有的客户进行科学分类，目的在于提高销售效率，促进企业营销工作更顺利地进行。从不同的角度可将客户分为不同的类别，常用的分类方法有以下几种：

1. 客户性质分类。分类的标准有多种，主要原则是便于销售业务的展开。如按所有权划分，企业可分为有全民所有制企业、集体所有制企业、个体户、股份制企业、合资企业等；按客户经营性质划分，可分为批发店、零售店、代理店、特约店、连锁店、专营店等；按客户地域划分，有商业中心店、交通枢纽店、居民区店、其他店铺等；按顾客类型划分，有高收入阶层、中等收入阶层、低收入阶层等。

2. 客户等级分类。企业根据实际情况，确定客户等级标准，将现有客户分为不同的等级，以便于对客户进行商品管理、销售管理和货款回收管理。通行的客户等级分类标准有两种：一种是按客户与本公司的月平均销售额或年平均销售额分类；一种是按客户的信用状况，将客户分为不同的信用等级。

3. 客户路序分类。为便于推销人员巡回访问、外出推销和组织发货，首先将客户划分为不同的区域，然后再将各区域内的客户按照合理原则划分出不同的路序。

（三）客户构成分析

利用各种客户资料，按照不同的标准将客户分类，分析其构成情况，以便从客户角度全面把握本公司的营销状况，找出不足之处，确定营销重点，采取对策以提高营销效率。

客户构成分析的方式内容包括：

1. 销售构成分析。根据销售额等级将客户分类，分析在公司总销售额中，各类等级的客户所占比重，并据此确定未来的营销重点。

2. 商品构成分析。通过分析企业商品总销售量中各类商品所占比重，以确定对不同客户的商品销售重点和对策。

3. 地区构成分析。通过分析企业总销售额中不同地区所占的比重，以发现问题，提出对策，解决问题。

（四）客户信用分析。在客户信用等级分类的基础上，确定对不同客户的交易条件、信用限度额和交易业务信用处理办法。

第二节　客户关系管理规范化制度

一、客户资料管理制度模板

第一条　客户资料收集

依据客户的规模、需求的及时性及需求大小状况,将其分为三个等级。

A 等级:需求规模较大,且迫切需求。

B 等级:一般需求状态,有需求的想法。

C 等级:潜在需求状态。

等级的认定由销售经理根据市场调查资料综合认定。

第二条　建立客户名簿

(一)客户资源登记表

客户资源登记表是公司对于往来客户在交易上的参考资料的整理,将客户背景情况及物流需求状况记录下来。

(二)客户原始资料的保管和阅览

设专人对资料进行整理与保管,避免污损、破损、遗失等。

(三)各负责人的联络

各负责人对于担当交易的状况要经常注意,如果有变化的时候,要向上级及相关部门传达,经常保持交易往来客户原始资料及交易往来客户一览表的正确性。

为充分了解本部业务进展情况,分析业务绩效,增强各信息纵向联系,以此保持内部信息交流的顺畅。

(四)在公司的日常营销工作中,收集客户资料是一项非常重要的工作,它直接关系到公司的营销计划能否实现。因此,业务员作为市场营销的前端,应随时通过各种渠道收集本地区的客户资料,认真填写《客户信息档案》,关注这些客户的发展动态。

(五)市场部收集的客户资料,应根据客户经营属地分别提供给相关业务员。

(六)在收集客户资料时,可以采用多种途径和渠道获得客户资料和信息,常用的方法有:

1. 参加行业展览会收集资料。
2. 行业报刊收集企业信息。
3. 通过互联网收集。
4. 通过行业协会介绍龙头企业。
5. 商场品牌摘抄。
6. 合作伙伴介绍。

第三条　客户资料整理

（一）日常销售中，业务员根据获得的客户资料和信息，整理归纳后填写《客户信息档案》，经经理审核后，在收集到客户资料后的 2 个工作日内，输入公司内部客户关系管理系统，并于次日由公司指定专人发送市场营销部。

（二）市场营销部在收到《客户信息档案》后，市场营销部经理指定专人整理客户资料，并进行归档处理。

第四条　客户资料处理

（一）业务员原则上负责自己收集的客户资料管理和业务操作。当处理客户业务发生冲突时，原则上以记录先后顺序为准确定客户负责人。业务经理对于客户业务有最终决定权。

（二）通过公司营销活动收集到的客户信息资料，由业务经理按照负责客户数量均衡、兼顾业务能力的原则，分配给相关业务员。

（三）业务员负责的新客户，应在一周内与客户进行沟通。否则经理有权将客户转至其他人员负责。无直接负责人的原有客户记录，由经理决定在现有业务员中进行分配。

第五条　客户联络和拜访

（一）初次联络客户方式

1. 在收集和整理客户资料的基础上，针对目标客户开展营销工作，与客户建立初步联系。首先可以选择传真、电子邮件、邮寄、介绍网址等方式向客户传递公司简介类宣传资料信息，明确本公司业务性质，以引起客户兴趣，获得面谈的机会。尽量减少通过电话方式与陌生客户直接进行推销活动。

2. 可以通过电话联系，确认对方是否收到我方的宣传资料，约定见面时间。电话谈话时间不宜过长。

3. 可以通过电话方式邀请客户参加研讨会、巡展等活动。

（二）公司宣传资料准备

1.《公司形象手册》

2.《公司产品手册》

3.《第一直觉现场》

（三）出访客户

1. 在出访客户时，需要了解客户的基本情况，包括：

（1）了解接待者职务、姓名，接待者对今后的项目合作是否有决策权。

（2）了解对象客户自己认为企业目前的需求和存在的问题。

2. 对于规模较大或开发难度较大的客户，预计由管理咨询顾问独立销售有困难的，可以通过地方服装协会、纺工局或服装公司等引荐，与客户重要领导人见面。

（四）出访要求

1. 出访客户前要制订出访计划和目标，出访前填写《客户走访单》，经分公司经理批准后将《客户走访单》交考勤管理员后，方可离开办公室进行出访。

2. 出访时衣着整齐，见客户后主动递交名片，做自我介绍，少许寒暄后即进入正题。

3. 与客户面谈时多谈客户，少谈自己。开始交谈时一定要制造轻松的谈话氛围，以产业共性问题和行业通病切入主题，要表现出对行业专业性的理解，并以此取得客户的信任。设法引发客户介绍企业当前的营销情况，尤其是客户当前所面临的问题。希望把问题转移到我们有能力操作的方向，并优先地提出一些有把握的方案。

4. 与客户面谈时，指定专人认真地作会谈记录。

与客户进行当面沟通后的2个工作日内，业务员编写《会谈纪要》，经部门经理审阅后提交客户并确认是否收到。业务员将与客户沟通的详细情况记录在客户关系管理系统中。与客户电话联络的详细情况也记录在客户关系管理系统中。

二、客户开发管理制度模板

第一条 新客户的选择原则

（一）客户必须具备满足本企业质量要求的设备和技术要求。

（二）新客户必须具备按时供货的管理能力。

（三）新客户必须达到较高的经营水平，具有较强的财务能力和较好的信用。

（四）新客户必须具有积极的合作态度。

（五）新客户必须遵守双方在商业上和技术上的保密原则。

（六）新客户的成本管理和成本水平必须符合本公司要求。

第二条 新客户选择程序

（一）一般调查

1. 候选客户向本公司提交企业沿革、企业概况、最新年度决算表、产品指南、产品目录等文件。

2. 与新客户的负责人交谈，进一步了解其生产经营情况、经营方针和对本公司的基本看法。

3. 新客户技术负责人与本公司技术和质量管理部门负责人进一步商洽合作事宜。

（二）实地调查

根据一般调查的总体印象做出总体判断，衡量新客户是否符合上述基本原则。在此基础上，资料部会同技术、设计、质量管理等部门对新客户进行实地调查。调查结束后，要提出新客户认定申请。

第三条 开发选择认定

（一）提出认定申请报告

根据一般调查和实地调查结果，向市场主管正式提出新客户选择申请报告。该报告主要包括以下项目：

1. 新客户交易的理由及今后交易的基本方针。

2. 交易商品目录与金额。

3. 调查资料与调查结果。

（二）签订商品供应合同

与所选定的新客户正式签订供货合同，签订合同者原则上应是本公司的资料部部长和新客户的法人代表。

（三）签订质量保证合同

与供应合同同时签订的还有质量保证合同，其签订者与以上相同。

（四）设定新客户代码

为新客户设定代码，进行有关登记准备。

（五）其他事项

将选定的新客户基本资料通知本企业相关部门，确定购货款的支付方式，新客户有关资料的存档。

三、客户服务管理制度模板

（一）管理方法

接待客人的方法：

1. 对待客人，不可因客人的身份、服装等特征而有不同态度，应以和蔼、机敏的态度来对待。

2. 当客人进店时，应立刻与其打招呼。打招呼可用点头示意，亦可用简单的"您好"、"欢迎光临"等礼貌用语。

3. 要尽可能记住客人的特征、个性，尤其是耐性不佳、不易应付的客人特别要用心对待，设法与之谈成交易。

4. 在接待客人的过程中，有必须起身接电话或办理其他重要事情，须以眼神向客人示意，并示歉意。特别留心注意，在将物品交给对方时，应适时推荐合于该店的商品部协议，以决定交易的对策及处理态度。

（二）对客服人员进行教育培训

1. 针对"新进业务员"。

2. 由经理安排"新进业务员"受训。

3. 讲师：营销经理。

4. 受训的最后一节课由总经理讲话。

5. 全体业务员每年集训两次，每次两天。总公司负责设计课程、安排讲师（含：内聘、外聘）。

（三）培训内容

1. 电话礼仪。

2. 着装礼仪。

3. 处理问题的技巧。

4. 客户服务的十大注意事项。

5. 客户满意度。

6. 业务服务标准。

（四）客户意见处理

1. 为加强对客户的服务，并培养服务人员"顾客第一"的观念，特举办客户意见调查，将所得结果，作为改进服务措施的依据。

2. 客户意见分为客户的建议或抱怨及对技术员的品评，除将品评资料作为技术员每月绩效考核之一外，对客户的建议或抱怨，服务部应特别加以重视，认真处理，以精益求精的态度，建立本公司售后服务的良好信誉。

3. 对客户的建议或抱怨，其情节重大者，本部门应即提呈总经理核阅或核转，提前加以处理，并将处理情况函告该客户；其属一般性质者，服务部门可自行酌情处理，并应将处理结果，以书面或电话通知该客户。

4. 凡属加强服务及处理客户的建议或抱怨的有关事项，业务部门应经常与客服中心密切联系，随时予以催办，并协助其解决所有困难，对抱怨的客户，无论其情节大小，均应由业务主管亲自或专门派员前往处理，以示重视。

（五）客户索赔问题的处理规定

1. 对于索赔，无论大小，应慎重处理。

2. 防止索赔问题的发生才是根本的解决问题之道，不可等索赔问题发生时，才图谋对策。

3. 要迅速、正确地获得有关索赔的情报。

4. 索赔问题发生时，要尽快制定对策。

5. 销售经理对于所有的资料均应过目，以防下属忽略了重要问题。

6. 每一种索赔问题，均应制定标准的处理方法（处理规定、手续、形式等）。

（六）处理客户关系的注意事项

1. 根据一定的格式，做成客户总账（或卡片）。

2. 客户很多时，只要作重要的或大客户的总账即可。

3. 客户的卡片往往容易被忽略，因此，关于如何有效地使用，经理应充分加以指示和指导。

4. 应随着客户情况的变化，加以记录。

5. 通过广告宣传、销售计划的综合对策及推销员的个别接触，与客户保持良好关系。

6. 销售经理不要只去访问特定的客户，而应普遍地作巡回访问。

7. 无论如何，与客户沟通意见与保持良好的人际关系最为重要。

8. 销售经理必须充分了解每一位客户的销售、回收和经营的内容。

9. 积极地将有利的情报提供给客户。

10. 对于改善销售及经营等问题，要经常地指导客户。

11. 客户提出意见时，要坦诚、热心地接受。

四、客户开发选择实施细则

第一条 新客户的条件

1. 新客户必须具备满足本公司质量要求的设备和技术要求。

2. 新客户必须达到较高的经营水平，具有较强的财务能力和较好的信用。

3. 新客户必须具有积极的合作态度。

4. 新客户必须遵守双方在商业上和技术上的保密原则。

5. 新客户的成本管理和成本水平必须符合本公司要求。

第二条 新客户选择程序

1. 一般调查

（1）候选客户向本公司提交公司沿革、公司概况、最新年度决算表、产品指南、产品目录等文件。

(2)与新客户的负责人交谈,进一步了解其生产经营情况、经营方针和对本公司的基本看法。

(3)新客户技术负责人与本公司技术和质量管理部门负责人进一步商洽合作事宜。

2. 实地调查

根据一般调查的总体印象做出总体判断,看新客户是否符合上述条件,在此基础上,资材部会同技术、设计、质量管理等部门,对新客户进行实地调查。调查结束后,要提出新客户认定申请。

第三条 开发选择认定

1. 提出认定申请报告。根据一般调查和实地调查结果,向市场部主管正式提出新客户选择申请报告。该报告主要包括以下项目:

(1)与新客户交易的理由及今后交易的基本方针。

(2)交易商品目录与金额。

(3)调查资料与调查结果。

2. 签订商品供应合同。与所选定的新客户正式签订供货合同,签订合同者原则上应是本公司的资料部部长和新客户的法人代表。

3. 签订质量保证合同。与供应合同同时签订的还有质量保证合同,其签订者同上。

4. 设定新客户代码。为新客户设定代码,进行有关登记准备。

5. 其他事项。将选定的新客户基本资料通知本公司相关部门;确定购货款的支付方式;新客户有关资料的存档。

五、客户档案管理实施细则

第一条 建档目的

本制度立足于建立完善的市场客户档案管理系统和客户档案管理规程,以提高营销效率,扩大市场占有率,与本公司交易伙伴建立长期稳定的业务联系。

第二条 适用范围

公司的过去、现在和未来的市场直接客户与间接客户都属本制度的适用范围。

第三条 客户档案管理内容

1. 客户基础资料。客户资料主要是通过营销人员对客户进行的电话访问和电子邮件访问收集来的。在档案管理系统中,大多数以建立客户数据库的形式出现。

客户基础资料主要包括客户的基本情况、所有者、管理者、创立时间、与本公司交易时间、公司规模、资产等方面。

2. 客户特征。服务区域、销售能力、发展潜力、公司文化、经营方针与政策、经营管理特点等。

3. 业务状况。主要包括目前及以往的销售实绩、经营管理者和业务人员的素质、与其他竞争公司的关系、与本公司的业务联系及合作态度等。

4. 交易活动现状。主要包括客户的销售活动状况、存在的问题、保持的优势、未来的对策、信誉与形象、信用状况、交易条件和以往出现的信用问题等。

第四条 客户档案管理方法

1. 建立客户档案系统。本制度规定客户基础资料的取得形式如下,并采用数据库的形式进行:

(1)由销售代表在进行市场调查和客户访问时整理汇总。

(2)向客户邮寄客户资料表,请客户填写。

(3)委托专业调查机构进行专项调查。

2. 客户分类。利用上述资料,将公司拥有的客户进行科学的分类,目的在于提高销售效率,增加公司在市场上所占的份额。

客户分类的主要内容包括:

(1)客户性质分类。分类的标志有多种,主要原则是便于销售业务的开展。可按客户所在行业、客户性质、客户地域、顾客类型划分。

(2)客户等级分类。本公司根据实际情况,确定客户等级标准将现有客户分为不同的等级,以便于对客户进行渠道管理、销售管理和货款回收管理。

本制度规定客户等级分类标准如下:一是按客户与本公司的月平均销售额或年平均销售额分类;二是按客户的信用状况,将客户分为不同的信用等级。

(3)客户路序分类。为便于销售代表巡回访问、外出推销和组织发货,首先将客户划分为不同的区域,然后再将各区域内的客户按照经济合理原则划分出不同的路序。

3. 客户构成分析。利用各种客户资料,按照不同的标准将客户分类,分析其构成情况,以从客户角度全面把握本公司的营销状况,找出不足,确定营销重点,采取对策,提高营销效率。

客户构成分析的主要内容包括:

(1)销售构成分析。根据销售额等级分类,分析在本公司总销售额中,各类等级的客户所占比重,并据此确定未来的营销重点。

(2)商品构成分析。通过分析本公司商品总销售量中各类商品所占比重,以确定对不同客户的商品销售重点和对策。

(3)地区构成分析。通过分析本公司总销售额中不同地区所占的比重,借以发现问题,提出对策,解决问题。

4. 客户信用分析。在客户信用等级分类的基础上,确定对不同客户的交易条件、信用限度额和交易业务信用处理办法。

第五条　客户档案管理应注意的问题

1. 客户档案管理应保持动态性,不断地补充新资料。

2. 客户档案管理应重点为公司选择新客户、开拓新市场提供资料。

3. 客户档案管理应“用重于管”,提高档案系统的质量和效率。

4. 客户档案系统应由专人负责管理,并确定严格的查阅和利用的管理办法。

六、客户名册管理实施细则

第一条　编制客户名册。有关客户主要情况全部填写在客户名册之中,以利于本公司各种市场开拓计划和管理业务之用。

第二条　花名册种类。

1. 客户名册。

(1)政府机构名册。

(2)特殊公司名册。

(3)普通公司名册。

2. 顾客(个人)花名册。

3. 交易伙伴花名册。

第三条　客户名册由业务部保管,作为销售计划制定的资料,以及销售活动管理的参考。

第四条　销售部门可向销售计划部门申请借阅名册,作为销售业务的参考资料。

第五条　名册填写的步骤:

1. 各销售代表按照事先规定的范例及范例中所包含的各项栏目和要求填写名册,然后统一交给业务部。

2. 业务部协助各销售代表,按要求正确填写。必要时,可由业务部牵头召开会议,讲解填写方法。

3. 业务部汇总客户名册后,逐一进行检查、审核和调查,对错误或不实之处进行更正。

4. 在更正处盖上印,写上日期。

5. 客户名册原则上每两年增补或调整一次。

七、不良客户处理办法

□　总则

第一条　目的

为加强客户管理、提升公司形象、确保营业目标顺利达成,特制定本办法。

第二条　适用范围

本公司客户(非终端消费者)管理中对不良客户的处理,均依本办法执行。

第三条　权责单位

1. 业务部负责本办法制定、修改、废止的起草工作。

2. 总经理负责本办法制定、修改、废止的核准。

□　不良客户处理规定

第四条　不良客户

有下列情形之一的客户属不良客户之列:

1. 1 年以上没有与本公司交易者。

2. 拖欠货款逾期 1 年且无意归还者。

3. 破产、倒闭、经营严重亏损者。

4. 有严重违反国家法律、法规的行为或不正当经营者。

5. 其他有严重损坏本公司形象、业务行为者。

第五条 不良客户处理办法

1. 一般措施：

(1)停止业务往来。

(2)追讨所欠款项。

(3)停止发送产品。

(4)从客户档案中清除。

(5)其他必要措施。

2. 特殊措施：

(1)声明断绝业务关系。

(2)法律诉讼、索赔、追款。

(3)冻结往来账户。

(4)其他必要措施。

第六条 不良客户处理的各部门职责

1. 业务部负责合同清理、货物及货款结算、档案清除等工作。

2. 财务部负责银行手续、金融凭证、账款核算等工作。

3. 行政部负责法律事务处理工作。

第七条 善后工作

1. 业务部应将不良客户产生的原因进行分析，提出预防对策，呈总经理审阅。

2. 业务部应就不良客户事件做内部检讨，并将事件分析报告存档备查。

3. 对不良客户事件负有直接或间接重大责任的人员，应依公司规定予以惩处；反之，对处理事故有方，替公司挽回损失的有功人员，应予以适当的奖励。

八、客户满意度调查办法

□ 总则

第一条 目的

为了解本公司产品及服务品质，提升客户满意度，特制定本办法。

第二条 适用范围

本公司产品销售后，对客户的满意度调查，均依本办法办理。

第三条 权责部门

1. 业务部负责本办法制定、修改、废止的起草工作。

2. 总经理负责本办法制定、修改、废止的核准。

□ 客户满意度调查办法实施规定

第四条 客户满意度调查目的

1. 了解客户对本公司产品及服务的满意度。

2. 了解客户对本公司产品与其他公司同类产品的比较状况。

3. 了解客户的要求和建议。

4. 通过满意度调查检讨本公司经营管理、产品品质、售后服务等各项工作的不足,并借此加以改善提高。

5. 评估产品后续开发生产的趋势。

第五条　调查的对象和时机

1. 购买本公司产品的客户为实施满意度调查的对象,在其购买的产品包装内附有本公司《客户满意度调查表》及信封(含邮资)。

2. 需本公司进行产品保养、维护的客户,在维修后对其实施满意度调查。

3. 本公司业务人员拜访、进行产品保养的客户,在拜访时实施满意度调查。

4. 其他特定状况下实施满意度调查(如促销、随机访谈等)。

第六条　售后满意度调查

1. 调查表中向消费者征询意见的项目如下:

(1)产品使用性能。

(2)产品外观与包装。

(3)产品价格。

(4)产品设计。

(5)与其他公司产品的比较。

(6)售后服务。

(7)客户其他建议或需求。

2. 上述每一项目均须详细区分更细的内容,并在每一项内容后,附上"很满意""比较满意""基本满意""不太满意""不满意"五项以供选择,并有空格供客户填写补充意见。

第七条　售后服务调查

1. 本公司针对客户需求,由服务部向客户做售后服务征询调查。

2. 调查表中向客户征询意见的项目如下:

(1)服务人员态度。

(2)服务人员技术能力。

(3)赴约时间。

(4)服务事项。

(5)其他建议或需求。

3. 上述每一项目视需要区分更细的内容,同时提供五种满意程度供客户选择,并留有空格供客户补充意见。

第八条　客户访问调查

1. 本公司业务人员拜访客户时,除口头征询客户意见外,应请客户填具书面的调查表。

2. 调查表中向客户征询意见的项目如下:

(1)产品设计、品质。

(2)产品价格。

(3)与其他公司产品的比较。

(4)售后服务。

(5)其他建议或需求。

3. 上述每一项目视需要区分更细的内容,同时提供五种满意程度供客户选择,并留有空格供客户补充意见。

第九条　满意度调查分析

1. 业务部负责将回收的《客户调查表》进行统计分析。

2. 将分析结果送权责部门，对需改善部分以客户提案书或客户抱怨书形式要求权责部门改善，并予以追踪。

3. 对需回复、抚慰的客户，予以及时周到的回复或服务。

4. 视新产品或市场状况，修改调查表内容。

5. 客户拜访联谊等重大事项，应及时记录并存档。

6. 业务部应建立客户档案，并保存客户保养记录，以更好地服务客户。

第三节　客户关系管理实用表单

客户关系管理实用表单如表 10－1～表 10－21 所示。

一、标准客户开发步骤表

表 10－1　标准客户开发步骤表

步骤 编号 / 顾客名称	1	2	3	4	5	6
	自我介绍	打听资讯	提示来意	当场演示	预估达成率	预约

二、开发对象判定表

表 10-2 开发对象判定表

公 司 名 称	
住 址	
注意事项	
1. 成长率	A B C D E
2. 信用度	A B C
3. 总利润率	A B C
4. 综合判定	点
5. 顺序评核	位

三、强化客户关系计划表

表 10-3 强化客户关系计划表

顾客名称________

顾客	推动的影响力	和竞争同业间的关系	和竞争同业间的关系	本公司负责人员	强化对策	时间表	检查对策
总经理	小	无特别关系	保龄球同好	总经理	决定每月拜记及电话次数	本月开始	
副经理	大		无特别关系	经 理	决定一年的交易金额和付款条件	到下个月底	
科长姓名	大	同 学	无特别关系	营业代表	接 洽	每月大约一次 本月开始	
负责人员姓名	中	朋 友	无特别关系	技术部	技术情报提供	每日一次 本月一次	

续表

顾客	推动的影响力	和竞争同业间的关系	和竞争同业间的关系	本公司负责人员	强化对策	时间表	检查对策
其他姓名	中	回扣传闻	高尔夫球友	质量管理科	新制品讲习会	下个月到年底为止	
备注							

四、重要客户对策一览表

表 10－4　重要客户对策一览表

公司名称	销售顺位	问 题 点	对 策
扩大重要客户人数的基本方针			

五、固定客户交易对策表

表 10－5　固定客户交易对策表

公司名称	移动方向	问 题 点	对 策

六、问题客户检核表

表 10 - 6　问题客户检核表

公司名称	销售负责范围及所在位置	移动方向	问题点	对　策

七、客户信用调查表

表 10 – 7 客户信用调查表

No. ________

<table>
<tr><td colspan="2">公司行号</td><td colspan="2"></td><td>地址</td><td></td><td>电话</td><td></td></tr>
<tr><td colspan="2">负责人</td><td colspan="2"></td><td>住所</td><td></td><td>电话</td><td></td></tr>
<tr><td colspan="2">创业日期</td><td>年 月 日</td><td>营业项目</td><td></td><td>经营方式</td><td colspan="2">独资( )合伙( )公司( )</td></tr>
<tr><td colspan="2">开始交易日期</td><td>年 月 日</td><td>营业区域</td><td></td><td>经营地点</td><td colspan="2">市场( )住宅( )郊外( )</td></tr>
<tr><td rowspan="7">负责人</td><td>性格</td><td colspan="3">温柔( )开朗( )古怪( )自大( )</td><td>气质</td><td colspan="2">稳重( )寡言( )急躁( )饶舌( )</td></tr>
<tr><td>兴趣</td><td colspan="3"></td><td>名誉职位</td><td colspan="2"></td></tr>
<tr><td>学历</td><td colspan="3">大学( )高中( )初中( )小学( )</td><td>出生地</td><td colspan="2"></td></tr>
<tr><td>经历</td><td colspan="3"></td><td>说话要领</td><td colspan="2">能说( )口拙( )普通( )</td></tr>
<tr><td>思想</td><td colspan="3">稳健派( )保守派( )革新急进派( )</td><td>嗜好</td><td colspan="2">酒：饮( )不饮( )；香烟：抽( )不抽( )</td></tr>
<tr><td>长处</td><td colspan="3"></td><td>特长</td><td colspan="2"></td></tr>
<tr><td>短处</td><td colspan="3"></td><td>技术</td><td colspan="2">熟练( )不很熟练( )不熟练( )</td></tr>
<tr><td rowspan="5">会计方面</td><td>银行往来</td><td colspan="3">银行账号：</td><td>银行信用</td><td colspan="2">很好( )好( )普通( )
差( )很差( )</td></tr>
<tr><td>账簿组织</td><td colspan="3">完备( )不完备( )</td><td>同业者评为</td><td colspan="2">很好( )好( )普通( )
差( )很差( )</td></tr>
<tr><td>经营组织</td><td colspan="3">股份公司( )
个人经营( )
有限公司( )
合资公司( )</td><td>近邻评价</td><td colspan="2">很好( )好( )普通( )
差( )很差( )</td></tr>
<tr><td>资本额</td><td colspan="3">元</td><td>付款态度</td><td colspan="2">爽快( )普通( )
尚可( )迟延( )
为难( )赊欠尾款( )</td></tr>
<tr><td>营业执照登记号码</td><td colspan="3"></td><td>备 注</td><td colspan="2"></td></tr>
</table>

八、客户分布状况表

表 10－8　客户分布状况表

摘要/年度	地区	户数	销售量		备注
			金额（元）	比率（%）	

九、客户增减分析表

表 10－9　客户增减分析表

销售金额等级	直接客户数					间接客户数					直接客户销售额				间接客户销售额			
	原有	新增	删除	现有	增加	原有	新增	删除	现有	增加	原客户	新客户	本期销售	上期销售	原客户	新客户	本期销售	上期销售
合计																		

十、客户管理卡

表 10－10　客户管理卡

客户名称			金融情况	往来银行		账号		编号
企业所在地				现金情况				
工厂所在地				资金周转				总号
子企业名称			付款情况	承办付款人		住址		
负责人	法人			付款态度				账号
	厂长			付款日期				
	经办人			付款支票				路序号
	实权者			使用支票				
企业电话			变更及其他登记	日期	收集变更资料	登记事项		经营者性格及嗜好
业别		组别						
等级								
开始交易日期								
使用主要产品								
营业概况	营业项目							经办付款人性格及嗜好
	营业范围							
	营业性质							
	营业状况							
	销售能力							
	员工人数							
	营业旺季							
	最高购买额							
	月均购买额							

十一、客户资料表

表 10－11 客户资料表

<table>
<tr><td>客户</td><td colspan="3"></td><td>地址</td><td colspan="3"></td><td>电话</td><td></td></tr>
<tr><td colspan="10">经营者概况</td></tr>
<tr><td>姓名</td><td></td><td>性别</td><td></td><td>年龄</td><td></td><td>籍贯</td><td></td><td>住址</td><td></td></tr>
<tr><td>学历</td><td></td><td>语言</td><td></td><td>性情</td><td></td><td>品性</td><td></td><td>社会关系</td><td></td></tr>
<tr><td colspan="2">配偶影响程度</td><td>其他职位</td><td colspan="2"></td><td>有否前科</td><td colspan="2"></td><td>曾否倒闭</td><td></td></tr>
<tr><td colspan="2">以往信誉</td><td colspan="8"></td></tr>
<tr><td colspan="2">法人代表</td><td colspan="2"></td><td>实权者</td><td colspan="2"></td><td colspan="2">与经营者关系</td><td></td></tr>
<tr><td colspan="10">金融状况</td></tr>
<tr><td colspan="2">往来银行</td><td colspan="3">账 号</td><td colspan="3">记 事</td><td colspan="2">兑现情况</td></tr>
<tr><td colspan="2"></td><td colspan="3"></td><td colspan="3"></td><td colspan="2"></td></tr>
<tr><td>资金状况</td><td colspan="9">□丰裕 □充足 □紧张 □短缺 □危险</td></tr>
<tr><td>付款态度</td><td colspan="9">□爽快 □普通 □尚可 □迟延 □为难 □欠款</td></tr>
<tr><td>备注</td><td colspan="9"></td></tr>
</table>

十二、客户访问计划表

表 10－12 客户访问计划表

项目 级别	经办人		主管	区域 销售经理	销售经理	总经理 副总经理	备注
A 级	访问 每月 3 次	电话每月 2～3 次	每月 1 次	1～2 月 1 次	半年 1 次	1 年 1 次	
B 级	每月 2 次	每月 1～2 次	1～2 月 1 次	2～3 月 1 次	6～12 月 1 次	有必要时	
C 级	每月 1 次	每月 1 次	有必要时	有必要时			

十三、客户信用卡

表 10－13　客户信用卡

客户名称		客户代码		负责人	
地　　址		电　　话		邮政编码	
经营组织形态	□专业经销　□批发　□批零兼营　□私有　□公有　□企业联营　□其他				

十四、新客户认定申请表

表 10－14　新客户认定申请表

企业概况	企业名称				成立时间	交易时间	
	企业法人	姓名		主要股东			
		职务		总资本			
	所在地	邮编	地　址		电话	传真	
	总　部						
	工　厂						
	门　市						
经营规模	企业性质		员工人数		平均年龄　岁		
	近期业绩	销售额（元/年）	营业利润（元/年）		本期利润（元/年）		
	年度						
	年度						
	分客户和分产品的销售额	主要客户名称与销售额（元/年）			主要生产品种与销售额（元/年）		
	工厂	占地面积　　平方米　□自有　□借用					
		建筑物面积　　平方米　□自有　□借用					
供货条件支付	供货商品目录				年供货额　（元/年）		
	交易理由与今后方针	交易理由			今后交易方针		
	支付条件						
	支付方法	现金（%）	支票（%）	支付期限（天）	开户银行	备注	

十五、客户信息管理表

表 10－15　客户信息管理表

年　　月　　日

客户名称:　　编号No.	分类					
	总裁	经理	部长	科长	股长	承办人

主要业务			销售合同	已签订　正签订　尚未签订
总　部			电话	
分 公 司			电话	
法人代表		从业年限　　年	出生年月	年　月　日
业务银行			注册资金	万元
资金状况	充足　一般　不足　紧张		成立时间	年　月　日
信用状况	高　一般　低　很低		成立年限	年
在同行中的地位	超一流　一流　居中　末流		员工人数	男:　　女:　　合计:　人
销售量(月)	万元		库存量	万元

不动产	土地			建筑物			
分类	面积（米²）	自有	租赁	面积（米²）	层数	自有	租赁
总部							
分公司							

摘要			公司名	商品	占有率	公司名	商品	占有率
近半年每月平均收支		采购						
销售额	万元							
成本	万元							
管理费、销售费	万元							其余　家
营业利润	万元	销售						
利息支付、折旧	万元							
损益额	万元							
盈利额	万元							其余　家

月交易限额	万元	累计	万元	过去有无迟付(有、无)

交易条件	日结算　日支付 现金　% 支票　% 汇票　%	支付状况	良好 一般 较差 极坏	货款回收方法	现金　% 支票　% 汇票　% 其他　%	回收状况	良好 一般 较差 极坏

十六、客户抵制分类表

表 10－16　客户抵制分类表

项次	客户名称	地址	经营类别	不宜访问时间	备注
访问路线图					

十七、客户等级分类表

表 10－17　客户等级分类表

客户等级分类	A 级	业种				
		客户代码				
	B 级	业种				
		客户代码				
	C 级	业种				
		客户代码				
	D 级	业种				
		客户代码				
	E 级	业种				
		客户代码				

十八、客户销售资料一览表

表 10－18　客户销售资料一览表

总号						
产品编号						
优先等级						
详细地址						
部门主管						
经办人						
联系方式						
销售业绩	年度	1				
		2				
		3				
		4				
		5				
		6				
	年度	7				
		8				
		9				
		10				
		11				
		12				

十九、危险客户评议表

表 10－19 危险客户评议表

评议项目		是	不清楚	不是
组织及环境	1. 长期采取家族经营的形态，以致组织趋向老化？			
	2. 员工数量过于庞大，呈现冗员充斥的现象？			
	3. 虽然已是经营多年却毫无起色？			
	4. 销售技术太差，销售渠道不畅？			
	5. 同行业的竞争趋向白热化，使得利润率大为降低？			
	6. 新的大企业投入，使得经营陷入困境？			
	7. 都市结构的变化，使得本企业地点的战略性锐减？			
	8. 出现行业不景气状况？			
	9. 类似替代产品增加，使市场呈现饱和？			
	10. 虽然营运时日尚浅，但机构臃肿？			
	11. 随景气的好坏呈急剧变化的态势？			
组织表现	1. 事业扩展欲过强，无视企业经营的均衡原则？			
	2. 做事缺乏计划性，过于孤注一掷？			
	3. 动辄有意转行，缺乏长远经营的坚定信念？			
	4. 缺乏长远的眼光，过去也没有经营成功的经历？			
	5. 缺乏会计常识，没有财务核算观念，完全无视财务营运的原则？			
	6. 对于公司的业绩及经营状况把握不准？			
	7. 缺乏对商品战略、地区战略的研究？			
	8. 在穿着、办公室装潢及汽车上有着过于庞大的花费？			
	9. 是否任意挪用公款在与公司业务无关的事务上？			
	10. 对于本行业的专业知识不够？			
	11. 曾经拖欠货款？			
经营者	1. 为人公私不分？			
	2. 对部属采取差别待遇？			
	3. 不信任部属，猜疑心很强？			
	4. 不指导、培训部属，事无巨细，大权独揽？			
	5. 不按时上班，对工作的努力程度不够？			
	6. 为了荣誉头衔的事务或个人嗜好活动而经常外出，因而荒废工作？			
	7. 交际费支出过大，挥霍无度？			
	8. 缺乏虚怀若谷的品质，执意不肯学习其他公司的优点？			
	9. 以疾病为由而经常离开岗位？			
	10. 个性优柔寡断，领导能力不足？			

续表

评议项目		是	不清楚	不是
倒闭的征兆	1. 是否票据到期，却来电请求延期？			
	2. 是否草率、毫不计较地高价进货？			
	3. 进货时的验收是否相当随便？			
	4. 是否以票据向人抵押借贷？			
	5. 对其他厂商的票据信用很差？			
	6. 最近是否有变卖资产的情况？			
	7. 是否与主要往来银行建立良好的人际关系？			
	8. 会计人员是否加班工作？			
	9. 公司的重要管理部门之间是否存在着对立的现象？			
	10. 上司是否经常到现场巡视？			
	11. 公司员工是否不断离职而去？			
	12. 公司的员工是否工作情绪低落？			
财务状况	1. 利息负债很重？			
	2. 自有资金过少，负债比率过高？			
	3. 惨淡经营，长期没有利润？			
	4. 设备投资过于庞大？			
	5. 开始进行多元化的经营？			
	6. 库存过多，资金负担增在？			
	7. 收入少，开销多，资金负担增大？			
	8. 企业的经营资历浅，变动要素多？			
	9. 经常出现回收困难的呆账？			
	10. 经常出现因为支票四处兑现而焦头烂额的状况？			
	11. 呈现营运赤字不断增大的现象？			

二十、优良客户登记表

表 10－20　优良客户登记表

客户名称	负责人	经营项目	交易额	优惠产品	价格

二十一、客户升级评审表

表 10－21　客户升级评审表

客户名称	交易额上升幅度	问题所在	评审结果

第四节　客户关系管理规范化细节执行标准

一、客户信息管理系统建立工作内容

（一）客户信息收集

客户信息收集是指企业与主要客户及其他有业务联系的机构进行接触，以了解其各种信息的一种活动。收集客户信息必须制定详细计划，由专人负责，并要提供充足的经费保证。收集客户信息的渠道有很多种，除可以和客户面谈外，也可以从公共信息中获得。

（二）客户信息处理

客户信息处理指对客户信息进行整理、加工、分析。在进行这项工作前要确定具体的业务分工和职责分担。信息处理要使用科学的方法，尽量做到数字化，最后要提交客户信息的分析报告。

（三）客户信息保存

客户信息对于企业的长远发展有很大意义，客户信息数据库是企业的重要财富。客户信息的分类要科学，可以按信用状况、交易金额、区域等多种方法来进行划分。企业要特别注意客户信息保存的安全和保密工作，对于客户信息数据库要进行备份，并严格控制其使用权限。

二、客户关系维护的基本方法

（一）通过公共媒体展示企业自身形象。

（二）增加客户的合作收益。

（三）个性化服务。

第 11 章　触动消费者的购买神经
——促销管理

第一节　促销管理工作要点

一、促销体系建设工作流程

促销体系建设工作流程如图 11 - 1 所示。

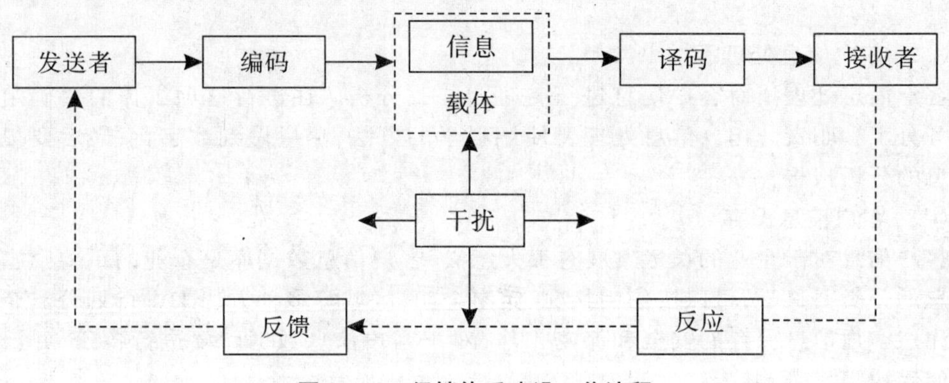

图 11 - 1　促销体系建设工作流程

二、人员促销管理流程

人员促销管理流程如图 11 - 2 所示。

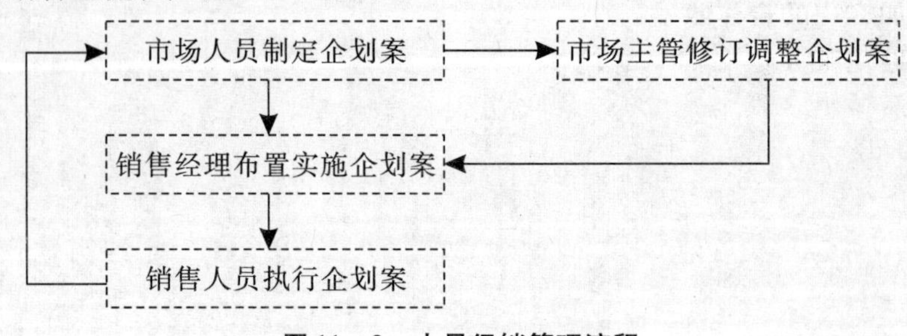

图 11 - 2　人员促销管理流程

三、广告促销管理流程

广告促销管理流程如图 11 －3 所示。

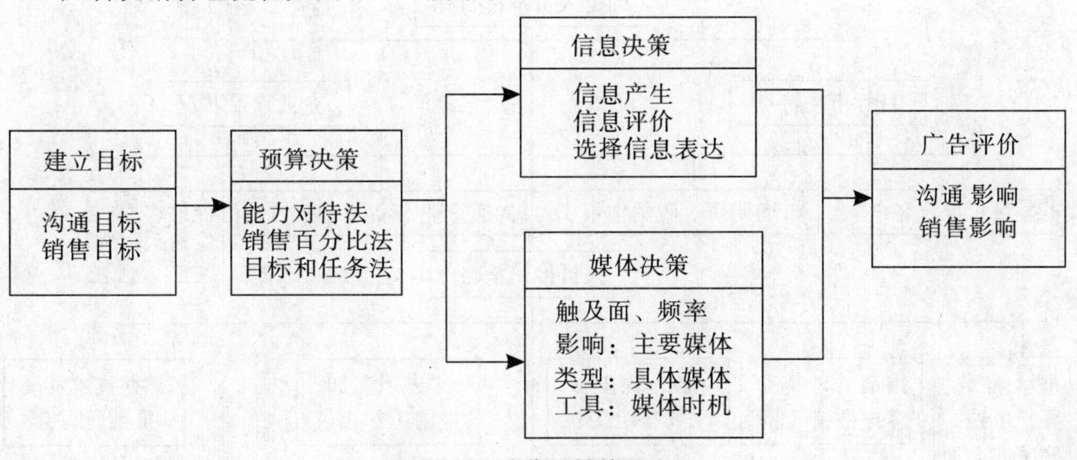

图 11 －3　广告促销管理流程

四、广告定位管理流程

广告定位管理流程如图 11 －4 所示。

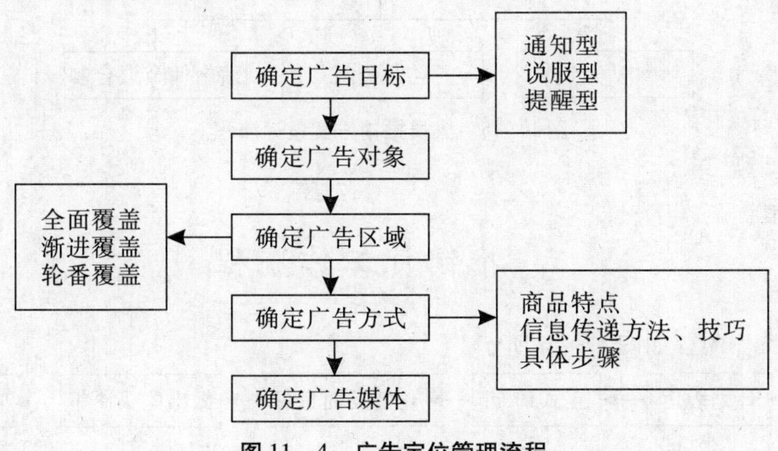

图 11 －4　广告定位管理流程

五、人员推销方案设计流程

人员推销方案设计流程如图 11 －5 所示。

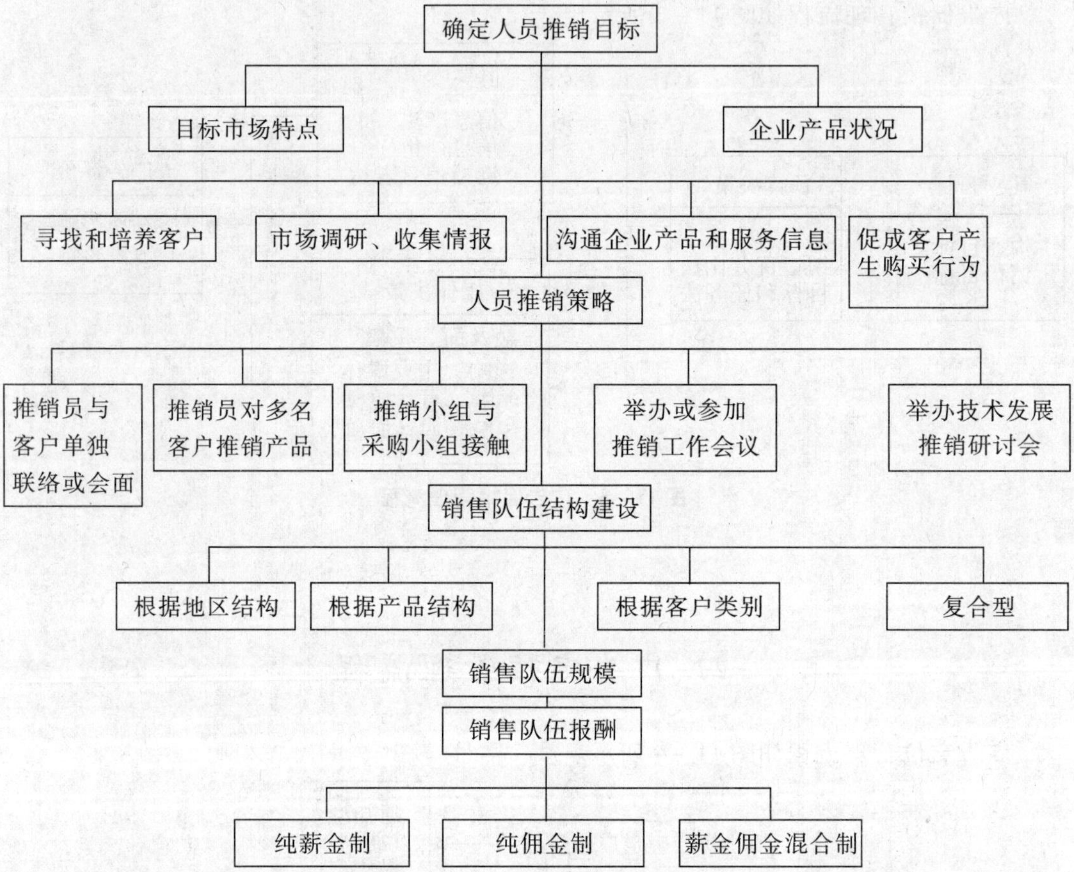

确定人员推销目标
目标市场特点
企业产品状况
寻找和培养客户
市场调研、收集情报
沟通企业产品和服务信息
促成客户产生购买行为
人员推销策略
推销员与客户单独联络或会面
推销员对多名客户推销产品
推销小组与采购小组接触
举办或参加推销工作会议
举办技术发展推销研讨会
销售队伍结构建设
根据地区结构
根据产品结构
根据客户类别
复合型
销售队伍规模
销售队伍报酬
纯薪金制
纯佣金制
薪金佣金混合制

图 11 －5　人员推销方案设计流程

六、推销员工作流程

推销员工作流程如图 11 －6 所示。

寻找客户
计划表达
正式访问
化解反面意见
做出购买决策
收集反馈信息
反馈系统

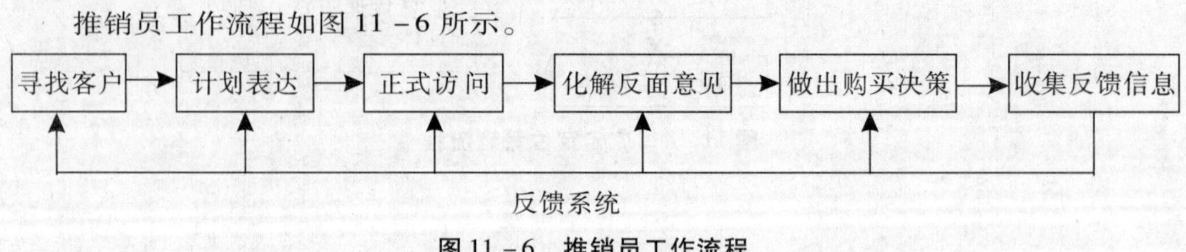

图 11 －6　推销员工作流程

七、有效推销工作流程

有效推销工作流程如图 11 －7 所示。

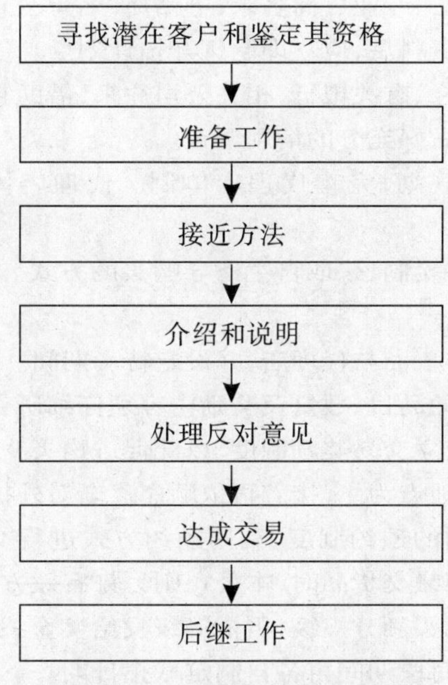

图 11 －7　有效推销工作流程

第二节　促销管理规范化制度

一、公司促销管理制度模板

第一条　为稳定本公司原有客户群，同时不断开发新客户，公司特制定如下销售促进管理制度。

第二条　常务董事及经理须拟订日程，拜访、问候主要客户，并借机了解市场情况及客户反馈的问题，加强彼此的联络与友好关系。

1. 了解顾客的不满情绪，听取意见，以设法改善现状。

2. 访问之前，应先与负责人员做事前的讨论，研究如何与对方对应。

第三条　集合主要客户及购买能力可能增加的预定客户，举行恳谈会，恳请赐予交易。

1. 本会以董事长或常务董事为主体。

2. 问候方式必须巧妙得当，掌握销售计划的根本主题。

3. 本会应依地区、产品种类分别举行。

第四条　开拓新交易或提高现有的交易额，除要积极地实行计划外，尤其要致力于设置底子厚实的代理店。

1. 从工商名录、世贸中心、专业厂商名录、电话簿、名单公司及其他地方取得批发商、销售店、加工业者等的名簿资料后，应立即制订开拓计划。

2. 有效地与协会、工业会、有关银行、相关公司往来，借助它们的支援来拓展交易。

3. 对于新客户，应事前做好充分的信用调查。

4. 确立代理店的交易规划，完善代理店体制。代理店体制应以商品类别为基准建立。

第五条　销售另设有特卖制，采取自主诱导购买的方式。这种方式在交易的困难时期及产品推出太慢时进行。

1. 特卖的对象区分为零售商与代理店，并设定特卖期间。

2. 对于特卖地区，特卖的品目、数量及奖励内容须仔细研究。

第六条　对交易客户设立交易奖励制度，以此促进购买。

1. 实施时，先以一特定地点为主，接着再依顺序逐渐对外扩大。

2. 交易方式另采用所谓的预约制度，利用预约方式进行交易者，届时可依比例退还部分优待额。不依规定时间缴交货品时，本公司则另订有效方法负责处理。

3. 将每个客户的平均购买额分等级，再依等级发给奖金或按比例退还部分金额。奖励期间以 3 个月左右为主，每段期间再各自制定截止日期。

4. 对于特别致力于销售的交易客户，公司将为其负担半额的广告费，或另外赠送其他商品，以示奖励。

第七条　对于新生产的产品，公司将举行单独或联合展示会、样品展示会，以扩大宣传，原则上按下列 4 点实施：

1. 展示会由公司单独举行，或借助其他单位的支援，或协同批发商共同举行。有时则由业务部负责举办。

2. 会展应展示本公司的新产品。

3. 举行展示会时，除要选择会场场地之外，对于展示内容以及综合方式等，也须加以考虑。

4. 样品展示会及展示会中，可直接接受订单或预约。

第八条　对于销售人员应开拓新市场，提高销售额，并对其绩效加以区分，发给奖金，以示激励。

1. 本奖励以一定期间为限。

2. 对于开发新客户一项，必须令其事前提出有关对方的调查资料。奖金于交易开拓成功的第 3 个月，依等级的平均额作为激励奖金。

3. 过去 3 个月的平均额超过上年度同月份 1 个月平均额的 3 成，视为对提高销售有贡献，并依据一定的比率（或一定的金额）发给奖金。

第九条　业务部门应根据客户或商品类别，将销售额、收款、销路不佳商品与畅销商品等，做成当月的合计、累计、增减等统计资料，再将此统计数字与过去实绩作一比较后，以掌握销售额及入款的预估。预估确定后，指示给各负责人并进行督促（在每月例行销售会议上，也应督促要求）。

第十条　业务部门需就各地区、客户及业界的需求动向等状况进行调查，以便改正自己的销售计划，并督促、指示销售员拓展销售。

第十一条　业务部门应针对各销售员的活动及实绩，制作有关其能力与实际绩效的比较统计表，同时提出批评与检查，借此提高销售员的效率及业绩。

1. 根据业务人员所进行的访问、业务开拓、接受的订货、交货、折扣及退货等销售活动，比较其预定与实际的差距及个人效率。

2. 将上述资料于营业部会议时提出，以便就此提供批评及指示。

第十二条　营业部应针对销售活动制定纲领，使相关人员以此为依据来进行其活动。

第十三条　每月月底举行整体的销售会议，利用此会检查上个月的计划与实际情况，由业务部门根据相关人员所提出的要求和客户的统计表来检查当月的实绩；另外，由各销售员彼此根据自己的情况及市场情报，进行交换，借此来修正本月应进行的预定活动计划与销售方法。

二、产品宣传管理细则

□　通则

第一条　在新产品投放市场之际，产品宣传必不可少，为此，公司特制定本办法，以规范宣传工作，保证新产品顺利进入市场。

第二条　本制度规定以外的事项，按有关广告管理的规定办理。

第三条　按产品的宣传计划由新产品推广部负责制订，并向全体成员讲解，使每一位工作人员都能够确实把握基本方针的要点。

第四条　新产品推广都必须以本月及长期销售计划为基础，制定新产品宣传计划方案，并落实到每一位下属。宣传计划内容包括以下几方面：

1. 选择与确定宣传对象。

2. 确定宣传媒体。

3. 新产品样品的选择、确定与分配。

□　实施宣传的办法

第五条　新产品推广部所负责的新产品宣传工作涉及面广，需各部门与各机构的通力合作。

第六条　新产品推广部在宣传实施期中，需要提醒销售经理，通过各营业分店向新产品推广部提供宣传活动必要的文献、样品等。

第七条　提醒销售经理，通过各营业分店帮助宣传工作顺利进行，如张贴宣传画、印发传单、布置展示厅等。

第八条　特别要求各分支机构在指定的时间和地点，配合展开广告宣传活动。

第九条　广告宣传要把握节奏与攻势，事先确定步骤，逐渐加强攻势，加大广告宣传的渗透力，以达到预期目的。

第十条　对企业尚未控制地区，应展开大力宣传，以谋求在该区域内的影响力。

第十一条　综合运用各种宣传媒介，包括报纸杂志的广告、商店销售现场的宣传、电台电视广告，甚至可以利用批发商的宣传能力，强化新产品的普及宣传工作。

第十二条　产品进入成本期后，其广告宣传工作可转让给销售部门及推销人员。但是，对那些竞争激烈的产品，依然需要新产品推广部负责监制，一旦销售收入下降，立即进行广告宣传攻势，以保持一定的销售水平。

第十三条　对大宗交易以及大宗交易伙伴，新产品推广部仍有义务做出努力，予以维持。

第十四条　为了提高广告宣传工作的综合效益，新产品推广部应该经常开展以下活动：

1. 以出行方式，巡回各地，与当地老关系户或主顾保持联系。

2. 不间断地以小组名义和个人名义，如寄挂历、发贺年卡、发信等，与客户保持广泛而经常性的联系。

3. 定期或不定期开展或参与各种宣传活动，如展示会、博览会、交易会、展销会等。

4. 办好橱窗展示，包括对负责橱窗展示人员的教育，选好宣传对象商品，对宣传费用进行预算，对每天的展示成果进行总结，观察顾客在店堂中的行走路线，观察顾客在店堂中的停留时间，把握本公司商品被询问或打听的频率，顾客对广告宣传的反响等。

□　宣传物品和产品样品处理

第十五条　新产品推广部经理在每月月末，经内勤组向总公司销售经理提出下月度进行新产品宣传所需的宣传物品及数量。

第十六条　新产品推广部经理每月 1 次，向销售经理报告本部月末各类宣传物品的库存情况。

第十七条　制作的宣传物品办理所规定的手续之后，可以从各营业分支机构的仓库，转存入本公司的仓库，并由内勤组保管。

第十八条　宣传物品如何在各地区、各组员之间进行分配，由新产品推广部经理决定。

第十九条　在紧急状态下，新产品推广部经理如果认为必要的话，可与营业分支机构负责人商量，由分支机构来制作宣传所需要的物品。

第二十条　其他扩大宣传所必需的用品，也由新产品推广部经理决定。

第二十一条　每月所需要的试销品、试用品及数量，也必须事先向销售经理请示。

□　内勤业务

第二十二条　内勤工作应全力协助新产品推广部进行新产品宣传活动的顺利开展。内勤工作包括文书工作、保管品工作、保管产品样本工作、报告书的处理和保管工作，以及花名册的管理等。

第二十三条　文书工作。内勤组长按新产品组长的指示，整体新产品组员的业务日报、询问记录卡，并把整理结果反馈给各位组员，提醒他们在工作中反省有无疏漏之处。

第二十四条　宣传物品的保管工作：

1. 内勤组长对保管与领取各种与新产品宣传有关的物品负有责任。

2. 内勤组长必须保证宣传物品的库存供应量，并于每月月末向新产品推广部经理报告。

3. 内勤组长必须根据库存报表以及月度或季度宣传品需求量预测，向新产品推广部经理积极进言。

4. 内勤组长有责任负责保管和整理台账，包括库存明细账，收发领用台账，分配记录簿，以及宣传品报废台账等。

第二十五条　产品样品的出纳保管工作：

1. 内勤组长对产品样品的出纳保管工作负有责任。

2. 内勤组长每月月末向新产品推广部经理报告新的样品库存情况。

3. 内勤组长根据库存情况及月、季度预测用量，向新产品推广部经理提出新的样品进货建议。

4. 内勤组长必须对新样品明细账、收发领用台账和分配记录簿做好整理与保管工作。

第二十六条　报告书的整理与保管工作：

1. 内勤组长应及时安排和督促部下，做好组员在报告书中记载的新产品相关事项。

2. 内勤组长应及时从组员报告书中摘录各重要事项，以及应该做出报告的事项，整理为规范文书，向新产品推广部经理及有关部、组长做出报告。

3. 内勤组长有责任把各报告书汇编成册，加以妥善保管。

第二十七条　花名册编制工作。内勤组长应根据各种文件和新产品推广部成员的报告书，整理汇编顾客或可能顾客的花名册。

第二十八条　其他业务工作。内勤组长除了以上规定的业务工作外，还有与新产品推广部进行联络的业务，如顾客电话、信件、传真等事宜，做出妥善处理。

第二十九条　本制度的修改与废除由总裁办公室负责，总裁决定。

第三十条　本制度于××××年×月×日开始实施。

三、广告宣传管理制度模板

□　年度市场推广计划

第一条　战略目标

全力发展代理商，构架基本网络，完成一、二期工程，即60家代理商。

第二条　工作重点

招商同时进行产品形象广告。

第三条　推广战略

1. 通过全国性媒体，传播代理政策，宣传产品形象，征集代理商。

2. 运用公关传播等手段，为产品上市作铺垫，形成一轮猛烈的宣传攻势。

第四条　传播理念

1. 优质产品。

2. 良好的代理政策。

3. 规范的市场管理。

4. 广阔的市场前景。

第五条 工作重点

重点地方市场的进入及系列促销。

第六条 推广战略

1. 加强对重点代理商的支持。

2. 重点地区开展促销活动，推动地方市场的发展和深化。

3. 以促销手段为主，展开一轮向最终用户的宣传攻势，形成一个销售高潮。

第七条 战略目标

完成网络三期工程，代理商达到______家。

第八条 工作重点

向下一级城市推广，重点推广成功经验。推广防御性攻势，造就更多成功的代理商。

第九条 推广战略

1. 广告以更加深入地阐述四大特点、独特卖点以及可能出现的新产品为主；招商不再依靠广告，而是依靠员工的工作和自己上门的代理商。

2. 重点推广地方市场的成功经验，造就更多的成功市场。

第十条 战略目标

网络及规模化经营。

第十一条 工作重点

网络的维护，第四季度攻势，面向全国各地方市场的大规模促销。

第十二条 推广战略

全国的轰炸性促销攻势，地方市场应与此主题相配合，大量出货。

□ 广告补贴

第十三条 广告补贴

广告补贴是指公司为代理商提供的，作为×××广告宣传的费用。

第十四条 补贴的使用

公司对其核准的代理商广告计划报销广告费的______%，但总额不超过代理商广告投放期进货量×%。

1. 代理商的广告计划每月必须报公司品牌推广部核准，否则不予报销。

2. 广告补贴专款专用，必须全部用来宣传推广×××。

3. 广告补贴在使用时，必须按公司规定的版面要素规则刊发广告，否则不予报销。

4. 广告补贴只是代理商宣传×××费用的一部分，其余费用自理。

公司提供的需要代理商交付费用的广告宣传用品（如展架等），代理商如果需要，则按实际成本记为广告补贴的一部分。

第十五条 补贴的获得

1. 经过公司审核批准的广告计划，才能作为申请广告补贴的依据。

2. 代理商广告补贴可每月申请一次。

3. 代理商申请广告补贴需详细填写《广告补贴申请表》,并符合本公司有关规定。

4. 公司品牌推广部经审核批准后书面通知代理商。

5. 广告补贴的给付办法见《费用的报销》。

□ 广告计划的审批

第十六条 批准审批

代理商在当地刊登的广告计划,必须经过公司品牌推广部核准审批,未经审批的广告计划将不给予广告补贴。

代理商每月 1 日前呈报下月《月广告宣传计划》。

第十七条 计划内容

月广告宣传计划应包括媒体选择、广告版式、版面安排、广告价格、刊登时间及次数、广告预算等。

第十八条 申报表

按《广告计划申报表》的标准格式申报月广告宣传计划。

第十九条 核准日期

品牌推广部在五个工作日内将《月广告宣传计划》的核准意见书面(传真)通知代理商。

第二十条 平面广告

代理商必须按公司品牌推广部给出的标准版式(指要素)设计广告。

第二十一条 电视广告

可使用公司提供的广告片。

第二十二条 印刷品广告

可以成本价购买公司的印刷品广告,也可以根据公司制定的版式要素自己设计广告。

□ 费用的报销

第二十三条 报销依据

经过公司审核的广告计划,才能作为申请广告补贴的依据。

第二十四条 每月申请

代理商广告补贴可每月申请一次,报销费用的金额以公司最后审批的确定额为准。

第二十五条 补贴申请表

代理商申请广告补贴需详细填写《广告补贴申请表》。

第二十六条 提供资料

申请广告补贴时需提供:

1. 平面广告提供完整的广告原件两份(报纸原样不得裁剪)。

2. 电视广告提供样带及播出时间。

3. 印刷品广告提供印刷品原件两份。

4. 各种广告的广告费发票复印件。

5. 相关媒体的报价单。

第二十七条 审核批准

公司品牌推广部经审核批准后,书面通知代理商补贴的支付。

1. 代理商可选择现金或货物的方式取得广告补贴。以现金的方式向代理商提供广告补贴时,代理商应提供等额增值税发票;以货物方式提供广告补贴时,双方互不出具发票。

2. 广告补贴在审核通过后 5 个工作日内付出,或在下次进货时抵付。

3. 公司提供的需要代理商支付费用的广告宣传用品(如展架等),从广告补贴中直接扣除。

四、公关促销管理制度模板

第一条　目标原则

公关促销策划活动以本公司市场营销的总目标为基础,以解决市场销售中的问题,促进产品或劳务的销售为最终目的。目标性原则是公关促销策划的一项根本性原则,它包括如下内容和基本要求:

1. 检验目标的方向性。

2. 检验目标的主体性。

3. 检验方案的目标性。审查公关促销策划方案是否符合公关促销策划目标,必须把目标性原则作为衡量公关促销方案与公关促销策划目标符合程度的准则。

第二条　整体原则

公关促销策划要从塑造本公司整体形象和全面经营角度出发,充分考虑市场营销组合,形成整体最优化,实现整体促销效应。

第三条　顾客原则

促销策划要以消费者利益为出发点和归宿点。

1. 树立顾客观念。

2. 寻找本公司与顾客利益的一致点,以此作为策划的主题。

3. 坚持互利互惠,保证公司和顾客的利益。

第四条　适应原则

公关促销策划必须有准确、及时的市场变化信息,以顾客发展的研究与预测为依据,使方案具有一定的弹性,适应市场环境。

1. 进行市场调查预测,广泛收集信息,并且要求分析和验证所获取的信息质量。

2. 要使公关促销方案具有较大的包容性,以适应顾客及其发展变化的各种情况,这样的策划才具有相对稳定性。

3. 要有备用方案。

第五条　行动原则

公关促销策划方案能够指导行动,具有可操作性和可实施性。

第六条　公关促销目标策划

公关促销的目标是指策划方案实施后要达到的要求,它是针对所要解决的问题,在公司总目标的指导下,将公关与市场营销目标有机地结合后形成的。

第七条　公关促销对象策划

1. 现实顾客与潜在顾客的研究与策划。

2. 市场潜力研究与策划。

3. 顾客分布研究与策划。

4. 顾客心理和行为规律研究与策划。

第八条 公关促销主题策划

围绕实现公关目标,针对特定的促销对象,对整个公关促销策划与操作起指导、规范作用的中心思想来进行策划。

第九条 公关策略策划

这是对公关促销的形式、创意、思路及模式等进行的策划。策略策划是公关促销策划的关键。

第十条 时机、进度策划

公关促销的时机,有的是日常性的,有的是固定性的,还有的则具有偶然性。

1. 由于政府政策、方针变化带来的机会。

2. 具有新闻价值的重大活动和运动。

3. 新闻人物(重要人物、知名人士)的特殊活动。

4. 重要节日、纪念日、节假日等。

5. 消费季节、气候变化等。

6. 企业自身的重要事件,如周年纪念日、组建集团等。

第十一条 公关促销评估策划

1. 评估标准。评估公关促销方案实施效果的标准就是既定的公关促销目标。

2. 评估方法。主要采用问卷调查的方法,调查公众及消费者。评估的主体可以是方案实施者、专家和领导。

3. 评估程序。确定评估标准、方法和人员——实施评估调查——整理、分析评估调查结果——将结果与评估标准对比,分析存在的差距和原因——撰写评估报告并上报。

第十二条 编制预算

为保证公关促销策略顺利实施,必须对所需要的人力、财力、物力进行估算与安排。

五、样品赠送促销管理制度模板

第一条 样品种类

样品赠送只适用于一些特定的商品,所以,策划样品赠送活动时,首先要分析企业的这种产品是否能采用样品赠送的方式进行促销。

实践证明,日用品适合采用样品赠送促销方式。在这类商品中,符合以下几个条件的产品则更为合适:新产品或经过改良后的产品;大众化的消费品;经过试用后能立即了解其好处的产品;小包装的样品即能完全代表产品特性的产品。

第二条 样品规格

对于样品规格并无硬性规定,通常依据产品特点而定,如果一次用量就可突出产品品质,送一次就够了;如果需多次使用才能体验出商品利益,则样品规格须适当放大。另外,还应考虑到成本费用,在费用与效果之间选择一个最佳点。

第三条　赠送对象

合理地确定样品赠送的目标对象，是确保样品赠送活动成功的前提条件。样品的赠送，首先瞄准的是该产品的准顾客群，即很可能是该产品现在或将来的使用者。

第四条　赠送时机

由于样品赠送是一项投资巨大的销售促进活动，不可能频繁地举行，通常销售旺季来临之前举办免费样品促销是最为理想的时机，既可扩大试用率，又可立竿见影地提高未来的销售额。

第五条　费用估计

样品赠送中可能发生的费用项目包括：包装费、送达费（人员或劳务费）、广告费及其他促销辅助物的费用、其他管理费、优待券折价面值及优待券的兑换处理费。

六、商业展览管理制度模板

□　展览计划的制定

第一条　确定商业展览的目标，目标要简明、具体，切忌空洞，要将这些目标配合企业的整体营销目标。

第二条　检查设备的陈设，衡量本企业摊位的位置和其他摊位的关系，分析即将举办的活动和本企业摊位位置的关联性。

第三条　引出展览或展示的产品或服务，预先描绘一个展览的布置草图。

第四条　准备好将要分发的宣传文件、销售订单及可能的买主名单。

第五条　假如在商展会场的工作人员超过两个人时，设定好每天摊位工作的进度表。

第六条　扼要说明初步的促销工作（如给消费者的信）或如何款待重要客户。

□　贸易展览准备工作的审查

第七条　为了保证企业参展活动顺利进行，企业除了要制定详细的参展计划外，还要把各项准备工作的内容逐一进行检查。

第八条　要检查公司参展目标是否已经明确、具体，参展目标是否明确。

第九条　要检查公司参展活动的主题是否确定。

第十条　要检查公司参展经费是否准备妥当。

第十一条　要检查公司是否已制定了详细的参展活动的工作日程表。

第十二条　要检查所要参加展览的产品或服务是否已确定。

第十三条　要检查展览场地和空间的布置设计是否正在进行之中。

第十四条　要检查全部参展人员的职责、任务是否明确、具体。

第十五条　要检查企业参展人员对有关展览的规章制度是否完全了解。

第十六条　要检查公司的参展活动是否得到了公司其他部门的协助和支持。

第十七条　要检查各种宣传广告品是否已确定，其准备工作是否已落实。

第十八条　要检查运输工具和需要运输的参展设备是否已经准备好。

第十九条　要检查邀请客户的信函和与客户关系的通信录是否已准备好。

第二十条　要检查供展览用的休息、会客房间是否已准备好。

第二十一条　要检查公司是否专门指定了登记和监督展品装运的人员。

第二十二条　要检查参展人员在展览期间的服装、徽章及必备用品是否已准备妥当。

□　展台的设立

第二十三条　展台是企业向参观者展示产品的场所，展台布置的恰当与否，直接影响参观者对产品的注意力和兴趣。要在有限的展览空间做出大文章，最有效地实现公司的目标，关键在于搞好展台的设计工作。为了充分发挥贸易展览这一促销工具的优势，展台的设立必须遵循以下原则。

第二十四条　要把展览的产品放在中心位置，使其处于最突出的地位上。对于真正的顾客来说，产品要比展台的本身布置及装潢更重要。

第二十五条　要使展览的产品容易被参观者了解。要通过标签、标志及陈列示范等让观众知道产品的名称和用途，避免让观众产生“这是什么?”“它是干什么用的?”之类的问题。

第二十六条　要充分地展示产品。企业要向观众做细致、耐心的现场演示，展品演示要突出产品自身的特点，如产品性能的稳定性和优越性、展品功能的多样性等。总之，要把企业产品的优势和最精彩的部分展示出来。

第二十七条　要全面地展示展品。如果展品具有多方面的功能，企业就应当把所有的功能全部展示出来，以确保参观者对产品有全面的了解。

第二十八条　切忌喧宾夺主。要保持展台的庄重和典雅，过分耀眼、闪烁的灯光，过分喧嚣的音响都不利于观众仔细观察展品。由于参展的最终目标是要销售产品，所以，不要让展台的奢华分散了顾客对产品的注意力。

□　参展人员的选派和规范

第二十九条　参展人员的选配是公司参展的一项重要内容。参展人员的一言一行是公司素质、实力和信誉的体现。在挑选参展人员时，一方面要注意他们是否有足够的有关产品的知识；另一方面还要注意他们是否有足够的交际经验和能力。这时绝不要把新手或经验不足的职员派去参展。生疏的演示、外行的回答、冷漠的态度都会破坏公司的形象，破坏公司的参展效果。

第三十条　展台职员应有的行为和态度。了解自己，了解自己的产品，了解顾客的需要，了解自己的竞争者。注意自己的服饰和仪表，努力工作，采取热情、自信、诚实的态度，随时准备回答问题或演示产品，熟悉展厅和展台的环境，预先为参展做好准备。

第三十一条　展台职员要有正确的接待方式。主动问候顾客，耐心倾听顾客的叙述，从他们最有兴趣的题目谈起，介绍自己的身份，仔细了解顾客的身份，明确他们的各种问题，把他们完全带入展览环境，提供有说服力的材料或演示，对可能出现的问题有所准备，借用历史材料或案例，将一时不能解决的问题记录在案。

第三十二条　展台职员应杜绝的行为和态度。吸烟、饮酒、与同事闲谈、到处闲逛、怠慢顾客、举止粗鲁、欺瞒顾客、精神疲惫、低估顾客、不对顾客的问题做出明确回答。

七、降价促销管理方案

降价促销指企业在一定时期内调低一定数量的商品售价,或者适当地减少自己的利润,以此反馈消费者的销售促进活动。

□ 优点

降价促销在掌握已有消费群、抵制竞争者方面,比起其他促销工具,效果更为显著。

提高商品在货价上的注目率,吸引消费者注意,并鼓励购买。

降价能直截了当地给消费者带来切身实惠。顾客选购商品考虑的主要因素仍是价钱。省下的是金钱,这是最实在的。

降价的另一个优势是具有弹性。企业完全可以掌握促销品的数量和地区,且每一环节都较易控制。

□ 缺点

降价促销很难让新加入的消费者产生品牌忠诚度。通常他们在享受完优待后会转买其他商品。

降价促销对于正处于衰退期的商品,只能增加一时的销售量,却无法从根本上解决问题。

□ 操作技巧

第一,促销时机。由于降价促销活动容易在一定程度上损害商品的形象,因此,举办折价促销时(尤其是竞争性折价促销),除了要科学地把握时机外,还要巧立名目,给每次的促销活动确定适宜的主题,以避免消费者产生误解。一般情况下,企业可以利用的时机和理由有如下几种。

季节性,如企业对过季或应季商品进行折价促销。

重大节日,如每年的元旦、春节、中秋节等都是折价促销的极好时机和借口。如果采用"回报消费者"的促销主题,则还能起到树立企业形象的作用。

企业庆典活动,如开业周年纪念日、销售额突破多少万元大关等,以这些活动为由举办折价促销,常能让消费者产生企业实力雄厚的感觉。

特定日期对特定顾客,如教师节对教师实行部分商品折价优惠等。

另外,在折价促销中,为了不影响企业形象,要尽量避免使用"降价处理""大甩卖"等字样,而换用"大酬宾""优惠价"等来代替。

第二,折价促销应注意的其他问题。

打折广告要真实而简明。

加强安全管理。

八、以旧换新促销管理方案

以旧换新促销，也就是以旧货换新货，在价格上对顾客实行一部分折让的促销方式。随着产品的更新速度越来越快，以旧换新促销必将越来越显示出其独特的优越性。

□　优点

首先，能有效地刺激顾客的购买欲望。目前，对城市中大部分家庭来说，旧家具、旧家用电器如同“鸡肋”一样，“弃之可惜，食之无味”。而以旧换新促销为顾客解决了这个难题，吸引了许多顾客，尤其是那些犹豫不决的顾客，以旧换新使他们提早更新了自家的耐用消费品。

其次，有利于拓展新的市场。对于一个耐用消费品来说，要进入一个新的市场领域，除了通过广告宣传来扩大知名度外，也可以采取如让利销售、免费赠品、竞赛抽奖等诸多销售促进活动，但相比之下，以旧换新更容易吸引顾客，因为它能给顾客带来便利和实惠。所以，采用以旧换新有助于企业的产品在新市场的推广。

最后，有利于商家启动市场，扩大销售额。以旧换新不仅在促进厂商扩大市场方面功效显著，对商家来说，它也是一个刺激销售的利器。北京百盛购物中心家电部自1996年开展以旧换新业务以来，销售额比过去增长了60%左右。对于零售商来说，以旧换新虽让了一部分利润，并且增大了工作量，但它有效启动了冷寂的市场，提高了销售额，减少了货品积压。

□　缺点

费用相对较高。以旧换新促销，目前主要用于家用电器、黄金首饰等耐用消费品，这类商品本来利润率就较低，如果再实行以旧换新，企业又要让出一部分利润给消费者，从销售出去的商品中所赚利润相对很少。以旧换新促销，企业需支付相当大的费用。

商品种类限制大。以旧换新促销一般只适用家庭耐用消费品。产品价格比较低、使用寿命又很短的商品，就不适宜搞以旧换新，因为消费者会毫不犹豫地一扔了之，所以，以旧换新就没有吸引力，促销效果自然不会好。

□　操作技巧

第一，旧商品的折价标准。消费者最为关心的主要还是手中的旧货如何作价。现在商场所采取的做法，大多是不论品牌、使用年限、新旧程度，一律统一折价，这种折价办法往往在一定程度上挫伤了顾客参与活动的积极性，尤其是那些手头旧货尚比较新的顾客。因此，在条件允许的情况下（指企业有充足的人力和精力），还是应当确立不同的折价标准，以区别对待新旧程度不同、原有价格不同的旧货。

第二，旧商品的折价幅度。掌握旧商品的折价幅度，不仅关系到促销活动对顾客的吸引力大小，也直接关系到促销活动的经济效益。因此，要根据企业的促销目标、促销预算以及市场上竞争产品的情况来科学制定折价幅度，使企业既扩大了商品的销售，又能保证一定的盈利。

第三,促销活动的时间性。以旧换新活动在什么时间开展,是长期开展还是定期开展,这些都要精心策划,关键是要根据促销效果来进行效益上的测算,如果得不偿失,就应停止以旧换新的促销活动。

九、竞赛与抽奖促销管理方案

让消费者深感魅力和期待的中奖促销活动,自然非“竞赛与抽奖”莫属。

美国广告代理商协会对竞赛的定义是:“竞赛是一种请消费者运用和发挥自己的才华去解决或完成某一特定问题的活动。”日常生活中常可见到这样的竞赛方式,要求您针对为什么喜欢此商品写一句话,或为产品命个名,等等;然后再从所有来件中,依水平高低评出或摇号选出优胜者。所以说,竞赛活动中,基于卓越的才华和运气,才是获胜者脱颖而出的要素。

另外,美国广告代理商协会又曾如此阐述:“抽奖不是针对部分具有才气的消费者而办。获奖者是从参加的所有来件中抽出的,换句话说,奖品的赠送全凭个人的运气。”由上述得知,抽奖活动参加者只要填妥姓名、身份证号或其他一些个人资料即可。优胜者通常从所有来件中选出,无需任何才华或学识。

□ 优点

竞赛与抽奖促销可扩大、建立或强化商品形象。例如,当营销人员将商品与突出的赠品彼此紧密联结时,必能使商品本身更为引人注目,同时,也可借助促销主题,进而协助塑造或强化商品定位。

对抗竞争品牌的促销活动。例如,当某类商品中,各品牌正大肆运用优待券促销时,改用竞赛或摸彩的方式,必能异军突起,广泛地吸引消费者的注意。

吸引消费者的试用,虽然不见得经常有效,但如果比赛内容或奖品深富趣味,消费者会产生较强的参与试用欲望。

达到目标顾客阅读广告的艰难任务。消费者在面对广告泛滥的情形下,唯有像竞赛与抽奖这种深具刺激性的活动,才能突破重围,从喧闹的广告丛林中脱颖而出,吸引消费者的兴趣与参与。

适于针对特定目标市场进行直接的广告与促销诉求。例如,举办竞赛或抽奖活动的主题或所送的奖品,可依市场区域策略,精心规划以符合特定人口结构或不同心理层面的真正需求。

竞赛与抽奖可联合数种品牌或商品组成一个促销活动,此方式对在相关联的品类中有多种品牌或产品的营销人员而言,最具效果。

□ 缺点

竞赛与抽奖促销不一定会造成大量试用或让销售业绩突增,如果这是目标所在,那么运用另一种促销术——样品赠送,必将更见成效。总之,竞赛与抽奖的运用,应以建立长远的商品形象而不是着重眼前的立即回馈为出发点。

不能极大地扩展消费者的参与率和对产品的注意力。事实上,只有 20% 的人会参加此种促销活动，而所有参加抽奖者中约有75%～90%并非是直接附上实际购物凭证的消费者。因此，竞赛与抽奖的参与人显然并未购买该商品，自然难以达到营销人员既定的销售目标。

通常需要大量的媒体经费广为宣传，才易获得成果。但从机会成本角度看，用相同的经费在更具直接行动的其他促销术上，则对销售量的提高更有帮助。

□　操作技巧

第一，奖品设置。通常奖品的设置会采用金字塔形，即一个高价值的大奖，接着数个中价位的奖品，及数量庞大的低单价小奖及纪念品。通常，绝大多数的消费者对以现金当赠品深感兴趣。另外，只要奖品新奇、独特，一样能如送现金大奖般地吸引消费者。

第二，活动规则应清晰、易懂。通常包括以下内容：

1. 参加资格；
2. 购买要求；
3. 参加次数，即明示消费者可参加的次数或不限次数即兴参加；
4. 标示评选机构、评选方法；
5. 列出奖品及奖额；
6. 说明奖品兑领赠送方式；
7. 截止日期、抽奖日期、公布中奖日期等信息；
8. 其他合法保障条款。

十、分期付款促销管理方案

所谓分期付款促销，就是消费者在购物时不用一次把全部货款付清，而是先交其中一部分，余下的金额在规定的时期内分期偿还。分期付款销售的商品价格都要高于一次性现金付款销售的商品价格，因为这种销售方式为消费者提供了服务与方便，因此，商家要提取一定的服务费。分期付款销售一般适用于高档耐用消费品的促销，特别是家用电器、汽车、住房等。

□　优点

分期付款能有效地刺激顾客提前购买。分期付款可以有效地将顾客未来的购买行为提前。因为，对一般靠工资收入的工薪阶层来说，高档耐用消费品的价格很高，要在短期内凑足一定数量的钱很难。若采用分期付款的方式，就能很好地克服顾客收入与支出的矛盾，鼓励其积极性，也刺激了顾客及早实现购买行为。

它容易让消费者对产品质量产生信赖感。相当一部分收入较高、一次性付款完全不成问题的顾客也对分期付款颇感兴趣。他们认为分期付款销售的商品质量一定有保证，质量低劣的商品，消费者有权退货，商家则难以维持正常营业。因为，厂商敢于实行分期付款促销，说明其质量过得硬，有保证，所以才能向顾客承诺。

它有利于提高企业或产品的知名度。分期付款作为国内新兴的一种促销方式，容易造成市场轰动效应，能为企业和企业的产品扩大影响，提高知名度。所以，分期付款从某种意义上来讲，比广告促销更能有效地宣传企业和产品。

分期付款除了以上优点之外，还在促进资金回笼、使产品在销售淡季不淡等方面有较佳表现。

□ 缺点

分期付款的缺点主要是回款太慢，占用企业资金时间过长，降低了资金周转速度，从而影响了企业的进一步发展。

□ 操作技巧

鉴于我国目前的市场环境，企业实施分期付款促销应注意以下几个问题。

第一，综合权衡是否运用分期付款促销。从前面的分析可知，企业开展分期付款业务有利有弊，因此，不能盲目地追赶潮流。本企业是否适宜用分期付款促销，要根据企业自身的经营项目、资金实力，尤其是流动资金的充足与否和效益等多方面因素综合权衡。

第二，科学地策划分期付款的具体形式。分期付款的具体形式主要是指分期付款的时间期限和首次付款的金额。分期付款的时间期限过短，或者首次付款金额过大，都会失去对消费者的吸引力；而分期付款的时间期限过长，或首次付款金额过小，则会延长资金周转时间，影响企业收益，甚至使企业得不偿失。因此，必须合理地规定时间期限和首次付款金额。策划时应根据商品自身的单位价格、大多数消费者能承受的支付能力及企业自身效益等因素综合考虑。

第三，在可能的情况下，要对消费者进行必要的资信审查。分期付款销售实质上是一种信用销售，消费者能否如期付款，是分期付款促销成功与否的关键。因此，在可能的情况下，企业应当对消费者的经济状况、信用程度进行必要的审查，以便尽可能地降低源于消费者资信方面的风险。

由于消费者人数众多，情况复杂，因而只有涉及价格较高、销售量较小的商品时，企业直接对消费者的资信审查才是可能的。

对消费者的资信审查，目的是解决分期付款销售的商品担保问题，即保证让消费者能如期付款。国内企业目前主要采用以下几种办法来解决此项问题，一是由单位出面担保，要求消费者必须持有正式的国有企事业单位的证明；二是由银行出面担保，主要是针对信用卡的持有者；三是由专门机构协助，以消费者的不动产，如房产等作抵押。在企业实施分期付款销售过程中，具体采用哪一种担保办法更为适宜，应视企业的具体情况而定。

十一、赠品促销管理方案

赠品促销指购买指定商品的消费者可以从促销活动中免费得到额外的奖品。通常免费赠品中顾客获得奖品的多少与购物多少有直接关系。

“礼物犹如诱饵”，免费赠送利用人们爱占小便宜的心理，以奖品有效地引起顾客对商品的购买兴趣，所以，免费赠品促销活动常能获得较佳的费用效益比。但是在各种销售促进工具中，由于免费赠送被使用得过多过滥，因此，它常常难以引起消费者的积极反应，顾客对这类促销活动怀疑、反感甚至抱怨的现象十分普遍。所以，企业必须慎用此种促销工具，使用时也要精心策划，力争出奇制胜。

□　优点

对抗同类产品竞争。在同类产品竞争十分激烈，产品自身品质难分高下的情况下，某品牌若采用免费赠送，则容易脱颖而出，从而能引起消费者的注意和兴趣。

能有效地增加产品的销售量。可以通过兑换赠品的方法来加大顾客购买量，如须用若干个购物凭证领取一件（套）奖品，则顾客为及时得到奖品，必须要多购买。

有利于维护产品形象。免费赠品比直接降价更有利于维护产品形象。如果产品销路不畅，采用直接降价往往会让顾客觉得产品本身有问题，同时也容易引起价格大战。而采用免费赠品形式，则会避免顾客产生怀疑，同时还会有一种额外收获的感觉，容易让顾客对制造商产生好感。

介绍和推广新产品或改良产品。对新产品来说，为促进消费者尝试使用，可采用赠送或优惠券吸引顾客，但免费赠品也不失为一种行之有效的好办法。这里包括两种形式，一种是用诱人的赠品吸引消费者购买新产品；另一种是将新产品作为老产品的附赠品送给顾客。这样既促进老产品的销售，又让消费者了解了新产品，一箭双雕。

该法可在消费淡季掀起购物狂潮或在节日、企业庆典日创造品牌的销售佳绩。

□　缺点

赠品如果选择不当，常常容易让顾客失望，甚至引起不满。

赠品若通过零售店赠送，常常会被零售店私自扣留，赠品到不了目标顾客手中，影响促销效果，甚至影响制造商的信誉。

□　操作技巧

第一，精心策划赠品。因为免费赠品促销对消费者吸引力的大小主要取决于采用什么样的赠品。通常可以用有企业特色的厂商的特制品（有企业名称的 T 恤衫），同销售的产品有关（销售胶卷赠送相册）等做赠品。

第二，厂商要想使赠品活动获得成功，造成消费者的抢购热潮，就必须配合其他市场营销工具，尤其是要借助广告的力量。免费赠品不仅无法取代广告活动，而且还需要广告（包括 POP 广告）从多方面配合，相得益彰，方能取得辉煌的促销效果。

第三，派遣人员示范及展示赠奖的奖品。厂商如果能在零售店设置一专柜，以销售该厂的产品和展示赠奖活动中的奖品，同时派遣服务人员在该专柜主持产品的示范与解说，对于增进赠奖活动的促销效果，起着至关重要的作用。

第四，力保赠品及时、顺利地到达消费者手中。在免费赠品活动中，赠品的到达率直接影响促销效果。

十二、特惠包装促销管理方案

特惠包装促销涵盖范围极广，包括包装内赠送、包装上赠送、包装外赠送、可利用包装赠送等。

第一，包装内赠送。包装内赠品，一如其名是将赠品放在产品包装内附送。此类赠品通常体积较小、价位较低。

使用得最多、最广为人知的赠品，以儿童食品包装内赠送儿童玩具最出色。

第二，包装上赠送。包装上赠品是附在产品上或产品包装上，而非置于包装内部。比如，用橡皮筋将赠品与商品绑在一起，或用透明成型包装。一般包装上赠品种类繁多，常选用的赠品是与商品相关联的产品，如买咖啡送咖啡杯。

第三，包装外赠送。此赠送方式的赠品，常在购物的零售点内送给顾客。因为此类赠品通常体积较大无法与产品包装在一起，但可摆在产品附近，方便消费者购物时一并带走。

第四，可利用包装赠送。可利用包装是另一种赠品的形式，其最大的特征是产品通常被装在此容器内，当产品用完时，此容器可再装其他的东西，是个极好用的储物罐。这类赠品在药品、保健品和饮料类产品中用得相当普遍，最常用的一种是不易摔碎的"胶玻璃"容器，罐内物品用完时，该储物罐仍可继续使用。

大多数消费性产品的营销人员常会视情况需要，选择包装内、包装上、包装外或可利用包装这一类的包装促销术，配合产品特质适时运用。

□ 优点

当同类产品正处于竞争激烈之时，可在零售点上塑造产品的差异化。

媒体广告的宣传，加上零售点的强化，互相配合，可以达到相乘的广告效果。因为当消费者在店内看到商品时，很容易与看过的广告相互联想。

附送赠品比折价促销能增加更多的新试用者。因为，如果谨慎地选择理想的赠品，其价值感优势必优于减价的利益，当然更能吸引消费者尝试购买。

选择与产品相关的赠品，最能增加产品的使用量。例如，买面粉赠食谱，提供顾客用面粉调制食品的方法，以增加其用量。

赠品选择有弹性，凭借赠品的附送达到市场细分的目的。例如，诉求对象因小孩或成人的不同，则在选择赠品时，也必须因目标对象而异。

促销活动之前即可预知赠品数量，易控制成本。

□ 缺点

举办赠送活动前，须先进行赠品测试，以确定赠品是否受欢迎，所以就出现了测试成本的问题。

附送糟糕的赠品，对销售深具杀伤力。当赠品的吸引力不够、品质欠佳时，反而使本欲购买该商品的消费者打了退堂鼓，当然销售不佳。所以说，一个差劲的赠品，甚至妨碍了经常使用者的购买行为。

举办包装促销，因附赠品的包装与正常商品不同，对厂商和零售商而言，均易造成库存管理的问题。某些零售商常以不愿增加库存为理由，而排斥此类活动，拒绝进货。

过度滥用包装赠送活动，会减损商品本身的形象。因为若经常举办附赠品促销活动，会误导消费者认为该产品只会送东西，而忽略了产品本身的特性及优点。

□　操作技巧

第一，这些赠品均须经过特殊处理、包装，此外更须注意儿童的健康安全问题，最好其包装能防止小孩误食或受伤等意外事故。因此，厂商在挑选赠品及包装处理上应非常小心、谨慎。

第二，赠品选择。活动前的赠品测试，是赠品选择的重要决定因素。但仍有一些基本原则，适用于选择各类赠品时参考，特列举如下。

易于了解。不需说明即一目了然，它是什么，值多少钱，必须让顾客一看便知。

具有购买吸引力的赠品。经挑选过的赠品，必须能立即吸引顾客激起购买欲，才是好赠品。

品质要高，而且经久耐用。一个低廉、差劲的赠品，反而伤害到产品本身的形象。

尽可能选与产品有关联的赠品，如咖啡送奶精、洗衣机送洗衣粉等。

尽可能挑有品牌的赠品。一个没有品牌的赠品，当然比知名度高的逊色得多，既难以估算其价值，更不易吸引消费者。

如果所选的赠品相当平凡，如杯子、碗、化妆包等，最好在赠品上印上贵公司品牌、商标或饰以标志图案，以凸显赠品的独特性，如此，则可化平庸为神奇。

十三、现场演示促销管理方案

现场演示促销，即在销售现场，由厂家安排经销商对企业产品进行特殊的现场表演或示范，以及向顾客提供咨询服务。它是现今厂家十分青睐的一种促销方式。

□　优点

促进消费者了解新产品。新产品要想得到顾客的认可和接纳，首先必须取得用户的了解和信任。广告虽然可以向消费者传播新产品信息，但它毕竟只能给消费者一个抽象的概念，而商品示范，则能让消费者获得更实际的了解。营业员通过现场演示，能将产品的性能特点全面、真实地展现在顾客眼前。

吸引顾客的注意力。根据推销学中著名的爱达（AIDA）公司理论，要想把一件产品成功地推销给顾客，首先要引起顾客对产品的注意，然后让顾客对产品产生兴趣，继而产生购买欲望和行动，即注意（Attention）—兴趣（Interest）—欲望（Desire）—行动（Action）四步曲。所以，能否让顾客注意企业的产品，是决定企业产品能否顺利销售出去的关键一步。顾客进商店之后，除了按计划购买之外，还会即兴购买他们注意到并且感兴趣的商品。现场演示的最大功效就在于能通过带有戏剧性的表演，通过发声、发光、顾客实际操作等来吸引顾客的注意力，使顾客驻足观望、了解并喜爱其产品。

能向顾客提供有力的说服证据。俗话说："耳听为虚，眼见为实。"一种产品的性能如何，广告上说得再好，也不如亲眼看见让人信服。现场演示可以加深顾客对商品的实际感受，强化媒体广告的宣传效果，所以，对一种知名度尚不很高的新产品来说，若将广告促销与现场示范促销结合使用，则二者相得益彰。广告可以大范围地传播产品信息，现场演示又可以集中在购物场所帮助顾客回忆、证实从广告中得到的信息，因此，必能收到良好的促销效果。

促销费用省。现场演示促销除了以上三个突出优点外，促销费用低也是其重要特点之一，其成本费用主要是用于演示的产品样品费用、辅助品（如榨汁器用的水果）费用及专柜的租用费、促销人员的劳务费等，与其他许多销售促进工具相比，费用比较低，但在现场促销效益却并不差。

□ 缺点

现场演示受产品特性的限制较大，并不是每一种产品都可以做商品示范。即使能做示范的商品，产品不同演示的效果差别也很大。

促销的对象范围比较窄，只能是前来商店的顾客。

促销效果的好坏受产品演示者的演示水平影响也很大，如演示不当，反而容易产生相反的效果。

□ 操作技巧

第一，现场演示的适用范围。如前所述，并不是所有的商品都适宜采用现场演示的形式促销，在通常情况下，做现场演示的商品最好具有以下几个特点。

技术含量比较低的大众化消费品。因为这类商品演示起来比较方便，演示的过程和效果比较直观，消费者容易理解和把握。

有新型的使用功效。如果该产品与市场上已有的其他同类产品相比，并无更先进、更优越的性能，就没有必要做演示，因为演示的结果并不能激起顾客的好感和购买兴趣。

能立即显示产品的效果。演示过程中，消费者如果确切地感受到产品的使用功效，才可能产生购买兴趣，如亲眼见到挤压出粗细均匀的面条，或亲自感受到电子按摩椅按摩后的舒适，等等。如果产品使用后的效果不能立竿见影，则现场演示的效果也就会大打折扣。

第二，示范表演者的演示水平。现场演示，目的在于将产品的特点、性能，真实、准确、直观地传达给消费者，通过刺激消费者的感官来刺激消费者的购买欲望。因此，示范表演者的操作要熟练，要能充分地展示产品的优越性。示范表演者的操作水平，直接影响着消费者对产品的信任程度。

第三，现场演示的技巧。现场演示要想能吸引消费者的注意力，就必须具有一定的戏剧性。演示的戏剧性越强，越容易激起顾客的购买欲望。例如，一位促销人员为了证明一种洗涤用品的去污能力，他总是将墨水、酱油之类的东西先泼在自己的白衬衣袖子上，然后再演示洗涤剂的洗涤效果，结果，吸引了不少人围观，使不少消费者纷纷购买。这种演示方法就比将墨水泼在毛巾上或布头上要有戏剧性，也更有说服力。因为如果演示者对产品没信心，就不会舍得将污物泼在自己的衣服上。

十四、POP促销管理方案

“POP”是英语 Point Of Purchase 的缩写形式，本意为购买地点，现实中常被译为售点或卖点，因此，POP 广告也常被称为售点广告。POP 广告指企业在销售现场为宣传产品、刺激顾客购买欲望所布置的特殊广告物，如悬挂小旗、张贴宣传画或在店门口设置大型夸张物件，等等。

□　优点

吸引顾客的注意力。带有品牌的 POP 广告可以使该品牌从琳琅满目的众多商品中脱颖而出，让消费者立刻想到该产品。

创造一种气氛，配合促销活动。销售促进活动通常是以让利形式诱使消费者采取购买行动。在举办这类活动时，仅靠让利往往不足以引起顾客的重视。而颇有感染力的 POP 广告，则能在店头制造一种令人兴奋的购物气氛，在这种气氛中，消费者常无法抗拒情不自禁地加入购买行列中。大多数冲动型购买往往都是在这种气氛中产生的。

使大众媒体广告与实际商品相联系。消费者看广告时，往往会产生一种欲购买的冲动，但由于未在购物现场，这种冲动会很快云消雾散。POP 广告作为购物现场的宣传物品，可以将大众媒体（如广播、电视、报纸等）广告的效力延伸至零售店，使消费者将广告与货架上的商品对号入座，增强其广告效果。

诱导顾客采取购买行动。零售店是消费者进行购买决策的最后场所，不论消费者事先对该产品有无了解，他都必须在店头对产品进行实地考察，包括眼看、手摸，甚至亲身体验。这时 POP 广告可以帮助消费者加深对产品的了解，并使消费者对产品产生较好的印象。由于 POP 广告是消费者在采取购买行动前所接触的最后的宣传媒体，因此，它对影响消费者的购买决策、诱导他们立即实现购买行为至关重要。这是其他广告媒体所无法达到的优势。

节省广告费用。对厂商来讲，POP 广告是费用最低的一种销售促进工具，因为其支出只有制作费（包括材料费）一项，而且费用还可以由各家零售店分摊，其成本显然很低。

□　缺点

从销售促进工具的角度讲，POP 广告最大的缺陷是，由于种种原因常被零售店闲置一旁，从而无法发挥其应有的效果。以商业发达的日本为例，一般零售店对 POP 广告的利用率为 10% ~30%。而美国的调查资料表明，美国零售店对厂商 POP 广告的利用率仅为 15%。这些数字显示这样一个事实，即厂商花费不少金钱和精力制作的 POP 广告大部分被浪费。

POP 广告之所以未被零售店普遍采用，其主要原因有以下几点。

第一，零售店店面空间狭窄，无力容纳众多制造商提供的 POP 广告。尤其是影响商品陈列或阻碍通行的大型 POP 广告，更是难以被使用。

第二，POP 广告与零售店的陈列策略及形象特色不符，使零售店无法采用。目前，不仅是专营店，即使是一般零售店，也都强调自身店铺的风格与特色，因此，如果厂商交付的 POP 广告与其形象不符，则势必被零售店拒绝使用。

第三，零售店销售业务上的压力，使店铺无暇顾及 POP 广告的使用。零售店通常因为商品的陈列与销售已忙碌不堪，若再为厂商的 POP 广告的设置或维护分心分力，则必会感到麻烦，特别是厂商为竞争而设计大型化或复杂化的 POP 广告，更让零售店感到厌倦。

□ 操作技巧

提高 POP 广告的设计水准，以下十条标准可供参考，它们是：吸引顾客的注意；使顾客产生兴趣；转移顾客对品牌的印象；增强顾客的购买欲望；通过大众传播工具使顾客因视觉效果而联想该项商品；配合零售店格调，并能抬高零售店身份；以自动销售代替人力销售；对销售库存极有贡献；销售效率极高；提高销售人员的士气。

第一，从制作方面提高 POP 广告的适用性。厂商在设计和制作 POP 广告时，必须深入零售店考察，并征求零售店对 POP 广告制作的要求，尽量从零售店的立场出发，制作出适合零售店使用的 POP 广告。比如，可以制作几种大小、风格不同的 POP 广告，以分别配合不同特性和空间的零售店使用。

第二，派人员进行技术指导和服务。厂商在向零售店提供 POP 广告的同时，也应派推销员到现场进行示范操作，负责协助解决 POP 广告的安置和售后服务等问题。

第三，对零售店实施利益激励。为了提高零售店采用 POP 广告的积极性，厂商可以对零售店实行物质奖励，如对在一定期间垂挂宣传物品的零售商，可以领取一笔奖金。

第四，加强 POP 广告的艺术创作。POP 广告不仅要有较强的适用性，还要有较强的艺术感染力，富有创意，这样才能博得零售店的好感和认同。所以，厂商要想让自己的店头广告得到零售店的采纳，还应创作出与众不同的作品来。

十五、互联网促销管理方案

和传统的营销模式不同，互联网营销有其自身的特点，因此，要想做好互联网营销，我们就必须依据其特点，采用不同的营销策略来推动互联网营销。互联网营销模式主要有如下几种：

第一种，SEM 搜索引擎营销。

第二种，电子邮件营销。

第三种，资源合作推广。

第四种，网络广告营销。

第五种，病毒式营销。

第六种，BBS 营销。

□ 优点

随着计算机互联网技术的迅速发展，互联网经济已经成为一种新型的经济形式，而与之相关的互联网营销也迅速成为新的市场营销途径。互联网营销具有营销空间的无缝隙化、顾客的主导性、市场配置的协作性等特点，它与传统营销相比有很大的不同，具有如下优点：

第一，双向沟通平台提高了消费者的参与性和积极性。

传统的营销管理强调4P：产品、价格、渠道、促销（product、price、place、promotion）组合，现代营销管理则追求4C：顾客、成本、便利、沟通（customer、cost、convenient 和 communication），然而无论哪一种观念都必须基于这样一个前提：企业必须实行全程营销，即必须由产品的设计阶段开始就充分考虑消费者的需求和意愿。

而在传统的营销模式下，这一点往往难以做到。而在互联网营销环境下，即使是中小企业也可以通过电子布告栏、线上讨论或电子邮件等方式，用较低的成本在营销的全过程中对消费者进行即时的信息搜索，消费者也有更多的机会对产品从设计到定价和服务等一系列环节发表意见和建议。这种双向互动的沟通方式提高了消费者的参与性与积极性，更重要的是它能使企业的决策有的放矢，从根本上提高消费者满意度，创造出更加符合消费需求的产品。

第二，更加强调以顾客为中心，更加关注顾客的需求。

传统营销策略的工作重心更多的是企业利润的最大化，而互联网营销更强调以顾客为中心，通过满足顾客需求，为顾客提供优质、便利服务而实现企业价值，通过满足顾客的个性化需求，最终实现企业利润。

第三，使企业和顾客关系变为真正的合作关系。

传统的营销方式以销售者的主动推销为主，而客户处于被动接受的状态，这样很容易使顾客与企业之间的关系变得僵化，甚至给顾客带来很多不便和烦恼。从长远来看，这种营销模式并不利于企业的长期发展；互联网营销方式更加强调顾客为中心，更注重维持与顾客的关系，通过分析顾客的喜好、需求，为顾客提供优质产品和服务，而客户在需求的驱动之下也会主动通过互联网寻求相关产品或服务的信息，从而使企业与顾客的关系变为真正的合作关系，有利于企业的长期发展。

互联网营销与传统营销相比在方式上的最大区别在于是否以顾客为主导。在互联网时代，顾客拥有比过去更多的选择自由，他们可根据自己的个性特点和需求在全球范围内寻找满足品，不受地域限制。通过进入感兴趣的企业网址或虚拟商店，顾客可获取产品的更多的相关信息，使购物更显个性。

第四，营销媒介更加便捷。

传统的营销活动主要是依靠营销人员与顾客的直接接触与放送广告的形式对顾客进行轰炸，使顾客被动接受；而依托互联网而产生的互联网营销，作为一个新的理念和营销方式，与传统市场营销相比，具有跨时空、多媒体、交互式、整合式、高效性、经济性和技术性等特点。这种营销方式主要是以互联网为基本平台，通过计算机、手机、电视机等互联网终端为顾客提供服务从而实现营销目的。

第五，给消费者带来非凡的感受。

在传统的营销中，从商品买卖过程来看，消费者一般需要经过看样，选择商品，确定所需购买的商品，付款结算，包装商品和取货（或送货）等一系列过程。这个买卖过程大多数是在售货地点完成的，短则几分钟，长则数个小时，再加上为购买商品去购物场所的路途时间、购买后的返途时间及在购买地的逗留时间，无疑大大延长了商品的买卖过程，使消费者为购买商品而在时间和精力上做出很大的付出……而互联网营销则不会出现这些问题。

互联网营销为人们描绘了一个诱人的场景，它使购物过程不再是一种沉重的负担，甚至有时还是一种休闲、一种娱乐。互联网营销能简化购物环节，节省消费者的时间和精力，将购买过程中的麻烦减少到最小。消费者则可在全球范围内寻找最优惠的价格，甚至可绕过中间商直接向生产者订货，因而能以更低的价格实现购买。此外，互联网营销也能为企业节省巨额的促销和流通费用，使降低产品成本和价格成为可能。

互联网时代，消费者迫切需要用新的快速方便的购物方式和服务，以最大限度地满足自身需求。消费者价值观的这种变革，呼唤着互联网营销的产生，而互联网营销也在一定程度上满足了消费者的这种需求。通过网上购物，消费者便可“闭门家中坐，货从网上来”。

□ 缺点

虽然，传统营销与互联网营销相比具有很多弊端，但是，互联网营销与传统营销并不能相互替代。

因为互联网营销的全部过程都是完全虚拟的、不可视的，所以消费者与企业间的信任很难建立，而在这一点上，传统营销则占据了更多的优势。比如，BBS 论坛参与人员数目众多，社区板块繁多，目标受众群不易确定。另外，对软文质量的要求也较高，需要团队配合进行炒作。所以，作为处于同一经济环境下的不同营销方式，二者不能互相取代，而是将长期存在，优势互补，并最终走向融合。

□ 操作技巧

第一，SEM 搜索引擎营销。即 Search Engine Marketing，简称 SEM。搜索引擎销售的基本思路就是通过让用户发现信息，并通过（搜索引擎）搜索点击进入网站、网页进一步了解其所需要的信息，进而实现企业营销的目的。搜索引擎营销的主要推广方式便是搜索引擎推广。

目前，搜索引擎推广的形式包括搜索引擎优化、关键词广告、竞价排名、固定排名、基于内容定位的广告等多种形式。而随着搜索引擎形式的进一步发展变化，也出现了其他一些形式的搜索引擎。

从目前的发展趋势来看，搜索引擎在互联网营销中的地位依然重要，并且受到越来越多企业的认可，搜索引擎营销的方式也在不断发展演变，因此企业应根据环境的变化选择搜索引擎营销的合适方式。

第二，电子邮件营销。即 Email Direct Marketing，缩写为 EDM。该营销方式是指在用户事先许可的前提下，通过电子邮件的方式向目标用户传递价值信息的一种网络营销手段。

这种营销模式的三个基本因素为：用户许可、电子邮件传递信息和信息对用户有价值。三个因素缺少一个，都不能称之为有效的 Email 营销。电子邮件营销是利用电子邮件与受众客户进行商业交流的一种直销方式，同时也广泛地应用于网络营销领域。

电子邮件营销是网络营销手法中最古老的一种，甚至可以说比绝大部分网站推广和网络营销手法都要老。目前，随着电子邮件数量的激增，很多网民会将邮箱设置为自动拒接被标为垃圾邮件的邮件，因此，电子邮件营销模式的优势正在逐渐消失。

当然，如果企业用户能在电子邮件营销模式上做些精心设计，电子邮件营销依然可以发挥其相应的作用。比如：设计吸引人，邮件标题简单明了，内容清晰，便于阅读等。

不过，若是广告邮件群发能做好，其效果却也非常好，而且成本不高，目前，在我国，花很少的钱就可以买到带上亿个邮件地址的群发软件。另外企业还可以在自己的网站加入邮件列表功能，可以让网友订阅自己的电子杂志，然后在电子杂志中融入病毒式营销的相关策略。如此，同样可以取得很好的效果。当然，广告邮件不可盲目乱发，否则可能会取得相反的效果。

第三，资源合作推广。即指企业之间通过交换各自的优势资源，以达到相互宣传推广效果的活动，比如典型的广告互换、流量互换等。而用这种推广获得利润的营销模式就叫资源合作营销。

这种营销方式最大的特点和优势是能够在投入资金的情况下，利用自己手中已有的资源实现推广营销、扩大收益的目的，可以让手中的资源发挥最大的效用，且适合于任何规模的公司、单位，甚至个人。

由于资源合作营销有着化腐朽为神奇的效果，所以很多公司对它越来越重视，资源合作营销甚至已经演变成了一个专门的部门和职位，名字叫 BD，即 Business Development，翻译成中文为商务拓展。在一些公司，BD 部门的重要性已经可以比肩甚至超越了传统的市场部。比如，京东商城推出的京东众筹，其实就是一种资源合作营销。

京东众筹是京东金融曾经推出的一个名叫“凑份子”的业务，其众筹的种类主要为四大类：产品众筹、公益众筹、股权众筹、债权众筹。“凑份子”首期上线的 12 个项目均为产品众筹，是出资人对众筹项目进行投资，获得产品或服务。

众筹项目由项目发起者发起，由多人参与支持，发起人根据项目的真实情况和进展实时公布，设定参与时间，最低支持金额，并承诺参与者应得到的项目回报。而参与者只需使用京东账号登录京东金融进入众筹项目面页，浏览了解项目后即可点击购买支持的项目金额，待项目完成后即可获得项目承诺的回报。

资源合作营销也有一定的局限性，那就是其成功的关键在于如何深入挖掘自身资源，有效扩大资源价值。这就需要人们在实际操作时，充分发挥想象力、创造力，合作方式要不拘一格，只有好的合作创意才能带来更好的效果。

第四，网络广告营销。传统的广告营销已经充斥了人们的日常生活，人们对这种广告营销也可以说是非常熟悉了，它通常借助电视、广播、报纸等大众性传播媒体，又有路牌、灯箱、交通工具等户外媒体，以及 POP、包装物、电话黄页、产品目录等其他媒体，甚至还包括人体、厕所墙壁等一切可利用的媒体进行广告推广。其中，报纸、广播、电视是公认的三大传统广告媒体。

与传统媒体广告不同，网络广告营销是在网络普及之后兴起的新的广告营销模式。这种营销模式主要通过发挥网络互动性、及时性、多媒体、跨时空等特征优势，选择适当的网络媒体进行网络广告投放。

网络广告的对象是与互联网相连的所有计算机终端客户，通过互联网将产品、服务等信息传送到世界各地，其世界性广告覆盖范围使其他广告媒介望尘莫及。

与传统广告营销相比，网络广告营销具有更多的优势：媒介形式多样性；信息量大；传播更加高效；互动性更强；网络广告拥有更具活力的消费群体；广告投放更加准确。

第五，病毒式营销。即一种常用的网络营销方法，常用于进行网站推广、品牌推广等，其传播途径是用户口碑传播，即从一位用户传播到另外一位用户那里，这种用户彼此接触的营销,过去也被称为“口碑营销”。

病毒式营销是由欧莱礼媒体公司(O'Reilly Media)总裁兼CEO提姆·奥莱理提出的。奥莱理是美国IT业界公认的传奇式人物,也是开放源码概念的缔造者。

在互联网上,这种“口碑传播”更为方便,可以像病毒一样迅速蔓延,因此病毒式营销(也称病毒性营销)便成了一种高效的营销方式。病毒式营销鼓励用户将营销信息传播给他人,并为信息的曝光和影响创造潜在的增长动力,使之呈几何级数增长。病毒式营销包含三要素:病原体、易感人群和传播方式。

病原体即被推广的产品或事物,它依靠对目标群体的利益、爱好、信息接收方式等的分析制造传播点,从而增加关注度。易感人群是可能接收信息并将信息传递下去的人群。传播方式即传播的手段和渠道。

由于这种营销的传播是用户之间自发进行的,因此它几乎是不需要费用的。正是因为这种营销模式存在先天的优势,所以目前很多销售或是推广活动都更乐于采用这种方式。

2014年,网上疯传的“冰桶挑战赛”就是一个很好的病毒营销的案例。

2014年入夏以来,冰桶挑战风靡全球。这个由美国ALS(肌萎缩性脊髓侧索硬化症)协会发起的慈善活动,要求参与者在网上发布自己被浇冰水的视频,再点名其他人参与。被邀请者要么在24小时内接受挑战,要么选择捐出100美元。比尔·盖茨、马克·扎克伯格、科比、雷军、周鸿祎、刘德华等各界大佬名流纷纷迎战。

伴随持续发酵的名人效应,从7月29日-8月12日,ALS协会总部共收到230万美元捐款,而去年同期收到的捐赠只有2.5万美元。截至8月20日,捐款数已高达1140万美元。

美国著名电子商务顾问拉尔夫·F.威尔逊博士认为,“冰桶挑战”是一场成功的病毒式营销。“冰桶挑战”的病原体并非具体产品,而是以慈善为目的,期望引起大众对肌萎缩性脊髓侧索硬化症的关注,募集善款,其病原体并未刻意设计和制造。有影响力的易感人群的参与,是其成功的关键之一。“冰桶挑战”中,全球政、商、文娱等各界标杆人物纷纷被点名参与,他们拥有的话语权与关注度,本身就是一种巨大的传播力。

天下没有免费的午餐,任何信息的传播都要为渠道的使用付费。而在上述案例中我们却看到病毒式营销几乎是零成本的,这种零成本并不是绝对的,这种营销利用的是目标消费者的参与热情,但渠道使用的推广成本是依然存在的,只不过目标消费者受商家的信息刺激自愿参与到后续的传播过程中,原本应由商家承担的广告成本转嫁到了目标消费者身上,因此对于商家而言,病毒式营销是无成本的。目标消费者则成了自愿付费“为商家打工”的人。

他们为什么自愿提供传播渠道?原因在于第一传播者传递给目标群的信息不是赤裸裸的广告信息,而是经过加工的,具有很大吸引力的产品和品牌信息,而正是这一披着漂亮外衣的广告信息,突破了消费者戒备心理的“防火墙”,促使其完成从纯粹受众到积极传播者的变化。

这一案例也给采用病毒式营销的企业或个人一个很重要的启示,那就是:运用这种营销模式首先一定要确保源信息披着漂亮的“外衣”,不能让广告信息太过明显,引发传播者的反感,否则,营销效果就会大打折扣。

第六,BBS营销。即Bulletin Board System,英文缩写为BBS,中文解释是电子公告牌系统，也被广大网民称为论坛。BBS是互联网诞生之初就存在的形式，历经多年洗礼，论坛作为一种网络平台，不仅没有消失，其营销反而越来越焕发出它巨大的活力。

BBS营销，即利用论坛这种网络交流的平台，通过文字、图片、视频等方式发布企业的产品和服务的信息，从而让目标客户更加深刻地了解企业的产品和服务。最终达到宣传企业的品牌，加深市场认知度等目的的网络营销活动。

BBS营销可以以整个网络系统为渠道，进行推广和营销，尤其是在网络日益普及的当下，BBS营销可以说是一个很好的营销方式，而且具有其他营销方式所不具备的优点。

1. 利用论坛的超高人气，有效地为企业提供营销传播服务。由于论坛话题的开放性，所有企业、个人都可以在论坛发帖或是回帖，而且这些内容对所有的论坛参与者都是开放的。所以论坛营销的营销诉求可以通过论坛传播得到有效的实现。

2. 在论坛空间优质的帖子可以得到高效的传播。比如，各种置顶帖、普通帖、连环帖、论战帖、多图帖、视频帖等。

3. 论坛活动具有强大的聚众能力，企业或个人可以利用论坛作为平台传播或推广信息，并利用信息的趣味性，调动网民与品牌之间的互动。

4. 可以针对论坛优质贴运用搜索引擎技术，不仅使其内容能在论坛上得到好的呈现，而且能保证其在主流搜索引擎上被快速找到。

5. 通过筛选不同的论坛主题，可以找到不同兴趣点和关注度的潜在客户，从而有助于实现精准营销。

BBS虽然具备上述多项优势，但是由于BBS面对的是更加自由、挑剔的潜在客户，所以做BBS营销也要当心以下几点：

1. 不要直接发广告。这样的帖子很容易被当作广告帖删除。

2. 用好头像、签名。可以专门设计一个头像，宣传自己的品牌，签名可以加入自己网站的介绍和连接。

3. 发帖质量一定要保证，要发具备一定深度或能够给网民以知识或启示的精华帖，这样不仅能够增强账户和品牌的权威性和品位，也能吸引更多的网民收藏或者转发。否则，低质量的帖子不仅会被网民忽视，被点击较高的精华帖所淹没，而且自身还需要投入较多的时间不停地重发。

4. 在论坛，有时候为了帖子的气氛、人气，适当"托儿"一把很有必要。人们都有从众心理，一个帖子的点击率回复率较高就能吸引更多的点击和回复；相反，如果一个帖子的点击和回复率较低，那么它不仅很快会被淹没，也很少会有人耐心地点开去读。

十六、移动终端促销管理方案

美国移动未来研究院CEO查克·马丁认为，世界的移动化趋势并不仅仅局限于技术和移动设备的变革，它更多地体现在人们的行为方式的改变上。移动互联网时代在为人们带来更加便捷、丰富和流畅的信息体验的同时，也加快了人们的工作、生活节奏，并在无形中改变了人们早已习惯了几个世纪的信息获取方式和决策方式。毫不夸张地说，移动互联网正在改变一切，而且这种改变不可逆转。

根据中国互联网络信息中心（CNNCI）2012年第三季度发布的《中国网民搜索行为研

究报告》显示,我国使用智能手机的网民数量大幅上升,已达到 3.88 亿。智能手机首次成为继台式电脑之后的又一大上网终端。智能手机的普及聚集了数量庞大的消费者,同时也带动了各行各业的商家对移动终端的重视和追捧,越来越多的商家开始把移动终端的应用作为一种重要的营销渠道。

调查中人们发现,有 93% 的受访者会在家里使用智能手机,有 79% 的用户会使用智能手机辅助购物。由此可见,智能手机改变的不只是人们的日常习惯,而是把智能化变成了人们的一种生活态度。人们能够随时随地通过智能手机索取信息,进行娱乐、消费或是即时沟通。

□ 优点

智能手机的强大功能已经征服了手机的绝大部分消费者,那么智能手机和普通手机究竟有什么样的本质区别呢?下面我们就通过分析智能手机与普通手机的区别来了解一下智能手机及其功能。

首先,智能手机像电脑一样,具有独立的操作系统,可自行安装软件、游戏等第三方服务商提供的程序,通过程序对手机的功能进行扩充,并可以通过移动通信网络来实现无线网络接入。而普通手机则没有开放的操作系统,在购买时所有的功能就已经全部固定了,无法自行扩展功能。

通过这点最明显的区别我们可以看出,智能手机之所以强大,就是因为其功能可以进行不断扩充,只要手机内存允许,智能手机的功能就可以进行扩充。

现在一个普通的智能手机通常具有以下功能:打电话、收发短信、收发电子邮件、编辑文档、即时通讯、视频通话、作为 U 盘、录音机、MP3(随身听)、照相机、摄像机、收音机、电视机、手电筒、镜子(前置摄像头的功能)、导航、指南针、电脑功能、电子书、杂志、电子相册、卡拉 OK、地图、计算器、电子钱包、网上购物等。

□ 缺点

主要是,很多人对手机扫码安全性的担忧。

□ 操作技巧

第一,利用碎片化缺憾,制造营销新契机。我们先看一个基于时间碎片化的营销新思路:

2013 年 5 月,蒙牛真果粒在新浪微博和腾讯微信上同时开展了一场名为“寻找真实自我,真自游”的活动。该活动的规则很简单,用户只需要拍摄并上传一张与“展现真我”主题相关的照片即可。由于活动参与门槛很低,参与方式方便,主题贴近用户生活,加上活动设置的单反、旅行套装等诱人奖品,所以很快便吸引了超过 150 多万热心网友参加,仅新浪微博就有超过 80 万的转发量。

这次营销活动值得我们借鉴的地方有:其一,简化活动参与方式,最大限度节省用户时间;其二,巧妙设置活动主题,用“寻找真我”来引起在碎片化生活里渐渐迷失的用户的共鸣,同时还符合蒙牛真果粒的产品卖点:“真”。这个案例也告诉我们:时间碎片化给移动互联网用户带来的除了高效和方便,还有遗憾与缺失。而无论前者还是后者,都能成为企业进行营销策划的重要参考方向。

第二，摸准消费行为的脾理，为产品赢得口碑。一般情况下，消费者购买决策过程由引起需要、收集信息、评价方案、决定购买和购后行为等五个阶段组成。很明显，购买过程往往在购买行为发生前就开始了，并且在购买后还要延续很长一段时间。对于营销人员来说，决定购买是导致购买行为的关键，但前三个阶段都能影响到购买决定阶段，即整个购买决策过程的阶段是环环相扣的，因此，营销人员需要关注的是整个购买过程，而不是只单单注意购买决定。

而通常消费者获取信息的来源有：朋友推荐、网络口碑、广告及大众媒体宣传和销售员讲解。网络口碑在大多数消费者的决策过程中都占据了重要的地位。根据传统营销理论，再结合移动互联网市场的特点，我们将移动互联网消费者的购买决策分成了 6 个环节：引起需求、知晓品牌、形成初步方案、评估初步方案、确认购买方案和购买后行为。

在购买后阶段，消费者主要通过网络来分享交流使用经验，如果品牌可以适时地与消费者进行互动，引导他们分享购买后的体验及表达新的衍生需求，会为企业的新产品开发、品牌营销沟通带来很多裨益。这也是打造网络口碑的一个重要环节。

十七、微博促销管理方案

随着微博的异军突起，这种信息交流方式不仅改变了人际互动方式，还形成一股强劲之力，催生了新的商业模式，改变了品牌与消费者的沟通结构，并正在重塑行业行销环境。最近两年，“微博”应用已经迅速渗透到中国的方方面面，从政府到公众、企业到消费者、个人到个人，都是微博信息交流的体验者与构建者。随着微博的火热，微博营销也应运而生了。鉴于微博用户的巨大基数，可以说微博营销已然成了移动营销的大本营。

微博作为每次发布都不超过 140 个字的微型博客，早已是当下人们表达自己，传播思想，吸引关注，与人交流的最快、最方便的网络传播平台。创新工场董事长兼 CEO 李开复曾兴奋地总结道：“看一看新浪微博、腾讯微博的名人榜上，动辄以数百万计的粉丝数量吧，看一看以微博为媒介的各种热点事件吧，无论怎样夸张的形容都不过分，微博已经成为全球最具活力的社会化新媒体！”

微博的火热，催生了与之相关的营销方式，就是微博营销。每一个人或企业都可以在腾讯、新浪、网易等微博服务商处注册一个微博，可以每天更新微博，跟大家交流想要推广的信息，然后利用自己的微博进行营销推广，这样就可以达到营销的目的。

□　优点

第一，即时性强：让信息高速飞驰。

一条关注度较高的微博发出后，短时间内就能被转发至世界的每一个角落，这种高速传播恐怕任何传统媒体都难以做到。从前，如果你有一件惊天大事要宣布，那召开新闻发布会似乎是不二之选。但在互联网如此发达的今天，你只要把这个消息放在微博上发布，立刻就能引来大量关注，记者也会闻风而动，主动来采访报道。

第二，传播力强，信息呈网状扩散。

微博简单方便的操作流程让用户随时随地都能发布信息，基本不受周围环境的影响。而微博的传播方式犹如原子核裂变一般，由一个人传给一圈人，由一圈人传给一群人，如滚雪球般瞬间裹挟大量人群，其传播威力可想而知。微博营销的交流方式看似随意，其实用户渗透率更高，传播影响力也更大，这样产生的潜移默化的影响效果要比直白的广告攻势更加明显。

第三，精准度高，直击市场最前沿。

企业可以关注有潜在消费力的微博用户，观察他们感兴趣的活动和话题。同时，企业在微博上保持活跃，也能引来对产品感兴趣的用户的关注。这两部分人都是企业最直接的目标客户，与他们在线沟通就是直接接触到了市场第一线。所以，无论企业是通过微博搜集市场反馈，还是品牌传播，面对的都是更加精准的消费群体。

第四，亲和度高，微博宛如你的笑脸。

微博上的交流最好是温情、有趣、生活化的。通过片段式、随机性的发言，不仅可以进行各种企业宣传，也可以对社会热点发表看法，提供售后服务等，尽可能为用户提供帮助，给用户良好的感觉。微博营销某种程度上淡化了企业的商业形象，让企业以倾听者的姿态亲近消费者，从而为彼此搭建了一种沟通的桥梁。

□ 缺点

但就微博来说，其信息更新速度相当快，不易造成话题和影响力，在博客上如果不是资深博主的话，其说话分量也较轻，很难造成轰动性的影响。

□ 操作技巧

第一，用低成本赚大口碑。

微博营销并非大企业的专利，广大中小企业也完全可以参与其中。由于在规模、财力、物力、人力等各方面的劣势，中小企业无法承受电视广告、纸媒营销等大规模高成本的大众营销活动。因此，微博就成了他们的营销天堂。

北京宇祥福晟餐厅通过"螺蛳粉先生"的微博营销就是个很好的小企业低成本案例，它的成本仅仅是每天发几条有趣的微博，并及时更新每日餐谱。成本低不代表效果差，通过微博，"螺蛳粉先生"精准地抓住了自己的目标客户，这是一种低成本的精确营销。除了精确定位，"螺蛳粉先生"还成功通过互动与用户之间形成了紧密的联系，从而培养了一大批回头客。

"螺蛳粉先生"的微博会转发粉丝的微博并加一些小提醒、小贴士之类的评论，让粉丝感到这家餐厅的温暖。同时，他还会时不时发一些关于餐厅的好看的或有趣的照片，通过不断增加曝光度来培养粉丝对自己的熟悉度。这些小细节都值得其他中小企业借鉴。

第二，在微博上树立正面的品牌形象。

移动互联网时代，滚滚信息浪潮不断涌来，一切成也速度，败也速度。今天的营销速度和影响力，能让你和你的品牌平步青云，也能让你和你的品牌直落地狱。这是微博群体的特性，它能迅速捧红你，也能更快地封杀你。他们不仅乐于传播爆炸性的新闻消息，也不排斥吐槽一个企业或产品的缺点。2013 年中秋期间，五仁月饼被广大微博用户吐槽难吃，后来甚至演变到全民狂欢的地步，就是经典的例子。

所以，企业要学会在微博上树立一个正面而稳定的品牌形象，主动同消费者沟通，迅速拉拢一大批支持者，并通过长期经营防止他们一哄而散。在 SNS（Social Networking

Services，即社会性网络服务）时代，也就是数字社群时代，你可以通过社交网络接触到世界上某一特定地方有着特定需求的特定社群。世界已从一个大市场分裂成了很多小市场。我们的工作重心应从死命打广告转变到建立消费社群上面去，使他们能拥护我们的产品，迅速发展壮大我们的社群，并使我们的品牌成为他们生活节奏的一部分。

第三，营造品牌的信服力。

影响消费者、打造品牌形象的传统方式是建立在卖家与买家的单向交流之上的，而数字社群的影响力则表现在其具有不断思考的集体意志。消费者若认为你是他们的同类，你就有了公信力和影响力。如果他们认为你是一个捕食者，就会抛弃你的品牌。如果想要影响他们，你必须具备三种能力：信服力、协作力和创造力。

既要赋予品牌特殊品质，营造品牌偏爱度，又要打造企业文化，将信服力落到实处。

第四，“活动＋奖品＋关注＋评论＋转发”，增加粉丝互动。

微博的真正魅力在于互动，互动性是使微博持续发展的关键，也是企业进行微博营销的关键。“活动＋奖品＋关注＋评论＋转发”是目前微博互动的主要方式，但实质上更多人在关注奖品，对企业的实际宣传内容并不关心。相较赠送奖品，微博经营者认真回复留言，用心感受粉丝的思想，更能唤起粉丝的情感认同。这就像是朋友之间的交流一样，时间久了会产生一种微妙的情感连接，而非利益连接，这种联系持久而坚固。那么企业该如何获得粉丝的情感认同呢？

1. 取得粉丝的信任。

2. 降低活动的参加门槛。

3. 用悬念激发粉丝兴趣。

4. 用奖品让粉丝 High 起来。

5. 给粉丝一定的授权，让其为品牌“代言”，比如设计方案、投票、投稿等。

第五，定时定量且定向。

微博就像一本随时更新的电子杂志，要让大家养成观看习惯，就要定时、定量、定向发布内容。当大家登录微博后，能够想着看看你的微博有什么新动态，这无疑是最成功的境界，虽很难达到，但至少我们要做到经常出现在他们面前，久而久之便可使大家阅读我们的微博成为一个习惯。

定时、大量地发布企业微博是最好不过的。大量发布可在一段时间内占据关注者的微博首页，不会被快速淹没。但此举一定要保证微博质量，在质量和数量的选择上一定要质量为先。一个多是垃圾内容的企业微博，不仅达不到传播目的，还可能被不胜其烦的粉丝删除掉，或压根就不会有人关注你。

发布企业信息要注意 140 字的限制，要避免长篇大论，最好在一条微博内说完。否则，由于很多微博的技术特点，会将整篇微博分批发出，可能出现文字断层，会失掉一些重要内容，从而让读者误读。在需要发布较长的内容时，微博管理者可以在微博上发布有详细内容文章的链接，并将核心要点提炼以微博形式发出。

十八、App 促销管理方案

随着智能手机和 Pad 等移动终端设备的普及，人们逐渐习惯了使用 App 客户端上网的方式，而目前国内各大电商均拥有了自己的App客户端，这标志着，App客户端的商业使用已经开始初露锋芒。泽思网络的数据表明，App给手机电商带来的流量远远超过了传统互联网（PC端）的流量，因此通过App进行盈利已经成为各大电商平台的发展方向。

事实表明，各大电商平台向移动App营销倾斜的原因不仅仅是每天增加的流量，更重要的是，由于手机移动终端的便捷，为商户积累了更多的用户，更有一些用户体验性强的App使得用户的忠诚度、活跃度都得到了很大程度的提升，并在很大程度上影响着商家的发展与创收。

不同的App类别自然需要不同的营销模式，一般来说，最主要的营销模式有：植入广告模式、用户参与模式和购物网站移植模式。

第一种，广告植入模式。

植入广告是App营销当中最常见的模式，广告主通过在功能类、游戏类App中植入动态广告链接的方式打广告，用户点开链接就是相关产品的介绍、销售页面。这种模式操作简单，投放在热门App上能够让最多的人直观地接触到企业的产品。但由于这种植入相对生硬，其购买转化率并不高。想一想，我们经常会在玩手机游戏点暂停的时候看到各种广告跳出来，有时候不小心点错了也会觉得不胜其扰。

第二种，用户参与模式。

企业把符合自身品牌定位的应用发布到应用商店内供手机用户下载，用户可以从该应用中获得自己需要的实用功能，同时还能直观地了解该品牌的信息。这种模式对提高企业美誉度，增加用户黏性的效果比较明显。相比广告植入模式，这种模式更加容易被用户接受。因为你是先满足了用户的需求，才适时推出了自己的产品。

这种模式需要企业投资制作自己的App，前期投入较大，但由于不需要后期的投入，因此实际花费和不断在其他热门App上植入广告不相上下。重要的是，这种模式成功的关键不在投入，而在App内容的设计上，创意重于投资。

第三种，购物网站移植模式。

这种模式基于互联网上的购物网站，是购物网站的手机App化，用户可以随时随地通过该App浏览网站，获取商品信息，同时进行购买、支付。这种模式相对于以往通过手机浏览器登录相关购物网站再进行同样操作来说，更加快速便捷，内容也更丰富，更有针对性，缺点是适用的行业比较单一，不具有广泛的应用性。

□ 优点

App是英文Application的简称，是随着iPhone等智能手机的流行，而流行起来的智能手机的一种第三方应用程序。随着互联网越来越开放化，App与iPhone等智能手机组合的盈利模式开始被更多的互联网商业大亨看重，并纷纷推出App。事实上，现在App已然成了商家在智能手机上的一个微型门店，只要用户下载商家的App就能看到并购买到该商家推出的各种商品。商家有了App，就等于把门店开到了用户手上，只要用户用手指轻轻一点，就能实现交易。可以说，App让营销变得更加简单、便捷。

从接触顾客到吸引顾客再到黏住顾客，甚至管理顾客，发起促销，再到最终完成销售，整个营销过程都只需要App这一个小小的端口。这种营销能力实在是太诱人了。难怪百分通联CEO张福连在2011开发者大会上表示："App是移动互联网的活跃因子，是移动互联网产业的新鲜血液，更是移动整合营销服务中的核心要素，新型的整合了各种移动互联网先进技术和推广手段的移动营销方案，首先离不开的即是 App 的牵线搭桥。”

□ 缺点

有的 App，本身具有的支付功能欠缺便捷。

□ 操作技巧

第一，把握用户心理，引起共鸣。

移动互联网时代用户的购买行为已经不再是简单地接受来自企业的广告宣传，而是从自身需求出发，通过对所需产品的全面分析，评估可购买性，最后才决定自己的购买行为。所以，只有引起消费者的心理共鸣，企业才有机会向他们推荐自己的产品。因此，企业在做 App 营销时要注重与消费者进行深入对话，充分了解消费者的潜在需求和心理预期，根据这些反馈优化自己的产品，并调整宣传策略。

很多企业在策略 App 营销时会先考虑“全功能包含品牌”还是“单一功能展现品牌”。其实，这不重要，不论是哪种方式，都需要先找到品牌定位、产品卖点和消费者心理需求之间的对应关系，通过大数据也好，团队策划也好，挖掘他们潜在的需要。最后，与能抓住目标人群兴趣点的元素相结合：猎奇、分享、健康、感性、虚荣等。

第二，刺激用户参与，积极互动。

移动互联网时代，营销不能再是一味向消费者进行单向的理念灌输，以用户为主导的双向甚至多向互动，才是 App 营销的首选策略。谁能充分利用消费者碎片化的 App 使用时间，最大限度地与用户进行随时、随地、贴心的交流，谁就能在互动中达到拉近与消费者距离的目的，抢占 App 营销的先机。

与用户互动的方式有很多，其中最重要的就是提供优质内容。现在的消费者都希望看到有创意、有内容的东西。一项调查显示：70% 的消费者更希望通过一篇文章而不是广告来了解某企业。当然，内容并不仅仅文字，还有实用的服务。

例如：飞利浦为了推广自己的空气净化器，做了个叫“空气监测站”的 App。用户能够据此测量室内的空气质量，发现空气质量不佳的用户自然会顺势关注飞利浦的空气净化器。这个案例中，企业为消费者提供了检测空气质量的贴心服务，其实也在无形中刺激了消费者的购买需求。

第三，联合各渠道，结合新技术。

App 营销愈发呈现多元化发展趋势，因此，整合其他营销手段和技术支持，给消费者带来突破性的用户体验，才能够彻底挖掘 App 营销的价值。企业的 App 营销可以选择和传统广告、视频营销、店面促销或者事件营销等营销方式结合，形成协同效应，将营销效果最大化。同时，App 营销还要结合各种新技术：LBS 位置定位、手机身份识别、AR 增强现实、重力感应等，这些新技术的不断涌现给了 App 营销以更多的开发空间。

比如 ibutterfly App，它将各色优惠券变成一只只飞舞在城市各个角度的蝴蝶，用户利用手机摄像头进行捕捉。它根据各个地区的特点，会呈现出不同种类的蝴蝶。这款有创意的 App 能够帮助服务、餐饮行业进行有效的宣传。而这款 App 正是将 App + AR + LBS 完美结合在了一起，使客户既得到实用信息，又得到不错的游戏体验。

十九、微信促销管理方案

自面世以来,微信已经成为人们即时通讯的重要工具之一。随着微信用户的迅猛增长,微信营销也应运而生。随着移动互联网的快速发展,微信在营销中的价值是无法预估的。其将信息推送给关注用户率为100%;精准的营销宣传,可以一对一、有针对性地对某一用户进行消息推送,也可以针对某一地域和某一点进行消息的推送;企业可以经营订阅号,引起更多用户的关注,还可以让用户在朋友圈里发布相关信息。

不论什么平台的营销,打好营销地基都是必要的,那微信营销的地基是什么呢?

第一,粉丝数量。

微信和微博一样,都是面向关注者,也就是粉丝的。你的微信公众账号若只有几十个粉丝,那就完全没有营销价值。虽然微信相比微博更看重粉丝质量,而非数量,但微信营销也是要以一定的基数为前提的。以微信公众账号进行官方认证的标准来看,你至少需要500个订阅用户才行。

第二,品牌形象。

在微信营销领域谈品牌形象并非老生常谈,腾讯微信产品总监曾鸣在解读微信公众平台的定位与发展问题时表示:微信公众平台不是营销工具,而是提供互动沟通、用户管理和服务定制的工具。曾鸣提醒公众账号运营者要提供有价值的服务,并且要被用户"招之即来,挥之即去"。这道出了微信用户的心理需求:"我们不需要铺天盖地的广告发布者,我们需要的是优质资源提供者。"因此,企业在做微信营销时,不能再使用传统营销思维,要通过新鲜资讯、优质内容的分享来培养用户黏性,并通过优质软文在潜移默化中树立自己品牌的优秀、专业形象。这样才能在留住粉丝的同时,伺机将他们转化为你的客户。

第三,社会关系资源。

一定的社会关系资源是助推微信营销的有效动力。人与人的关系是分强弱的,也是分层次的,有人曾这样总结微博和微信的区别:微博是一个基于弱关系的复杂网络,而微信则是一个基于强关系的P2P网络。因此,微信营销的重点就是通过一个个个体所关联的强关系网络辐射出去,打造一张巨大而坚固的潜在用户网。因此,企业进行微信营销一定要从开发企业人员的社会关系网开始做起。

第四,文案水平。

前面提到,微信的重要作用是提供优质资讯,这就需要优秀的文字编辑。一个有追求的企业不可能仅仅是转发网络热门文章给微信粉丝,这种做法也无法实质性地宣传自身的品牌与产品。微信公众账号推送的信息里,应当有一部分高质量的软文,这就需要高超的文案水平了。需要注意的是,现在仅仅有文案水平还不够,因为更多微信用户喜欢版式精美、图文并茂的讯息,因此,一个能根据优质文字进行相应美术设计的美编也是必不可少的。

以上四点如果你的企业并不具备,那想在微信上做营销是相当吃力的。但不用气馁,那些每月营收上百万的企业的微信粉丝,也是一步步积累,一步步沉淀来的。微信的火热不会在一两年内"退烧",所以,微信营销的地基建设,也不是一天两天的事。

□　优点

微信营销是移动互联网时代下的新型营销方式，具备营销成本低、潜在客户群大、营销定位精准、信息交流及时、信息传播有效、营销方式多样化等优势，也正因如此，微信营销正在被越来越多的企业和个人所关注和应用，甚至可以说微信营销已然成为网络推广方式的新宠之一，成为移动互联网营销的关键阵地。

□　缺点

目前微信没有像 QQ 那样显示对方是否在线，因此在某种程度上时效性无法保证。

□　操作技巧

第一，诚信营销。

有些不讲诚信的企业做营销就是打一枪换一个地方，论坛里有用户投诉就改做微博，微博被曝出丑闻就转战微信……殊不知，在移动互联网时代，所有圈子基本都是连接在一起的。那些不讲诚信的企业往往才开通微信公众账号，就被以前的用户找上门来。同时，即使过去没有产品质量缺陷丑闻，但微信在熟人间快速传播的特性也会使得服务问题产生的一点儿后果被迅速放大。因此，微信营销的一个重要原则就是：守诚信，并且始终如一。

第二，亲近客户，打造活力品牌。

微信本质上是一个朋友即时沟通的通讯工具，所以企业在做微信营销时也要坚持互动原则，人与人之间情感的建立靠的就是持续不断的互动。没有互动，你就算有再多好友，那也只是无用的数字而已。要知道，愿意在微信上关注你的人，必定是对你提供的东西（资讯、产品、服务等等）有兴趣，那你要做的就是不断通过互动来强化他们的这种认识。最好的方法就是让微信公众账号的管理人员用亲民、有趣的方式逐步建立一个活力、有创意的品牌形象。当你的企业从一个冷冰冰的商标变成一个他们生活里必不可少的好朋友，你的营销就成功了一大半。

第三，实惠回馈，换来用户忠诚。

面对那些已经购买了你的企业产品的用户，你的企业应当做出及时的感谢，包括感谢信息推送、电子优惠券赠送等等，让用户切实感受你的诚意。实惠换来忠诚，那些愿意为你重复消费的老客户才是营销性价比最高的群体。同时，这种回馈也可以嵌入一些宣传的元素，如在赠送的电子优惠券附加“分享给 5 个微信好友，他们也将获得同等优惠”等信息，即让那些感觉得了实惠的用户得到一个将这种实惠分享给好友的机会，稳固了老客户，也发掘了新客户。

第四，经营好微信公众号。

移动互联网营销离不开微信营销，微信营销离不开微信公众账号。微信公众账号的推出将“消息发送”“客户连接”和“客户管理”三方面完美结合起来，为很多中小企业提供了一个全新的与客户互动的平台。当然，微信公众账号并不只服务于中小企业，它为几乎所有类型的企业都提供了一个树立品牌、提供服务和开发客户的机会。

二十、O2O促销管理方案

移动互联网时代,改变最大的是什么?或者换个问法:我们感到最方便的是什么?答案当然是互联网世界与现实世界的互动。在这个领域中,通过将线上虚拟世界(Online)和线下现实世界(Offline)进行互动,让互联网成为线下店面的前台而产生的新型商业模式,就是O2O营销模式,有了这个营销模式,线上线下的世界之间将不再存在障碍。

O2O的涵盖非常广泛,只要产业链中既可涉及线上,又可涉及线下,就可统称为O2O。O2O的本质是传统营销方式借助"电子",借助"互联网"的力量的升级。鉴于其特有的便利性和优越性,O2O营销模式已经成为移动互联网时代,倍受关注的营销行业的新宠。

O2O常见的四种模式:

第一种,Online to Offline

即线上交易到线下消费体验商品或服务。这个模式比较常见,团购就是其应用中最典型的一种。用户在网上发现产品并完成支付,最后去线下实体店体验产品和服务。

第二种,Offline to Online

即线下营销到线上完成商品交易。这个模式在日韩流行得比较早,企业通过在线下做营销(实体店提供优惠二维码扫描等)在线上实现交易。像1号店这种网上零食商城就曾采用过类似营销手段。

第三种,Offline to Online to Offline

即线下营销到线上商品交易,再到线下体验商品或服务。这种模式看似复杂,却是中国人接触的最早的O2O模式。如中国移动搞的"预存话费送金龙鱼油"的活动,就是在线下进行营销,然后到线上进行支付,最后到线下领取赠品的活动。

第四种,Online to Offline to Online

即线上交易或营销,到线下消费体验商品或服务,再到线上交易或营销。这种模式比较复杂,应用的范围也不够广泛,但对特定的企业或产品有较好的营销效果。

□ 优点

在O2O营销模式中,店铺是核心,电子商务只是辅助手段。店铺要想方设法在网上寻找目标消费者,然后将他们带到现实的店铺中。对消费者来说,他们在这种模式下既享受了互联网快捷流畅的信息体验,也不用因为没看见实体产品而产生种种怀疑。而对商家来说,他们既为实体店增加了客流量,也能通过线上的数据(预约、支付情况)积累有价值的营销信息。

相比传统电子商务模式,O2O的开发前景更加广阔。最早提出O2O概念的美国人阿列克斯·拉姆贝尔指出:美国电子商务的每年平均客单价大约1000美元,而美国人的平均收入则是40000美元。也就是说,O2O的商务规模在理论上可以达到传统电子商务规模的10倍20倍以上。创新工场CEO李开复也表示,O2O未来会改变中国,线上、线下一旦连起来,这是巨大的爆发式力量。

□　缺点

我国本地生活服务 O2O 市场还处于发展时期，不可避免地面对很多问题。主要表现在：线上线下信息不对称；缺乏有效的客户沟通渠道和客户体验，综合服务相对匮乏；实体企业遇到的网上经营类人才匮乏；技术支持、经营体系也具有一定的局限性等。

□　操作技巧

第一，完善线下产品服务。

O2O 营销的重点还是在线下产品的质量。其实，不论是哪种 O2O 模式，其核心都应该是方便消费者，优化消费者的消费体验。移动互联网时代，每天都会有许多新名词、新概念冒出来，但真正能获得成功的，还是真正关心消费者的企业。正如达鑫投资董事总经理徐文辉所说："O2O 模式让传统行业找到了新的营销手段和销售渠道，但企业经营最终还是要落在品质和品牌的结合。"

第二，做好在线支付。

O2O 营销模式能够持续有效的关键环节是在线支付。数据显示，电子商务最发达的美国的线上消费的比例也只有 8% 左右，大部分人还是更倾向于去实体店购物，因为这种社交体验在一切都将被互联网虚拟化的今天显得更加难得。但 O2O 不同，它既拥有线上产品展示带来的快捷流畅的信息体验，也拥有线下实体店体验产品带来的踏实放心。而联系这两个环节的就是在线支付功能。没有在线支付，用户从在网上选好心仪的产品到去实体店购买，这中间很可能产生无数的变数，毕竟一般人不会每天都出去买东西。而有了在线支付，就能保障用户不会出现被其他因素干扰，以至于"忘记"去买你的产品的情况。所以，企业必须保障其在线支付服务的快捷与安全。

在线支付不仅是支付本身的完成，是一次消费活动得以最终完成的标志，更是消费数据唯一可靠的考核标准。以团购为例，如果某团购网站没有在线支付功能，仅凭网购后自家的统计结果去和商家要钱，双方肯定会因为实际购买人数的统计无法统一而产生纠纷。

第三，注重本地化营销。

从长远来说，营销的一个发展趋势就是本地化。以自身位置为坐标查找附近信息已经成了很多人经常使用的手机功能。不论你是本地居民，或是到这里来玩的游客，都可以通过搜索附近商铺来找到自己需要的各种服务，因此，商铺必须做好本地化营销。

麦当劳曾在瑞典做过一次将 O2O 与本地化相结合的营销活动。消费者登录活动网站选好自己喜欢的麦当劳食物后，就可以在街头的麦当劳广告看板玩小游戏，游戏挑战成功后就可以到附近的麦当劳免费获得当初在网上选好的食物。

这种方法成功地将附近的人吸引到了麦当劳餐厅里消费，最大限度地开发了来自本地的客流量。

第四，实力不足创意补。

传统企业本来就不容易接受移动互联网思维，就算有点互联网常识的，也大多被几个早已炒滥的案例给限制了想象力。其实，O2O 是未来的发展方向没错，但它并没有那么难，中小企业并不需要像百度、阿里巴巴那些巨头一样把精力放在完善生态链、塑造闭环帝国上。只要敢于突破传统思维，传统企业就有可能玩转 O2O 营销。

以危地马拉的时尚运动鞋品牌 Meat Pack 为例。它在自己推出的顾客积分 App 中添加了一个有趣的插件：当安装该 App 的用户走进耐克、阿迪达斯等竞争对手的门店时，GPS 功能会立即向他们显示 Meat Pack 的倒计时优惠信息，最开始的优惠幅度高达 99%，之后每过 1 秒就减少 1%，当用户走进 Meat Pack 的门店，倒计时就会停止。这种明目张胆的抢客户行为取得了不小的战绩，一周之内就有 600 多名顾客从耐克、阿迪达斯的店里跑了出来。

Meat Pack 的成功让我们发现，原来用户对大品牌的偏爱并没有到非买不可的地步，对中小企业来说，只要找准刺激点，并采取合适的创意，就能打大品牌一个措手不及。

二十一、积分优待促销管理方案

积分优待促销类型繁多，但最终目标也是建立再次购买某项商品，或再度光顾某家商店为主。一般较普遍通行的运用方式有两种。

第一种，消费者必须收集积分点券、标签或购物凭证等这一类的证明，达到某种数量时，则可兑换赠品。

第二种，消费者必须重复多次购买某项商品，或光顾某家商店数次之后，才得以收集成组的赠品，例如餐盘、T 恤衫或毛巾等。

通常连续性的赠送方式，常需花较长的时间来执行。因为消费者必须连续数次购买或光顾某店以收集赠品，或必须买足一定限额的商品才符合兑换赠品的条件，当然需要相当长的一段时间才能完成。

□ 优点

在同类同级品中可创造产品差异化。当各品牌间无甚明显差异，而令消费者难以选择时，举办积分优待的促销活动，正可塑造品牌特色，尤其在零售点上对实际销售更有助益。

吸引消费者持续不断地参加购买以收集点券，尤其对解决关联性产品的销售问题时，相当有效。

低成本的促销，可视为较大型且持续性的广告促销活动中的一个环节。活动中的赠品，也可用来强化品牌广告。

由于连续性的大量购买，消费者储货太多，自然会离开市场一段期间，保护现有使用者免受竞争品牌的干扰。

□ 缺点

通常，此活动必须花相当长一段时间来执行。例如，有一个收音机的赠品，必须收集 50 张点券才可兑换，而消费者平均每星期购买才能取得两张，因此，此活动期间最少要持续 25 个星期。所以，时间不要拖延太长，以避免参与的消费者大失所望。

此活动对大多数的消费者不具吸引力。因为今天绝大部分的人没耐心也不愿意只为了换得一个赠品而慢慢地等待、收集，他们要的是立即得到满足。

此活动让商品单独陈列的机会几乎微乎其微，因为零售店没有多大兴趣。结果是，本活动的举办对经销业绩的增加帮助不大。

并非所有商品都适合此种活动方式，例如，对非经常性购买的商品即毫无效果。而价钱似乎不是主要问题，因为许多工业用品（尤其是原材料和零部件）营销人员常爱在许多相对高价商品上，运用此种促销活动。

预算花费必须与库存紧密配合，以便能充分供应连续性促销时顾客兑领的需要。

当营销人员已决心开展积分优待活动时，千万要注意的是，除非事情的发展已难以控制，否则切勿随意轻言终止活动。

□　操作技巧

第一，设定促销活动的目标。在很短的活动期间内，提出某个数量的点券或购物凭证，即可兑换某一特殊赠品，或是举办一个没有时间限制、不断持续下去的促销活动，并提供好几个赠品让消费者随时兑领。无论选择哪一种方式，都各有其目标、费用及促销的执行细节需要设定。

第二，确定对购物凭证或是点券载体的形式。某些商品包装能很容易地取下标签或获得购买凭证，但某些商品则并非如此。例如，塑料包装或金属容器等，想从包装上取得购物证明，有时几乎是不可能的事。

第三，赠品的数量及花费是运用任何一种促销方式能否成功的关键因素。假设赠品项目只有一种时，应考虑是否事先曾做过消费者接受度测试。当举办促销活动的赠品不够吸引人时，通常会比没做促销来得更糟糕。赠品的花费该多少才合理？您能从商品的售价里来负担此笔开销吗？最后，您更应考虑的是，赠品的效用价值如何呢？因为再也没有比消费者费心收集点券，却换来一个毫无作用、毫不起眼的赠品更让他们失望透顶的了。

第四，整个促销活动的总体内容。是只能接受购物凭证换奖，或是可以用现金来替代呢？假设所送赠品打算附在包装上，该用什么规格的包装来附赠品最具效益呢？

第五，优惠时间。所设定的促销活动时间，必须顾及一般消费者能积存足够的点券来换得赠品，以这个过程所花时间的平均值来确定。

第六，赠品的兑领处理。赠品的发送是通过零售店好呢？还是通过邮寄，还是另有其他可行的方法。由谁来负责点券的承兑、查核、寄送赠品，这些处理方式和人选问题均需考虑。

二十二、退费促销管理方案

所谓退费优待，运用方式很简单。通常，厂商为优待顾客，在其单独购买某项商品或同时几种商品时，会给予某种定额的退费，顾客可获得的退回的金额可以小到商品售价的百分之几或是多到全额退费，不一而足。经验表明，退费促销实不失为一种行之有效、适用性强的促销工具，在我国也必将有广阔的前途。

□　优点

促销效益较高。退费促销能以较低的成本费用激发顾客对品牌的购买欲望。对大多数顾客而言，当他看到退费促销的广告宣传时，首先想到的是此品牌能提供其他品牌所没有的退费优待，所以马上购买此商品。但购买之后，却有许多顾客忘记或懒于寄出凭证以获取退费。因此，该项促销活动的实际兑换率很低。

有调查资料表明，退费促销的实际兑换率只有媒体发布率的1%。于是，就造成了这样一种结果：如果此项活动宣传得当，则购买该产品的人很多，但实际需要支付退款的人很少，甚至还有企业销量提升，但退费兑换却是零花费（没人兑换）的实例。因此，退费促销可以以较低的成本取得较好的促销效果。

有助于建立顾客的品牌忠诚度。绝大部分的退费优待活动常要求顾客提供若干购物凭证，这就使得顾客必须多次重复购买同一商品。因而，必然有助于消费者提高购买频度，并进而建立品牌的忠诚度。

为厂商推销员提供说服工具。通常，退费优待塑造了提供高价值的优待形象。厂商推销员将自己的产品向经销商大力推荐时，若有退费促销作为劝说的理由，则势必大大提高推销员的自信心，同时也向推销员提供了一个与客户交谈的素材，使访谈很容易进入高潮。

□ 缺点

顾客的参与意愿偏低。与优惠券、免费赠品等促销工具相比，消费者对退费促销活动的参与兴趣普遍偏低，其主要原因是由以下几点造成的：一是退费额度小，以至于对顾客无很大的吸引力；二是退费手续过于烦琐，使顾客觉得麻烦而懒于参与；三是不能立即得到回馈，费时太久而让顾客失去耐心。

绝大多数的退费优待并不能立即推动商品增加销售。顾客参加退费促销并无其他技术要求，全凭购物次数而定，多次购物之后，自然就会符合退费的条件。因此，对促销的厂商来讲，必须要经过相当长的一段时间，才能获得促销效果。所以，如果企业想快速提升销售业绩的话，退费促销并非上策。

退费促销的最大困扰，就是部分消费者会将早已购买的商品标签撕下，寄往厂家而享受退费。如此造成的结果，就是使已售出去的商品再多享受一些折扣，而并不能刺激新的购买者，与创造新的销售业绩关系不大。

□ 操作技巧

第一，退费促销的适用范围。退费促销适用于绝大部分的商品，但对不同的商品，其促销效果大小不一样。在通常情况下，退费促销效果取决于以下因素。

商品自身的特点。经验证明，销售缓慢、产品差异化小、冲动式购买的商品，虽顾客不常购买，但只要顾客购买了，则消费较快，再购率也高，因此，这类商品运用退费促销常最具成效；相反，高度个性化的商品，或是经久耐用的商品，除非退费额度极高，否则其效果一般不大。

商品的促销活动特点。通常退费促销在下列情况下效果最佳：一是促销活动很少举办的产品领域，二是促销活动间歇周期较长的产品类别。然而，退费促销对促销活动相当频繁的产品却效果不佳。

第二，购物凭证的要求数量。要求顾客至少要交付多少购物凭证方能获得退费优待，这对顾客参加促销活动的人数影响很大。根据美国尼尔森促销顾问公司的调查发现，3 个购物凭证是厂商采用最多的数目，而当要求的凭证超过 3 个时，顾客的参与率将明显降低，促销的效果也会大打折扣。

第三，退费促销的有效期限。退费促销活动有效期的长短，直接影响消费者参加活动的积极性。时间太短，消费者无法积累到要求的购物数量；而时间太长，消费者又无参与的紧迫感，企业在短期内无法见到促销成果。此外，有效期限还受传播媒介散发信息的速度快慢的制约。根据美国厂商营销服务公司（MMS 公司）的建议，退费促销的最佳有效期限，在大众媒体告知顾客应为 3 个月；在零售点广告物上告知顾客应为 6 个月；而在包装上或包装内告知顾客应为 1 年。

第四，提高顾客参与率的有效办法。如前所述，退费促销的最大缺陷是顾客的参与率较低，通常大约是广告所刊登媒体发行量的 1% ~2%，即假如某一退费活动所刊登广告的报纸发行总量为 100 万份，则参与退费的份数大约在 1 万 ~2 万。

实践证明，参与率的高低主要受以下两个因素的影响。

促销活动所选择的宣传媒体。尼尔森公司的调查报告说明，在现金退费方式中，若通过印刷媒体宣传，其参与率为 0.5%；若通过零售点的 POP 广告宣传，则参与率为 2.5%；若通过产品的包装物宣传，参与率能达 3.8%。因此，为了提高退费促销的参与人数，可以在宣传媒体上大做文章。比如，除了媒体广告的宣传之外，在零售店再增加 POP 广告以强化宣传效果，这样能使参与率提升到 5% ~6%。假如将退费促销的特色再在包装上告知消费者，则参与率可激升到 12% 左右。由此可见，巧妙地让宣传媒体加以配合，可以使参与率得到较大提高。

退费额度的大小及参与条件的高低。显而易见，退费额度越大，对消费者的吸引力也越大，参与率必定也越高；同时，对参与条件的要求越低（如要求的购物凭证越少），则消费者的参与积极性越高。所以，要想提高退费促销的参与率，除了从宣传方式上改进之外，还可以从提高退费额度和减少购物凭证的数量两方面入手。

第五，回件的处理"作业"。妥善处理顾客寄回的邮件，是退费活动策划的重要内容之一，它直接影响企业的信誉和促销活动的效果。为确保退费活动的顺利进行，通常需要设立一个执行中心或委托专门的促销公司来完成回件处理"工作"。作为执行机构，不论是企业自设的执行中心，还是聘请的促销专业公司，都需要完成以下任务，即为退费活动提供一个邮寄信箱；在退费销售计划付诸实施之前，与卖方管理人员进行协调、组织和准备工作；开立一个银行账户并印制返还支票；收发邮件；鉴别顾客邮寄的退费申请表、购买证明及销售发票是否合格，防止伪造或复制；传递信息；签署返还支票，最后寄出；提供关于退费促销进展情况的报告；处理顾客的投诉信件。

二十三、广告代理公司选择规定

为了使广告产生理想的效果，大多数企业都必须委托广告公司做广告。

这是因为广告公司一般拥有策划、创作、制作广告、发布广告的各类专门人才，并在长期的广告实践中积累了大量的宝贵经验，能提供高水平的专业服务；再者，为了实现既定的营销目标和策略，企业往往以整体广告运动的形式出现，这就更需要能够提供全面服务的广告公司。

广告代理的主要功能是为广告主宣传企业与产品,从而扩大企业影响,赢得更多的顾客。具体来说,广告代理的功能主要有以下几个方面。

第一方面,帮助广告主分析市场状况。广告代理公司为了制作出较为完善的广告,必须先了解广告主的产品的目标市场与潜在顾客的特点,以及经销商与竞争的状况,从而推出有针对性的广告。

第二方面,制定较为完善的广告策划。功能完善的广告代理公司有丰富的广告经验,能为广告制定较为完善的广告计划,设计制作高水平的广告作品,有效地实施组合媒体广告。

第三方面,帮助广告主联系与选择合适的广告媒体。广告代理商可以帮助广告主在报刊联系版面或在广播电台、电视台联系播放广告的时间,并且通常能以较低的成本为广告主选择媒体。

对企业来说,能否选用合适的广告公司,是广告成败的重要环节。广告主要把巨额资金交付给他人代理,自然应该慎之又慎;更重要的是,选择不适还将影响企业全面市场业务计划的开展。美国广告公司协会主席简勃(F. R. Camb1. e)曾提出选择广告公司的7点标准,颇具参考价值:

1. 观念:一个广告公司是否具有丰富的知识和创造力,是否能从客户的营销活动中发现缺陷和不足,广告公司是否具备比人家新的观念。

2. 特质:广告公司的财务是否稳定,广告公司是否有足够的资本协助客户。

3. 经验:广告公司是否具有处理解决客户困难的丰富经验。

4. 信誉:广告公司在客户、媒体所有者及其从业人员、供应者、竞争同业者之间,是否具备较好的信誉。

5. 记录:广告公司的客户都是哪些人,他们的广告活动开展得如何。

6. 人员:广告公司的最高决策者以及其主办客户业务的人员,经验如何。

7. 范围:广告公司能否提供客户所需要的各种服务。

综合借鉴广告界专家的种种意见和各自的标准体系,我们认为,企业在选择广告代理时可考虑以下因素。

第一,企业的广告活动规模。如果企业广告活动规模较大,牵涉较多的领域,应选择多功能的广告代理;反之,则选择单功能的广告代理。单功能的广告代理在某些方面具有长处,服务质量不会低于多功能的广告代理。

第二,代理的广告策划能力。广告策划能力是衡量广告服务能力的综合指标。企业应选择能够准确判断企业的市场位置,针对商品的特点、流通机构及销售能力,制定出具有独特创意的广告策划代理公司。

第三,代理的广告制作能力。有的代理公司各项服务都较好,可是广告制作水平不过关,不能将广告信息有效地传达到消费者。所以,企业宜选择服务和广告制作水平都较好的公司,使广告能给消费者留下深刻的印象。

第四,代理的调查分析能力。社会发展已进入计算机化、信息化的时代,调查分析、资源积累,已成为科学管理的基础。企业应选择具有较强调查分析能力、管理科学的代理公司,而不应该选择只靠几个人的灵感、经验来进行广告活动的代理公司。

第五,代理的人员素质。代理公司的综合能力,最终要由众多的业务人员来实现。业务人员能否贯彻企业的意图,能否把握客户的特殊需要,往往决定广告服务的质量。

所以，企业应选择具有高素质人员的代理公司。

第六，代理所拥有的客户。在选择广告公司时，该公司以往和现在所拥有的客户具有重要的参考价值。广告公司与客户关系如何，业务往来的时间长短也值得注意。客户对广告公司的评价往往要根据其服务质量、信用如何来加以判断。

第七，代理的媒体关系。广告公司在掌握广告媒介方面有所不同，企业应预先了解。企业应选择媒体关系较好，调整刊登版面和交涉广告播出时间能力强的代理公司。

第八，企业的广告预算。如果企业的广告预算较大，则可选择大规模的广告代理公司提供周全细致的服务；如果企业的广告预算有限，则可选择规模较小的广告代理公司。广告代理公司规模小，并不意味着制作水平低或服务质量差。广告公司的服务质量并不完全是由公司的规模决定的。

二十四、促销计划范本

第一条 为促使目前既有客户及未来预定客户的购买，以董事长名义向客户寄发委托函。

1. 函件内容须依收件人的具体情况而决定。

2. 函件内容包括介绍公司的现状、未来的发展前景，等等。

第二条 常务董事及经理须拟定日程，拜访主要客户，并借机了解市场情况及抱怨问题，加强彼此的联络与友好关系。

1. 了解客户的不满，听取意见以设法改善现状。

2. 访问之前，应先与负责人员进行讨论以研究访问方法。

第三条 邀请主力客户及购买能力可能增加的客户，举行洽谈会，以促成交易。

1. 洽谈会以董事长或常务董事为主体。

2. 问候方式须巧妙得当，掌握销售计划的根本主题。

3. 洽谈会应依地区、产品种类，分别举行。

第四条 开拓新交易或提高现有的交易额，除要积极实行计划外，还要致力设置有一定基础条件的代理店。

1. 通过工商名录、专业厂商名录、电话簿或其他方式取得批发商、销售店、加工业者等的名单资料后，应立即制订开拓计划。

2. 有效地与协会、交易银行、相关公司往来，凭借其帮助来拓展交易。

3. 对于新开发的客户，应事前进行充分的信用调查。

4. 确立代理店的交易规定，以充实代理店的体制。代理店体制应依商品种类来建立。

第五条 销售另设有特卖制，采取自主诱导购买的方式。这种方式应在交易的清淡时期及产品推出太慢时采用。

1. 特卖的对象区分为零售商与代理店，并设定特卖期间。

2. 对于特卖地区、特卖的品种、数量及奖励内容都须仔细研究。

第六条 对交易客户设立交易奖励制度，以此促进购买欲望。

1. 实施时，先以特定地点为主，接着再依顺序逐渐对外扩大。

2. 将每个客户的平均购买额区分等级，再依等级发给奖金或按比例退还部分金额。奖励期间以一个月左右为主，每段期间再各自制定截止日期。

3. 交易方式另采用预约制度，利用预约方式进行交易者，届时可依比例退还部分优待额。不依规定时间交接货品时，依本公司的另行规定处理。

4. 对于销售业绩良好的交易客户，公司将为其负担半额的广告费，或另外赠送其他商品，以示奖励。

第七条　对于新闻发布或新产品推广，公司将举行单独或联合展示会、样品展示会，以扩大宣传。原则上按下列四点实施：

1. 展示会由公司单独举行，或借助其他单位的帮助，或协同批发商共同举行。也可由业务部负责举办。

2. 会场展示适用于本公司的新产品。

3. 举行展示会时，除了要选择会场场地之外，对于展示内容也须加以考虑。

4. 样品展示会及展示会中，可直接接受订单或预约。

第八条　对于销售人员应依开拓新市场、提高销售额等绩效加以区分，发给奖金，以示激励。

1. 本奖励以一定期间为限。

2. 对于开发新客户一项，必须令其事前提出有关对方的调查资料。奖金应于交易拓展成功后的第三个月，以不同等级的平均额作为激励奖金。

3. 当过去三个月的平均额超过上年度同月份一个月平均额的三成时，则视为对提高销售有贡献，并依据一定的比率（或一定的金额）发给奖金。

第九条　业务部应根据客户别（或商品别），将销售额、收款、销路不佳商品与畅销商品等，做成当月份的合计，并累计、增减统计资料，再将此统计数字与过去实绩进行比较，以掌握销售额及回笼资金的预估。预估确定后，指示给各负责人并进行督促（在每月例行销售会议上，也应督促要求）。

第十条　业务部须就各地区、客户及业界的需求动向等状况进行调查，以便修正自己的销售计划并督促、指示销售人员增加销售。

第十一条　业务部必须针对各销售人员的活动及实绩，制作有关其能力与实际绩效的比较统计表，同时提出批评与检查，借此提高销售人员的效率及业绩。

1. 根据销售人员所进行的访问、业务开拓、接受的订货、交货、折扣及退货等销售活动，比较其预定与实际的差距及个人效率。

2. 将上述资料于部门会议时提出，以便就此提供批评及指示。

第十二条　销售部应针对销售活动制定纲领，使相关人员以此为依据来进行促销活动。

第十三条　每月月底举行整体的销售会议，利用此会检查上个月的计划与实际情况，由业务部根据相关人员所提交的客户统计表来检查当月的实绩。另外，由各销售人员根据自己的情况及市场情报，进行意见交换，借此来修正本月应进行的预定活动计划与销售方法。

1. 业务状况。主要包括目前及以往的销售实绩、经营管理者和业务人员的素质、与其他竞争公司的关系、与本公司的业务联系及合作态度等。

2. 交易活动现状。主要包括客户的销售活动状况、存在的问题、保持的优势、未来的对策；企业信誉与形象、信用状况、交易条件、以往出现的信用问题等。

第三节　促销管理实用表单

一、市场促销申请单

表 11－1　市场促销申请单

部门：________　　　　　　　　　　　　　　　　填表日期：　　月　　日

促销目的			
促销时间			
促销对象			
促销商品			
促销办法			
预计销量			
效果达成			
企划意见			
企业划经理			
部门经理			
汇报人		主管	

主管：________　　制表人：________

二、营销活动促销计划表

表 11－2　营销活动促销计划

促销编号	针对产品	促销方式	促销期间		主管	配合事项	预计经营	预期效果	备注
			起	止					

主管：________　制表人：________　　　　填表日期：______年______月______日

三、市场促销活动成效汇总表

表 11－3 市场促销活动成效汇总表

客户名称				本年度计划促销次数			
促销名称		编号		主管		促销时间	
促销品项		预计销量		预算费用		预算用比	
客户形态		实际销量		实际费用		实际费用比	
申办单位		原零售价		现零售价		达成比率	
费用/成品领用记录							
差异说明							
活动情况反馈							
活动改进建议							
品牌人建议							
总经理		企划经理		营业经理		主管	

制表人：______ 填表日期：______年______月______日

四、促销活动分析表

表 11－4　促销活动分析表

<table>
<tr><td colspan="3">促销活动内容</td></tr>
<tr><td rowspan="4">目标达成状况</td><td>销售金额</td><td></td></tr>
<tr><td>销售数量</td><td></td></tr>
<tr><td>铺货率</td><td></td></tr>
<tr><td>所卖商品</td><td></td></tr>
<tr><td rowspan="3">销售活动</td><td>陈列位置</td><td></td></tr>
<tr><td>陈列示意图</td><td></td></tr>
<tr><td>陈列材料</td><td></td></tr>
<tr><td rowspan="2">广告宣传
活动支持</td><td>促销前</td><td></td></tr>
<tr><td>促销期间</td><td></td></tr>
<tr><td rowspan="3">反映</td><td>业务人员</td><td></td></tr>
<tr><td>促销商家</td><td></td></tr>
<tr><td>消费者</td><td></td></tr>
<tr><td rowspan="2">存在问题</td><td>方案问题</td><td></td></tr>
<tr><td>实施问题</td><td></td></tr>
<tr><td rowspan="2">经费</td><td>预算</td><td></td></tr>
<tr><td>实际费用</td><td></td></tr>
<tr><td>总评</td><td colspan="2"></td></tr>
<tr><td colspan="3">备注：</td></tr>
</table>

制表：______　　　　　　　　填表日期：______年______月______日

五、促销成本评估表

表 11－5 促销成本评估表

公司名称：________　　　　　　　　　　　　　　　　单位：______元

促销方式	
促销方式说明	
促销时间	
估计费用	
成本收益分析	
评价及建议	

裁决人：____ 审核人：____ 分析员：____　　　　填表日期：____年____月____日

六、广告预算明细表

表 11－6 广告预算明细表

□年度
□半年度

媒体名称	广告效率	单位成本	有效篇幅	频率		平常月份广告预算	旺季月份广告预算	宣传预算	合计
				平常	旺季				

续表

媒体名称	广告效率	单位成本	有效篇幅	频率		平常月份广告预算	旺季月份广告预算	宣传预算	合计
				平常	旺季				
合计									

主管：______ 制表人：______ 填表日期：______年______月______日

七、广告实施报告表

表 11－7 广告实施报告表

预定								实施	备注
商品名	目的		应用媒体	实施方法	预算	付款方式	广告代理商	期间	契约金额	
	销售重点	目标								

主管：______ 制表人：______ 填表日期：______年____月____日

八、促销活动计划表

表 11－8　促销活动计划表

______年______月______日

促销产品	促销方式	公关对象	促销期		活动负责人	活动组成员	配合事项	费用预算（元）	预期效果	备注
			起	止						

九、促销方案表

表 11－9　促销方案表

经销店名称：　　　　　　　　　　经销店重要性等级：

<table>
<tr><td>时间</td><td colspan="5">年　月　日至　年　月　日</td><td>地点</td><td></td></tr>
<tr><td>促销活动形式</td><td colspan="7"></td></tr>
<tr><td>需要配合的事项</td><td colspan="7"></td></tr>
<tr><td>活动负责人</td><td colspan="7"></td></tr>
<tr><td>活动组成员</td><td colspan="7"></td></tr>
<tr><td rowspan="3">费用预算（元）</td><td colspan="6">费用项目</td><td>合计</td></tr>
<tr><td></td><td></td><td></td><td></td><td></td><td></td><td></td></tr>
<tr><td></td><td></td><td></td><td></td><td></td><td></td><td></td></tr>
<tr><td>预期效果</td><td></td><td></td><td></td><td></td><td></td><td></td><td></td></tr>
</table>

十、广告预算书

表 11-10　广告预算书

委托单位				负责人	
预算单位				负责人	
广告预算项目				期限	
广告预算总额（元）				预算员	
项目			开支内容	费用（元）	执行时间
市场调研费	文献调查				
	实地调查				
	研究分析				
广告设计费	报纸				
	杂志				
	电视				
	电台				
	其他				
广告制作费	印刷费				
	摄制费				
	工程费				
	其他				
广告媒介租金	报纸				
	电视				
	电台				
	杂志				
	其他				
服务费					
促销与公关费	促销	市场 A			
		市场 B			
		市场 C			
	公关				

续表

委托单位		负责人	
机动费用			
其他杂费开支			
管理费用			
总计			

十一、公关对象调查表

表 11－11　公关对象调查表

公关对象姓名		性别	
出生日期		年龄	
出生地		现在地址	
毕业学校		技能	
经历		现职	
家族	□配偶　□长子女　□次子女		
调查内容	□信誉调查研究　□品行调查　□特长　□爱好　□家庭　□赏罚　□其他		
意见			
评价		确认	

第四节　促销管理规范化细节执行标准

一、联合促销工作实施标准

所谓联合促销,是指不同厂商为达成销售成长及获利目标,各自贡献力量,共同促销一组不同品牌的产品。

企业为创造更多商业机会，常运用各种机会，以提高企业知名度，增加产品销售机会。不同的厂商彼此联合促销，由不同厂商为达销售成长及获利目标，各自贡献促销力量，共同促销一组不同品牌的产品。

（一）联合促销的优点

采用此种联合方式的“联合促销”的好处，在于：

首先，厂商可以较低的促销费用，来达到特定销售目标，得到最大利益；

其次，双方或多方合作后的促销力量增大，可获得零售商的广泛合作；

再次，借展览提高产品知名度，增加品牌展示面，刺激消费者购买欲；

最后，开拓新的促销通道。

（二）联合促销的模式

联合促销的“联合”模式甚多，略举如下。

第一种，商品原有的互补关系：产品本身与其他产品即具有互补的关系，如牙刷与牙膏。

第二种，时间性的互补关系：例如速食麦片、柳橙汁、煎饼，三者混合常成为早餐食品的促销组合。

第三种，广告的互补：例如“养乐多”每日生产量高达160万瓶，而《联合报》每日发行量也近百万份，双方的广告曝光度相近，彼此在不花钱又互惠的原则下，分享对方的“广告力量”。活动方式是：“养乐多”的瓶子上印上《联合报》天天向您问好，而《联合报》则每天提供一定广告尺寸的“早安！养乐多”广告文句。

第四种，过程的互补：以满足某一消费过程的需要。例如，“搭乘东方航空公司的班机、租一部艾维斯汽车、夜宿假日旅馆、参观迪士尼乐园，只要你使用美国运通信用卡，上述消费均可享受八折优待”。

第五种，季节性需求：在感冒盛行的冬季，例如“阿司匹林片”与“可丽舒面纸”联合广告促销，互相密切合作搞促销。

第六种，展示空间的互补：双方厂商合作，一起铺货或促销，要求经销店将商品陈列在较佳的展示空间。例如，吉利刮胡刀与永行电池联合促销，要求经销商将其“并排”陈列于地点良好的陈列架上。

二、促销目标制定工作实施标准

促销组合包括“产品”“公共宣传”“人员推销”“促销”等项目，而“促销目标”要承接企业内的“行业目标”，将“营销目标”予以分化，成为若干个“促销目标”，其组合包括“广告目标”“公共宣传目标”“人员推销目标”“促销目标”；每个细分化的目标，必须具体化、数字化，以便有助于营销目标的达成。例如“广告目标：目标市场的品牌知名度提升20%，达到90%的品牌知名度”；“公共宣传目标：提升企业形象，使80%的股东对公司有信心”；“人员推销目标：业务员每周拜访经销店频率次数由20次提升到28次”；“促销目标：增加20个新经销商”。

一旦设定各个“促销组合”的目标后，必须安排预算经费与细化工作计划，并且执行“进度控制”。促销工作执行结束后，应考查评估它的绩效。

（一）“广告”的目标

“广告”的定义是“在某特定期间，在所设定的观众内，所欲完成的特定沟通工作”。因此，为了正确测定广告效果，必须再设定沟通效果。

认知：必须让潜在顾客知道品牌与公司的存在。

了解：必须让潜在顾客了解产品对他的用处。

确信：让潜在顾客从内心决定要购买该产品。

行动：必须让潜在顾客采取有意义的行动。

广告目标的设定，必须尽可能具体化，以便拟定有效的方案，足以引导创作小组；在选择合适的媒体时，能够引导媒体小组；在测定广告效果时，能够引导研究小组。因此，为执行“广告目标”而设定的“沟通目标”，必须以最简捷的方式传递给消费者对我们最有利、最广泛的信息的观点来设定。例如，营销总目标是：“下一年度内，针对东南部地区人员，把某一品牌的市场占有率，从目前的20%，提高到25%。”以沟通观点而设定的广告目标为：“针对东南部地区的老年人，让他们了解该项产品经过特别精心设计，用以满足60岁以上的人们的需求，而把本品牌知名度，从目前的30%提高到38%。”

（二）“公共宣传”的目标

如果要有效地测定成果，公共宣传目标必须以沟通目标的观点来设定。因为公共宣传是发布有关产品、服务、设计的信息或情报，而不收取广告版面或时间的任何费用。

尽量订出“工作项目与频率”，并将其作为一种不错的“公共宣传目标”。例如公开宣传经理所设定的目标，如“保证通过全国性的报纸，刊载有关产品消息报道100万行”。利用剪报服务公司所提供的剪报资料，在目标期间结束时，即可得知是否完成任务。同理，针对一项新产品，可设定“在进行广告之前，或推销员进行第一次拜访之前，使促销对象群中25%的人都认识产品品牌的名称”。

（三）“人员推销”的目标

常见的人员推销目标由销售量目标、费用支出目标、利润目标及活动目标四种形式构成，而这些目标必须配合营销总目标，并且有助于达到营销总目标。

销售量目标，或称销售责任额，常是人员推销最常设定的销售目标。公司通常都设定一个销售目标，然后按照地域差别、部门差别、时期差别，甚至人员差别，制定详细的推销目标。

企业主管认为在某一特定期间内，业务员应设定在他所负责的推销区域，以可能销售的单位数量或金额来表示。例如“每一名业务员在其区域内推销某一产品，销售目标为500000元”，则该产品在该地区的销售目标，即为各业务员销售目标的总和，汇集而成公司的总销售量目标。销售量目标可用于设定个别产品、产品群、个别推销员、客户种类等目标。

（四）“销售促进”的目标

促销目标的规划，必须以达成某一特定目标为依据。促销目标是以公司的营销目标为基础而设立的。

“促销活动”的目标，可能设定为“中间商、经销商、零售店”或是“使用者、客户”等阶层，它的目标范围相当广泛。

三、年度促销计划制订工作实施标准

不同企业的年度计划程序常有不同,我们可将之归类为下面三种不同的方法。

第一种,照旧延续规划法。

照旧延续规划法即管理者只考虑继续使用目前的策略,并估计可能获得的利润与销售量,再考虑配合长期目标,都能使人满意,则可将其作为公司年度的目标。例如推销员对未来的预测,是以目前的销售量为基础,再经公司总部整理后,如认为满意,即成为公司年度计划的基础。

第二种,上级目标规划法。

由管理阶层先设定后,经股东会同意的销售利润的年度目标,再分配给各地推销人员,让下级人员思考如何达成的手段。比如公司的高阶层决定“经销商的销货必须占整个企业的20%”,但并不告诉营销人员应多销售何种产品,定多高的价格,用何种配销通路,而这些都是由营销人员目前及未来自行决定的。这种方法也可以说是上级目标规划法,由上级制定目标,颁布下来由各级执行,而后各级单位依此目标拟定他们自己的计划,呈报上级,在长期计划的指导原则下,组合成公司的年度计划。

第三种,最佳目标规划法。

最佳目标规划法就是管理阶层考虑主要的可行策略,及其对利润、销售额、占有率及未来投资机会等影响;主管评估这些影响,并选择能产生最好结果的策略,即用这些估计的结果来建立公司的目标。

四、销售费用分配工作实施标准

(一)销售费用在营销组合中的分配

利润最大化是每个企业追求的目标,促销活动的开展有利于扩大销售,但同时又不得不支付销售费用。

每种销售活动都需花费一定的费用,费用多少有别,其效果也各有差异。如何将有限的销售总费用合理地分配到各种营销组合中去,发挥每一分钱的作用,达到最合理的利用是企业管理人员的一项重大任务。比如,广告费用支出应占多大比例,人员推销上应安排多少费用,市场研究的费用应占多大比重等。

在销售总费用一定的条件下,营销组合中的各种销售活动均可以互相替代,其费用应以下列方式分配在各销售活动之间,即用在每一营销手段上的边际支出所得的边际利润都相等的方法来分配。

销售费用的分配受多方面因素的影响。各营销组合要素之间存在相互作用,如较高的广告费用支出可预先使消费者产生购买的欲望,可降低人员推销费用。除此之外,销售费用的分配还受企业中非营销要素的影响,如企业的劳动生产率、人事政策、投资决策等。

(二)销售费用在目标市场间的分配

一个企业肯定不只面临一个目标市场，它会面临几个不同的目标市场，企业管理人员还面临着销售费用在不同的目标市场间分配的问题。销售费用的分配应以边际销售反应而不是以平均销售反应为依据。假定某公司在两个目标市场上的销售费用支出都是3000万元，在目标市场A上，公司的销售额为4亿元，而在目标市场上B上，销售额为2亿元。因此目标市场A的每1元营销努力的平均销售反应大于目标市场B，目标市场A为40/3，目标市场B为20/3。但是我们不能简单地以此为依据分配费用，而应进一步分析它们的边际效用。边际反应是销售函数在该点上的斜率。假如目标市场B的斜率比目标市场A大，当销售费用再增加1000万元时，目标市场B将增加1亿元销售额，而目标市场A可能仅增加2000万元的销售额，因此我们应以边际效用来引导销售费用的分配。

（三）销售费用在各种产品间的分配

每个企业不可能只生产单一的商品，每个公司都由多种不同的产品组成，所以销售费用要采用适当的标准分配到各种产品中，从而计算各种产品应负担的销售费用，为每种产品的价格决策提供依据。

销售费用的分配，原则上应按各种不同的业务项目分别按其受益对象进行。如果费用不大也可以合并分配，或者只将其中费用较大的项目单独分配，其余合并分配。分配的标准一般是：

运杂费按装运产品的重量或体积分配；

包装费按各种产品包装费用定额进行分配；

若是单项产品的广告费直接计入该产品成本，如是联合广告费则按销售额在多种产品中分配；

展览费按产品的价值分配；

保险费按各种产品分别确定；

专设销售机构费按独立销售机构所销产品的销售额分配；

其他费用按产品销售额分配。

五、促销预算编制方法

常用促销预算的编制方法，有下列五种："过去销售百分比法""未来销售百分比法""主观预算法""每单位销售提列法""工作目标法"。其中"未来销售百分比法"为最常用者，而"工作目标法"是最合乎逻辑的。

（一）过去销售百分比法

"过去销售百分比"，是指假设销售量与生产成本之间存在一固定的关系，先以业界用于促销活动的平均指数来求出一个百分比。此百分比配合上一年的销售数字，以编制促销总预算，或特定预算活动的预算。

过去销售百分比法的最大好处是，容易应用，容易了解，但是，有明显的缺点，由于它是依照原来的数字，可能原来的数据就存在很大的误差。

（二）未来销售百分比法

"未来销售百分比法"，是指厂商预估下一年度的销售，然后以某一百分比算出金额。

例如，某一公司预估下一年度的销售额是100万元，其预算百分比是30%，则下一年度的促销预算额为30万元。这种促销预算编制方法，是针对上一种方法（过去销售百分比法）之缺点而改进的。

（三）主观预算法

“主观预算法”，是指企业依其经验与判断，来编列促销预算。管理阶层也可依其经验，把不同的促销工具合并成促销组合，再把促销总预算分配到各个促销工具、产品项目上。

（四）每单位销售提列法

企业亦可采用“每单位销售提列法”，依照预期未来销售数量的每一个单位，提列一个固定比率的金额，作为预算促销。

（五）工作目标法

“工作目标法”，是指以预算目标为向导，先决定预算目标，再规划要达成目标的行动方案。在行动方案内要先单独编制各种促销工具的预算，再加总成为企业内的促销总预算。采用此法的预算，以“广告费用”为例，假设某企业的促销总目标是“增加市场占有率3%”，该企业认为要达成促销目标，广告目标之一是“提高超级市场货架上的品牌包装认知度20%”。

六、销售业务费用控制工作实施标准

控制业务费用，要做到既节约又有效，不断提高企业业务费用的投入产出比例和经济效益，必须加强对业务费用总量的宏观控制。要做好总量控制就要求企业根据自身情况，对各项具体的业务费用分别制定相应的控制办法。

（一）培训费的控制

企业的培训费支出是一项人力资源的投资，其支出目的是为了培养具有一定业务技能的销售人员和专门的高级销售管理人才。

企业对销售人员的培训应坚持理论与实际相结合，着重讲求实用，强调针对性，根据不同的目的和培训对象确定培训内容。企业对销售人员的培训按培训的内容和性质可分为以下几种。

第一种，新员工岗前培训。

新员工岗前培训可以使新员工掌握良好的工作技能，为其工作业绩打下坚实的基础，为新员工确立与公司良好的关系打下基础，保护他们的积极性，使之逐渐有良好的工作情绪与对企业的归属感，在新岗位上做好工作，有利于降低员工的流动率而减少开支。新员工岗前培训的内容主要有：对公司概况、公司员工手册、各项规章制度的学习；对安全知识、职业道德等方面的培训；解答新员工的疑惑。

第二种，职业素质培训。

企业销售人员的职业素质水准是决定企业效益的重中之重。通过对员工进行销售专业知识、业务技能的培训，提高其基本素质，以适应销售工作的需要。职业素质培训的主要内容有：市场营销知识、各种促销技巧、有关商品知识、售后服务技巧、表达与沟通技巧、人际关系处理技巧等。

第三种，岗位实务培训。

这种培训是在人事部门协助下，对销售人员进行的在改进工作方法、提高工作效率等方面有针对性的在职培训。

第四种，岗位轮训。

岗位轮训即安排销售人员接受公司其他部门业务知识与专业技能培训，以及安排销售人员进行定期轮岗实务培训，以此全面培养销售人员的整体观念和默契配合、理解协调等管理能力，同时提高工作的积极性。

第五种，外派参观、考察、进修、实习培训。

外派培训即根据销售工作的具体需要，有计划地安排销售人员走出企业，参加各种社会培训活动，以开拓员工的视野，扩展其思路，提高其应付竞争挑战的能力和专业技术能力。

企业对销售人员培训的具体形式与方法应不拘一格、灵活多变、重在实用，可以将在职培训与脱产培训相结合，专题讲座与专业技能训练相结合，聘请专家、教授讲座与生产厂商现场指导、面授知识相结合。总之，企业应结合自身情况，根据不同的培训目的，本着既节约费用支出，又注重培训效果的原则来选择培训形式。

（二）差旅费用的控制

在实际工作中，对差旅费的控制和管理应做到有章可循，既勤俭节约，又保证外出工作质量，除按国家有关差旅费开支的规定外，企业还应结合具体情况建立健全自身的差旅费管理制度。

首先应完善出差审批手续。各职能部门人员因公出差，应根据路途远近、时间长短合理预借差旅费。出差回来后要及时报销，及时清还所预借差旅费。普通销售人员差旅费的借支和报销应由部门负责人审批；部门负责人借支和报销由企业有关领导审批；企业领导借支和报销应相互审批。

对于差旅费控制的具体方法，企业一般可采用“分项计算、总额包干、调剂使用和节约奖励、超支不补、额外审批”的办法。实行总额包干办法，对出差人员定任务、定时间、定地点、定人数、定包干费，对住宿费、交通费和伙食补助费等具体费用，可因性质不同采取实报实销与定额包干相结合的办法，包干部分均按出差天数计算。如住宿费可实行定额包干：在包干规定标准内凭单据报销；超过包干标准部分一律自理，不予报销；低于包干标准部分全部归己。如因情况特殊，实际出差天数超过原定计划天数，或产生其他必需的额外支出，必须经部门负责人或公司有关领导批准后方予以报销。

（三）销售折扣与折让的控制

常用的销售折扣主要有两种，即批量折扣与现金折扣。

批量折扣是按照购买批量确定优惠幅度，购买批量越大，折扣率越大。批量折扣销售无论对企业还是消费者都可带来实际好处，对企业来说，表面上折扣的出现相对增加了商品的销售成本，使单位商品的利润降低，但实际上由于销售量大幅度增加，因而企业的总利润不但不会下降，反而会上升。对消费者来说，批量购买意味着以等量货币可以购买更多的商品。企业在进行折扣促销时，应特别注意以下几点。

第一，通过调研，切实把握消费者的消费心理、购买行为及一次购买商品量的承受能力，在调研的基础上，通过分析各种状况确定商品起始批量或批量分级，才能发挥出销售折扣的作用来。如果折扣的起始批量与顾客正常的一次购买批量相等，则企业实际上受到损失；如果超过顾客一次购买商品的潜在能力，非但不能起到任何促销效果，反而使消费者反感。

第二,通过精确的推算和财务分析,寻求批量折扣与企业效益关系的经济曲线,在此基础上确定的分级折扣率才是科学的。

第三,一般情况下,批量折扣率的最高界限应是资金利润率。但如果产品积压严重,危及企业再生产,并不排除使用高于资金利润率的折扣率,以便迅速收回货币资金,组织更新产品的开发与销售,使企业起死回生。

第四,批量折扣率随着市场环境和企业要素的发展变化也应做相应调整,这就要求做好收集市场信息、信息反馈工作。

现金折扣指企业采用赊销方式销售商品时,为了鼓励买方尽快付款而给予买方的优惠。在商业信用和消费者信贷普遍使用的市场上,现金折扣促销具有两方面效应:对消费者来说,用现金购买等于以低价格购买同质商品,而同质低价对顾客具有相当大的吸引;对企业来说,可以加快资金周转速度,总利润可能不变甚至增加,或者企业贷款数额减少,利息支出下降,可抵偿因折扣所减少的收入,甚至有剩余。企业在决定是否采用现金折扣策略和折扣率大小时,不能不考虑以下因素:

首先,目标市场拥有的现金额及其习惯流向,多大的折扣率才足以改变他们的购买习惯和货币流向,在此基础上确定现金折扣策略和折扣率的大小。如果目标市场拥有的现金量甚少,则应放弃现金折扣策略。不顾顾客情况盲目采用现金折扣策略不但不会促进现金销售,反而会导致市场占有率下降。

其次,现金折扣率的大小不但取决于对顾客的刺激程度,而且取决于银行存款利率的变化。

再次,如果企业产品积压严重,筹措资金困难,现金折扣促销往往可以使企业解脱困境,即使折扣率较高,暂时给企业造成一部分损失,但现金折扣可以盘活资金,加快资金运转,对企业的生存和发展具有战略利益。

最后,在正常情况下,企业应该预测折扣率和资金周转速度,折扣率与利息支出变动的比例关系,寻找盈亏均衡点,在此基础上确定的现金折扣率才可能既使顾客得到实惠,又使企业提高经济效益。

七、广告预算制定方法

广告预算的方法种类繁多,目前统计的多达二三十种,每种方法各有利弊,现代广告学者将其归为三类,即分析法、综合法和主观估算法。

(一)分析法

分析法又叫定率计算法,该法是在适当的限度内计算出广告预算的总额,然后将其合理地分解到各个细分项目。这种方法通常是经过对企业经营资料的分析研究,以广告费对销售额或盈利额的比率为基础计算出来的。定率计算法又可细分为固定比率法和销售单位法等。

固定比率法是以一定期间的销售额或利润额的一定比率确定企业广告费用总额,因计算方法不同,又可分为以下两类。

第一种,按销售额计算。企业可以根据上年度总(纯)销售额或过去数年的平均总

（纯）销售额，也可根据次年度预测的总（纯）销售额计算广告费用。一般而言，食品工业的固定比率较大，而机械电子工业的则相对小一些。据有关资料，美国通用食品公司广告费用比率为7.6%；瑞丽公司（生产口香糖）为8.8%；奇异公司（生产机电产品）为0.6%。我国扬州西马克食品有限公司取各地销售额的3%作广告宣传费；上海水仙电器公司1994年销售额10亿元，广告费1000万元，占1%。

第二种，按利润额计算。企业可以根据上年实现的毛（纯）利额或过去数年间的平均毛（纯）利额，也可以根据次年预测可能实现的毛（纯）利额按比率计算。

销售单位法是以商品的一件、一箱或同类商品的一定数量为单位，规定每个销售单位支出多少广告费，再乘以预测销售数量得出总的广告费。

销售单位法适用于商品种类少、销售单价昂贵的商品，如电视机、电冰箱等高档耐用消费品。该法可根据市场环境与产品生命周期的变化适当调整广告费用，便于把握广告效果同广告费用之间的关系及变化规律。

（二）综合法

综合法又叫目标达成法，它是根据企业的市场营销指标所拟定的广告指标与计划计算出所需的广告费总额。这种方法是从一定的广告目标出发，为达到这个目标估计出所需要的广告预算。

综合法是一种比较科学的计算方法，利用它不但能明确地看出广告费和广告效果之间的关系，而且便于检验和控制广告活动的进行。这种方法在西方为众多企业所采用。早在1926年，美国通用电气公司、鲍登公司等企业就已采用综合法。

综合法（目标达成法）按依据的目标和计算法的不同，又可细分为销售目标法、传播目标法和系统目标法。

销售目标法是以销售额或市场占有率为广告目标来制订广告预算的一种方法，也就是依据预先确定的广告目标拟定广告活动的内容、范围、媒体、频率、时期等，再依次计算每项所必需的广告费用。销售目标法能够比较准确地计算下期市场占有率及其所需要的广告费用。

西方学者把改变消费者态度的过程分为未知、知名、了解、确信和行动五个阶段。与此相适应，广告目标可以分为对商品的知名率、了解率、确信率和行动率，每一个阶段都要广告发挥功能。

传播目标法就是以广告过程的特定阶段为目标，决定为实现特定目标所必需的广告内容、广告媒体、频率与期间、刊播范围等，然后再计算每项广告活动所需要的广告费。

传播目标法以传播目标作为一种中间目标，将各种媒体计划与销售额、市场占有率以及利润额等目标有机地连接起来，因而能够更加科学地反映出广告费用与广告效果的关系。

系统目标法是采用系统分析和运筹学的方法，将传统的目标范围（销售与广告范围）扩展到整个企业的生产经营活动，即把广告与销售密切相关的生产、财务等要素一并纳入广告预算考虑的范围之内，加以系统分析和定量分析，因而使得广告预算更合理、更科学、更完善。

（三）主观估算法

主观估算法着眼于广告费与企业竞争对象的关系，或者是广告费和财务支出的关系。这种方法很大程度上依赖于广告经营者的直觉与主观经验，在必须综合诸多复杂因素制定广告预算时,主观估算法往往能发挥较大的作用。但这种方法缺乏可靠的客观依据,带有盲目性,因而多配合其他方法同时进行。主观估算法又可分为任意法、支出可能法和竞争对等法。

任意法没有任何理论依据和客观资料,完全依靠人的经验和直觉。任意法以上年度的实际广告费为基础,并依据市场环境可能的变动而主观地制定出广告预算,或者对上年度的广告预算做增减,然后再拟定广告指标和广告费总额。该方法虽然没有什么客观依据,容易产生偏差,但在无法运用分析法或综合法来制定比较理想的广告预算时,任意法仍为较实用的一种方法。

支出可能法是依据企业财务上的可能来制定广告预算,它符合"量入为出"的原则。这种方法在目前我国国有大中型企业普遍不景气、企业资金周转较为困难的情况下,更富有借鉴意义。

竞争对等法是以取得销售利益的主要竞争对手的广告费为基础来确定广告预算,其理论依据是广告费用决定销售额与市场占有率。如果企业本身的其他条件与竞争对手完全相同,那么企业可以简单地采用竞争对手的广告费而获得相应的销售效果。但是我们必须注意,实际上没有两个企业的情况会完全一样。为维护市场现状或维持一个强有力的市场竞争地位,采用竞争对等法是有意义的。

八、广告费用控制工作步骤

(一)确定广告目标

广告目标就是企业借助广告活动所要达到的目的。广告目标与企业的营销目标和战略目标联系紧密,且关系重大。广告目标决定了广告计划如何安排,如何实施,如何发展,要确定多少广告预算,要使用什么媒体,如何分配广告费用等。因而广告目标是在广告活动过程中的首要步骤。但由于企业本身条件不同,所以企业开展广告活动所要达到的目标也不一样。概括起来,广告目标大致可分为:

介绍新产品,开发新的消费领域;

通过大量广告宣传,巩固产品在消费者心目中的地位,力争产品在市场上获得优势地位;

通过反复宣传,提高销售量;

强调企业产品的质量和品质,提高消费者的知名购买率。

需要注意的是,确定一个企业的广告目标时,所确定的指标最好是可以测定的,如销售量、市场占有率的指标、税前利润等。这种量化的指标有利于以后对广告效果评估。

(二)编制广告预算

编制广告预算是广告费用控制中的预先控制阶段。

首先,编制广告预算的步骤是:

第一步,收集销售额、营销计划、竞争对手和销售渠道等历史资料及目前有关上述资料;

第二步,决定企业销售目标;

第三步,制定营销战略;

第四步,制定广告战略、广告计划;

第五步,按广告计划编制广告预算。

其次,编制广告预算的具体内容是:

第一,决定广告预算规模;

第二,根据广告计划估算各种广告费用细目并汇总;

第三,将实施广告计划所必需的广告费用细目总计与广告预算规模对比,如有矛盾,应在广告费用细目间进行调整,以求得二者的平衡。

九、广告预算分配工作实施标准

各个企业均有其不同的市场目标、销售任务、销售范围以及销售对象,因而其广告预算的分配标准也不一样,这直接影响到企业的广告效益。

(一)按广告的商品分配预算

在广告商品种类较少而分配地区又较多的情况下,企业一般按商品来分配广告预算,这样便于集中宣传主要商品种类。

(二)按广告的媒体分配预算

广告媒体费用一般占整个广告预算费用的70% ~90%,而广告消息的传播效果又主要是通过媒体效果来体现的,因此按照广告媒体的不同来分配广告预算是企业常采用的方法。它又可分为在不同媒体间的广告预算分配和在同一类型媒体内的广告预算分配两种。

(三)按广告的地区分配预算

如果商品种类较多而销售地区又较集中,企业一般按广告的不同地区分配广告预算。此时,应根据各个地区对商品的当前需求和潜在需求、市场细分和目标市场的分布以及市场竞争状况等因素合理分配。

(四)按广告的时间分配预算

对于一些季节性强的商品和一些新上市的产品,企业经常采用按广告的时间分配广告预算的方法。因此,就有长期性广告预算和短期性广告预算;突击性广告预算、均衡性广告预算以及阶段性广告预算等等不同的时间分配形式。

(五)按广告的功能分配预算

为了便于对广告财务上的管理和监督,企业还经常采用按广告的不同机能分配预算的方法。广告预算按广告媒体费、广告设计制作费、一般管理费和广告调研费等进行分配。

十、确定公关费用预算总额的方法

(一)固定比率法

固定比率法即按照一定时期内经营业务量的一定百分比来确定公关预算。经营业务量可以按销售额或产值计算,也可按利润额计算。据美国对150个厂家的调查显示,有75%的企业是按销售总金额的一定百分比提取公共关系经费的。我国最早开展公共关系活动的企业之一——广州白云山制药厂,就是每年按总产值提取1%为"信誉投资"。这种方法的优点是计算方便,简单易行,并可使企业公共关系活动费用在一定时期内得到基本保证,使公关费随企业财务上的"承受"能力而变化,从而做到量力而行。

(二)平均发展速度预测法

平均发展速度预测法是用历史资料计算出公共关系经费实际开支总的发展速度,然后计算出平均发展速度,按照这一平均发展速度确定计划期间公共关系活动经费预算数额。采取这种方法可以保证公共关系活动经费每年都有所增加,这对于十分重视开展公共关系活动,并已经积累了一定活动经验的企业比较适用。

(三)竞争对等法

竞争对等法是按照竞争对手的大致费用来决定本企业的公关费用预算。这是一种为了在激烈的竞争中战胜对手或在公关费用支出方面尽量靠近竞争对手,与对手相匹敌的公关费用预算方法。

(四)投资收益法

投资收益法基于这样的分析:公关费用是企业对产品的一项投资,而且应当通过分析、预测一定时期由公关费用投资所能产生的收益来决定公关费用。这种做法的优点是把企业的一切开支都看成是投资,有利于提高资金利用效能。其缺点是公共关系部门投入资金所取得的效益分散在各部门,局部投资,全局得益,而且各部门之间存在着交叉效应,很难单独计算公共关系部门本身的收益。但这种方法仍具有建设性,是有益的。

(五)目标先导法

它是根据公共关系工作的目标和任务确定预算。企业首先在营销战略目标下确定公共关系活动的目标,然后明确为达到这一目标所必须开展的公共关系活动,将各项公关项目费用详细列出,核定单项公关活动预算,最后,将年度内全部活动项目预算汇总,就可得出全年公关预算经费总额。在预算总额已定的情况下,应当提出一定比率(比如10%)的风险基金,以备偶然事件的发生。这种方法的优点在于具有主动性,企业可以根据公共关系活动自身需要来安排预算;边缘具有伸缩性,能根据组织环境的变化及时调整;它还具有进攻性,使那些积极进取的公共关系计划能得到保障。这种方法需要事先审慎地计划和预测,如果预测不准确,就可能出现超支、短缺或浪费,而且这种方法主观性较强,容易影响预算的控制。

十一、确定报酬标准的方法

企业确定报酬标准的程序是:工作分析、工作评价、工资调查。

(一)工作分析

工作分析是对企业中的各项工作进行研究,确定每项工作的名称、内容、程序、环境,以及担任该项工作的任职条件,并据以编制工作说明书和职务规范书。

工作分析的内容包括以下几个方面。

第一,定编定员分析。根据营销计划确定企业应配备各类各级销售人员的数量,如销售部经理×名,高级市场分析人员×名。

第二，工作内容分析。分别确定每项工作的任务、责任，如销售任务量、销售收入量，对企业营销战略、销售计划、市场调查、货款回收等应负的责任程度等。

第三，工作程序分析。分别确定每项工作的形式和范围及与其他人的工作关系，如销售是集体共同完成还是个人单独完成，指导监督几名下级员工，接受哪级的领导和监督，与哪些部门有经常工作往来等。

第四，工作环境分析。工作环境有自然环境、安全环境和社会环境三方面，包括工作地点的温度、光线、噪音、地理位置、室内或室外；是否有毒有害，是否有人身危险；完成工作所要求的人际交往的数量和程度，提升的机会等。要明确销售场所主要在本地或外地，推销的产品有无噪声、不良气味等，以及建立销售渠道需要交往的程度和该工作岗位提升的机会如何。

第五，工作时间和劳动强度分析。确定工作是常日班、轮班或不规律工作时间，工作的紧张程度（可用工时利用率衡量）等。

第六，任职条件分析。确定担任某项工作应具备的学识、能力、经验和身体素质方面的规定。

编制工作说明书和职务规范书。

销售人员的工作说明包括以下几方面内容：职务名称、工作内容、工作程序、工作环境、聘用条件。下面是企业推销员的工作说明书举例。

职务名称：推销员

职务号数：××××

工作内容：完成销售任务，宣传企业产品，保持所负责销售区域销售渠道畅通，进行市场信息反馈。

具体工作：按期完成销售定额；按期收回货款；为用户介绍产品并演示如何使用；向用户宣传企业新产品；收集用户对产品的意见，并要求定期做出书面报告；负责与责任区老客户联络和寻找新客户。

工作程序：所在销售区的销售工作由两名推销员共同承担，销售工作分别由个人单独完成，但需互相协调工作；接受销售部经理的指导与监督；与技术部、财务部有经常往来。

工作环境：50% ~70% 的时间在室外工作，工作场所受气候影响，没有噪声和有毒气体，一年中有 60% 以上工作日出差外地，可晋升为销售部副经理。

聘用条件：基本月工资 500 元，月岗位津贴 360 元，奖金与销售收入挂钩，按月支付，年终根据全年销售收入情况提取年终奖，视工作表现提供培训和带薪休假机会。

（二）工作评价

工作评价也称职务评价，它是在工作分析的基础上，依据工作说明书和职务规范书提供的资料，以统一的标准给企业的各项工作确定等级，确定其相对值。工作评价方法有四种。

第一种，排列法。

评价小组的成员根据工作说明书及个人对工作的了解，对工作按容易程度排序，然后汇总各评委结果排出各项工作的等级。排列法的优点是评价费用低、简单易行；缺点是评价结果受评委的主观感觉影响大，容易出现偏差。此方法更适用于小企业或部门，因为小企业或部门的工作种类少，容易找到熟悉所有工作的人做评委，可以提高评价的准确程度。

第二种,分级法。

分级法的工作评价具体步骤是:

第一步,设立工作等级若干等级分类项目及依据,可根据企业需要灵活安排;

第二步,制定工作分类说明书,规定每一级别工作的复杂程度、责任、负荷,所需要的知识技能等;

第三步,评价组成员依据工作分类说明书提供的标准,对企业的每项工作逐个衡量,决定每项工作的适当等级。

第三种,因素比较法。

因素比较法的具体评价步骤是:

第一步,从企业全部工作中选出若干项作为标准工作,标准工作的条件是具有代表性且现行报酬相对合理,被职工所熟悉,有完整的工作分析资料;

第二步,确定工作要素,一般包括脑力、技能、体力、责任和工作条件五项;

第三步,把各标准工作的现行工资按因素分解;

第四步,根据标准工作的工资分解资料编制因素比较尺度表;

第五步,将企业中标准工作以外的每项工作按五项因素逐项与因素比较尺度表比较,查出各项因素工资,将各因素工资相加,结果即是被评价工作的应得工资。

(三)工资评价

工资评价的优点是评价的尺度标准更具体,为进行评价提供了客观可靠的依据,并且任何人只要具备工作评价知识就可按此方法制定合适的尺度。缺点是以标准工作的工资作为评价的工资尺度,势必受现行工资的影响。此方法工作量比较大、复杂,它适用工作种类较多的大型企业。

首先是报酬的形式多样。

基本工资有两种支付形式:计时工资和计件工资。

计时工资是按照员工个人的标准和工作时间计付工资。按计算的时间单位不同,有小时工资、日工资、周工资、月工资。计时工资简单易行,使用范围广。

计件工资是按照工人生产合格产品的数量、质量和预先规定的计件单价计算支付工资。计件工资制由工作物等级、劳动定额和计件单价三个要素组成。

第一个是工作物等级,又称工作等级。它是根据某项工作的技术复杂程度及劳动繁重程度划分的等级。按照技术等级标准规定从事该项工作应达到的技术等级,是计算计件单价的基础。

第二个是劳动定额,规定单位时间内完成合格产品数量的标准尺度,是计算计件单价的依据。

第三个是计件单价,计件单价是完成某种产品的单位产量的工资支付标准。根据与工作等级相应的等级工资标准和劳动定额计算,有个人计件单价和集体计件单价两种。

其次是奖金和津贴。

销售人员的奖金主要是以佣金形式计付的。但是,为了鼓励员工在实现营销计划的某个具体目标所做的特殊贡献,企业应设立特别奖励制度,即额外给予奖励。这种额外奖励可以是货币、实物、福利或精神奖励。

第一,普销奖。销售部月普销×家,且普销业绩达×万元以上,奖励销售主管;推销员月销售×家，且销售业绩达×万元以上，奖励推销员。

第二，货款回收奖。单位时间（半年或三个月）推销员货款回收率达90%以上，奖励推销员；部门货款回收率达85%以上，奖励销售主管；推销员全年无呆账，奖励×元。

津贴是补充性工资形式，它的发放依据特殊的劳动条件和劳动环境，不与劳动成果直接挂钩，具有相对平均分配的特点。

我国津贴分为三类：

第一类，补偿额外劳动消耗的津贴；

第二类，补偿职工生活费用额外支出，保证职工实际生活水平的津贴；

第三类，地区津贴，补偿特定自然地理环境条件下的额外劳动消耗和额外生活支出。

津贴可以按员工基本工资的一定百分比计付，也可按绝对额计付。

销售人员的津贴应根据国家有关规定和企业工作特点来设立。特别要注意对处在销售一线的直接销售人员付出的额外劳动给予补偿。

最后是职工福利和社会保险。

职工福利包括企业根据有关规定和企业经济效益状况，为职工举办的集体福利事业和对职工的福利补贴。集体福利设施有生活福利设施（食堂、浴室、托儿所等）、文化福利设施（图书室、俱乐部、运动场等）、健康医疗设施（卫生院、疗养院等）。这些设施提供的服务是减费或免费的，收支差额由企业承担，因此是报酬的一部分。福利补贴是以货币或实物形式给予职工的报酬，包括按有关规定计发的生活困难补贴、上下班交通补贴、冬季取暖补贴和企业自主决定发放的其他福利补贴。

福利在报酬中的比例不宜过高，特别是在报酬水平不高的情况下，高工资低福利组合报酬能提高报酬的效益。

根据国家法律规定，我国国有企业要为职工承担以下社会保险：疾病保险、工伤保险、生育保险、医疗保险、养老保险、失业保险、死亡和遗嘱保险。

十二、促销活动效果评估工作实施标准

企业运用各种促销组合及设计各种促销策略，来推动营销的进展，但效果如何，必须经过整体促销活动效果的评估。其具体评估项目如下。

（一）销售额

在整体效果评估中，“销售额”是首当其冲的评估项目。

“销售额”的测定，必须有具体、数量化的依据，并利用前后数据之变化作为效果检讨。例如“执行促销活动前产品每个月卖出500万元”“促销后第一个月产品卖出670万元”“促销后第二个月产品卖出570万元”等。

销售额必须先扣除“销货退回”及“折让”，这是评价厂商经营效果的重要标准。销售净额可用金额或数量单位表示。当公司销售多种产品时，通常都采用产品别销售净额，所计算出来的差额，无论是增加或减少，都是公司促销状况的指标。同理，本年度的销售额也可与历年的销售额相比较，以观察销售趋势。

尤其是整体促销之效果，销售额必须与预先拟定的目标额做比较，通过对比促销效果的成功率高低便一目了然。

(二)铺货率

所谓“铺货率”指“自身品牌在同类型产品之铺货渠道上所占的比率”。铺货点开发得愈多,铺货率相对就愈高,产品面对消费者的曝光度也增加,因此,产品销售渠道也就越广泛,其销售机会也越来越多。

促销活动针对“铺货率”的评估效果,首先必须准备“行销地图”,将目标区域内的经销商,加以明确标示出来;其次是设定此次的促销目标是“铺货率多寡”。每增加一个铺货点,铺货率就增加(1/所有铺货点)×100%的百分点。要知道这方面的目标是否达到,只要在促销结束后将新增加的铺货数除以所有的铺货数,即可得知铺货率的提升状况。

(三)参加促销人数

“人数”与销售额促销效果成正比关系;人数多,采购商品的成效概率相对提高;人潮流动量大,就买卖而言,销售量自然增加。因此,“参与者”多寡,是整个评估促销活动效果的重中之重。

企业举办促销活动,若能说服更多的经销商参与促销,肯定能提升业绩;若能吸引更多的参与人潮,促销活动会取得更好的业绩。例如,企业举办购货即享有“摸奖活动”之促销,若参与者多,表示成交客户多,销售量高;对零售商而言,“吸引人潮”是一项重要的促销目标,如超市以特定商品作为“赠送品”,借以吸引人潮。

(四)“产品试用”数量

百闻不如一见,百见不如一试。若产品本身强而有力的特性难以解说,则直接诉诸“试用”手法,令消费者当场“试用”后,可立即明白产品的特点,消费者因明白产品特性,因此容易产生购买需求。例如在超市举办“试吃”活动,在媒体宣传举办“超市试吃”,并搭配一组训练过的产品宣传人员,穿着亮丽、鲜明的统一服装,在现场解说产品特性、推销产品。企业为评估整体促销活动效果,可评估现场聆听产品介绍的人数多少,现场“试吃”、“试用”人数多少,当场购买的成交客数多少,现场成交量总数多少。

十三、广告绩效考评工作实施标准

(一)浅析

广告效果,可以从广义和狭义两方面去理解。从广义上讲,广告效果是广告所引发的社会公众各种心理反应行为变化的总和。从狭义上讲,广告效果是广告对目标市场消费者的消费心理和购买行为所产生的影响以及对企业经营活动所产生的效应。前者可称为广告的宏观效果或社会效果,后者可称为广告的微观效果。由于广告效果具有微观和宏观的双重特性,所以企业开展广告活动时在重视微观效果的同时,还应重视广告的社会效果。然而,社会上存在重微观效果、忽视社会效果的倾向。因为不重视广告的社会效果,会贬低企业的形象,降低企业的社会声誉。这样,势必影响企业产品、劳务的销售,降低企业广告的微观效果。所以,兼顾广告的微观效果和宏观效果,这应成为广告策划的重要策略。

从广告的功能看,广告效果可分为传播效果、销售效果和心理效果。广告传播效果反映广告被接受的情况,一般以广告信息送达的受众广度来衡量。销售效果是广告引起的销售量的增加情况,这是企业广告的直接目标。心理效果是广告引起的受众的心理反应，如企业形象的提高、品牌转移意向、消费观念的转变、产品知名度的提高。这三种效果中，广告的传播效果是其他效果产生的前提，没有传播效果就不会有销售效果和心理效果。心理效果是销售效果的关键，没有心理上的转变，也不会导致购买行为，很难有销售效果。但应该看到，心理效果在更多的场合下表现为企业形象的提高。

（二）传播效果的测定

首先是传播的过程。赖维奇和史坦勒的"层级效果模式"较好地描述了传播过程。赖、史两人视消费者对产品从"不知道"到"购买"的行动为一个系列六个步骤。第一步骤为"认识"，第二步骤为"了解"，这两步直接与产品劳务之资讯或构想有关。第三步骤"喜欢"与第四步骤"偏好"为"感觉"的两个步骤，涉及对有关产品的态度。第五步骤"信服"与第六步骤"购买"为"行为"的两个步骤，可以导致实际上购买某产品。

喜欢，表示消费者态度的变化，如从不喜欢到喜欢。

偏好，表示消费者在同类商品中，对某个品牌的喜欢超过其他品牌。广告就是要激发人们对企业某品牌的偏好，只有偏好该品牌商品，才能成为人们的购买对象。

购买，是促销效果最有价值的一步。但不能以消费者购买为满足，还要考虑可能发生的品牌转移。要利用广告巩固老顾客。

接着是传播效果的测定。其测定方法有多种，如认知测定法、回忆测定法、态度测定法等。

认知测定法是一种通过测试消费者对广告内容感知程度的深浅来测定消费者对广告主或产品认知程度的方法。认知测定法有接收率、注意率、阅读率、认知率、千人广告费等衡量指标。

回忆测定法主要是测定广告给顾客的印象和深入人心的程度。广告给人的印象越深刻，人们越容易回忆起它的内容。回忆测定法就其内容和要求而言，可采用整体广告回忆、局部或个别项目（如口号、标题、创意特色等）的回忆等不同方式。回忆测定法又可分为自由回忆和引导回忆两种。不提供任何提示，让测试对象独立、自由地回忆并回答问题，这种回忆称为自由回忆。给被测试者以启发、提示，让他回忆并回答问题的方法称为引导回忆。例如，向被测试者提示广告中的厂名、商标，启发他对广告的标题或插图等其他内容的印象回忆。通常引导式回忆获得的资料比较丰富具体，更接近实际情况。但应该强调的是，引导式回忆的引导语言不可带有倾向性暗示，否则得到的反馈信息就不够真实。

态度测定法的使用往往和广告事前测试中态度评价相结合，考察被测试者在广告刊播前后态度的动态变化，最能反映广告的传播效果。事后测试的对象和事前测试可以采用同一样本，其前后态度变化程度更容易反映广告效果。通过态度测定能了解目标受众的品牌忠诚度、偏爱度及品牌印象等重要信息。测定受众的品牌使用习惯也是态度测定的较好方式。受众选择商品时有自己的品牌使用习惯和品牌忠诚度。品牌忠诚度高的消费者不会轻易改变自己使用过的品牌，品牌忠诚度低的消费者没有特别认定的品牌，容易受广告和他人的影响，经常更换品牌。广告对老产品老品牌的宣传，是要提高消费者的信任度和忠诚度。测试消费者对品牌商品的评价，有两种办法：一是进行商店存货检查，看哪些品牌商品畅销，哪些滞销；二是进行消费者调查，询问消费者通常选择什么样品牌的商品。

（三）经济效果测定

广告经济效果，又称为广告促销效果，指广告宣传后增加的销售额。说明广告经济效果的指标有销售增长率、广告增销率、广告费比率、每元广告费效益以及相关系数分析等。

销售增长率 =（广告实施后销售额 - 广告实施前销售额）/广告实施前销售额 ×100%

广告前后销售额的增加，其原因可能是多方面的，如广告前后市场形势的变化、产品质量的提高、产品供给量增加，都可能导致广告产品销售量的增加。所以，广告前后销售额的增加，广告可能只是其中的一个原因，而不是全部原因，因此用销售增长率来说明广告效果是不太精确的。

广告增销率 = 销售增长率/广告费增长率 ×100%

广告增销率是一定时期广告费的增长幅度与同期销售额增长幅度之比较，它反映广告费增长给产品销售带来的影响。

广告费比率 = 广告费/销售额 ×100%

广告费比率即广告费与同期销售额的比率。式中广告费和销售额成正比例关系，即广告费增加，销售额也会增加。广告费比率与销售额成反比例关系，在广告费一定的条件下，销售额越大，广告费比率越低。

每元广告费效益 =（本期销售额 - 上期销售额）/本期广告费支出

每元广告费效益不仅可以用来评价不同时期的广告效益，还可以用来评价不同媒体、不同地区的广告效益分析，它是企业广告决策的重要方面。

（四）广告形象效果测定

广告形象效果测定指对广告所宣传的企业或产品形象的变化进行测定。广告效果不仅表现为企业产品（劳务）销售量的增加，还包括企业、产品形象的提升。在有些场合下广告宣传并不一定立刻引起人们的购买行动，但却能提高企业的知名度和美誉度，有助于建立良好的企业或产品形象。所以，广告形象效果测定，应成为广告效果测定的重要方面。

广告形象效果的测定，包括对企业总体形象的测定和具体形象的测定。总体形象指企业或产品在广大消费者心目中的整体感觉印象，一般以知名度和美誉度表示；具体形象指受众对企业或产品、服务、信誉等各方面的具体印象。因此，企业广告的形象效果必须从企业综合形象和具体形象两个方面进行评定。

在总体形象评价中，知名度和美誉度表现为综合性指标，但实际上它们是由若干个因素构成的，或者说由若干个分项指标构成了这两个综合指标。以美誉度而言，没有优质产品、优良的服务、一流的企业精神等，绝不会有较高的美誉度。因此对企业具体形象效果的测定和评价就显得十分必要了。

我们知道，形成总体印象的因素是多方面的，所以必须测定各项具体因素在广告前后有何变化，这种变化体现了广告的具体形象效果。对广告具体形象效果的测定有两个步骤。

首先是公众意向调查。公众意向调查包括产品、服务、效率、道德、规模等几个项目。调查方法是：通过语义级差表对各个项目进行评价，征询公众意见，让他们在适当的语义等级上打“√”，然后加以汇总。

然后计算综合评价值。通过调查，公众对每个项目都打了分，但由于它们处于语义级差表的不同等级，具有不同的重要性，因此为它们规定了不同的权数。然后将每一等级的评价人数乘以相应的权数，再加以综合平均，便得到该项指标的综合评价值。计算过程如下：

产品：$(70\times80+25\times60+5\times40)\div100=75$

服务 $=(40\times60+50\times40+10\times20)\div100=46$

效率 $=(30\times60+40\times40+30\times20)\div100=40$

道德 $=(30\times60+50\times40+20\times20)\div100=42$

规模 $=(50\times60+50\times40)\div100=50$

必须强调指出，无论是广告的总体形象效果还是具体形象效果，不可以认为单纯是由广告的效果引起的。其他因素，如技术引进、产品质量的提高、服务措施的落实等，都有助于企业形象的改变。

通过广告形象效果的调查，我们对企业或产品将会有一个清晰的印象。企业的总体形象不外乎四种情况：一是低知名度，低美誉度；二是高知名度，低美誉度；三是低知名度，高美誉度；四是高知名度，高美誉度。四种情况中第三种情况，只要加强广告宣传和公关活动，即可提高知名度，第四种情况是理想的形象状态，只要继续保持、巩固就可以了，所以分析一、二两种状态，是改善企业形象的关键。

十四、销售分析的方法

销售分析可区分为：销售总量的分析、地区差别销量的分析、客户差别销量的分析。

（一）销售总量分析

要了解整个业界的销售总量，它可以作为公司经营大方向的参考，能加强或转移行销资源。

销售总量的分析，可提供一个全盘兴衰得失的简明印象，并且与相关因素交叉分析，可得差异度分析结果，作为改善依据。

第一，将销售总量与前一年度、前一季、前一月相比较。

第二，将销售总量与目标值相比较。

第三，将销售总量与业界相比较。

第四，将销售总量与公司内各相关资料相比较。

（二）地区差别销量分析

将销售数据透过地区差别的分析，以了解各地区的特殊性，根据销售额成长或降低的趋势，改进本公司的营销战术。

利用“市场指标”，如经销商数目、人口、所得、工厂数目等，确认每个地区差别的潜在消费量。

第一，正确估出每一地区销量应占该企业总量的百分比。

第二，评估应完成的业绩预算目标。

第三，核算实际的地区销量。

第四，地区差别的实际销量与目标相比较。

（三）客户差别销量分析

抓住大客户是促销活动的重中之重。

分析客户差别销量，可根据下列方式：

第一，依行业划分；

第二，依配销渠道划分；

第三，再依个别客户、大客户、中级客户、零星客户划分；

第四，混合上述三种方式，用交叉法加以分析。

十五、销售促进决策工作实施标准

今天的企业销售促进活动总体水平大有提高，富有创意，活动的策划与组织也更加科学、严谨。然而，也有相当一部分企业未能掌握销售促进策划的一般规则。策划不当，不能达到销售促进应有的目标，甚至带来负面效应。因此，在策划一项具体的销售促进活动之前，系统地、全面地了解销售促进策划的程序和规则是十分必要的。

企业在运用销售促进的过程中，需要进行一系列的决策活动，根据专家的研究及企业的经验，销售促进的策划应当按照以下步骤进行：建立销售促进目标；选择销售促进工具；制定销售促进方案；试验、实施和控制销售促进方案；评估销售促进效果。下面分别阐述这些决策过程。

（一）建立销售促进目标

一项销售促进活动的策划一般应从目标的确立开始的。企业销售促进的目标应与企业在该时期的市场营销总目标及促销目标相配合，同时，根据促销对象的不同，销售促进的特定目标也不相同。以下是针对不同的目标对象所要达到的不同目标。

首先是针对消费者的销售促进目标：

1. 吸引未使用本产品的消费者试用；

2. 说服顾客放弃使用竞争者的品牌而转向本品牌；

3. 鼓励本品牌现有的消费者，大量购买和重复购买，把延时性购买改为即时性购买，接受品牌延伸的新产品。

其次是针对中间商的销售促进目标：

1. 增加销售渠道，其中包括维持或提高现有的经销渠道、货架陈列，劝说中间商存放额外的开架样品和不定期的促销样品，鼓励中间商进行完整的系列产品的销售；

2. 提供支持，其中包括劝说现有的批发商提供不定期的削价以及特别的陈列，鼓励零售店在店内开展本品牌的促销活动；

3. 增加存货，其中包括鼓励非季节性购买，鼓励中间商储存新项目产品和相关产品；

4. 排除竞争，其中包括建立零售商的品牌忠诚度而获得进入新的零售网点的机会，对抗竞争者的促销活动。

最后是对推销员的销售促进目标：

1. 鼓励推销员销售新产品或新型号；

2. 鼓励推销员寻找更多的潜在顾客，刺激非季节性销售；

3. 鼓励更高的销售水平等。

企业要通过多种因素的分析在这些基本目标中做出选择,在不同的时期确定不同的目标,每个时期都有所侧重,尽可能使其数量化并现实可行,以确保企业总体营销组合得以顺利实施。

(二)选择销售促进工具

应对多种销售促进工具进行比较、选择和优化组合,以实现最优的促销效益。在选择销售促进工具时主要应考虑以下因素。

第一,销售促进目标。特定的销售促进目标往往对销售促进工具有着较为明确的条件要求和制约,从而规定着销售促进工具选择的范围。

第二,产品因素。其中包括产品生命周期阶段、产品的种类(生产资料/消费品)等在内的考虑。

第三,竞争情况。应根据企业本身在竞争中所具有的实力、条件、优势与劣势以及企业外部环境中竞争者的数量、实力、竞争策略等的情况,选择最适合于自己的、最有效的销售促进工具。

另外,还应综合考虑市场类型(消费者市场/中间商市场)以及促销预算及每种销售促进工具的成本效益等因素。关于如何选择销售促进工具的具体方法,我们将在下一节中详细介绍。

(三)制定销售促进方案

在确定了销售促进目标和工具后,接下来就要制定具体的销售促进方案。在制定这一具体方案时要考虑到的因素有:激励规模、激励对象、活动期限、预算及其分配等。

(四)试验、实施和控制销售促进方案

销售促进方案制定后一般要经过试验才予以实施。通过试验明确所选用的销售促进工具是否适当,刺激规模是否最佳,实施的方法效率如何等。

对于每一项销售促进工作都应该确定实施和控制计划。在实施计划的制定及执行过程中,应有相应的监控机制做保障,应有专人负责控制事态的进展,一旦出现偏差或意外情况应及时予以纠正和解决。

(五)评估销售促进效果

销售促进活动结束后,应立即对其进行效果评估,总结经验与教训以帮助企业下一步营销工作的开展。很多企业忽视这一工作,即使有的企业试图评估,可能也只是非常表面的,有关获利性的评估是少之又少。其实,评估销售促进效果是销售促进决策的重要一环,它对整个市场营销战略的实施具有重要意义。

十六、销售促进工具选择工作实施标准

所谓选择销售促进工具,就是指企业为了达到销售促进目标而选择最恰当的销售促进方式。销售促进工具选择得合适,可收到事半功倍的效果;相反,若工具选择得不合适,则很可能与促销目标南辕北辙。

(一)针对消费者的销售促进工具

第一,样品赠送。即将一定数量的产品免费送给消费者使用,以使消费者对产品的内容做到及时的了解和接受。样品发送的方式有:上门赠送、邮寄、在商店中发放、附在

另一种商品上或在产品广告中标明。通过样品推广新产品是最有效也是最昂贵的方法。

第二,优惠券。优惠券是持有者在购买某种产品时可免付一定金额的单据。优惠券的发放方式有:邮寄、附在其他商品中、插在杂志或报纸广告中。其回收率因发放方式的不同而不同。一般来说,报纸优惠券在期限内的回收率约为2%,直接邮寄分发的约为8%,而附在其他产品中的则有17%的回收率。优惠券在刺激成熟品牌的销售和鼓励新产品的使用方面效果较好。

第三,现金折扣。现金折扣指在购买后提供的价格削减,但这不同于一般零售商的做法。消费者把具体"购买证明"寄给生产企业,然后厂家寄给购买者价格的一部分作为折扣。

第四,赠奖(或礼物)。赠奖是以相对较低的价格出售或免费提供某种商品,以此作为对购买某特定产品的刺激。其形式包括:一是随附赠品,将赠品附在商品或包装里面;二是免费邮寄赠品,就是消费者寄来购买的证据后,回寄一件商品;三是自然赠送,即把产品以低于正常零售价的价格出售给消费者,或向消费者提供各种各样的印有企业名称的赠品。

第五,竞赛与抽奖。竞赛与抽奖是提供赢得现金、旅行、商品等机会,作为购买某种商品的结果。竞赛是消费者在购买某种商品后,向组织者提供参加竞赛的东西,如建议、广告词、公司商品知识,交由评价小组审查,确定获奖者。抽奖是消费者购买商品后,参加有奖抽签。

奖品的设计要有艺术性。例如,新加坡轩尼诗的分销商举办了一次竞赛,凡是购买白兰地的顾客都有机会赢得珠宝,它不是以饮酒者为促销目标,而是以那些悠闲的女主人为目标,由于她们希望获得珠宝,因此极力推荐轩尼诗。

第六,惠顾回报。消费者从特定的卖主中购买产品时,能得到现金或其他形式的回报,而这些回报是以购买量为基础的。大多数航空公司都有一个"经常乘客计划",即规定一定的里程数,乘坐飞机里程达到这一数目的旅客可得到一次免费航程。

第七,免费试用。这是指邀请潜在购买者免费尝试产品,希望他们做出购买决定。例如,化妆品商就经常赠送小包装化妆品给女士免费试用;汽车销售商会鼓励免费试车,以激发购买兴趣。

第八,产品保证。产品保证也是一种重要的促销工具,特别是当消费者重视产品质量时,公司可以提供比竞争对手更长的质量保证期。在决定做出保证前,企业应评估产品的质量,可能产生的维修、更换成本,以及相应的销售价值。

第九,POP广告,现场演示。POP广告和现场演示指在销售现场帮助零售商布置现场创造购买气氛,刺激消费者实现购买。

(二)针对中间商工具

第一,购买折扣。购买折扣指在一定时期内,经销商从每次购买中得到的对于报价的直接折扣。这种折扣可鼓励中间商购买一定数量的产品或经营那些他们平常不愿进货的新产品。

第二,津贴。津贴指因为零售商在某些地方为企业产品做出了奉献,企业给予他们某种形式的利益以示鼓励和酬谢,如广告津贴是对经销商为产品代做广告的酬谢,陈列津贴是为了酬谢经销商举办特别展示的活动。

第三,免费商品。在中间商购买某种产品达到一定的数量时,企业为其提供一定数量的免费产品。企业还可以免费赠送附有企业名称的特别广告商品，如日历、记事本、文具、扑克等。

（三）其他销售促进工具

第一，商业展览和会议。全国性商业组织、地区商业机构和行业协会每年都要组织展览和会议，向一定范围的企业出租场地，以在展览会上展示他们的产品。参加者可利用这种机会用宣传材料、视听广告影响消费者，以寻找新的销售机会，维持并向消费者销售更多的产品。据调查，大约85%商业展览会的参加者会对一种以上的商品展示做出最终购买决定；每位参加者的平均接触成本（包括展览开支、路费、生活费及薪金开支和会前促销成本等）比用电话销售的成本还低很多。

第二，销售竞赛。销售竞赛对象包括推销人员和中间商，目的通过对成功者进行奖励，以提高一定时期内的销售额。大多数的企业每年都举办一次或多次的销售竞赛。销售竞赛能够鼓舞士气并引起对企业良好业绩的关注，表现优异者可以得到旅行、奖金或礼物等奖励。一些企业往往会制定业绩表彰点，达到者即可获得各种奖励。

第三，特殊广告品。特殊广告品指推销人员免费送给潜在顾客或消费者的价格低廉而又有用的礼品，这些礼品上印有公司名和广告信息。较常见的礼品有圆珠笔、日历、打火机等。因这些物品经常使用，能使公司名称经常出现在潜在顾客面前且能令人产生好感。一项调查表明，80%的美国厂商都给他们的销售队伍配备特殊广告品。

十七、销售促进计划制订工作实施标准

销售促进的策划，不仅仅是确定促销目标和选择促销工具，还要就促销活动的实施制定具体的行动方案。在销售促进方案策划之前，企业首先要对以下内容进行决策。

（一）销售促进的范围

首先是产品范围。通常制造商或中间商都生产或经营多种品牌或一个品牌的多种产品，因此，销售促进策划首先要求确定出促销产品的范围。确定促销活动是针对整个产品系列，还是仅对某一项产品促销；是针对目前市场上正在销售的产品进行促销，还是针对特别设计包装的产品促销。

其次是市场范围。一次销售促进活动涉及的市场范围多大，也是必须要慎重考虑的问题。例如，是在所有的销售地区同时展开促销活动，还是只就某一特定的市场区域（如华北地区农村市场）展开促销活动，应认真考虑，科学决策。决策时主要应考虑以下三个因素，即企业财务的支付能力、企业推销队伍的力量和不同地区的市场状况。

（二）诱因的大小

诱因是指在销售促进活动期间内，商品的价格相对平时价格的折扣率。不论是直接降价，还是间接增值（如附加赠送），销售促进活动中都能给消费者提供一定的价格折扣率。正是这些折扣率，构成了刺激消费者购买的诱惑，所以，称之为诱因。

一般来讲，促销效果随着诱因的大小而增减，诱因增大时，消费者反应也随之增强，但促销效果和诱因大小的函数关系并不呈直线形。事实上，促销效果函数一般呈S形。当诱因很小时，消费者反应也很小，促销效果几乎为零。只有达到一定的最小诱因量，才足以使消费者开始注意这项促销活动。在诱因超过一定点时，促销反应又呈递减趋势。

策划者可通过监测销售量和促销成本费用的比率关系，来确定最佳诱因量。当然，这必须依赖于对多次促销活动经验的积累，并非一两次促销便可以具备此种能力。

（三）参与条件

哪些人能够参加促销活动，或者说哪些人有资格获取这些诱因。例如，优惠券是对某一地区所有的消费者发放，还是只发给购买该产品的消费者，或只发给购买额达到一定量的消费者。

销售促进活动中参与条件的确定，要根据具体促销目标而定。如果为了吸引新的消费者加入购买行列，则参加促销活动的消费者范围要大一些，参与条件相对要低；如果促销目标仅仅是为了维持品牌忠诚度，则参加促销的消费者范围要小，参与条件也就要高一些。

（四）促销时间

企业在什么时间举行销售促进活动，对其促销效果影响颇大。

企业举办销售促进活动的时机，可以从以下四条途径获得。

第一，企业营销状况。当企业营销出现以下情况时，是举办销售促时的很好时机：购买商品的新顾客人数不多时；新产品导入市场的速度必须加快时；消费者对本产品的购买频度或购买量较低时；某一地区或某一特定时期，市场竞争特别激烈时；竞争对手频频举办销售促进活动时；经销店对广告主的商品库存十分少时；想使推销员访问零售店活动更为有效时；顾客在购买商品之前，要求说明或建议时；等等。

第二，消费需求的特点。对应季或过季商品举行销售促进活动，既可增加顾客的购买兴趣，又不会降低产品的身价。

例如家庭耐用品，大多是在节假日、周末时间宽裕的情况下去选购，所以，在这些时间举办销售促进活动，效果较好。

第三，社会活动的影响。重要节日，如我国传统的春节、中秋节，引进外国文化的情人节、母亲节、父亲节等都是促销良机，在六一儿童节、三八妇女节对特定的顾客实施促销活动也会效果显著。

对全社会影响颇大的重要活动，如申办奥运会、庆祝香港回归等，都是企业开展销售促进活动的绝好时机。

第四，企业自身的活动。围绕企业本身，也可找到开展销售促进活动的良好时机，比如企业开业酬宾活动，企业周年庆典活动，年末企业回报消费者活动等。在这些活动期间举办丰富多彩的销售促进，既展示了企业的实力，又联络了与消费者的感情，对提高企业形象颇有好处。

任何一项销售促进活动，都是有一定时间期限的。时间期限的长短，也是销售促进方案中需要策划的内容。

根据国外一些专家的研究认为，销售促进活动最佳的时间长度是平均购买周期，对一种商品的购买间隔期越长，促销持续的时间就应越长，以保证所有的目标顾客都能接触该项信息。

要科学确定促销活动的频度。确定促销活动的频度时，一般要考虑以下因素，即销售促进目标，竞争者的促销表现，消费者的购买习惯和反应，活动本身持续的时间和效果，该时期的促销计划等。

销售促进活动过于频繁，其促销效果就会受到影响，并且过于频繁的促销活动，也会导致消费者对品牌品质的怀疑和对促销活动的麻木。

（五）传播媒体

策划者必须决定通过何种媒体将销售促进的信息传递给消费者。例如，企业对一种产品进行促销方式是向消费者提供优惠券，那么，这种优惠券至少可以通过四种媒体到达消费者手中，即将优惠券置于产品包装内，在零售店发放，邮寄或刊登在广告媒体上。

每一种媒体都具有不同的传达率和成本，促销效果也不一样。比如，通过包装媒体发放优惠券，成本较低，但送达的对象主要是经常购买本产品的人，而通过邮寄成本较高，但却可以送达非本品牌使用者。

（六）其他条款

除了以上内容之外，为保证销售促进活动顺利开展，还必须制定其他一些条款，如对消费者的促销，要确定奖品兑换的具体时间、优惠券的有效期限、竞赛活动的游戏规则等，对中间商的促销则应明确中间商付款的期限、购买数额等。

十八、销售促进方案制定工作实施标准

策划销售促进活动，除了对以上全部内容加以斟酌、确定之外，还必须按一定规则将其文案化。文案化后的文件，便是销售促进活动的行动纲领、执行人员的行动准绳、主管部门指导和检查的标准。

销售促进文案的一般格式如下。

第一章　市场分析

（一）总则

（二）市场调查报告

（三）市场预测与建议

第二章　销售促进目标

（一）总体目标

（二）目标分解

第三章　销售促进方案

（一）方案细则

1. 时间

2. 产品

3. 地区

4. 促销工具

5. 媒体

6. 促销对象

7. 企业促销人员

8. 实施步骤

（二）方案说明

第四章　销售促进预算

（一）预算计划

(二)资金费用来源

第五章　附录

十九、销售促进实施工作标准

由于销售促进活动不仅要花费可观的费用,而且是一项公开的社会性活动,因此,一旦出现失误,不仅会使企业蒙受经济上的损失,而且还会造成严重的负面效应,损害企业的品牌形象。所以,制定了销售促进方案之后,为确保方案的科学性、效益性和可行性,在付诸实施之前,必须首先对其进行检验。检验的内容主要有:促销工具的选择是否最佳;诱因的大小是否合适;信息传递方式是否有效;创意能否为目标顾客群所理解;整体促销内容和形式有无违反法律和政策规定。

对销售促进方案的事前检测,主要使用如下方法。

(一)征询意见法

通过采用集中征求意见和随机采访的方式,广泛地征求市场上的消费者对各种促销活动的反应,从而筛选出更具吸引力的销售促进方案。

(二)对比试验法

选择一些有代表性的消费者,将其分为两组,分别进行不同的试验,比较其购买行为,以检验销售促进方案的优劣。

对甲组实施销售促进方案,对乙组不实施销售促进方案,看检验期间两组的平均销售量。

对甲组和乙组分别采用不同的销售促进工具,如对甲组实施价格折扣优待,对乙组实施免费赠品优待,然后,比较其平均销售量。

对甲组和乙组分别提供大小不同的诱因,如不同的价格折扣率,然后检验其不同的销量反应。

通过以上比较,可以看出方案中对销售促进工具、促销诱因和媒体等的选择是否为最佳,从而进一步完善其方案。

对销售促进方案进行检验和修订之后,就可以按照方案开展销售促进活动了,活动必须要严格按照具体操作来实施。而且企业必须配有相应的组织机构与控制小组,负责组织实施方案。对于方案执行的各种问题应注意收集、分析和向上汇报,以便及时地管理和控制。

二十、广告目标制定工作实施标准

制定广告决策的首要步骤是确定广告目标,也就是企业借助广告活动所要达到的目的。广告目标不明确或不一致,将直接影响到广告效果,因此,必须将广告目标明确限定。

关于如何表达广告目标,广告从业者、专家学者们曾经设计过几个模式。现代营销学权威菲利普·科特勒曾建议按照产品生命周期拟定广告目标,即在产品介绍期的广告目标为告知产品信息,增长期应致力于劝导消费者使用特定品牌,成熟期的广告旨在提醒人们继续采用某品牌。上述广告目标模式都在人们的广告实践中被运用。

在这形形色色的广告目标模式中,更为引人注目,应用普遍较为长久的是 DACMAR 模式。这个模式将广告视为一项在特定时期内、针对特定受众的具体的传播任务。它也把广告目标分成 5 个阶段:不知晓、知晓、理解、信任和行动。但它强调这个目标必须具体化,如目标之一是知晓,必须拟定知晓什么具体信息,有多少人知晓,最好用百分比使之量化。

尽管关于广告目标的说法纷纭,但毫无疑问,广告的最终目标是通过宣传,在消费者之中提高广告商品的知名度,促使消费者在购买同类商品时,能指名购买,达到扩大市场占有率的目的,从而使企业赚得更多利润。

广告的最终目标虽然相同,但不同企业在不同时期,其广告目标各不相同。通常而言,企业广告目标可以归纳为如下三种类型。

1. 创牌广告目标

此类广告的目的在于,介绍新产品和开拓新市场。它通过对产品的性能、特点和用途价格的宣传介绍,提高消费者对产品的认识程度,从不了解到产生好感,并利用其他促销手段,促使消费者做出购买决策。

2. 保牌广告目标

此类型广告的目的,在于巩固已有市场阵地,并在此基础上深入开发潜在市场和刺激购买需求。它主要通过连续广告的形式,加深对已有商品的认识,使现实消费者养成消费习惯,潜在消费者发生兴趣和产生购买欲望。

3. 竞争广告目标

此类型广告重在拿自己的品牌与若干其他品牌进行比较,以己之长、攻人之短,宣传自己品牌的优越性,以增强消费者对该品牌商品的偏爱度并指名选购。

此外,企业在制定广告目标时,还应尽可能具体。常用的具体广告目标列举如下,供研究和确定广告目标时参考之用。

1. 加强新产品宣传,使新产品能迅速进入目标市场。
2. 提高企业或产品的知名度,以配合人员推销活动。
3. 对推销员一时难以接近的潜在顾客,起预备性接触作用。
4. 在销售现场起提示作用,促进消费者的直接购买行动。
5. 加强广告商品的品牌、商标印象,提高消费者对企业的好感,为企业建立信誉。
6. 纠正错误印象和不确实的传闻,以排除销售上的障碍。
7. 扩大或维持产品目前的市场份额。

广告目标应当规定具体的指标和要求,如视听率、知名率、理解率、记忆率、偏爱率等,以作为检查广告效果的根据。

二十一、广告主题确定工作实施标准

运用广告促销,企业首先应该了解在广告中,对消费者或公众表达些什么才能产生预期的认识以及情感、行为反应。广告主题,也就是广告为达到某一目的而要表达的基本观念,是广告的中心和灵魂。广告必须鲜明地、突出地表现广告主题,这是广告实施决策的第一步。

广告主题寓于一定的表达形式之中。有了表达的内容,如何表达也是非常重要的问题。如何将既定的广告主题用感情化、个性化的表达方式表现出来,是一门极其巧妙、灵活的"艺术"。

广告表达涉及表达结构、表达格式与广告发送者。广告的有效性不仅受其内容影响,而且受其表达结构的影响。

(一)广告表达结构

广告表达结构考虑的问题有:结论的明确或模糊;论证方式是一味赞赏,还是同时提及某些缺点弱势;表达次序尤其是最强有力的论点放在最前或最后,以及先缺点后优点或先优点后缺点的表达次序这三个方面。

(二)广告的表达格式

有说服力的广告要求为广告信息设计具有吸引力的表达格式,即选择最有效的信息符号来表达信息内容和信息结构。广告的表达格式通常受到媒体的制约,包括媒体自身所提供的信息内容(文字、声音或图像等)、媒体的时间和空间。

(三)广告发送者

广告的说服力还受广告发送者的影响。广告发送者的可信性越强,信息就越有说服力。广告发送者可以利用他们良好的公众形象来影响甚至改变人们对商品所持有的态度。

(四)广告时间决策

这是指广告发布的具体时间和频率的合理安排。广告时间决策要视广告产品的生命周期阶段、广告的竞争状况、企业的营销策略、市场供求变化等多种因素的变化而灵活运用。广告时间决策运用是否得当,对广告效果的影响很大。

二十二、广告时间决策工作实施标准

广告时间决策指在时间的运用上,主要有集中时间策略、均衡时间策略、季节时间策略、节假日时间策略。

集中时间策略主要是集中力量,在短时期内对目标市场进行突击性的广告攻势。其目的在于集中优势,在短时间内迅速造成广告声势,扩大广告的影响,迅速地提高商品或企业的声誉。这种策略常在企业推出新产品时被强调使用。使用这种策略时,一般都采取媒体组合方式,掀起广告高潮。

均衡时间策略是一种有计划地、反复地对目标市场进行广告的策略。其目的是为了持续加深消费者对商品或企业的印象,保持其在消费者头脑中的记忆度,扩大商品知名度。该策略应注意广告表现要有变化,要不断给人以新鲜的感觉,不要长期重复同一广告内容。

季节时间策略主要用于季节性很强的商品广告。一般在销售季节到来之前就要展开广告活动,为销售旺季的到来做好信息准备和心理准备。

节假日时间策略是零售企业和服务行业常用的广告时间策略。在节假日之前便开展广告活动，往往节假日一到，便停止广告。这类广告策略，要求有特色，把品种、价格、服务时间以及特殊之处等信息快捷地告知消费者。

二十三、公共宣传决策工作实施标准

企业在经过调查研究，收集到必要的信息并发现了所存在的问题之后，就可以进入公共宣传工作的决策阶段。

公共宣传决策的主要内容包括：公共宣传目标的确定和公共宣传信息与手段的选择。

（一）确定公共宣传的活动目标

关于公共宣传活动的目标，我们在上一节中已有详细阐述。另外，企业在确定公共宣传目标时，还应注意以下几个问题。

确定公共宣传的目标要与企业在调查中所确认的问题紧紧联系起来。同时，要注意把公共宣传的目标与企业的整体目标协调起来，并应当使目标具体化，使之具备可操作性，还要在多个目标之中分清轻重缓急，按重要程度和执行的先后排出一定的顺序。若从宣传角度来说，当所宣传的信息具有较强的新闻价值，能够刺激销售人员和经销商，而且预算成本较低时，公共关系之宣传对总体促销方案的贡献最大。因此，应当从上述几个方面明确确定公共宣传活动的具体目标。

（二）确定公共宣传的对象

公共宣传的对象包括以下几个方面：

一是顾客。为了建立与顾客间的良好关系，企业应始终坚持为顾客提供满意服务的观点，与顾客进行有效的沟通，特别注意处理与顾客的纠纷。

二是经销商。企业应及时迅速地给经销商提供品质优良、价格合理、设计新颖的适销对路商品，为经销商提供各种销售便利和服务。

三是供应商。与供应商保持良好的关系，以取得充足的原材料、零部件、工具、能源供应。

四是社区。企业应与所在地的工厂、机关、学校、医院、公益事业单位和居民，共建物质与精神文明，获取社区的谅解与支持。

五是政府。企业必须经常与政府有关部门进行沟通，及时了解有关的政策、法规和计划，游说政策制定者，创造企业发展的良好政策环境。

六是新闻媒体。

此外，还应处理好与竞争对手的关系，在某些方面与竞争对手合作，解决共同关心的行业困难和问题，共同开拓市场。

（三）制定公共宣传活动的行动方案

公共宣传活动是一项整体活动，它本身是由一系列活动项目组成的，这就要求运用相应的策略加以指导。具体的公共宣传项目是为了实现公共宣传活动的目标，而采取的一系列有组织的行动，其中包括记者招待会、展览会、纪念庆祝活动等。在制定公共宣传决策时，还要充分考虑预算开支、所需人力和技术上的可行性以及各种可控或不可控的因素。

公关宣传的素材来源有：关于产品和企业的趣味性文章，如企业新产品的开发；创造新闻，如举办新闻发布会、邀请专家名人参观；创造事件，如赞助体育文艺比赛、赞助慈善晚会、在不同的地方举行聚会等。

二十四、公共宣传的实施、控制与评价工作标准

公共宣传活动的实施基本上可以遵照行动方案按部就班地进行下去。在实施过程中，需要借助公共宣传工作人员与新闻传播媒体有关人士的私人友谊和其他社会关系。但需特别注意的是，当所进行的公共宣传涉及具有较大社会影响的事件时，要密切注意和控制事态的发展变化，一旦出现不利变化，就必须迅速做出适当的反应，提出切实可行的解决办法。

评价公共宣传活动效果主要有如下方法。

第一，参与观察法。即由企业主要负责人亲自参与公共宣传活动，观察实际情况并估测其效果，然后同公共宣传人员提供的报告进行比较。

第二，目标比较法。在制订计划时，就将公共宣传活动的目标具体化，用可以加以度量的方式明确下来，在活动实施完成后，将测算出的结果与原定目标加以比较，并进一步做出评估。

第三，舆论调查法。在活动结束时进行一次调查，或在活动前后各进行一次调查，然后根据有关舆论情况及其变化衡量和比较公共宣传活动的效果。

第四，内部及外部监测法。即由企业内部人员对公共宣传活动取得的成效、存在的问题和不足进行调查和评论，或聘请企业外的专家通过调查、访问和对本企业公共宣传活动的效果做出比较客观的衡量和评价，并请他们提出改进意见和建议。

二十五、与新闻媒体建立良好关系工作实施标准

新闻传播媒体是公共关系的重要因素。它控制着最重要的公共沟通渠道，对公共宣传有着极其重要的作用。公共新闻宣传可以说是一把双刃剑，它既可以把你捧上天，也可以把你打入到地狱。因此，公共宣传人员必须努力与新闻媒体建立良好的关系，保持与新闻界的联系。

企业的公共宣传人员在与新闻媒体打交道时，不能仅仅从自身的需要出发去利用对方，而应真诚地向新闻媒体开放门户，与他们保持经常性接触，与他们建立起牢固的合作关系和友谊。

企业领导和公共关系人员要熟悉新闻的工作规律，如新闻工作的职业特点和规则，各种新闻媒体的背景、风格，及其拥有的读者群、听众、观众层面等。其次，要注意处理好与新闻界的关系，坦诚合作，主动提供方便，如经常向新闻界提供新闻稿，重大事件举办记者招待会，向新闻界分发企业刊物、宣传小册子等，以求最迅速地将企业内部的信息扩散到新闻界，利用新闻媒体形成有利于企业的社会舆论。最后，要尊重新闻职业道德。新闻界最重视的就是新闻的正式性和不受其他势力的摆布，以保持公正的原则。企业在

与新闻媒体打交道时,切忌用不正当的手段走后门,拉关系,要求记者撰写有利于自己而有损于竞争对手的报道,这只能适得其反。

二十六、公共宣传活动策划工作实施标准

公共宣传活动,指企业经过精心设计和周密计划而开展的具有新闻价值的活动。现今,公共宣传活动受到越来越多的企业的重视,策划公共宣传活动已成为公共宣传人员的一项重要工作任务。

企业应根据自己行业和产品的具体情况,结合社会环境的变化和社会公众的需求,挖掘本单位有价值的新闻内容,开展公共宣传活动。企业值得向社会传播的新闻内容具体说来主要有以下几类:一是企业采用新技术、新设备、新工艺开发以及研制出的新产品和取得的新成就,这一切给公众或消费者带来的益处。二是企业产品质量的改进,产品种类、产品项目和花色品种的增加、功能的增加等。三是企业在竞争中采取的新决策、新战略或新措施。四是企业、产品所获得的各项荣誉,企业为社会福利事业发展做出的贡献和参与社会公益事业所做的努力等。五是企业重要的专项活动,如记者招待会,参观,展销,企业的奠基、开业、重大纪念日、各种庆典等。实际上,只要具备了新闻价值标准的事件,都可以成为公共宣传新闻活动的内容。

二十七、新闻发布会组织工作实施标准

新闻发布会又称记者招待会,是企业举行的公开传播重要新闻事件,邀请有关新闻机构的记者参加,让记者就此提问,然后由召集者回答的一种特殊会议。

企业任何具有新闻价值的事件都可采用新闻发布会的形式。例如,北京某制笔厂研制了一种新型台笔,具有造型新颖、功能超群的特点,不仅具有实用价值,还具有装饰和观赏价值,属国内首创。经过周密计划,该厂举行了新闻发布会,首都30多家新闻单位和有关部门出席了发布会。会后,有关电台、电视台及报纸分别以不同形式进行了报道,结果使这一新产品得到广泛传播。新闻发布会后,该厂连续不断接到购货信件及电话。由此企业名声大震。

组织新闻发布会,需注意以下细节问题。

首先要选择适当的日期和时间。所谓适当就是要适合记者们来参加而不能只为便利自己的老板。

选择日期最重要的原则就是不可和重要节日或盛大的庆典同时举行,否则的话可能只会有很少记者或甚至没有记者参加,因为记者们没有分身术。如果别的节日或庆典比你的招待会重要,他们必然会选择重要的参加。

至于在一周的哪一天举行也应该考虑一下,通常在周末并不适宜。如果在新闻界有熟朋友,可以去电话打听一下有没有别人打算和你在同一时间开记者招待会。

新闻发布会可以在上午11时左右或下午3时左右的时间召开,其他太早或太迟的时间对记者来说也不太方便。

适当的地点也十分重要，譬如交通方便和场地舒适都应在考虑之列。

其他的细节还有：

第一，请帖应及早发出，如可能最好在两星期以前，临时发生的重要事件当然可以例外。召开这个招待会的目的必须清楚说明，最好列举出在会场上发言的主要人物的姓名、举行日期、时间、地点及召开机构的地点及电话等，以便传播机构可以进一步预先询问招待会的详情。

第二，必须有高、中级执行人员，并备有签名册以便到会的记者签名。

第三，机构方面的每一名与会职员，包括演讲者在内都应该在胸前佩戴写上姓名的标签。对来参加的记者应发给写上姓名和传播机构名称的标记。

第四，如需放映电影、录像带或幻灯片，必须先检查放映机是否良好；如需用扩音器，也必须事前检查其是否合适。

第五，招待会事后可举行鸡尾酒会或茶会，以便记者能有机会单独访问机构方面的重要人物，因此也能增进效果。

第六，主持人的致辞和其他资料以及照片、图片等必须复制多份，以便分发给在场的每一位记者。

第七，记者招待会必须按时举行，主持人的致辞必须简明扼要，不要浪费记者的时间。

主持人和发言人在新闻发布会过程中应特别注意以下几点：尽量使会议的全过程生动活泼，主持人要引导记者踊跃提问，充分发挥主持和组织作用；遇到不好回答或回答不了的问题，应采取灵活而又通情达理的方式给予回答；在记者提问中，不要随便插话或提出相反的意见，更不能表现出对记者不满；在会上所发布的消息必须准确无误，若有错误应及时更正，并解释清楚。

第12章　激活营销的关键元素
——渠道管理

第一节　销售渠道管理工作要点

一、销售渠道分类标准

(一)按层级结构分类

按其是否包含及包含的中间商层级的多少，可以分为零阶、一阶、二阶和三阶渠道。据此还可以分为直接渠道和间接渠道、短渠道和长渠道几种类型。这种分法，渠道的类型结构如图12－1、图12－2所示。

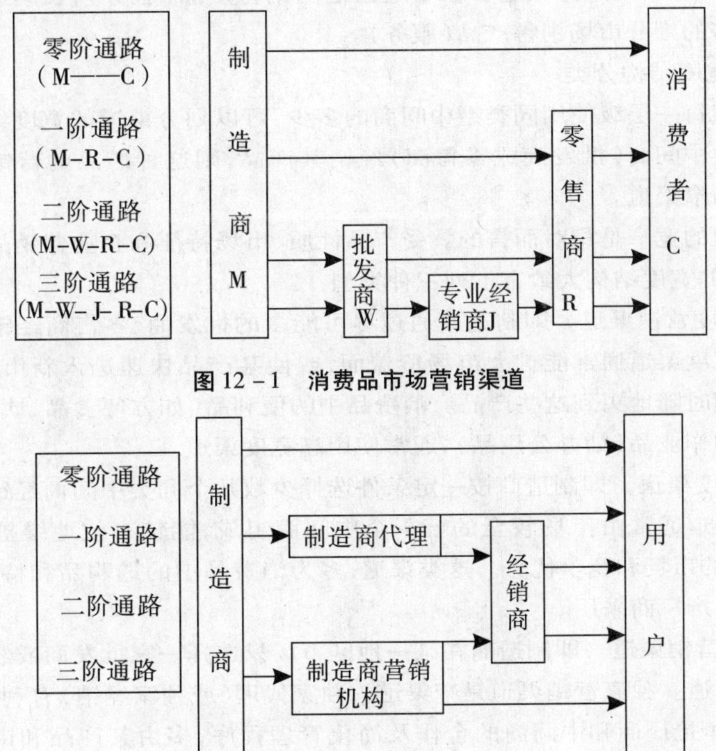

图12－1　消费品市场营销渠道

图12－2　工业品市场营销渠道

(1)零阶渠道是制造商将产品直接销售给消费者的直销类型。其特点是没有中间商参与转手。直销的主要方式有上门推销、邮购、互联网直销及厂商自设机构销售。直销是工业品营销渠道的主要方式。大型设备、专业工具及需要提供专门服务的工业品,几乎都采用直销渠道。随着科技手段的完善,消费品直销渠道也正在迅速发展。

(2)一阶渠道包括一级中间商。在消费品市场,这个中间商通常是零售商;而在工业品市场,它可以是代理商或经销商。

(3)二阶渠道包括两级中间商。消费品二阶渠道的典型模式是经由批发和零售两级转手营销。在工业品市场,这两级中间商多是由代理商及批发经销商组成。

(4)三阶渠道是包含三级中介结构的渠道类型。一些消费面宽的日用品,如肉类食品及包装方便品,需要大量零售机构营销,其中许多小型零售商通常不是大型批发商的服务对象。为此,有必要在批发商和零售商之间增加一级专业性经销商,为小型零售商服务。

层次更高的营销渠道也还有,但极罕见。一般来说,渠道层级越多越难协调和控制,会给渠道管理带来许多问题。

根据营销的层级结构,可以得到直接渠道、间接渠道,短渠道、长渠道概念。

直接渠道是指没有中间商参与,产品由生产者直接销售给消费者(用户)的渠道类型。间接渠道是指由一级或多极中间商参与,产品仅由一个或多个商业环节销售给消费者(用户)的渠道类型。上述零阶渠道即为直接渠道;一、二、三阶渠道统称为间接渠道。为分析和决策方便,有些学者将间接渠道中的一阶渠道定义为短渠道,而将二、三阶渠道称为长渠道。显然,短渠道较适合在小地区范围销售产品(服务),长渠道则能适应在较大范围和更多的细分市场销售产品(服务)。

(二)按宽度结构分类

根据渠道每一层级使用同类型中间商的多少,可以划分渠道的宽度结构。若制造商选择较多同类中间商(批发商或零售商)经销其产品,则这种产品的营销渠道谓之宽渠道;反之,则为窄渠道。

营销渠道的宽窄是相对而言的。受产品性质、市场特征和企业营销战略等因素的影响,营销渠道的宽度结构大致有下列三种类型:

(1)高宽度营销渠道。即制造商通过尽可能多的批发商、零售商经销其产品所形成的渠道。高宽度渠道通常能扩大市场覆盖面,或使某产品快速进入新市场,使众多消费者和用户能随时随地买到这些产品。消费品中的便利品(如方便食品、饮料、毛巾、牙刷)和工业品中的作业品(如办公用品),通常使用高宽度渠道。

(2)中宽度渠道。即制造商按一定条件选择少数几个同类中间商经销产品形成的渠道。中宽度渠道通常由市场较全的若干个中间商组成,能较有效地维护制造商品牌信誉,建立稳定的市场和竞争优势。这类渠道,多为消费品中的选购品和特殊品、工业品中的零配件等生产厂商采用。

(3)独家营销渠道。即制造商在某一地区市场只选择一家批发商或经销商经销其产品所形成的渠道。独家营销渠道是窄渠道。独家代理(或独家经销)有利于控制市场,强化产品形象,争抢厂商和中间商的合作及简化管理程序,多由其产品和市场具有特异性(如专门技术、品牌优势、专门用户等)的制造商采用。

(三)按渠道系统结构分类

按渠道成员相互联系的紧密程度,营销渠道还可以划分为传统渠道系统和整合渠道系统两大类型。

1. 传统渠道系统

指由独立的生产商、批发商、零售商和消费者组成的营销渠道。传统渠道成员的系统结构是松散的。由于这种渠道的每一个成员均是独立的，他们往往各自为政，各行其是，都是追求其自身利益的最大化，即使为此导致整个渠道系统的利益低下也在所不惜。在传统渠道，几乎没有一个成员能完全控制或基本控制其他成员。随着市场环境的变迁，传统渠道正面临严峻挑战。

2. 整合渠道系统

指渠道成员通过不同类型的一体化经营系统整合形成的营销渠道。整合渠道系统主要包括：

（1）垂直渠道系统。这是由生产者、批发商和零售商纵向整合组成的统一系统。这一渠道成员，或属于同一家公司，或将专卖特许权授予其他成员，或有足够的能力与其他成员合作，因个人能控制全渠道成员的行为，所以能消除某些冲突。在美国，这种垂直渠道系统成为有些市场的主要力量，其服务覆盖率占全美市场的70% ~80%。垂直渠道系统有三种主要形式：①公司式。即由一家公司拥有和管理若干工程、批发机构和零售机构，控制渠道的若干层次，甚至整个营销渠道，综合经营生产、批发和零售业务。垂直渠道系统又分为两类：一类是由大工业公司拥有和管理的，采取工商一体化经营方式；一类是由大型零售公司拥有和管理的，采取商工一体化方式。②管理式。即通过渠道中某个有实力的成员来协调整个产销渠道的渠道系统。如名牌产品制造商柯达、宝洁、吉列，以其品牌、规模和管理经验优势出面协调批发商、零售商经营业务和政策，采取协调一致的行动。③合同式。即不同层次的独立的制造商和中间商以合同为基础建立的联合渠道系统。如批发商组织的自愿连锁店、零售商合作社、特许专卖机构等。

（2）水平渠道系统。这是由两家以上的公司横向联合，共同开拓新的营销机会的分销系统。这些公司或因资本、生产技术、营销资源不足，无力单独开发市场机会，或因惧怕承担风险，或因看到与其他公司联合可实现最佳协同效益，因而组成共同联合的渠道系统。这种联合，可以是暂时的，也可以组成一家新公司，使之永久化。如日本共同网络股份有限公司（CN），由若干大中型旅游公司、票务公司、体育娱乐服务公司等27家企业出资组建。这些公司依靠CN的共同信息网络效用信息资料，协力开拓和服务于旅游市场。

（3）多渠道营销系统。即对统一或不同的协力市场，采用多条渠道的营销体系。如美国通用电气公司的营销系统不但经由独立的零售商（百货公司、折扣商店、邮购商店），而且还直接让建筑承包商销售大型家电产品和多渠道营销商标的产品；另一种是制造商通过多条营销渠道销售不同商标的差异性产品。此外，还有一些公司同一产品在销售过程中的服务内容与方式的差异，形成多条渠道以满足不同顾客的需求。扩大了产品的市场覆盖面，降低渠道成本以更好适应顾客要求。但同时也容易造成渠道之间的冲突，给渠道控制和管理工作造成更大难度。

二、销售渠道功能管理内容

销售渠道的主要功能是将产品（服务）营销给消费者。在这一过程中，需要各方共同

努力,完成产品的一系列价值创造活动,形成产品的形式效用、所有权效用、时间效用和地点效用。营销渠道的具体功能包括:

(1)调研。收集、分析和传递有关顾客、竞争者及其他市场营销环境信息。

(2)寻求。解决买者与卖者"双寻"过程中的矛盾,寻找潜在顾客,为不同细分市场客户提供便利的营销服务。

(3)分类。协调厂商产品(服务)种类与消费者需要之间的矛盾,按买方要求整理供应品。如按产品相关性分类组合,改变包装大小等。

(4)促销。传递与供应品相关的各种信息,与顾客充分沟通并吸引顾客。

(5)洽谈。供销双方通过洽谈达成产品的运输和储存协议,保证正常供货。

(6)物流。组织供应品的运输和储存,保证正常供货。

(7)财务。融资,收付货款,将信用延至消费者。

(8)风险。在执行营销任务过程中承担相关风险。

上述功能构成营销渠道的功能集。在完成产品营销的过程中,这些功能不可或缺,必须全部被执行。前6项主要是促成交易,后2项主要是辅助交易的完成。问题的焦点是由谁来执行。制造商可以承担全部功能,也可以将其中一部分甚至全部功能转给中间商执行。这些功能一般经由中间环节来达成,比生产者自己承担节省费用,降低产品成本和售价,提高效率和效益,从而更好地满足目标市场的需要。但生产者同时也应有一部分产品自销,以便于直接掌握市场动态。

制造商对渠道成员及其功能的选择,必须充分注意渠道功能的三个特点,即它们都使用稀缺资源;这些功能通常可以通过专业化更好地发挥作用;各类功能可以在渠道成员之间相互转换。具体来说,应当遵循下列三个重要原则:

(1)营销渠道的所有功能不能增加或减少;

(2)营销渠道的成员可以增减或被替代;

(3)渠道成员增减或被替代,其承担的功能必须在渠道中向前或向后转移,交由其他成员来承担。

三、设计企业营销渠道目标工作内容

设计企业的营销渠道目标,主要是解决如何发掘企业商品到达目标市场的最佳途径问题。所谓"最佳",是指以最低的成本与费用,通过适当的渠道,把商品适时适地地送到企业既定的目标市场上去。典型目标是能够成功地完成两个企业的渠道整合;能在某一特定渠道内取得大量的营销量;能够降低由未被授权的交易商所完成的销售量或在投资最少的情况下完成在新的市场上营销产品的增长。但在不同情况下,具体的商品营销选择中,应该首先根据企业营销组合的需要,设计出通过一定的渠道结构可达到的预定目标。如企业在追求迅速扩大商品市场占有率的阶段所涉及的渠道设计,与追求建立优质、名牌商品时的渠道目标的侧重点就有所区别。

需要对自己产品的营销渠道进行设计。在设计营销渠道时,必须要了解所选定的目标客户购买什么产品、在什么地方购买、为何买、何时买及如何买,同时还要弄清楚客户在购买产品时想要和所期望的服务类型和水平。营销渠道设计的目标具体主要包括以下几方面：

(1)渠道的销量最大；

(2)渠道的成本最低；

(3)渠道的信誉最佳；

(4)渠道的控制最强；

(5)渠道的覆盖率最高；

(6)渠道的冲突最少；

(7)渠道的合作程度最好。

第二节　销售渠道管理规范化制度

一、渠道成员选择制度

第一条　为了实现企业的市场营销目标，各企业都须招募合格的中间商来从事渠道营销活动，从而成为企业产品营销渠道的一个成员。

第二条　中间商的市场范围。

市场是选择中间商最关键的因素。首先要考虑预定的中间商的经营范围所包括的地区和产品的预计销售地区是否一致。其次，中间商的销售的对象是不是生产商所希望的潜在顾客，这是个最根本的条件。因为生产商都希望中间商能打入自己已确定的目标市场，并最终说服消费者购买自己的产品。

第三条　中间商的产品政策。

中间商承销产品种类及其组合情况是中间商产品政策的具体体现。选择时一要看中间商有多少"产品线"(即供应来源)，二要看各种经销产品的组合关系，是竞争产品还是促销产品。

第四条　中间商的地理区位优势。

区位优势即位置优势。选择零售中间商最理想的区位应该是顾客流量较大的地区。批发中间商的选择则是考虑其所处的位置是否有利于产品的批量储存与运输。通常以处于交通枢纽为宜。

第五条　中间商的产品知识。

许多中间商被规模巨大，而且有名牌产品的生产商选中，往往是因为他们对销售某种产品有专门的经验。选择对产品销售有专门经验的中间商就会很快地打开销路，因此生产企业应根据产品的特征选择有经验的中间商。

第六条　预期合作程度。

中间商与生产企业合作得好会积极主动地推销企业的产品，对双方都有益处。有些中间商希望生产企业也参与促销，扩大市场需求，并相信这样会获得更高的利润。生产企业应根据产品销售的需要确定与中间商合作的具体方式,然后再选择最理想的合作中间商。

第七条 中间商的财务状况及管理水平。

中间商能否按时结算,包括在必要时预付货款,这取决于其财力的大小。整个企业销售管理是否规范、高效,关系着中间商营销的成败,而这些都与生产企业的发展休戚相关。

第八条 中间商的促销政策和技术。

采用何种方式推销商品及运用选定的促销手段的能力直接影响销售规模。有些产品广告促销比较合适,而有些产品则适合销售人员推销;有的产品需要有效的储存,有的则应快速运输。要考虑到中间商是否愿意承担一定的促销费用以及有没有必要的物质、技术基础和相应的人才。

第九条 中间商的综合服务能力。

现代商业经营服务项目甚多,选择中间商要看其综合服务能力如何,有些产品需要中间商向顾客提供售后服务,有些在销售中要提供技术指导或财务帮助。合适的中间商所能提供的综合服务项目与服务能力应与企业产品销售所需要的服务要求相一致。

二、渠道精耕实施方案

(一)何谓渠道精耕

渠道精耕指针对零售终端及批发商渠道各环节的销售管理作业方式,通过对目标市场区域划分,对渠道中所有销售网点做到定人、定域、定点、定线、定期、定时的细致化服务和管理,达到对市场产品销售状况、竞争状况的全面把控,树立公司产品在渠道中的竞争优势。

实施渠道精耕是基于两点最基本的认识:零售终端是实现产品交换价值的场所,唯有零售点的销售才是真正的销售,渠道的构建是实现这一目的的手段;来自于销售终端的市场信息是最有效的信息。

(二)渠道精耕的意义

渠道精耕是在市场渠道构筑完成之后对市场及销售过程的深化管理。

(1)渠道精耕是对销售业务及市场的过程化管理。通过定人、定量、定域等"六定"措施对销售过程进行全方位管理,达到对销售过程中的人、财、物、信息管理,从而达到市场目标的实现。它由对产品销售的关注上升到对市场的关注,由求销售业绩之"果"转而深入到重过程之"因",由"因"生"果"。

(2)渠道精耕是量化管理过程。实施渠道精耕,使以往传统销售业务模式下的定性模糊化进入到定量化管理,使市场运作过程中的人、财、物、资源分配、营销政策以渠道精耕中得出的"量"来进行合理分配,实现资源最优化配置,进而实现科学化。

(3)渠道精耕是信息化管理过程。市场信息是公司经营管理过程的宝贵资源之一,是科学决策的最重要依据,渠道精耕构筑了一条信息快速的沟通通路。渠道精耕的实施使市场信息来自于销售市场的第一线,渠道精耕的组织保证了信息来源的及时性、信息分析的准确性,信息交流的快捷性,为发现问题、解决问题、正确决策提供了信息支持。

（三）渠道精耕的内容与表现形式

1. 渠道精耕的内容。

渠道精耕的核心内容是对零售终端及相关层面的量化管理。

（1）人员定量。根据零售终端的数量及开发计划，按比例配备人员。

（2）工作内容定量。每天须拜访的零售终端的数量必须达到公司标准；必须按照公司规定的拜访频率完成任务；必须完成公司规定的业务工作内容。

（3）拜访路线量化。根据对终端的了解，按照划定的工作路线，按程序拜访。

（4）拜访频率量化。根据每家零售终端的级别确定拜访频率，做到重点客户重点服务，使人员使用、时间使用更有效。

2. 渠道精耕的表现形式。

渠道精耕的具体表现形式是：一张图、一条线、三张表、六个“定”。

（1）一张图。销售网点分布图。根据掌握的销售网点资料，包括经销商、批发商、配货商、零售点，在地图上明确标示出来，并编号。

（2）一条线。根据分布图，设定业务主任工作区域、业务代表工作线路。在工作区域、路线上根据分布图标示该线网点位置、客户编号、拜访频率。

（3）三张表。客户登记表（客户档案）记载客户详细资料、经营状况等，是所有工作的基础；客户服务表，包括客户编号、客户等级、进销存状况、店面陈列、存在问题等，明确规定了业务代表的工作内容，包含了公司希望了解的所有信息；订货表，根据了解到的资料及客户的经营情况，及时接受客户订货。

（4）六个“定”。业务人员相对稳定，每个业务人员的销售区域相对稳定，每个业务人员负责的销售网点相对稳定，每个业务人员每个网点的访问具有相对稳定的频率，每个业务人员工作路线相对稳定，每个点的访问时间相对稳定。

（四）渠道精耕的实施

渠道精耕的实施是一个动态的过程：

基础资料的收集、整理→渠道精耕的初步实施→资料的修订、区域及路线的调整、拜访频率的修正→渠道精耕的实施。

这是一个循环的过程，随着实施过程的进行，新资料的出现，调整与修正将不可避免，由此使区域划分及路线分配渐趋合理和优化。

1. 渠道精耕实施的第一阶段。

这一阶段需要展开以下工作：

（1）基础资料的收集。收集所有零售终端的资料，建立客户档案，画出地域图。客户档案包括店铺名、负责人名、地址、电话、性质（固定还是流动）等。

（2）基础资料的整理。根据客户档案及地域图，绘制业务分布网点总图并按区域线路整理客户档案，在总图上标明客户所在地及客户编号。

（3）客户简单分级及确定首批开发目标。根据以上资料及公司产品情况，确定开发目标，以大型商场、卖场进行产品展示；以学校、幼儿园附近商铺、住宅区商铺作初期开发的 A 级客户，十字路口、繁华地带商铺为 B 类商铺重点开发；一般商铺不作重点，依据不同区域进行选择性开发。

（4）路线设定及拜访频率的初步确定。针对以上分级，确定拜访路线，确保拜访频率。在此阶段集中人力、物力资源，保证货物供应、特制广告牌（POP）、促销品的分配；A、

B 类客户访问率一定要保证,C 类客户的访问率也不能太低,要使铺货率达 80% 以上。

(5)路线调整与 C 级店开发。在经约 2 个月的运行后,A、B 类店的销售、进货情况已相对稳定,调整人力保证一定的管理范畴及拜访频率,指定人员负责已有店的管理及销售跟进,其余人员对 C 级店重点开发。

C 级店的开发:每人每天也要达到一个必要的拜访店数,按路线访问。

此一阶段大约需经 3 个月左右的时间,然后进入渠道精耕的第二阶段。

2. 渠道精耕实施的第二阶段。

渠道精耕的第二阶段主要是对第一阶段的总结,进行资料的修订和数据分析,在此基础上合理修订客户级别,调整拜访频率。核心是以销售量为基础的数据分析。

(1)资料的修订。及时补充新增资料,分析客户情况。

(2)数据分析。根据销售资料,可准确计算统计各店产品销售情况,进行每店平均销量、每店销量与总销量百分比分析,由此得出产品销售所必需的经营信息。

数据分析具体可分为:

①平均销售量分析。用于销售量预测。

②渠道中产品的存货分析。结合销售量分析确定市场需求量计划,进而进行生产量计划;分析存货的生产批号,解决库存产品存在问题,安排促销等计划。

③渠道产品的周转率分析。确定进货的时间及数量,减少运输、库存等销售费用。

④百分比率分析。用于客户等级的确定。

(3)客户等级标准。根据客户销售情况的统计资料进行每店销售量与总销售量百分比分析并由大到小排列,累积销售数量占总销量 40% 的所有客户为 A 类客户,累积销量占总销售量 25% ~39% 的客户为 B 类客户,其余为 C 类客户。

(4)制定拜访频率。

A 类客户,方针是稳固占有、资源支持。拜访频率每周两次。严格产品上架率,保证供货,外观陈列、展示生动化。在 POP、促销品、销售奖励上予以政策支持。

B 类客户,稳固占有、抢占货架,挖潜促销、提升销量。拜访频率每周一次,并辅以产品推广人员的店面、店头促销。

C 类客户,主要特征是周转慢、销量小,主要原则是维持供货、少量多次,保证上架和陈列。拜访频率每 8 天一次。

(5)路线调整。将 A、B、C 店以不同色彩标示在地图上,观察分布情况,对访问路线重新调整,结合业务代表工作能力,本着合理利用时间、保证拜访频率、工作机会相对公正的原则分配工作区域,划定工作路线。

如此分析、分类、调整,形成新的客户等级表、工作路线图开始新的运作。当然,这种调整不是可以一次到位的,必须随时注意资料的更新,定期检查、分析、整理、调整,直至达到业务管理、业务开展最优化。

三、渠道精耕的组织实施及检查

(1)组织。由公司安排、要求强行实施。规定明确的时间进度,各办事处经理负责,全面推行,并作为工作考核、资源支持的依据之一。

（2）检查。公司主要按照工作进度表检查。包括文件图表的检查；组织的检查；市场覆盖面的检查；A、B类店的检查；批发商、经销商的检查；销售业绩的考核。

（3）办事处的检查。办事处经理对A、B店进行定期或不定期的抽查，对下属业务主任进行工作检查、资料的检查与分析。

（4）业务主任的检查。业务主任须对批发商、配货商的市场覆盖面进行详细了解，伺机扩大批发及配送层面，以提高送货效率并对下属业务代表实施日常检查。

四、渠道精耕的实施条件

（1）渠道精耕是在渠道构筑完成的基础上进行的细致化、深入化管理，没有形成良好的市场渠道，则谈不上渠道精耕。

（2）渠道精耕是一种量化管理，准确及时的基础资料是实施渠道精耕的前提条件，是渠道精耕的开始。

（3）渠道精耕是一个过程管理，由一系列的步骤组成，在此过程中，资料的更新、数据的分析是有效实施的关键。

（4）渠道精耕不仅是对业务的管理，更重要的是对人的管理，一线组织者的智慧、素质、工作态度、作风将决定实施的成效。

（5）渠道精耕涉及大量的数据处理过程，所有的经营数据、经营信息都反映在经营数据中，应用计算机借助专业软件将是有效实施的有力工具。

五、批发商管理制度模板

第一条　批发商销售代表必须履行的职责

1. 依据负责区域的销售计划，向所辖批发商合理分解销售指标。
2. 寻找当地最佳批发商，共同扩展渠道网络。
3. 做好批发商货款回收工作。
4. 对当地批发价格进行管理和监控。
5. 做好批发商的库存管理工作。
6. 做好公司与批发商之间的信息沟通与反馈工作。
7. 对所辖批发商给予足够的支持、协助、管理、监控和评估。
8. 处理好渠道之间的矛盾与冲突，维护公司品牌的发展。
9. 做好对批发商和零售商的培训工作。
10. 依据公司销售行政规范，做好日常行政工作和报表填写工作。

第二条　处理事务的能力

1. 建立良好的生意关系。
2. 发掘批发商的需要。
3. 明确真正的需要。
4. 找出有可能发展的机会。

5. 表述解决问题的方法,推荐产品和服务。
6. 了解推销的好处(利益)。
7. 满足批发商个人及组织的需要。
8. 让批发商共同参与解决问题。
9. 激励批发商。
10. 应付反抗。
11. 寻求赞同。
12. 达成一致的解决方案。

第三条 实际操作问题的能力

1. 价格。
2. 折扣点。
3. 奖励。
4. 佣金。
5. 销售量。
6. 产品突出点。
7. 存货。
8. 产品组合。
9. 交货。
10. 付款。
11. 收账期。
12. 订货与交货的间隔时间。
13. 订单流程。
14. 装运时间。
15. 装运状况。
16. 运输事宜。
17. 培训。
18. 促销。
19. 广告。
20. 理货。
21. 取消订单。
22. 拒收货。
23. 旧货。
24. 接单不发货。

第四条 基本资料

包括名称、地址、电话、网址、负责人、联系人、最佳走访时间和员工数目等。

第五条 财务状况

要分析潜在的销售额、产品销售情况、月均库存数、价格折扣和折旧等。

第六条 竞争状况

包括经营的竞争品牌、竞争品牌的销售额、市场占有率及月均库存数等。

第七条 历史情况

了解该公司的新老客户、生意发展趋势、铺市或推广方法、经营的方法及其销售代表队伍。

第八条 其他重要情况

如销售目标、批发商需求、需要的产品、采取的销售策略、批发商关注的问题及敏感事项等。

第九条 对批发商的评估形式

对批发商进行基本目标的定期评估（通常是按年度），根据评估结果，采取调整、激励、重点帮助等措施。

第十条 对批发商的评估内容

1. 销售额的浮动情况。

2. 销售额达到或超过当年指标的状况。

3. 批发商的销售网点是否已广泛覆盖了所在地区。

4. 批发商为其零售商、二级批发商提供服务的情况。

5. 批发商库存量的合理程度和库存周转速度。

6. 批发商按公司政策付款的状况。

7. 批发商是否自行组织在零售商中进行产品促销。

8. 批发商在各种促销活动中的合作意愿，新产品上市时有效积极配合的程度。

9. 批发商是否一年至少有一次召集零售商进行产品推广和市场推介。

10. 批发商对其主要客户的特别照顾情况。

11. 批发商开拓新客户的数量和速度，以显示其更新市场的能力。

12. 批发商能否及时地利用电话跟进业务。

13. 批发商对转账服务利用的有效程度。

14. 陈列产品的种类、规格、数量是否足够，产品陈列位置是否显眼，是否具有好的陈列形式。

15. 批发商使用的促销用品是否数量充足、品种齐全。

16. 批发商与二级批发商和零售商的商业交往状况。

17. 批发商按公司的价格体系执行的彻底程度。

第十一条 销售计划制订的基本步骤

1. 决定销售收入的目标额。

2. 分配销售目标。

3. 销售费用预算。

4. 编制实施计划。

第十二条 销售计划的制订方式

1. 分配式。以自上而下的方式将销售目标额分配给每个零售商销售代表的方式。

2. 上行式。由每个零售商销售代表估计销售目标额，然后往上呈报。

3. 折中式。按分配式与上行式相互结合的方式，批发商销售代表先掌握一定的销售目标，然后征求零售商销售代表的意见，最后确定一个较为合理的销售目标。

第十三条 制订计划时的资料收集、整理

这些资料包括过去历年的有关部门销售业绩的统计资料、所采用的一些销售策略及所取得的效果等必要数据资料。

第十四条　区域规划应考虑的因素

1. 销售区域目标。目标一定要明确，批发商销售代表一定要确切地知道自己要达到的销售目标和零售网点开发目标，并且尽量把目标数字化。

2. 销售区域边界。明确销售区域的边界，避免重复工作及与其他区域的业务摩擦。

3. 销售区域市场潜力。批发商销售代表一定要了解区域内市场潜力在哪里和有多大，如何利用才能使市场潜力变成销售需求，实现销售收入。

4. 销售区域的市场覆盖。批发商销售代表一定要明确零售商销售代表与零售客户联系的方式，以及与每位零售客户联系的频率。

5. 零售商销售代表。批发商销售代表要使每个零售商销售代表认识到销售区域分配的合理性，并使其有足够的销售潜力，取得合理的收入；还要保证每个零售商代表有足够的工作量，并便于管理。

第十五条　确定各区域市场基本销售目标的考虑因素

1. 地区人口。

2. 基本消费群体的消费水平和购买能力。

3. 产品在市场上的被接受程度。

4. 市场的竞争状况。

5. 市场发展的潜在能力。

6. 产品上市时间（品牌知名度）等。

第十六条　设计区域目标的准则

1. 可行性。目标一定要使零售商销售代表经过努力可以在一定时间内实现。

2. 挑战性。目标的设置要体现出实现目标过程中的努力因素。

3. 具体性。目标尽量数字化、明确、容易理解。

第十七条　销售区域目标的基本内容

1. 零售客户维持和开发目标。

2. 销售费用控制目标。

3. 客户关系目标。

第十八条　销售报告系统管理

销售报告系统主要包括：

1. 销售日报表。这是每位销售代表每天的行动报告书，也是所有行动在人、事、时间、地点、结果、进度等方面的总记录。

2. 销售周报表。每周的客户拜访情况、销售目标完成情况、市场信息、客户信息记录和分析是周报表的主要填制内容。

3. 销售月报表。每月的客户拜访情况、销售目标完成情况、客户销售和库存情况、竞争者信息、促销活动情况、消费者信息记录和分析应在月报表中进行记录。

第十九条　批发商销售代表市场走访管理

批发商销售代表对零售商销售代表的业绩评估与激励，主要考虑以下三个方面：

1. 明确销售业绩评估的关键指标：

（1）每位销售代表每天的平均访问次数。

（2）平均每次访问时间。

（3）平均每次访问费用。

（4）每百次销售访问收到订单的百分比。

（5）各期的新客户数目。

（6）各期的客户丢失数目。

2. 对以上销售指标进行加权评估，在不同的销售时期，各项的加权分数是不一样的，每次评估都要列出本次评估的重点。

3. 评估工作的重要性体现在对其零售商销售代表的激励上。只有做到奖罚分明，才会起到积极作用。

六、营销渠道管理制度模板

第一条　总则

公司的销售渠道是指产品从公司的生产领域向消费领域转移时所经过的通道，这种转移需要中间商的介入。

第二条　适用范围

本规定的主要对象为国际销售渠道的中间环节。

第三条　企业代理商是受本公司委托，根据协议在一定区域内负责代销本公司生产的产品的中间商。产品销售后，本公司按照销售额的一定比例付给其佣金作为报酬。

第四条　企业代理商与本公司是委托销售关系，它负责推销产品，履行销售业务手续，本身不设仓库，由顾客直接向本公司提货。

第五条　本公司可同时委托若干个企业代理商，分别在不同地区推销商品，本公司亦可同时参与某些地区的直销活动。

第六条　销售代理商是一种独立的中间商，受托负责代销本公司的全部产品，不受地区限制，并拥有一定的售价决定权。

第七条　销售代理商是本公司的全权独家代理商。本公司在同一时期只能委托一家销售代理商，且本身也不能再进行直销活动。

第八条　销售代理商也实行佣金制，但其佣金一般低于企业代理商。

第九条　寄售商委托进行现货的代销业务。根据协议，本公司向寄售商交付产品，销售后所得货款扣除佣金及有关费用后再交付本公司。

第十条　寄售商一般要自设仓库或铺面，便于顾客及时购到现货，且易于成交。

第十一条　经纪商既无商品所有权，又无现货，只为买卖双方提供有关价格、产品及一般市场信息，为买卖双方洽谈销售业务起媒介作用。

第十二条　经纪商与本公司不签订合同，不承担义务，与本公司无固定的联系，但在买卖过程中又可代表本方，商品成交后，从中提取一部分佣金，但其比例一般较低。

第十三条　直销商店需划出 A、B、C、D 四个等级，要求每户一卡。

第十四条　直销商店业务拜访次数规定为：A、B 级店面每月不得少于 5 次；C、D 级店面每月不得少于 2 次。

第十五条　所有直销商店必须执行统一的市场零售价，若经查不落实的，直销店面的零售价不统一的，必须追究该区业务员的责任。

第十六条　直销商店根据营业额可采用给扣制。

第十七条 商店货物摆放位置必须处于最醒目的位置,商店货架上货物规格必须齐全,摆放整齐。

第十八条 要求商店的货物必须先进先出,业务员随时清点对方库存及出厂日期,以便出现问题及时解决,并以书面形式将公司的要求传达至客户,如对方库存过大时,需协商,请示主管调回公司仓库。

第十九条 商品在销售、运输及库存等环节出现破损,必须当日调换,不允许拖至下月调换。

第二十条 客户提出的任何意见或建议,业务人员必须当面记录,自己职权范围能予解决的当即解决,不能解决的上报公司主管,在 3 日内答复客户。

第二十一条 业务员必须非常熟悉辖区内每家商店的经理、会计、出纳、仓管、业务采购、柜台组长及营业员的情况,其中包括姓名、家庭住址、电话、爱好、生日及个别家属情况。

第二十二条 每逢元旦或圣诞节前夕,业务员应该自己花钱寄贺卡给客户。

第二十三条 经销业务必须由公司经理经营,或由经理指派的业务代表经营,公司内人员具体负责办理业务。

第二十四条 经销业务一律实行合同制,合同文本各分公司要求统一。

第二十五条 经销商可划分为 A、B 两种:A 为大型经销商(年营业额在 20 万美元以上);B 为小型经销商(年营业额在 20 万美元以下,10 万美元以上);10 万美元以下视为批发商,不签合同。

第二十六条 A 级经销商的经营分为淡旺季。旺季时由于对方需求量大,资金占用量大,必须按合同要求货到付款,否则不予供货;淡季时考虑长期经营,可适量按月铺货,当月铺货当月底必须全数收回货款(例如,1 日发货,到 31 日收回;8 日发货,在 31 日收回;25 日发货,在 31 日收回)。

第二十七条 B 级经销商的经营不论淡旺季,一律货到交款,否则出现的任何货物损失由经理负责全部赔偿。

第二十八条 经销商在经销过程中产生的破损、变质、超过保质期的产品,本公司一律不予承担;但如有产品质量问题,本公司将予以解决。

第二十九条 每年须对各经销商制订销售指标,按指标完成情况予以奖励。

批发商销售额在 20 万美元以下由分公司奖励,20 万美元以上由行销部奖励。金额视同分公司费用。经销商未附合同正本,一律不享受本条款。奖励在结算后第 60 天,由行销部统一核对无误后发放。

第三十条 几个经销商联合进货则全部不奖励。

第三十一条 每年销售指标须按照上年完成情况,在原有基础上递增一定的百分点。

第三十二条 公司需协助经销商开拓市场、规划市场,提供良好的经营策略,原则上要求经销商按照公司规定价格进行销售,允许上浮 5%,但不作具体规定,经销商有责任引导零售商执行区域内统一零售价。

第三十三条 经销商不得跨区销售,致使货物流窜,干扰其他市场,导致价格混乱。若违犯,一经发现,第一次停止供货,第二次取消经销商资格,第三次没收销售奖。

第三十四条 严禁经销商销售假货,一经发现,立即终止业务往来,并追究其责任。

第三十五条 在开拓经销市场时，由分公司派出先遣队与经销商共同打理销售点后，交经销商经营。同时也可由行销部派先遣队，费用由行销部和分公司各承担，来开发经销市场，完成市场开拓后再交由经销商经营。

七、经销商付款奖励办法

第一条 目的

为增强公司营销管理，提高经销商经营积极性，特制定本办法。

第二条 奖励宗旨

1. 激励经销商推行分期付款销售业务。

2. 全面拓展公司产品的销售渠道。

3. 力争使未能以现金购买的客户，以分期付款的方式购买。

4. 吸引欲分期付款购买其他品牌的顾客。

第三条 奖励对象

本办法奖励对象为公司品牌所属经销店。

第四条 奖励内容

1. 凡推行分期付款的客户，按分期总价款给予×%佣金。

2. 商品运输及安装等由推行分期付款的经销商具体负责承办，或由公司指定的经销商负责办理，并由本公司给付安装费。

第五条 奖金核算

经销商推行分期付款按每季累积依下列标准核发奖金。

1. 佣金、安装费，每月核发一次。

2. 效益奖励金，每季核发一次。

3. 经销商须凭本公司抬头发票，以“分期付款佣金”“安装费”“奖励金”等名义领取。

第六条 执行

本办法自______年____月____日至______年____月____日执行。

八、经销商年终奖励办法

□ 总则

第一条 奖励期间

自______年____月____日起至______年____月____日止。

第二条 奖励对象

凡是从本公司进货（电子及电化制品）的立约经销商，均属于奖励预备对象。

第三条 奖励种类

1. 电子制品：电脑、电视机、录音机、音响、收音机、汽车音响等制品。

2. 电气制品：电冰箱、空调、洗衣机、吸尘器、果汁机等制品。

第四条　奖励计算标准

1. 根据前列电子及电化制品种类，以各制品批发价总金额（不包括保证金）综合计算。

2. 特价销售制品，不适用本办法。

□　奖励项目

第五条　年度进货完成奖励

1. 奖励期间：______年____月____日起至______年____月____日止。

2. 奖励规定（如表所示）。

3. 发放日期：______年____月____日。

第六条　进货促销奖励

1. 奖励日期：______年____月____日起至______年____月____日止。

2. 奖励办法（如下表所示）。

(1)以______年____月____日起至______年____月____日止的进货金额为M1。

(2)以______年____月____日起至______年____月____日止的进货金额为B1。

(3) B1 = M1 × 150% 以上者，一律以E级计算。

(4)若为新开发经销商一律以A级奖励率×%乘以全年度进货金额计算。

(5)各级奖励率：暂不公布。

3. 发放日期：______年____月____日。

第七条　专售奖励

1. 凡向本公司进货，且不经销其他厂品牌制品者给予各商品批发价进货总金额1%的奖励，但公司无生产的制品不在此列。

2. 非专售者，给予进货金额0.5%的奖励。

3. 发放日期：______年____月____日。

第八条　月份增长奖励

1. 本年当月进货金额较去年当月进货金额，其增长率增加10%以上者，给予0.5%的奖励金。

2. 本年当月进货金额较去年当月进货金额，其增长率增加15%以上者，给予0.7%的奖励金。增长率计算公式：增长率 =（____年当月进货金额 − 上年当月进货金额）÷ ____年当月进货金额 × 100%

3. 新经销商（无去年当月进货金额）按每月进货金额给予0.3%的奖励金。

4. 但当月进货逾期付款或当月未进货而预付款者，不予奖励。

第九条　奖金的发放

1. 各商店应得奖金应根据上列公式计算。

2. 奖金分二期发放：第一期：______年____月____日

第二期：______年____月____日

第十条　付款奖励

1. 付款日期：每月底应结清当月份全部货款。

2. 奖励率：凡超过50天者，则每天以0.05%计算，减发年度奖金。

3. 奖金的发放：于当月货款结算之日从中扣除。

第十一条　不动产抵押奖励

1. 奖励对象为向本公司提供不动产担保的经销商。

2. 奖励方式：

(1)每年最高可得担保额3%的奖金。

(2)月份平均进货金额不得低于担保额的1/3，如低于此标准者，则以平均月份进货金额乘3倍为计算标准。

(3)发放日期：______年____月____日。

第十二条　同类价保证金

1. 凡本公司制品按批发价加收保证金为收款价格，其保证金列为同类价保证金。

2. 发放日期：分二期。第一期：______年____月____日

第二期：______年____月____日

第十三条　其他季节性奖励另行公布。

□　附则

第十四条　本奖励办法内奖金发放时须以统一发票或合法收据领取。

第十五条　本奖励办法内的特级，限定于交通不便、人口在______万人以下的区域。

第十六条　本奖励办法内的进货，是指向本公司进货（电子及电化制品），依批发价金额（不包括保证金）为计算标准。

第三节　销售渠道管理实用表单

一、渠道成员资料卡

表12－1　渠道成员资料卡

成员编号		名称		地址		邮编	
电话		传真		网页			
负责人		性别		年龄		职务	
负责人电话				电邮			
往来银行及账号				税号			
工商登记号				所有制性质			
类别				规模			

填表日期：______年____月____日

二、渠道成员业绩表

表 12－2 渠道成员业绩表

月 年	1	2	3	4	5	6	7	8	9	10	11	12	合计
2014													
2015													
2016													
2017													

填表日期：____年____月____日

第四节 销售渠道管理规范化细节执行标准

一、渠道成员评价标准

（一）了解中间商的调研手段

了解中间商的状况是进行渠道设计的重要依据。了解中间商主要有以下调研手段：

（1）追根溯源。利用终端倒推法则，向终端打探其进货单位。

（2）旁敲侧击。向同行打探，在与同行的谈话中了解中间商口碑。

（3）察言观色。冷眼探察，不露身份，暗中观察中间商的行为。

（4）顺藤摸瓜。外围突破，打探银行、税务、协作单位等中间商的合作伙伴，以了解中间商。

（5）投石问路。变换身份与中间商接触，以二批、零售等身份电话询问。

（6）开门见山。登门洽谈，面对面、真诚地与中间商交流与洽谈。

（二）了解中间商的准备事项

具体来说有以下几点。

1. 自我准备

（1）派员前往该市场调查，对该市场情况掌握到何种程度，决定着在多大程度上有效地检验与经销商日后的谈话内容。

（2）预设投入该市场的产品结构，确知产品在行业中的差异性和优劣地位等，这些有助于增加与经销商接触成功的机会。

（3）明确在该市场的销售渠道方式、布点密度的基本方法、进入该市场的时机成熟程度以及市场期望目标等，这些将有助于界定经销商，并对最终选定有指导意义。

(4)选派有市场开拓经验、敬业精神强、训练有素的业务代表，确保此项工作自始至终井然有序、一丝不苟地开展。

2. 访问多家经销商

(1)了解经销商的基本情况。如年龄、学历、经销时间长短、营业地点及环境、为哪些企业代理过何种产品以及家庭情况、生活习性及其主要工作人员学历、工作经历等。

(2)了解经销商的特点。如他对正在代理的品牌有怎样的认识；他最喜欢厂家给予什么性质的政策，他赞成何种操作方式；他对同类产品的市场竞争如何分析；他的言谈举止、思维方式、生活习惯；他对新的品牌表现出多大的热情、关注；他希望得到何种铺市承诺、风险承诺、广告促销政策等；他对所提供的产品结构中哪些方面感兴趣。

(3)了解经销商的口碑。如通过其他经销商了解他的经营能力、经营状况，他与代理企业的关系状况，他如何处理与客户之间关系等；随机访谈，通过普通群众了解他的经济实力、品质特征、信誉等；调查取证，通过有关部门了解他的资信情况；实地考察，通过他的客户了解他的市场开拓能力、网络渠道建设能力、对企业政策的执行能力等市场综合能力。

(4)检视经销商的工作。如硬件设施、人力资源情况、渠道布点情况、财务管理情况等。

(5)观察经销商的反应。如是否尊重企业的经营理念和价值观；是否在一定程度上理解企业的品牌文化；是否能理解企业在市场价格、上市策略、回款方式、品牌战略、长期规划等问题上的意图；是否有足够的信心，信心来自何处等。

对这些内容进行调查后，首先形成一个较大的选择面，通过横向对比，再参照企业在该市场的期望目标，最后选取合适的经销商。经销商基本素质达到要求后，培训的大量内容可以在工作中实施，再辅之以专业性的集中强化培训，使得经销商队伍的建设工作得以在起点高、效果好的良性循环中实现。

(三)评价中间商的标准

1. 选择中间商时的能力评价指标

能力评价指标主要包括：网络(网点)布控能力；市场价格、品种、区域控制能力；终端管理能力；对业务员日常工作的管理能力；服务意识与能力；企业内部管理能力，实现销售目标能力；诚信能力；对本企业理念的理解、认可能力；代理区域公共关系能力；商品配送能力；市场信息反馈能力；抑制竞争能力；促销配合能力；经销品种占有能力等。

2. 选择中间商时的实力评价指标

实力评价指标主要包括：资金实力；现有网点质量实力；社会资信实力；销售阅历实力；商场关系实力；投资意识；人员实力；自有店面实力；可投入固定资产实力；仓储、配送实力；特有实力等。

3. 对已有中间商的评价指标

对已有中间商的评价指标主要包括：销售量指标；销售额的增长率；销售目标完成情况；铺货率等。

4. 其他综合指标

其他综合指标主要包括：经销商占有率——本企业产品占代理商经销总额的比率；费用比率——本企业对代理商所支出的费用与销售额的比率、配送力度、库存情况；销售品种——按本企业品种当量确定、终端展示情况、价格执行情况、守区销售，服务意识和能力——对消费者的服务、售后服务、对下线经销商的支持与服务、货款回收、促销配合力度。

二、渠道价格管理工作内容

销售过程中价格体系混乱，是目前我国企业普遍存在的一个问题。价格作为营销组合的一个重要因素，是竞争的重要手段。如果价格体系混乱，就可能扰乱整个市场秩序，影响产品的市场竞争力。企业最好能控制产品零售价格。必须意识到，造成企业价格体系混乱的原因有的来自企业，有的来自经销商。

（一）控制产品零售价格的好处

控制产品零售价格的水平有以下几个好处：

（1）如果没有固定的零售价格，经销商不会积极地进货，其经销范围也不会开阔，最终使制造商和消费者都受到损失。

（2）同一种产品在同一市场上有多种价格，会损害产品的声誉，消费者会怀疑以较低价格出售的产品是否是真货。

（3）多种零售价格增加了零售商之间冲突的可能性——那些不能以低价出售产品的零售商与能够这样做的零售商会发生矛盾，最终产品的经销系统会受到严重破坏。

（4）如果价格定得有利于消费者和制造商双方，那么统一的零售价（即零售商不得低于此价销售），将对大家有利。

（二）由企业造成的价格混乱的原因

由企业造成的价格混乱的原因主要有三个：

1. 企业在不同的目标市场上采取了不同的价格政策。

不少企业在制定价格政策时，考虑到不同目标市场消费者购买力的差异、竞争程度的差异、企业投入的促销费用的差异、运输费用等方面的差异，因而在不同的目标市场上采取不同的价格策略。这种价格策略如果得当，就会增强产品在各个目标市场上的竞争能力；但如果使用不当，则可能对市场秩序产生重大影响。有些经销商可能利用这些不同地区的价格差，将产品从低价格地区转移到高价格地区销售，进行“窜货”。如一家酒厂，为了开拓某一地区市场，在市场开拓期，将价格定得比其他地区低，期望以低价进入新市场，经过一段时间发现，进入该市场的产品转了一圈之后又回流至原有市场了，很快就冲击原有市场的产品价格，造成价格混乱。并且，当存在多种价格时，经销商和消费者可能提出要求平等享受最低价格的权利，对这项要求，厂家很难提出强有力的理由加以拒绝。

针对不同的目标市场制定不同的价格是必要的，但必须要掌握的一个原则是，不同地区的价格差异不足以对市场价格体系造成混乱。价格差异的幅度应该控制在不能让经销商利用这种价格差在不同地区市场上窜货的范围内。

2. 企业对不同经销商的价格政策混乱。

一个完善的价格体系应包括对不同的经销商——如代理商、批发商、零售商，制定不同价格政策，使每一个经销商都愿意经营本企业的产品。对任何一个经销商的差别对待，都可能引起其他经销商的不满。某一家电企业，公司所在地的商业机构都不愿意经销该公司的产品，原因是该公司经常以批发价甚至以出厂价向最终消费者出售商品，使得经销商的价格根本就没有竞争力，最终不得不放弃经营该产品。另如某公司经常以优惠价格向本厂职工出售产品，结果大量产品流向市场，严重影响了经销商的利益，导致经销商不愿意再销售该产品。

3. 企业对经销商的奖励政策。

现在许多企业不是以利润来调动经销商的积极性，而是对经销商施以重奖和年终返利。厂家这样做的目的是鼓励经销商多销售其产品。由于奖励和返利额度是根据销售量额度而定，因此经销商为多得返利和奖励，就千方百计地多销售产品。为此，他们不惜以低价将产品销售出去，甚至把奖励和年终返利中的一部分拿出来让给下游经销商。这样你让我让大家让，其结果必定导致价格体系混乱。

（三）由经销商造成价格混乱的原因

由经销商造成的价格混乱的原因主要有三个：

1. 经销商将本厂产品用做带货。

有经验的经销商不是从每一个产品（个）上去赚钱，而是从每一批产品（量）上去赚钱，因此，他将产品分为两类：一类是赚钱的，另一类是走量的。即用好销的产品或是将一部分产品的价格定得很低，不赚钱来吸引批发商进货，以带动其他产品的销售。

2. 争相降价。

另一种情况是，企业在某一个市场上有几个批发商，大家为了争夺客户，纷纷降价，最后降得无利可图，都不愿再销售这一产品，把市场做死了。

3. 维持客户。

一些经销商把价格降得很低，无利经营，甚至将厂家给予的扣点给客户，目的是为了维持客户，吸引客户继续从他手中进货。

（四）企业稳定价格体系的做法

要做到稳定价格体系，保证不乱价，企业就必须做到以下几点：

1. 企业不能急功近利，为眼前的利益而自乱阵脚，要杜绝各种不良现象。

生产“金龙鱼”食用油的南海油脂工业（赤湾）有限公司在全国有 400 多个一级经销商，为了保证网络的任何一环都是“一口价”，公司实行全国统一报价制，距离远的由公司补贴运费，防止产品在区域间窜货。为了保证经销商的利益不受损害，公司规定非经销商客户到公司拿货的价格比在当地向经销商直接拿货的价格还要高。

2. 制定政策。

企业在和经销商签订合同时就要明确规定稳定价格的条款。对不履行价格义务的，要取消经销资格。

3. 监督。

要及时掌握价格状况，发现经销商违反价格行为就要立即处理。亚洲啤酒（苏州）有限公司啤酒零售价为每瓶 2.5 元，要求经销商不能降低一分钱，谁违反了规则，就取消谁的经销资格。为此，他们在下岗职工中招聘了 45 名“价格监察员”，每天的任务就是在商店内转，监督经销商是否遵守公司的价格政策。这样，保证了全市大小商店价格一个样。

三、渠道冲突管理工作实施标准

（一）做好渠道战略计划和渠道结构的设计工作。许多渠道冲突产生的根源在于渠道战略不当和渠道结构设计不合理。

（二）做好渠道成员的选择工作。具有良好的合作意愿和具备相应的自愿条件可以减少和避免渠道成员间的冲突。

（三）明确渠道成员的角色分工和权力分配。通过正式合约明确渠道成员行为的“游戏规则”。

（四）建立有效的渠道成员之间的交流和沟通机制。有效的沟通可减少彼此间的不理解和不信任，有利于加强合作。

（五）合理使用渠道权力，防止权力滥用。很多情况下，冲突的发生往往是因为权力干预过多。

四、窜货治理工作实施标准

（一）堵住源头

企业销售应该由一个部门负责。多头负责、政出多门最容易导致价格的混乱。这种现象多数源于行政部门对销售部门的干扰。在部门责权明晰的企业，即使企业最高首脑要货，也须通过销售部门，按企业法定价格办理。企业维护了产品的价格法则，在一定程度上就堵住了源自企业内部的窜货源头。

（二）加强对销售渠道的管理

销售渠道是窜货发生的渠道，因此，规范了渠道，就有可能从根本上抵御窜货的入侵。

1. 确保渠道安全。建立销售渠道，当然首先要做到科学有效，但是，渠道的安全性绝对不应被忽视。所谓渠道安全，主要是指渠道上产品价格的规范和稳定。渠道要安全，必须加强对销售渠道的有效管理。影响渠道安全的另一个容易被忽视的因素就是对销售终端的管理。比如在窜货最容易发生的地方——小商品批发市场，如果它的销售价格低于一、二级代理商，后者的利益将受到威胁，一、二级代理商很有可能采取降价来保护自己，因此，小商品批发市场的销售价格一定要高于一、二级代理商。销售终端的管理还包括对商场的监控。营销人员管理商场有两项任务，一是管理柜台形象，二是价格管理。如果价格有明显变化，应该及时找出原因，其中重点是向上搜索一、二级代理商渠道，检查有无窜货现象发生。

2. 还可以严格划区经营，因为每个经销商的市场覆盖能力都是有限的，依据其网络的势力范围划区经营，是为了让经销商集中自身优势，更好地发挥其在划定范围内的销售能力。

3. 制定现实的营销目标。企业在进行促销时，要制定现实的营销目标，树立稳健的经营作风。在对现有市场状况进行调研总结和自我资源进行评估后，制定符合实际的营销目标，不急功近利，避免寄希望于巨奖、人海战术、广告轰炸等战术来打开市场。

4. 制定完善的促销政策。企业在制定促销政策时，应注意政策的持续激励作用，防止一促销就窜货，停止促销就销不动的局面发生。制定的促销政策应能协调厂商与总经销商以及各地总经销商之间的关系，为各地总经销商创造平等的经销环境。奖励措施应当充分考虑合理的促销目标、适度的奖励措施、促销时间的控制、严格的兑奖制度和市场监控，确保整个促销活动是在受控之下进行的，不会出现失控的现象。

5. 良好的售后服务。随着行业内技术的发展与成熟，产品的差异化越来越小，服务之争成为营销竞争一个新的亮点。完善周到的售后服务可以增进厂家、经销商与顾客之间的感情，培养经销商对企业的责任感与忠诚度。企业与渠道成员之间的这种良好关系的建立，在一定程度上可以控制窜货的发生，经销商为维系这种已建立好的关系，轻易是不会通过窜货来破坏这份感情的。

（三）多品牌经销

多品牌经销即企业设计多个品牌，分别交给不同的经销商，或同一品牌不同品种分类区别经销。这样做避免了经销商对厂家全线产品的过多控制，即使“窜货”也只会影响某一部分。另一方面，同一厂家不同类型或品牌的产品，交由不同的经销商来销售也可避免经销商就相同产品发生价格战。

（四）营销队伍的建设与管理

营销队伍是营销制胜的保证与根本。为防止营销人员窜货，应加强营销队伍的建设与管理。

1. 严格人员招聘、选拔和培训制度，企业应把好业务员的招聘关，在人才市场上挑选真正符合要求的最佳人选，并提供完善的培训。

2. 在企业中营造一种有利于人才发挥所长的文化氛围，企业应尊重人才、理解人才、关心人才，并制定人才成长的各项政策，如为每一位业务员设计一个完善的事业发展计划，让每一位业务员感到自己的职位与责任感在提高和增强，从而在增强其成就感与积极性的同时，增强其对企业的忠诚度。

3. 制定合理的绩效评估和酬赏制度，真正做到奖勤罚懒，奖优罚劣。公正的绩效评估能提高业务员的公平感，合理的报酬既能有效地控制成本，又能为企业留住优秀人才。

4. 建立良好的淘汰机制，因为在企业的营销队伍中难免会混进一些素质不佳或能力平庸的人，制定的淘汰机制应能有效地进行人员的筛选，为企业保留真正的优秀人才。

（五）产品策略

1. 实现产品包装区域差异化。在不同的区域市场上，相同的产品采取不同的外包装形式，通过对产品不同外包装的识别，可以在一定程度上控制窜货。实现产品外包装区域差异化的主要措施有：一是实行产品代码制，即在产品的内外包装上印上给每个销售区域产品编上的一个唯一的号码，如 1997 年起格力公司实行条形码，限制区域，不允许跨区域销售，控制产品的流向；二是产品商标颜色差异化，即同种产品的商标在不同的地区，在保持其他标志不变的前提下，采用不同的颜色加以区分；三是通过文字标示，即在每种产品的外包装上印刷“专供某某地区销售”的字样。产品包装差异化能使厂家准确地监控产品的去向，使得经销商在窜货上会有所顾忌，不敢贸然行动，即使发生了窜货，也可以追踪产品的来龙去脉，为企业处理窜货事件提供真凭实据。所以，产品包装差异化带给厂家的是在监控和解决窜货问题上的主动权。

2. 允许退货，与经销商共担风险。为防止经销商在处理滞销、积压产品时发生的窜货乱价行为，企业建立与经销商共担风险的制度，允许在一定程度、一定条件下的退货。

（六）对价格体系进行严格管理

在厂家产品热销时，若市场上经常出现断货，经销商会在利益驱动下擅自提高商品价格谋取超额利润，厂家为了维护产品价格体系，可以采取一些相应措施，例如严格限定经销商的发货价格，或直接在商品外包装上印上市场建议零售价格。

企业应建立完善、公正的价格体系。紊乱、不健全的价格体系是窜货的重要源头之一，一些企业在制定价格策略时，由于考虑不周，埋下了许多导致窜货的隐患。企业在制定价格时，可将销售网络内的经销商分为总经销商、二级批发商、三级零售商，分别制定总经销价、出厂价、批发价、团体批发价和零售价等。在确保销售网络中各个层次各个环节的经销商都能获得相应利润的前提下，根据经销商的出货对象，规定严格的价格，控制好每一层级的利润空间，以防止经销商跨越其中的某些环节，进行窜货活动。

（七）专销商制度及地区销售公司

专销商即只经营一种品牌产品的经销商。这种制度使经销商与厂家结成利益共同体，经销商对产品的热情高，对企业的忠诚度高并能及时向厂家反馈市场信息。

广州立白公司在广东市场产品推广快，销售额年年增长，就得益于其在创业初期建立起来的专销商制度。地区销售公司是以资产为纽带，以品牌为旗帜的区域销售公司，它将厂家和各经销商的利益捆绑在一起，以实现价格自律、服务自律。1997 年格力在湖北成立了第一家湖北格力销售公司，由格力出资 200 万元控股，其余四家经销商武汉“航天”“中南航运”“国防科工委”“省五金”各出资 160 万元联合组建而成，开辟了独具一格的专业化销售通道。随后在湖南、河北、重庆、四川也相继成立了格力销售公司，稳定了格力产品价格，维护了格力品牌形象，同时也稳定地提高了格力产品的市场份额。

（八）硬性策略

硬性策略，即通过签订合同或协议，实施惩罚，组成商会来防止窜货的策略。

1. 协议。即用合同来约束总经销商的市场行为。由于销售网络管理者和各地经销商之间是平等的企业法人之间的关系，销售网络不可能通过上级管理下级的方式来实现，只能通过签订的“总经销商合同”来实现。在合同中明确加入“禁止跨区销售”的条款，将总经销商的销售活动严格限制在自己的市场区域之内。另外，在企业内部业务员之间也可以签订不窜货乱价协议。

2. 惩罚。对发生跨区销售行为的总经销商按跨区销售行为的严重程度分别给予警告、停止广告支持、取消年终返利和取消经销权等的处罚，对窜货行为起一个惩戒的作用。另外还可以将业绩的考核与窜货挂钩。

3. 组成商会。商会由每一个地区的所有经销商组成。经销商以一定的会费（用于商会的运作）参与商会，商会成员之间达成协议，相互监督，并制定一些将窜货纳入考核的奖惩措施。如立白与格力都已采用了商会制度来控制和防止窜货。

第13章　只有先沽名，才能后钓利
——品牌管理

第一节　品牌管理工作要点

一、品牌的构成与作用

一个品牌由品牌名称、品牌标志和商标或者它们的组合而构成，目的是为了把它与竞争对手和服务区别开来。

品牌的构成，是销售者向购买者长期提供的一组特定的特点、利益和服务。最好的品牌传达了质量的保证，然而，品牌还是一个更为复杂的符号与标志。一个品牌能表达出六层意思。

1. 属性。一个品牌首先给人带来联想的属性。例如，劳斯莱斯表现出昂贵、优良制造、工艺精良、耐用、高声誉。

2. 利益。属性需要转换成功能和情感利益。属性"耐用"可以转化为功能利益："我可以几年不买车了"。属性"昂贵"可以转换成情感利益："这车帮助我体现了重要性和令人羡慕"。

3. 价值。品牌还体现了该制造商的某些价值感。劳斯莱斯体现了高性能、安全和威信。

4. 文化。品牌可能象征了一定的文化。梅塞德斯意味着德国文化：绅士、高贵、传统。

5. 个性。品牌代表了一定的个性。劳斯莱斯可以使人想起一位有绅士风度的老板（人），一头有权势的狮子（动物）或一座高贵的宫殿（标的物）。

6. 使用者。品牌还体现了购买或使用这种产品的是哪一种消费者。

如果仅仅把品牌看作是一个名字，它就忽视品牌内容的关键点。品牌的挑战是要深入开发一组正面联系品牌的内涵。营销必须决定对品牌的认知如何锁定，错误之一是只促销品牌的属性。首先，购买者感兴趣的是品牌利益而不是属性。其次，竞争者会很容易地复制这些属性。最后，当前的品牌属性在将来可能毫无价值。

仅宣传这个品牌的一个优势具有很大风险。假定梅塞德斯吹捧它的主要优势是"高性能"，再假定几个竞争品牌体现了同样高或更高的性能，或假定汽车购买者开始认为高性能不如其他优势重要。因此，梅塞德斯应需要有更大的自由度来调整新的优势定位。

一个品牌最持久的含义应是它的价值、文化和个性，它们确定了品牌的基础。劳斯莱斯表示了古典、高贵、成功，这就是它所必须采用的品牌战略。如果劳斯莱斯的名字在市场廉价销售，那就是错误，因为这冲淡了劳斯莱斯多年来所建立的价值观和个性。

各种品牌在市场上的力量和价值各不相同。极端情形是绝大多数的购买者不知道某些品牌。稍好一些是购买者对某些品牌有一定程度的品牌知晓度，较好一些是有相当程度的品牌接受度，再较好一些是购买者有高程度的品牌偏好度，最后一种是高程度的品牌忠诚度。

二、品牌发展工作步骤

发展品牌的第一步是找出现有的品牌对消费者及中间客户有何含义，知名程度如何。这个步骤通常涉及市场调查，必须在兼顾统计准确度下，对你在意的主顾客和消费者族群进行调查。这个工作需要专业化。将大量时间及金钱投注于品质低劣或错误百出的市场调查上，通常会导致悲惨的下场。

大多数的广告代理商不是自己进行品牌知名度与形象的调查，而是委托专门的相关市场调查公司进行。

第二步需采取的行动是，决定你的公司该采取何种策略，以及为配合该策略所应投注的营销努力——尤其是与品牌和建立品牌相关的层面。有不少公司竟然跳过这个步骤，直接进行战术计划的广告部分，只因为那个部分比较有趣！不幸的是，除非你适当考虑过公司策略，并清楚定义、紧密整合营销计划，否则你投注的广告费用将白白浪费，当然得到的结果也不会是你想要的。

第三步是，决定出你想要的品牌名称必须包含何种意义与其涵盖的内容，并且根据前两个步骤的发现和决策，了解可行性有多少。发展品牌时，实际的看待期望是非常重要的，绝不能大意。一旦达到这些标准之后，以下为关键几点：

1. 品牌发展策略；

2. 创造吸引人的品牌形象；

3. 建立特定品牌特征或个性。

三、品牌管理的工作目的

品牌在市场营销中具有五项功能。

1. 品牌是广告促销的武器。广告作为一种有效的促销方式，虽可以创造不同的产品形象，但产品形象多属一种抽象的、缥缈原始的观念，很难形成具体的影响力量；而透过品牌，则可以使这种形象凝结为实实在在的标志，使广告更好地发挥促销作用。

2. 品牌是控制市场的武器。市场竞争的手段之一是取得有效的市场控制权力。在大规模生产营销中，公司为扩大销售、提高效率，往往要在某种程度上依赖中间商进行多层分销，但这却会削弱厂商对市场的控制能力。如果有了自己的品牌，就可以与市场直接沟通，形成自己的市场形象，市场控制权力又会回到公司手中。

3. 品牌有助于新产品的销售。如果不能创新产品，很难实现增长目标，甚至无法生存。但新产品上市是一项极为艰巨复杂的任务，企业在原有品牌的产品线中增加新产品就比较容易，比无品牌产品易为市场接受。在产品进入成长期以后，由于特定的品牌标志着某产品的一定质量水平和不同的特色，对促进销售也会起到积极作用。

4. 品牌有助于建立顾客偏好。品牌化可以使公司吸引更多的品牌忠实者，使公司保持稳定的销售额。有人做过试验，把可口可乐与百事可乐等量倒置相同的容器内，请品牌的忠诚者们蒙上眼睛品尝鉴别，结果只有极少数人能通过味道辨别出他所宠爱的品牌。但可口可乐的市场份额两倍于百事可乐。

5. 注册商标受法律保护。注册商标是受法律保护的，具有严格的排他性，一经发现侵权行为，可依法追究、索赔。

四、品牌名称决策工作原则

品牌的制造商必须选择品牌的名称。品牌名称设计应遵循以下原则。

1. 简单醒目，便于记忆。注册商标虽受法律保护，但一个声誉好的商标，图案繁杂往往易给投机者钻空子，因为只要在商标上稍加一些不易察觉的改动，即足以鱼目混珠。

2. 新颖别致，易于识别。品牌设计应力求构思新颖、造型美观，既有鲜明的特点，又具有艺术性，避免庸俗繁杂。所谓新颖别致还必须与其他牌号有明显的差别，反映企业或产品的特色，易于消费者识别，切忌模仿。同时又要注意符合法律和习俗规范而为群众所喜闻乐见。中国的商品品牌名称大致有以下几类：以人的名字命名，如李宁；以花卉鸟兽为名，如“熊猫”等；以几何图形命名，如五环；以抽象名词为名，如“幸福”；以含有寓意的词语为名，如“万家乐”；等等。

3. 容易发音，利于通用。品牌牌名简短，容易发音，是品牌设计的另一项基本原则。如可口可乐（Coca Co1a），百事可乐（Pepsi Co1a）均易发音，又易记忆，成为世界最畅销的饮料标记。有的品牌在营销者本国市场易于发音与通用，但在国际市场的品牌推广中却遇到了障碍。如“珠江桥”牌译成英文“Pear1. River Bridge”，既长又绕口，不利于品牌在国际市场上推广和普及。

4. 配合风俗，易于接受。产品品牌设计，包括品牌名称、图案、符号和颜色，还必须考虑在国内外市场上能否符合当地的风俗，力避其他隐含不妥之处。

五、管理高价品牌的产品组合

除了为个别品牌制定策略性任务以外，这个矩阵还可协助营销经理，更了解产品组合的动态。借由将产品组合的位置标示在矩阵上，营销经理可看出，哪些产品的表现已趋近极限，并且可据以调整他们对个别品牌的期望和整体的资源分配。

研发资金应大量地投入在“高人一等”与“搭便车”品牌的业务中，而且应该把重心放在创新上。管理产品组合的营销经理，常常把研发资金不成比例地花费在“穷途末路”品牌上，并一厢情愿地认为，它们能够峰回路转、露出一线生机。通常，这些开支会一无所获。营销经理最好是把费用花在能有起码的投资回报率的事物上。

用于建立品牌权益、所费不菲的媒体活动,应该是“搭便车”品牌与“高人一等”品牌的专利。对于“降格越界”的品牌而言,在营销上的开支,大致应限制在对经销商与消费者所进行的促销活动上,也就是降低产品价格的活动。当然,假如营销经理试图改变产品类别的动态,并把“降格越界”品牌转变为“高人一等”品牌的话,那么多花一些钱来建立品牌权益,亦属合理之举。重要的是,营销经理应注意任何活动所带来的影响,并对任何把钱花在无法产生好处的提议,应该表示反对。当考虑到品牌的组合时,营销经理会因一时不察,而把太多的经费花在“穷途末路”品牌的营销上。例如,把促销费用花在经销商身上,如对超市提供进货折扣,以取代对产品进行促销,恐怕起不了任何作用。限制“穷途末路”品牌的费用,并把经费移往其他品牌,应该是更好的做法。

“穷途末路”品牌的基本开支,应该也要加以限制。对于“降格越界”品牌与“穷途末路”品牌而言,重心最好放在降低成本上。至于“搭便车”品牌与“高人一等”品牌,最好能运用资金来发展这些品牌的创新。把经费用于弹性生产与降低产品的上市时间,以孕育出短期的平价产品,也是“搭便车”品牌与“高人一等”品牌值得努力的方向。除此之外,营销经理必须注意所有投资可能带来的成果。

产品类别的动态可能会改变。产品组合中的某个品牌,也许是标准的“搭便车”品牌,而且竞争品牌的动向,可能也会使整个产品类别在一夜之间,便从高价路线移往平价路线。曾经属于平价产品类别的啤酒,现今已跨入高价市场。相同的情况也发生在运动鞋产品类别上:运动鞋一度曾属于平价商品,现在却已稳居高价商品的地位。

营销经理必须定期地重复检视个别品牌,与整个产品组合。唯有如此,才能成功地为产品类别的变化做好准备,并且在这过程中,将创新导向与成本导向的业务合并,而协助组织尽力扩张获利能力。

第二节 品牌管理规范化制度

一、品牌建立制度模板

(一)企划

第一条 为公司、事业单位等组织谋划策略。

第二条 清楚了解品牌是什么及不是什么,能做什么及不能做什么。

第三条 研究、了解品牌的目标市场和听众。

第四条 决定要冠上品牌的产品和服务的范围,包括开始以及最终的范畴。

第五条 指派品牌经营/营销经理负责经营品牌。

第六条 研究、选择品牌名称,发展图像/商标以及品牌策略。

第七条 记录品牌的起源及独特性,用商标保护品牌和其他智慧财产权。

第八条 界定相对于其他品牌的品牌定位,以及相对于竞争者的品牌定位。

第九条　发展品牌形象身份、特质、性格，然后诉诸文件并广泛且清楚的传递。

（二）发展

第十条　适当地使用目标群体、访谈、市调等工具，彻底研究品牌形象身份、特质、性格，直到完全了解为止。

第十一条　查核证实品牌策略与公司对这些产品、服务、顾客、市场所保持的策略相呼应。

第十二条　发展施行计划和战术，以支援产品、服务及品牌策略。

第十三条　准备好品牌上市计划，包含会计责任、预算、进度、目标市场以及预期成果。

第十四条　决定是否须采取市场测试或其他必要/想进行的先前步骤。

第十五条　选择一家广告代理商或公关公司。

（三）执行

第十六条　设计品牌商标的包装，包括产品设计/服务设计，包装与呈现方式、销售规划等。

第十七条　发展广告及促销计划。

第十八条　发展销售与配销安置计划。

第十九条　发展附带资源以支持上述计划。

第二十条　树立如何、何处以及保时使用品牌、它的图像/商标之标准，发展最初品牌延伸、建立副品牌或品牌合作的指导原则。

第二十一条　将产品/服务销售到想要的通路，开始生产产品或传递服务。

（四）评估与调整

第二十二条　以购买者及潜在购买者如何认知品牌以及相对于原先计划为衡量指标，评估最初的结果与意见。

第二十三条　衡量品牌及广告认知，评量竞争者以及顾客的反应。

第二十四条　基于初步结果与数据，针对上述任何一部分或全部进行必要调整，然后再回到“执行”的步骤。

（五）附则

第二十五条　本制度由董事会制定，修改时亦同。

第三节　品牌管理实用表单

一、品牌调查表

表 13－1　品牌调查表

<table>
<tr><th colspan="2" rowspan="2">特点
项目</th><th rowspan="2">档次</th><th rowspan="2">款式</th><th rowspan="2">色彩</th><th rowspan="2">价格</th><th rowspan="2">材质</th><th colspan="3">购买地点</th><th colspan="2" rowspan="2">是否在意知名度</th></tr>
<tr><th>高档商场</th><th>中档商场</th><th>其他</th></tr>
<tr><td rowspan="6">消费者特性调查</td><td>老年</td><td></td><td></td><td></td><td></td><td></td><td></td><td></td><td></td><td></td><td></td></tr>
<tr><td>中年</td><td></td><td></td><td></td><td></td><td></td><td></td><td></td><td></td><td></td><td></td></tr>
<tr><td>青年</td><td></td><td></td><td></td><td></td><td></td><td></td><td></td><td></td><td></td><td></td></tr>
<tr><td>学生</td><td></td><td></td><td></td><td></td><td></td><td></td><td></td><td></td><td></td><td></td></tr>
<tr><td>少儿</td><td></td><td></td><td></td><td></td><td></td><td></td><td></td><td></td><td></td><td></td></tr>
<tr><td></td><td></td><td></td><td></td><td></td><td></td><td></td><td></td><td></td><td></td><td></td></tr>
<tr><td rowspan="5">主要竞争品牌</td><td>品牌 1</td><td></td><td></td><td></td><td></td><td></td><td></td><td></td><td></td><td></td><td></td></tr>
<tr><td>品牌 2</td><td></td><td></td><td></td><td></td><td></td><td></td><td></td><td></td><td></td><td></td></tr>
<tr><td>品牌 3</td><td></td><td></td><td></td><td></td><td></td><td></td><td></td><td></td><td></td><td></td></tr>
<tr><td></td><td></td><td></td><td></td><td></td><td></td><td></td><td></td><td></td><td></td><td></td></tr>
<tr><td colspan="11"></td></tr>
<tr><td rowspan="4">本企业定位</td><td rowspan="3">特点</td><td rowspan="2">档次</td><td rowspan="2">款式</td><td rowspan="2">色彩</td><td rowspan="2">价格</td><td rowspan="2">材质</td><td colspan="3">销售地点</td><td colspan="2">知名度</td></tr>
<tr><td>高档商场</td><td>中档商场</td><td>其他</td><td>高</td><td>低</td></tr>
<tr><td></td><td></td><td></td><td></td><td></td><td></td><td></td><td></td><td></td><td></td></tr>
<tr><td>方案说明</td><td colspan="10"></td></tr>
</table>

二、品牌推广成本控制表

表 13－2　品牌推广成本控制表

品牌名称	推广方式	推广费用预算	推广地区	预计销量	备注

三、品牌生命力调查表

表 13－3　品牌生命力调查表

测试内容／地区	销量						消费者接受程度	知名度	与竞争品牌对比情况	其他
	过去三年统计			未来三年估计						

四、品牌效果调查表

表 13－4　品牌效果调查表

项目 时间	销售统计	消费者意见	知名度	竞争对手反应	其他
____年 1 月					
____年 2 月					
____年 3 月					
……					
合计					

五、品牌维护计划表

表 13－5　品牌维护计划表

项目 时间	维护方式	实施时间	费用预算	效果评估	备注

六、广告宣传表

表 13－6　广告宣传表

广告语的选择	
促销的文字内容	
广告宣传应注意事项	标题是否清晰
	是否说清楚了想要说的东西
	它有趣吗
	它设计独特吗
	广告文字与图案协调吗
	它想强调哪几点
	广告是让人觉得在销售特别产品还是普通产品
	竞争者是否会用同样的广告
	可以删去哪些内容
	广告是否能吸引消费者
	是否能收到预期效果
	是否印有企业名称、电话号码及地址

第四节　品牌管理规范化细节执行标准

一、品牌战略决策工作标准

公司进行品牌战略决策主要有品牌延伸、多品牌、新品牌、合作品牌四种选择。

1. 品牌延伸

品牌延伸是指公司决定利用现有品牌名称来推出其他产品种类的一种新产品。娃哈哈有纯净水、茶饮料；长虹有电视机、空调；海尔有洗衣机、电冰箱、空调等。

采用品牌延伸战略有很多好处，海尔把它的名字用于它的大多数新的产品中，它使每种新产品立即建立高质量的认识。同时，品牌延伸战略也有风险，新产品可能使购买者失望并损坏了公司其他产品的信任度。品牌名称对新产品可能不适宜——例如蓝星清洗曾把自己的快餐投资项目取名为“蓝星”,作为清洗业的领头人,“蓝星”已深入顾客的心中,无法让客户把它与餐饮联系在一起,蓝星清洗本来希望借助自己的强势品牌助快餐一臂之力,结果失败了,后来改名为马兰花才大获成功。品牌名称的滥用会失去它在顾客心目中的地位,当顾客不再把品牌名与一种特定产品或高度类似产品联系在一起时,品牌稀释便产生了。一个品牌越强,它的目标市场越窄。

公司在引入它们的品牌时,必须研究它与新产品的联系程度如何。最佳结局是该品牌名使新产品和原有产品都扩大了销售,一个可接受的结果是新产品有无销售对原有产品没有影响,最坏结局是新产品失败了并伤害了原有产品。

维珍集团以果蔬饮料让中国消费者熟悉,这是一家锐意创新大胆进取的公司,其创始人理查德·布兰森以在伦敦与一大群模特近乎裸跑宣传和驾驶坦克在华尔街做广告而为世界所瞩目。维珍集团以音乐商店起步,现在主要以维珍航空公司而闻名。维珍涉及几十项互不相关的领域,英国人说如果一个人愿意,他可以一辈子都生活在维珍里,从小喝维珍饮料,到成年以后通过维珍交友中心结婚,死了以后还可以享受维珍保险。维珍集团的管理专家警告布兰森,公司现在的做法正在损害公司品牌的价值,一些项目的失败将使维珍这一品牌不可避免地失去光泽。布兰森试图打破由百事可乐与可口可乐的垄断,用维珍可乐打入市场,结果维珍可乐遭到超市的拒绝,而英国的顾客通常是在超市购物的,维珍可乐在英国的可乐市场只占不到5%的市场,布兰森也悲哀地说:“或许我的儿子可以在欧洲喝上维珍可乐,但是到了我的孙子也就无法喝到维珍可乐了。”布兰森进入铁路运输服务时曾经雄心勃勃,但当布兰森要乘上维珍火车时,由于工人罢工等原因,即使布兰森在火车上暴跳如雷,依然无法阻止火车误点,这些都让维珍蒙上耻辱。

2. 多品牌

一家公司经常在相同产品类中引进其他品牌。宝洁公司是进行这种战略的行家,宝洁在中国共推出五个主要洗发水品牌——海飞丝、飘柔、潘婷、润妍和沙宣。每个品牌往往分别带着不同系列,每个系列下面分别又有不同配方。

采用这种多品牌策略的好处不少。首先,可以采取不同的定位和诉求吸引消费者。例如,潘婷以“富含维生素B5”为主要诉求,海飞丝以“去头屑”为主要诉求,而飘柔的主要诉求则是“二合一”,沙宣的诉求为“专业用”洗发用品。其次,可以占领更多的货架。通常产品的销量是与占有的货架面积成正比的,但零售商不会让单一牌子的产品占据过多的货架。因此,如果公司只有一个牌子的洗发水,因其占据的货架面积有限,因而销量也会受到局限。如果像宝洁这样,仅是洗发水就同时采用五个品牌,则五个品牌都可以分别占据一定面积的货架,使宝洁公司占领的货架总面积远远超出竞争对手。

再者,同时拥有多个品牌,可以在同一时间同时采用多种促销策略,全面围攻对手。例如,可以在某个月份里让品牌A搞降价促销,针对那些对价格特别敏感的消费者;让品牌B搞大抽奖,迎合那些博彩欲强烈的顾客;品牌C的价格岿然不动,满足那些注重档次、不重价格的消费者等。

但是,多品牌策略也并非没有缺点。首先是分散了公司的资源。本来一个品牌可以有1000万元打广告,分给五个品牌之后,每个品牌就只有200万元了。其次,因为品牌和品种繁杂,有时候把消费者都弄糊涂了,搞不清楚各个牌子之间有什么实质性区别。再次,品牌一多,往往不可避免各个品牌的产品之间有许多特性会很接近,追逐的也是同样的细分市场,结果是各个品牌之间的“自相残杀”——品牌A蚕食了品牌B的市场份额,而事实上整个公司总的市场份额并没有增加。

例如，若某位消费者希望选用去头屑的洗发水，他会发现仅是宝洁公司的产品里面就有太多的号称去头屑的洗发水，包括：海飞丝质柔顺二合一洗发露、海飞丝洁净呵护型洗发露、润妍倍黑中草药护理去屑型洗发露。

又如，若某位消费者觉得自己的发质不佳，希望选用能护理受损发质的洗发用品，那么同样仅是宝洁公司的产品里号称可护理发质的产品就包括：潘婷特效修复洗发露、潘婷特效修复系列、润妍精华素、飘柔营养焗油护理二合一洗发露、润妍润发露等，而潘婷特效修复系列又分别包含特效修复洗发露、深层修复润发精华素、防分叉焗油洗发露等不同品种，润妍润发露又分别有喷雾型、冲洗型和免洗型三种品种。

3. 新品牌

一家公司在不同的产品类别中推出一种产品，可能发现原有品牌不合适，或不愿意用原有品牌，往往建立一种新品牌。

4. 合作品牌

也称为双重品牌，这是两个或更多的品牌在一个提供物上联合起来。每个品牌的持有人期望另一个其他品牌能强化品牌的偏好或购买意愿。对合作包装的产品来说，各个品牌希望它能接触到新的大众，因为它已和其他品牌联合起来了。

合作品牌的形式有多种。一种是中间产品合作品牌，如富豪公司的广告，它使用米其林轮胎或贝帝·克罗卡的果仁蛋糕，包括一罐好时巧克力糖浆。另一种形式是同一公司合作品牌，如通用磨坊公司的特里克斯与约波兰特酸奶。还有一种形式是合资合作品牌，如在日本的通用电气公司和日立公司的日光灯，由花旗银行和美国航空公司共同发行的花旗银行 Ad Vantage 信用卡。最后是一种多持有人合作品牌，例如托利金德是苹果公司、IBM 公司和摩托罗拉公司技术联盟下的品牌。

二、创立品牌的主要方法

广告、促销、持续曝光、广泛配销及长期庞大的销售量，是建立品牌过程的重要组成要素。网际网路则开辟出一条全新、革命性的捷径，同样能获得相同的结果——速度之快前所未见，然而其重要组成要素并没有太大的不同。

（一）在默默无闻中建立好名声

以下有关建立品牌的故事，告诉我们全球性品牌如何在短时间内，从默默无闻建立起名声。喜见达冰淇淋及斯沃琪（Swatch）表都是近 20 年才建立起来的品牌。斯沃琪（Swatch）表品牌的创立旨在解救瑞士制表工会的困境。瑞士制表工会自从中价位手表市场被生产石英表与电子表的日本企业——如精工表、星辰表等——瓜分走后，决定建立一个时髦的瑞士品牌。在此之前，瑞士制造的表若不是低成本的计时装置，就是高成本、珠宝等级的投资物。

瑞上制表工会将斯沃琪（Swatch）表定位为低成本、高品质的瑞士品牌，但带有样式时髦、有趣、年轻、流行的特质。设计时尚表的概念是，其拥有者可能愿意购买许多不同的款式，以搭配不同心情、不同打扮，或是不同场合，和斯沃琪（Swatch）表清新、新颖的设计不谋而合。品牌上市的宣传策略，包括利用悬挂在建筑物上的巨大模型表宣传，以充满异国风味的手法制造噱头引人注目，以及赞助各种大型重要活动。

当 Hugo Boss 赞助杰出活动参与者，如保时捷赛车团队，以增强其形象之际，斯沃琪(Swatch)表则赞助其目标顾客群喜爱的活动，如世界自由花式溜冰大赛、世界霹雳舞冠军大赛、另类世界小姐选美大赛等活动。新的设计通常会与特殊事件相联系。收藏特殊斯沃琪(Swatch)表成为一种流行风尚。顾客专属的会员俱乐部将这些努力联系在一起，打造出近 20 年来表现最耀眼的新品牌之一。

像斯沃琪(Swatch)表之类的公司，选择不靠广告的方式建立品牌。刊登在《哈佛商业评论》的一篇文章《不透过大众传播媒体建立品牌》提供给那些没有太多经费做广告的公司很好的参考资料。

另一家建立品牌但没有耗费金钱于大众传媒广告的公司，是位于美国俄亥俄州克里夫兰的曼可公司。曼可公司将资源投注于亲切的顾客服务，如免费的 800 协助专线，并在公关活动里标榜它们拟人尺寸的淡黄色鸭子，以富有创意的方式营销它的商品——鸭牌万用胶带、遮蔽胶带、封箱胶带，以及邮递包装材料的品牌 CareMai1，等等。

曼可最近被汉克公司收购时，正处于将广告加入品牌发展组合的过程中，汉克公司为规模数十亿美元的德国公司。这个故事，告诉我们如何从一家规模较小、较不起眼的区域性品牌，发展成全球性品牌。汉克规模 25 亿美元的黏着剂部门使得它成为该领域的领导者，而它与曼可公司的顶尖胶带及其他位居领导地位的消费性和办公室产品相结合，可提供鸭牌产品全球性的配销通路。透过大型的广告活动，由汉克旗下的曼可销售，结合胶带与其他相关产品，使得鸭牌产品成为全美性的品牌，并计划成为全球性的领导品牌。

(二)找出消费者对品牌的认识点

建立品牌的首要工作是找出消费者对品牌的认知内容，以及他们认为它所代表的是什么——任何东西都可以。除非你知道自己身在何处，否则怎会知道该选择哪条路才能到达目的地？因此曼可公司开始调查美国市场的消费者对 Duck 品牌的认知为何，以及他们对它的观感如何。

结果较他们的预期乐观，研究显示 Duck 虽然不是特别有名，但是给人的感觉多为正面。这对品牌建立活动而言是个好的开始，至少不需要改变人们对品牌形象的观点。Duck 被认知为：

1. 有想象力；
2. 聪明灵活；
3. 有益的；
4. 友好；
5. 幽默。

了解消费者对 Duck 的认知后，曼可的广告及营销经理于是可以决定如何定位 Duck 这个品牌。关键性层面是以一致的手法利用 Duck，使得所有的相关产品都成为友善、有助益的 Duck 家族成员。这实为一项挑战，因为这家公司的产品横跨家庭用品、办公用品及 DIY 用品，项目包括胶带、黏着剂、清洁剂、填充包装材料等。

他们的整个活动也采取了充满乐趣及友善气氛的方式——曼可计划“鸭”化它的产品、包装，事实上，还包含它的整体营销努力和整间公司。员工在“鸭子节”时需身着鸭子服。在公司内部营造一种文化，将 Duck 有助益、友善的本质传递给全球顾客，是品牌成功很重要的一环。

汉克公司为了 Duck 的品牌化，已设立目标及执行大纲。现有的产品面临命名与包装的挑战。

包装与商品的重新修正工作经过审慎研究，以找出 Duck 的吸引力最适用于何种方式表现，以及如何在不过度滥用其吸引力与目标消费群的情形下延伸它的商标。曼可广告副总裁盖瑞·曼德拉费尽心思建立"Duck"家族的电视广告及平面媒体活动，使用"让 Duck 为你代劳"的动画标语。平面媒体亦延续使用同样的标语。这个信息的优点在于它的简单之美。曼可的每样 Duck 产品都以有益每天的工作为诉求，而且不论工作大小。对分身乏术的顾客而言，他们只要记得"让 Duck 为你代劳"，就能轻松地完成工作。

包装亦重新设计，将 Duck 放在适当的位置，醒目的提醒购买者这个值得信赖、对你有帮助的小小人物："让 Duck 为你代劳。"

Duck 在英国已经建立名气，2000 年在欧洲的德国、意大利、法国、比荷卢、西班牙、波兰、匈牙利、捷克、斯洛伐克、土耳其，以及澳洲、菲律宾各地初次亮相。曼可公司的最大客户威名商场，将带着 Duck 跟着他们向全球发展——前往加拿大和墨西哥、南美洲。显而易见，这是只忙碌的小鸭！

因为有比尔·卡尔为曼可公司全球事业部所做的事前准备，以及汉克公司既有的全球配销网，才得以造就如此规模的全球品牌产品上市活动。一旦 Duck 成为全球性品牌，友善消费者之特点的呈现，以及在网际网络成立 Duck 胶带俱乐部等活动，将进一步增强其在消费者心目中的品牌形象与特色。

（三）建立消费者群体

许多公司利用成立俱乐部的方式，凝聚与增加具有高品牌忠诚度的使用者社群。最有名的例子是哈雷机车的哈雷车主团体，该团体名称正好呼应了许多人对哈雷机车的昵称。聚会、大型赛车及相同款式的服装都是建立具有强烈品牌忠诚度之顾客社群的因素。

另一个例子是卡沙东尼俱乐部，这是雀巢用来吸引消费者使用通心粉产品的组织。使得有一百年历史的意大利面团公司 Casa Buitoni 得以于 2002 年成立卡沙东尼俱乐部，推出"分享意大利美食的热情"广告活动后，品牌认知与销售量急剧增加。会员可收到食谱、折价券，利用免付费咨询热线等优惠措施。

（四）综合利用广告与促销活动

百事可乐有自己的矿泉水品牌艾芬娜，很快，可口可乐也推出它的达莎妮品牌。这些名称都是仔细挑选，带有模糊的含义，听起来物超所值——实际上只是一瓶经由过滤、加上瓶塞的水，和你在家喝的水没有两样，只不过加了包装，并以一种方便携带的方式送到你手里。

可口可乐庞大的配销体系将对达莎妮的上市发挥助益。2000 年，消费者在矿泉水上花掉 42 亿美元，这个市场正随着具有健康意识的消费者倾向选择纯水或各式各样的人工果汁而持续成长。

因此可口可乐与百事可乐两大主流冷饮公司想拥有自己的矿泉水品牌，是十分合理的事，在妥善运用配销的影响力下，它们如愿以偿。

（五）拥有易记的名字或图像

史慕克公司是家制造果酱和果冻的领导制造商。他们决定用该公司少见的名称作为品牌建立活动的中心。"有史慕克这样的名字在上面，它一定是个好东西！"是他们的主题。

结果让人惊喜。史慕克现在成为一个广为人知及接受的超市果酱与果冻优质品牌。

汉兹番茄酱利用一种不同的记忆要素——外形出色的瓶装、产品的黏稠度，以及广泛配销至高级餐厅与餐饮店。使用汉兹番茄酱，以塑造一种外出至使用汉兹番茄酱的餐厅用餐的附加质感，并使用它的独特瓶装，而不是那种谁都晓得里面可能装些稀薄的番茄酱，又没有印有任何商标的容器。汉兹利用电视广告加深他们的番茄酱品质浓稠，而不是倒出来稀薄的印象。广告呈现一个人等待（浓稠的）汉兹番茄酱从外形出众的瓶子里慢慢流出的画面。该品牌从配销到促销与广告，从头至尾都建立在这种形象上。

三、广告术语创立标准

广告对于创造与支援品牌是项关键性要素。这使得广告成为一项重要的主题，值得深入了解。当与广告主管谈论广告时，你很容易就陷入充斥完全不熟悉术语的谈话当中。广告人会谈论一些有关达到率、接触率、频率、广告占有率、品牌知名广度、品牌知名度等事项。这些到底代表着什么？这对你真的很重要，因为广告代理商或媒体公司可能会许下承诺，拿走你的钱，然后做出一个远离你品牌所需的结果！

1. 目标市场

目标市场代表你希望你的广告将品牌、产品或服务的信息，传递给某一特定的顾客群。这些目标市场的消费者最常接收到在特定媒体出现的广告。女性可以通过有线电视网或网络上的网站接触到专属女性的节目或网站；或者通过如《女性的一天》、《时尚》、《魅力》等杂志（同样视其年龄、收入、职业等有所区别）。大多数媒体的广告部门会以特定人口统计术语公布他们的受众对象。确保你知道你的品牌广告刊登的方式，对象是谁。

2. 达到率

指的是对广告的衡量指标，包括“接触率”——有多少受众看到或听到这个广告，以及接触“频率”——这部分的受众在一段特定时间内接触到广告的次数有多少。举例而言，在广告为期一星期的“时程”中，针对整个16岁以上的人口（例如为汽车公司制作的公益广告），该人口中有50%的人看过这个广告，即表示其“接触率”为50。若看过该广告的人平均看过3次这个广告，则“频率”为3。达到率的计算为50（接触率）乘以3（频率），意即该广告在这星期有150的达到率。广告主常以“时程”形容一组特定广告在特定时间内，其策略性或战术性的营销或品牌发展目的。显然的，广告有不同的生命周期。网络广告可能持续达数日或数小时。杂志上的广告可能留数日或数周。电视广告播放时间则只有短短30秒至60秒。

注意广告人口中的达到率总值和目标群达到率是不同的。达到率总值是测量一般大众整体看到这个广告的人有多少，以及他们看到该广告的平均次数为多少。这和你的品牌目标市场可能没啥相关，尤其当你的目标市场仅占全部人口的一小部分时。想办法让主管讨论目标群达到率，即你的目标市场中有多少人看到这个广告，以及在这段特定时间内他们看到的次数有多少，才是最紧要的。

另一个重要的广告要素是每千人曝光成本。广告就是沟通。越多人看到广告、成本越低时，该广告应该越吸引人，事实却并非总是如此。不同广告媒体的成本可能完全不同，因为它会受到印象中的品质与受众的本质影响。这就是为什么电视网广告成本并没有如预期般受到有线电视影响而滑落的原因。

一般情况下，年轻族群仍会收看大量电视节目。广告主砸下大笔金钱，迫切地想要接触他们、影响他们。同样的，杂志与刊物的广告费用较低或免费，有时被认为品质低，但就成本考量可能较具吸引力，直到我们将广告印象的品质亦列入考量时，才觉得付出高昂的价格是合理的。

不了解这些有关品牌的基本广告术语，正是浪费庞大的广告支出、阻碍品牌建立或产品销售的原因。另一个关键问题在于广告的主要目标是强调直接销售产品，还是强调零售促销方案，或是要在一段时间内建立品牌认知、记忆、意识、偏好与忠诚。这个目标将会左右品牌在广告中如何被塑造，以及对品牌发展支出的预期回报。

四、品牌忠诚度策略分析工作标准

如何对品牌忠诚度进行策略分析：

1. 非顾客——购买竞争品牌的产品或没有使用该项产品的人。
2. 价格取向型——对价格相当敏感的人。
3. 消极性忠诚型——习惯性购物的人。
4. 折中型——对各种品牌的选择觉得没有太大差别的人。
5. 忠诚型——会持续购买该品牌的人。

品牌忠诚度的一些影响因素：

1. 价值（包括价格和品质）；
2. 形象；
3. 便利性；
4. 满意程度；
5. 服务；
6. 保证。

总之，品牌忠诚涉及它给予顾客所想要的价值（包括价格和品质），以及顾客寻求或至少愿意接受的品牌形象。建立品牌忠诚度还涉及它是否能以让顾客满足的方式，持续提供顾客服务。

五、品牌的保护措施

（一）品牌太强劲并不好

假如一个品牌名太成功或太强势，以至于它成为消费者对某一产品唯一记得的名字，危险的事可能因此发生。该名称成为日常用语的一部分，对该品牌的商标保护便起不了作用。一些丧失商标保护意义的著名品牌有尼龙、阿司匹林、玻璃纸以及电扶梯。

现在你需要知道这些法律条文；它们如何保护品牌或无法保护品牌被仿制或窃取；以及对于法律上所谓的“侵犯”字眼之技术性诠释为何。

侵犯智慧财产权最常见的问题是,创造听起来或看起来相当相似的名称或图像,以便利用知名品牌的品牌权益进行交易。

(二)商标是第一道保护线

对于智慧财产权保护你应该知道的精确事务,首要为商标保护。商标及服务标记只是产品及服务的创造者与销售者所使用的词汇、名字、象征或图像,以用来区隔它们和其他人生产或贩卖的产品或服务。

商标保护是指以词汇、名字、象征或图像,区分拥有者和其他人的产品或服务。一个仅能用以代表商品分类或类型,而不能区别象征商标拥有者的商品和其他供应者的商标,是无法受到法律保护的。比如,“个人计算机”这个用语不能作为电脑的商标并受到保护,因为它只是描述某种类型的电脑,由许多制造商销售,而不是用来区分某一制造商的产品。

一个和已经使用的商标(在某个国家内)相当类似,很可能会造成混淆或误认的商标,即使注册也无法受到保护。此外,对产品或服务的功能或本质提供“描述性”陈述的商标,必须先符合特殊要求,才能受到保护。

商标法借由给予商标拥有人独享的权利,让该拥有人得以使用商标于某类型商品或服务上,该商标保障拥有人可能已经使用或正在使用这些商标,以保障商标拥有人的商务身份。商标拥有人能取得法院的强制令,以抗议侵犯者对商标的滥用,对侵犯行为要求赔偿。

另外还有一个隐藏的危机,你也许可能提出申请获准,但仍可能惹上麻烦。在前5年的登记注册期内,一家公司只要能证明它已经在使用这个名称,一样能挑战你的注册!你可能打赢这场官司,但这却代表一种风险——尤其是你不常或几乎没有使用这个名称,而其他公司已经广泛的使用它时。

(三)著作权法是第二道保护线

虽然著作权法不尽然能完善地保护品牌,但著作权法是整体保护“网”的一部分,这个网可能包含许多形式的法律保护在内,如商标、设计专利、版权等。著作权法可以包括用来容纳及描绘产品的包装或附有广告词的广告,这些已经成为构成品牌本身不可或缺的一部分。

当商标法不适用时,著作权法可以用来保护广告和产品包装设计。版权拥有人享有以下五种专属权利:

1. 复制权——影印、复制或誊写的权利。

2. 修改权——修改原作品、创造成新作品的权利。根据先前存有的作品改编的新作品,为一般熟知的“衍生作品”。

3. 经销权——以销售、出租或借贷给大众的方式经销作品复本的权利。

4. 公共演出权——朗诵、演奏、跳舞、表演或在公共场合公开展示作品,或者传播给大众的权利。在电影、录影带或其他视听作品,以一系列影像呈现的方式,亦称为“表演”。

5. 公共展示权——直接或间接透过电影、幻灯片、录影带等展出作品复本的权利,在这种情形下,电影或其他视听作品,以系列影像呈现的方式仍可以视为“展示”。

任何侵占版权拥有者之专属权的人,就称为侵权者。对侵权者采取行动是一种保护品牌宝贵身份的方法之一,此处的品牌可以是广告或包装,或文学作品或手册等。

版权保护的期限决定于三种因素:(1)谁创造这个作品;(2)作品在何时被创造出来;

(3)作品在何时第一次被以商业形式经销。

一般而言，版权属于创作该作品的人所有。然而，倘若这个作品是由员工所创造，并视为他或她的受雇内容之一部分，则雇主拥有该版权，因为它是职务作品。著作权法也包括另一种形式的职务作品：它适用于某种特定形式的作品，这些作品属于特殊委任性质，必须事前签订合约。

你不需因为使用受保护作品之事实部分，而申请版权使用执照，因为作品版权并不包括事实。

(四)使用、保护品牌的适当方法

以下列方式思考品牌及品牌保护，可能会对你有帮助：注册商标可实际保护你所选择的品牌名称、图像、样式等，在竞争者之前使用该商标，将它用在产品以及打算注册的市场，有助于在谁该拥有名字、图像、样式的权利上取得优势。版权能保护广告、标语、影像等，但却是一种较薄弱的保护措施，也比较容易落入他人的圈套。

(五)专利法仅适用于某些情况

专利保护对产品而言，是较有效的保护，但通常不适用于品牌名称本身。专利持有者能于专利期限内，禁止别人在他国生产、使用或销售享有专利保护的创新或设计。任何人于专利保障期限内，未经专利拥有人许可，即使并没有抄袭该专利的创新或设计，或者并不知道该创新或设计是有专利的，只要他们在他国生产、使用或销售享有专利保护的物品，即为侵权者。一旦该项创新或设计所享有的专利到期，任何人都有生产、使用或销售该项创新或设计的自由。

(六)品牌就是品牌，而非语言的一部分

适当使用品牌可以使它强劲，保护它，不让它超越边缘、陷入失去拥有它的权利的圈套里，因为它会成为通用词汇，而成为语言的一部分。许多知名的品牌每天都游走在这样的边缘。它们是如此强势，结果要的每一杯可乐都是可口可乐，每一份影印都是用全录影印机，所有的圣诞节礼品都是用思高牌胶带封装，以及所有优质运输都是联邦快递，这可能是品牌创建者及营销经理的喜悦，以及智慧财产律师的噩梦。

品牌必须被独一无二地描绘成与公司产品或服务联结，而当这种奇妙、可怕的优势开始产生时，它甚至需要更多的注意。

(七)普通的名称不能作为品牌

一个聪明的品牌创建人，知道如何选择一个既可描述产品又可以加以保护的品牌名称，这是非常重要的。一个常犯的错误就是选择太常见的名称作为品牌，希望能让它成为最具潜力的品牌。但这通常不会成功，往往在投入大笔资金后，或者面临考验，或者品牌的商标将不被准许。像“电脑商店”或“新鲜面包”即是很明显的例子，它无法受到保护。又如超级胶水及风帆冲浪板这类商业名称，对使用它们的公司而言是很合理的，但专利和商标局的智慧财产律师可不这么认为。品牌名称必须突出，不能太平凡。

偶尔会有一个令人信服的理由去使用一个既有的品牌名称，它所带来的酬赏让你值得为它打官司，并冒着失去它的风险，以及为它投注成本及时间。这种情形发生在当普通法是站在你这边，而其他人占用的这个品牌，恰好已不在市面流通，你又已经投资大笔金钱，将它使用在你的产品或服务时，在这种情形下，找一个有经验、肯为你效劳的律师，做好花大钱的准备，或许可以为你的品牌赢得一些权利！

第14章　搭建物流平台，打造货品通道
——物流管理

第一节　物流管理工作要点

一、物流配送的功能要素

(一)备货

备货是配送的准备工作或基础工作。备货工作包括筹集货源、订货或购货、集货、进货及有关的质量检查、结算、交接等。配送的优势之一，就是可以集中用户的需求进行一定规模的备货。备货是决定配送成败的初期工作，如果备货成本太高，会大大降低配送的效益。

(二)储存

配送中的储存有储备及暂存两种形态。

1. 储备

配送储备是按一定时期的配送经营要求，形成的对配送的资源保证。这种类型的储备数量较大，储备结构也较完善，视货源及到货情况，可以有计划地确定周转储备及保险储备结构及数量。配送的储备保证有时在配送中心附近单独设库解决。

2. 暂存

(1)另一种储存形态是暂存，是具体执行日配送时，按分拣配货要求，在理货场地所做的少量储存准备。由于总体储存效益取决于储存总量，所以，这部分暂存数量只会对工作方便与否造成影响，而不会影响储存的总效益，因而在数量上控制并不严格。

(2)还有另一种形式的暂存，即分拣、配货之后，形成的发送货物的暂存，这个暂存主要是调节配货与送货的节奏，暂存时间不长。

(三)分拣及配货

是配送不同于其他物流形式的、有特点的功能要素，也是配送成败的一项重要支持性工作。分拣及配货是完善送货、支持送货的准备性工作，是不同配送企业在送货时进行竞争和提高自身经济效益的必然延伸，所以，也可以说是送货向高级形式发展的必然要求。有了分拣及配货就会大大提高送货服务水平，所以，分拣及配货是决定整个配送系统水平的关键要素。

(四)配装

在单个用户配送数量不能达到车辆的有效载运负荷时，就存在如何集中不同用户的配送货物，进行搭配装载以充分利用运能、运力的问题，这就需要配装。配装和一般送货不同之处在于，通过配装送货可以大大提高送货水平及降低送货成本，所以，配装也是配

送系统中有现代特点的功能要素，也是现代配送不同于已往送货的重要区别。

（五）配送运输

配送运输属于运输中的末端运输、支线运输，和一般运输形态主要区别在于：配送运输是较短距离、较小规模、额度较高的运输形式，一般使用汽车做运输工具。与干线运输的另一个区别是，配送运输的路线选择问题是一般干线运输所没有的，干线运输的干线是唯一的运输线，而配送运输由于配送用户多，一般城市交通路线又较复杂，如何组合成最佳路线，如何使配装和路线有效搭配等，是配送运输的特点，也是难度较大的工作。

（六）送达服务

配好的货运输到用户还不算配送工作的完结，这是因为送达货和用户接货往往可能会出现不协调，这将使配送工作前功尽弃。因此，要圆满地实现运到之货的移交，并有效地、方便地处理相关手续并完成结算，还应讲究卸货地点、卸货方式等。送达服务也是配送独具的特殊性。

（七）配送加工

1. 在配送中，配送加工这一功能要素不具有普遍性，但是往往是有重要作用的功能要素。主要原因是通过配送加工，可以大大提高用户的满意程度。

2. 配送加工是流通加工的一种，但配送加工有它不同于一般流通加工的特点，配送加工一般只取决于用户要求，其加工的目的较为单一。

二、产品包装设计工作内容

1. 包装设计需要运用专门的设计技术，将物流需要、加工制造、市场营销以及产品设计等要求结合起来综合考虑，尽可能满足多方面的需要，具有较大的难度。在物流配送包装的设计中首要考虑的问题是货物的保护功能。包装设计基本上决定了货物的保护程度。但包装设计不能忽视费用问题，过度包装会增加包装费用。包装设计应正好符合保护货物的要求；包装的尺寸大小也会影响运输工具和仓库容积的使用率，这也是一个重要的影响费用的因素。

2. 包装设计是依据商品的品质特性、性能特点，针对商品流通需要，对商品包装进行的形体结构设计、原材料选择和生产工艺方案的设计过程。包装的基本功能是保护功能，同时，包装设计还必须遵守两项基本的原则：

（1）实用原则。实用性是指商品包装必须具备使用价值的原则，即包装必须满足使用功能的要求。使用功能的确定，是根据不同种类、不同性质、不同形态、不同功能作用的商品确定的。商品包装必须满足商品物体不受损坏、不渗漏等基本要求，同时要有防震、防水、防污染等功能。

（2）节约原则。节约性是指商品包装在满足基本功能需要的前提下，体现节约，以此来降低第三方物流企业的配送成本。

在进行配送包装设计时，要达到以下基本标准：

1. 包装形状、规格、式样规范。设计包装形状大小时应有统一尺寸，实行形状式样规范化，以有利于充分利用运输工具和库存容量，提高商品储运的效率。

2. 包装牢固。商品在物流过程中，由于振动、冲击或碰撞、挤压及气候环境的影响，容易发生破坏、损坏。为了有效地保护商品的使用价值和形态稳定、不降低商品的价值，就需要选用合适的包装材料，使包装结构牢固结实、包装体积和重量合理。

3. 包装制作简便易行，有利于降低成本。包装制作不能过于复杂，要设计合理，既能保护商品，又能达到节约包装材料、使原材料耗用达到最小的目的，从而提高物流绩效，降低成本。

4. 包装容器使用方便。包装材料应与商品性质相适应，不致影响商品质量，包装皮寿命与商品自然寿命相匹配。包装造型，不论箱式、桶式都要考虑运输装卸、搬运、储存、保管的条件和操作的方便，不能过重或过大，以免影响配送效率。

三、配送中心作业工作流程

配送作业的具体内容包括：订单处理、储存、加工、拣选、包装、配装、送货、送达服务等作业项目之间衔接紧密，环环相扣，整个过程既包括实物流，又包括信息流，同时还有资金流。

（一）订单处理

1. 配送业务活动是以客户订单发出的订货信息作为其驱动源。在配送活动开始前，配送中心根据订单信息，对客户的分布；所订商品的品名、商品特性和订货数量、送货频率和要求等资料进行汇总和分析，以此确定所要配送的货物种类、规格、数量和配送的时间，最后由调度部门发出配送信息（如拣货单、出货单等）。

2. 订单处理是调度、组织配送活动的前提和依据，是其他各项作业酌基础。订单处理是配送服务的第一个环节，也是配送服务质量得以保证的根本。其中，订单的分拣和集合是订单处理过程中的重要环节。

（二）进货

1. 也称备货，是配送的准备工作或基础工作，包括筹集货源、订货或购货、集货及有关的质量检查、结算、交接等。由于配送的优势之一，就是可以集中不同用户的需求进行一定规模的备货。即通过集中采购，扩大进货批量，从而降低商品交易价格，同时，分摊进货运输装卸成本，减少备货费用，取得集中备货的规模优势。

2. 备货是决定配送成败的初期工作，如果备货成本太高，将会大大降低配送的效益，配送的功能也会大打折扣。

（三）储存

1. 配送中的储存有储备及暂存两种形态。配送储备是按一定时期的配送经营要求，形成的对配送的资源保证。

2. 一般来说，其储备数量较大，储备结构也较完善，视货源及到货情况，可以有计划地确定周转储备及保险储备结构及数量。一些企业有时在配送中心附近单独设库以解决配送的资源保证。另一种储存形态是暂存，是具体执行配送时，按分拣配货要求，在理货场地所做的少量储存准备。由于总体储存效益取决于储存总量，所以，这部分暂存数量只会影响到工作的方便程度，而不会影响储存的总效益，因而在数量上控制并不严格。还有另一种形式的暂存，即是分拣、配货之后，形成的发送货载的暂存，这种暂存主要是用来调节配货与送货的节奏，暂存时间一般较短。

（四）加工

1. 在配送作业中，配送加工这一功能要求属于增值性活动，不具有普遍性。虽然如此，但通常却具有重要作用的功能要素。

2. 有些加工作业属于初级加工活动，如按照客户的要求，将一些原材料套裁；有些加工作业属于辅助加工，比如对产品进行简单组装，给产品贴上标签或套塑料袋等；也有些加工作业属于深加工，食品类配送中心的加工通常是深加工，比如将蔬菜、水果洗净、切割、过磅、分份并装袋，加工成净菜，或按照不同的风味进行配菜组合，加工成原料菜等配送给超市或零售店。

（五）分拣、配货

1. 分拣。分拣是将物品按品种、出入库的先后顺序进行分门别类堆放的作业。

2. 配货。配货是用各种拣选设备和传输装置，将存放的物品按客户的要求分拣出来，配备齐全，送入指定发货地点。

3. 分拣及配货不仅是配送不同于其他物流形式的功能要素，也是配送成败的一项重要支持性工作，它是完善送货、支持送货的准备性工作，是不同配送企业在送货时进行竞争和提高自身经济效益的必然延伸。所以，也可以说分拣及配货是送货向高级形式发展酌必然要求。有了分拣及配货，就会大大提高送货服务水平。

（六）配装、出货

1. 当单个客户的配送数量不能达到车辆的有效载运负荷时，就存在如何集中不同客户的配送货物、进行搭配装载以充分利用运能和运力的问题，这时就需要配装。

2. 配装与一般送货的不同之处在于，通过配装送货可以大大提高送货水平、降低送货成本。所以，配送是配送系统中具有现代特点的功能要素，也是现代配送与以往送货的重要区别之一。

（七）送货

配送业务中的送货作业包含将货物装车并实际配送，而达成这些作业则需事先规划配送区域的划分或配送路线的安排，由配送路线选用的先后次序来决定商品装车顺序，并在商品配送途中进行商品跟踪、控制、制定配送途中意外状况及送货后文件的处理办法。

（八）结算

1. 送货单在得到客户的签字确认后或交给第一承运人并签署后，可根据送货单据制作应收账单，并将账单转入会计部门作为收款凭据。

2. 商品入库后，则由收货部门制作入库商品统计表以作为供货厂商催款核对用，并由会计部门制作各项财务报表供经营政策制定及经营管理参考。

第二节　物流管理规范化制度

一、物流配送中心管理制度

（1）建立健全货物的账目，按类别分账管理，认真填全账上项目。

（2）库存货物按类别分区码放，标志货区，便于货物查找，提高工作效率。

（3）所有货物入库时均要求检验机身、核对配件、登记机号，出库时对随机赠品需随机发放。

（4）库存货物分类别由专人负责，责任落实到人。

（5）库房保持整洁卫生，做到地面无杂物、库区无垃圾。

（6）不断完善防火、防盗工作，库区严禁烟火，保证货物的安全。

二、配送中心库管员工作制度

1. 入库制度

（1）组织库房人员卸货。

（2）清点货物数量，认清货物型号。

（3）安排库房人员检验机器外观及包装，记录机号。

（4）依据进货批单，按价格、数量收货。

（5）将入库单交财务部输入计算机，并收回计算机仓库联。

（6）货物入库。

2. 提货制度

（1）提货人经开票员开出销售小票。

（2）财务人员用计算机打出销售票。

（3）提货人将仓库联交库管理。

（4）库管理与提货人共同验机。

（5）合格品由库房人员依销售票数量发货。

三、配送技术控制制度

1. 卸载技术

如果是由公司以外的卡车送货到配送中心，卸载作业由送货司机负责完成，而本公司的员工负责集装箱掏箱，铁路送货车及本公司卡车带回的回程货物的卸载。

2. 收货技术

此项作业的目的在于确保所送货物数量、质量、时间等与本公司订单相吻合。

(1) 100%接收方式。如果送货商过去的送货表现与公司的要求完全相符就可免于检验。尽管如此，还需要定期或不定期抽检，以促使送货商始终如一地供货。

(2) 随机抽样验收方式。一般抽样率为7%～10%，如果所抽样品都符合要求，则整批送货均通过验收。

(3) 100%检验方式。如果送货商以前有过配送实质货物的记录或出现数量短少现象时就采取单品逐件点数检验的方式进行验收。

(4) 手工清点方式。即利用工人单品逐件清点计数。此种方法容易出错，且使用人工多，效率低，要求有较大的场地。

(5) 机械清点方式。是用秤星器具对单件货物、箱装或托盘货物乃至整卡车货物的重量进行称重以决定单品数量的方法。

(6) 自动清点方式。条件是送来的所有单品具有标示的规格，每一包装内装货物数量及重量等预先确定好，并且在包装箱外面贴有该单品标签。

四、商品调拨单的流转制度

(1) 物流中心发货部门根据收货单位要求调拨的货物品名和数量，填制一式4联"商品调拨单"，交柜组负责人同意签名后，转交收货部门负责人。

(2) 收货部门负责人签名后，交提货员到发货部门仓库提货。

(3) 发货部门仓库验单后，核单发货并经复核无误后加盖"货物付讫"章，仓库联留存记账，记账联转柜台做账转交核算员。其余两联退提货人随货同行。

(4) 收货方经验收无误后加盖"货物收讫"图章，收货方仓库联留存记账，记账联转营业柜做账。

五、发货管理制度

1. 交运期限

(1) 遇到下列情况之一者，物料管理科应于一日前办妥"成品交运单"，并于一日内交运。

◎计划产品接获客户的“订货通知单”时的交货日期。

◎内销、合作外销订制品，依客户需要的日期。

（2）直接外销订制品缴库后，配合结关日期交运。

2. 发货总规定

（1）物料管理部门接到“订货通知单”时，经办人员应依产品规格及订货通知单编号顺序列档，内容不明确应即时反映业务部门确认。

（2）因客户业务需要，收货人非订购客户或收货地点非其营业所在地的，依下列规定办理：

①经销商的订货、交货地点非其营业所在地，其“订货通知单”应经业务部主管核签方可办理交运。

②收货人非订购客户应有订购客户出具的收货指定通知方可办理交运。

③物料管理部门接获“订制通知单”方可发货，但有指定交运日期的，依其指定日期交运。

④订制品在客户需要日期前缴库或“订货通知单”注明“不得提前交运”的，物料管理部门若因库位问题需要提前交运时，应先联络业务人员转知客户同意，且收到业务部门的出货通知后始得提前交运，若是紧急出货时，应由业务部主管通知物料管理部门主管先予以交运，再补办出货通知手续。

⑤未经办理缴库手续的成品不得交运，若需紧急交运时需于交运同时办理缴库手续。

⑥订制品交运前，物料管理部门如接到业务部门的暂缓出货通知时，应立即暂缓交运，等收到业务部门的出货通知后再办理交运。紧急时可由业务部门主管先以电话通知物料管理部门主管，但事后仍应立即补办手续。

⑦“成品交运单”填好后，须于“订货通知单”上填注日期、“成品交运单”编号及数量等以了解交运情况，若已交毕结案则依流水号顺序整理归档。

3. 车辆的调派与控制

（1）物料管理部门应指定人员负责承运车辆与发货人员的调派。

（2）物料管理部门应于每日下午四点以前备好第二天应交运的“成品交运单”，并通知承运公司调派车辆。

（3）如承运车辆可能于营业时间外抵达客户交货地址者，成品交运前，物料管理科应将预定抵达时间通知业务部门转告客户准备收货。

4. 成品交运

（1）成品交运时，物料管理部门应依“订制（货）通知单”开立“成品交运单”，由业务部门填开发票，客户联发票核对无误后寄交客户，存根联与未用的发票于下月二日前汇送会计部门。

（2）“订货通知单”上注明有预收款的，在开列“成品交运单”时，应于“预收款”栏内注明预收款金额及发票号码，分批交运的，其收款以最后一批交货时为原则，但“订货（制）通知单”内有特殊规定者例外。

（3）承运车辆入厂装载成品后，发货人及承运人应于“成品交运单”上签章，第一、二联经业务部核对后第一联业务部存，第二联会计核对入账，第三、四、五联交由承运商于出货前核点无误后始得放行。经客户签收后第三联送交运客户，第四、五联交由承运商送回物料管理部门，把第四联送回业务科依实际需要寄交指运客户，第五联承运商持回，据以申请运费，第六联物料管理部门自存。

5. 客户自运

(1) 客户要求自运时，物料管理部门应先联络业务部门确认。

(2) 成品装载后，承运人于"成品交运单"上签认，依另行规定办理。

6. 外销成品的交运

(1) 物料管理部门应于结关前将成品运抵指定的码头或货柜场以减少额外费用（如特验费、监视费等）。

(2) 成品交运时，物料管理部门应依"外销订货通知单"开列"成品交运单"一式六联，第四、五联，交由承运商送码头或货柜场的报关行签收后，第四联免送客户，仍存于物料管理部门，第五联经报关签收后由承运人持回，据此申请费用。

(3) 外销发票正联送业务部门收存，存根联与未用的发票则于下个月二日前汇总送会计部门。

(4) 成品需于厂内装柜时应依下列规定办理：

◎物料管理部门应于接到业务部门领柜通知后，即联络货柜入厂装运。

◎装柜时应依客户要求的装柜方式作业，装毕后货柜应以封条加封。

7. 成品交运单的更正

成品交运单因交运内容更改或填单错误需要更正时，依下列规定办理：

(1) 内销交运单的更正

①尚未交运：开单人员应于原单错误处更正，并加盖更正章，如果难以更正，则将原单各联加盖"本单作废"字样，重开成品交运单办理交运。作废的成品交运单第一联留储运科，其余各联依序装订成册送会计核对存档，另开错误的发票则加盖"作废"章，存于原发票本。

②已交运：开单人员应立即开立"交运更正单（内销）"第一、二、三联送业务部核对后，第一联业务部存，第二联送会计，第三联依实际需要转送交运客户，第四联寄送客户，第五、六联存于仓运部门。

③如发票已送客户，因错误而需重开者，应将新开发票连同交运更正单第四联送业务部门转交客户，并需督促客户取回原开发票。

(2) 外销成品交运单的更正

①尚未交运：比照本条第一款的规定办理。

②已交运：经办人员应立即至交运的码头或货柜场更正装箱单等报关文件。并立即开立交运更正单，其流程与发票的更正比照第一款规定办理。

③交运更正单不得作为出厂凭证。

8. 成品交运单签收回联的审核

(1) 审核：物料管理部门收到成品交运单签收回联有下列情况者，应即附有关单据送业务部门转客户补签：

①未盖"收货章"。

②"收货章"模糊不清难以辨认，或非公司名称全称。

③其他用途章（如公文专用章）充当"收货章"。

(2) 责任追查：物料管理部门于每月 10 日前就上月份交运的签收回联尚未收回的，

应立即追究责任，并依合同规定罚扣运费，同时应于月度前收集齐全，依序装订成册送会计科核对存查。

9. 运费审核管理

（1）物料管理部门每月接获承运公司送回的成品交运单签收回联、运费明细表及发票存根，应于5日内审核完毕，送回会计科整理付款。

（2）物料管理部门审核运费时，应检视开单出厂及客户签收等日期，若有逾期送达或违反合同规定者，依合同规定罚扣运费。

（3）若成品交运单签收回联有相关条文的签收异常者，除依规定办理外，其运费亦应暂缓支付。

第三节　物流管理实用表单

一、市场调查规划书

表14-1　市场调查规划书

调查区域	
调查目标	
调查项目	
调查方法设计	
调查进程规划	
调查人力配备	
调查预算	

二、配送中心规划方案比较表

表 14－2　配送中心规划方案比较表

项　次	作业区域	A 方案布置		B 方案布置		C 方案布置	
		基本需求面积	规划布置面积	基本需求面积	规划布置面积	基本需求面积	规划布置面积
1	装卸货平台						
2	进货暂存区						
3	理货区						
4	库存区						
5	拣货区						
6	补货区						
7	散装拣货区						
8	分类区						
9	集货区						
10	出货暂存区						
11	退货处理区						
12	退货品暂存区						
13	托盘暂存区						
14	容器储存区						
15	厂区大门						
16	警卫室						
17	一般停车场						
18	运输车辆停车场						
19	环境美化区域						
20	大　厅						
21	电梯间						
22	楼梯间						
23	主管办公室						
24	一般办公室						
25	会议讨论室						
26	训练教室						

续表

项次	作业区域	A方案布置		B方案布置		C方案布置	
		基本需求面积	规划布置面积	基本需求面积	规划布置面积	基本需求面积	规划布置面积
27	计算机室						
28	工具室						
29	搬运设备停放区						
30	机　房						
31	盥洗室						
32	休息室						
33	接待室						
34	司机休息室						
35	餐　厅						
合　计							

三、配送中心规划调查登记表

表14－3　配送中心规划调查登记表

问　题	回　答
1. 本配送中心规划用地 2. 预定工期多少天 3. 借用地形图，标明配送中心的规划选址 4. 从配送中心的用途角度考虑如何建较好	地址： 地区规定： 用途地区规定 防火地区规定 覆盖率：　　% 容积率：　　%

续表

问　　题	回　　答
5. 仓库部分是否需要考虑温度控制 作业场所是否要考虑温度控制	开工： 年　　月
6. 若有选址基地的地质勘查资料请提供 7. 对建筑设施有何要求请提出	竣工： 年　　月

四、配送计划表

表 14－4　配送计划表

序号	客户名称	预计订购商品	1月	2月	3月	4月	5月	6月	累计销售额	预计毛利	备注
合　计											

五、进货计划表

表 14－5 进货计划表

日 期________

订购日	订单号码	料 号	品名规格	订购量	进货计划（数量/日期）						供应商	备 注

审 核________ 制 表________

六、出货状况调查表

表 14－6 出货状况调查表

项 目	平均值	极限值
出货对象数量		
一日内之出货厂数	平均：	最多：
一日内之出货品项数	平均：	最多：
配送车种	吨数：	
车辆台数/日	平均：	最多：
每一车装货（出货）时间	平均：	最多：
出货运送点数		
每一方面之出货捆包数	平均：	最多：

续表

项　目	平均值	极限值
出货占用人员数	平均：	最多：
一日出货的总重或总体积	总重：	总体积：
出货形式		
出货距离	平均：	最远：
出货时间带：（每一刻出货的车数调查）		

七、订货明细表

表 14－7　订货明细表

订单号码				客户名称（地址）					
品　名					Shipping Mark				
规　格									
批号等级					Shipping to				
订货数量									
分批交					L/C				
货数量					APP NO.				
用　途					包　装		体　积		ft/箱
完成日期					出货日期	年　月　日			
色　号	箱　数	箱　号	毛重净重	尾箱重	色　号	箱　数	箱　号	毛重净重	尾箱重
总　计					总　计				
Remark：									

主管：　　　　　　　　　　　　制表：

八、出货单(一)

表 14-8　出货单(一)

买方公司:

地　址:　　　　　　　　　　　　　　　　　　　　　　　　　　出货日期:

货品名称	货品号码	规　格	数　量	单　位	单　价	总　价	备　注

仓　库:　　　　　　　　　　　　审　核:　　　　　　　　　　　　填　表:

九、出货单(二)

表 14-9　出货单(二)

客户代号			收货单位名称		联系人		
卸货地点						联系电话	
承运单位			运输方式			出货类别	
序　号	品　名	单　位	数　量	金　额	实装数量	客户实收数量	备　注
合　计							

十、送货验收表

表 14－10　送货验收表

进料时间		厂商名称		订购数							
料　　号				交货数							
订单号码		品名规格		点收数							
发票号码				实收数							
检验项目	检验规格	检验状况		数量	判定						
检收数量		不良数		不良率							
处理情况	接　收		拒　收		特　检		全　检				
备　注		仓库主管		入库员		质管主管		检验员		点收员	

十一、交货验收单

表 14－11　交货验收单

年　　月　　日　　　　　　　　　　　　品　名:

订单号码		发票号码							
征 购 数		交 货 数							
点 收 数		实 收 数							
检验项目	检验规格	检验状况	数　量	制　定					
检验数量		不良数		不良数					
处理情况	允　许		拒　收		特　采		全　检		
仓库主管		入库员		质管主管		检验员		点收员	

十二、库存商品明细表

表 14－12 库存商品明细表

订购										进货			出货			库存数	抵押		摘要
月	日	订单编号	订购数	交货日	交货数	检收日	合格数	不合格数	未交货余额	月/日	订单号码	数量	月/日	订单号码	数量		月/日	余额	
				/		/				/			/				/		
				/		/				/			/				/		
				/		/				/			/				/		
				/		/				/			/				/		
				/		/				/			/				/		
				/		/				/			/				/		

零件号码	零件名	规格	图号

十三、订购登记表

表 14－13 订购登记表

日　期：________　　　　订单编号：________

厂商名称		厂商编号	
厂商地址		电话/传真	

序号	料号	品名规格	单位	数量	单价	金额	交货数量及日期		
							/	/	/
							/	/	/
							/	/	/
							/	/	/
							/	/	/
							/	/	/
合计		仟 佰 拾 万 仟 佰 拾 元 角 分							

续表

<table>
<tr><td>交货方式</td><td></td><td>交货地点</td><td></td></tr>
<tr><td colspan="4">交易条款：
1. 交期：承制商必须遵循本订购之交期或本公司之采购部电话及书面通知调整之交期，若有延误，每逾一日扣除该批款____%。
2. 品质：
2.1　检验方法：按 MIL－STD－105EⅡ抽样检验，AQL（可接收质量水平）=____。
2.2　按工程图纸要求。
2.3　品质保证期限为 3 个月。
3. 不良品处理：
3.1　检验后如发现品质不良或承制损坏时承制厂商接获通知后 3 日内应将该退货部分取回，并尽快补回，逾期本公司概不负责。
3.2　若急用需选别的，所需人工费用由承制厂商负责。
4. 其他：
4.1　承制厂商送货时应多附____% Spare（备品）。
4.2　交货时请在送货单上注明本订购单号，并附上开立余额统一发票，单据上应注明物料编号。
4.3　附产品图纸____张，检验标准____份。</td></tr>
</table>

承制厂商	总经理	采购经理	采购主管	采购员

十四、补货登记表

表 14－14　补货登记表

<table>
<tr><td colspan="3">类　别：</td><td colspan="3">补货日期/时间：</td><td colspan="2">本单编号：</td></tr>
<tr><td>项　次</td><td>存放储位</td><td>品　名</td><td>货品编号</td><td>货源储位</td><td>单　位</td><td>需要数量</td><td>实发数量</td></tr>
<tr><td></td><td></td><td></td><td></td><td></td><td></td><td></td><td></td></tr>
<tr><td></td><td></td><td></td><td></td><td></td><td></td><td></td><td></td></tr>
<tr><td></td><td></td><td></td><td></td><td></td><td></td><td></td><td></td></tr>
<tr><td></td><td></td><td></td><td></td><td></td><td></td><td></td><td></td></tr>
<tr><td></td><td></td><td></td><td></td><td></td><td></td><td></td><td></td></tr>
<tr><td></td><td></td><td></td><td></td><td></td><td></td><td></td><td></td></tr>
</table>

点收员：　　　　　　　　　　　经办人：

十五、库存情况登记表

表 14－15　库存情况登记表

项次	货品名称/规格	货品编号	出/入库日期	出/入库单据编号	收发记录				备注
					昨日库存量	入库量	发货量	结存量	

主　管：　　　　　　　　　　　　　　　　经办人：

第四部分

理顺流程，一顺百顺

——营销流程控制

第 15 章　让产品畅通无阻
——订货、发货与退货管理

第一节　订货、发货与退货管理工作要点

一、订货管理工作内容

由于产品的日趋多样化、差异化，销售部门对客户指定的订单，在研究分析、产销协调后，必须妥善估价、报价，订货处置不当，轻者引起客户抱怨，丧失销售机会，重者导致内部产销秩序混乱，甚至报价不当，引致企业损失。

销售部门接到客户的订货，必须对所承接之订单，加以估价、报价，甚至可能要先与厂内的生产单位协调后，方能决定报价、承接订单。

二、订单需要确认的关键内容

(一)品名、规划、数量及契约金额。

(二)具体的付款条件：付款日期、付款地点；现金或支票；支票日期；收款方式。

(三)除特殊情况以外，从订货受理到交货之间的期限。

(四)交货地点、运送方式、距离最近的车站等交货条件。

(五)安装、转运及修理等所需技术派遣费的协定。

三、发货管理工作流程

为维护公司利益与服务客户，对商品交运，要加强内部流程的管理，提升配送效率并设法降低物流成本。这是企业经营的重点项目。

当客户订货后，经过“信用调查”与“信用额度”调查后，接受客户订货，并且排入生产流程，再由仓库调货，将商品运交给客户，商品交运就是俗称的“出货”。加强商品实体的配销管理，是今后企业的经营重点项目。

业务部门“承接订单”，要与“商品交运”互相搭配。例如要有“准确性”和“速度”。“准确性”就既要与库存相比较，还要与工厂的开发部门、生产部门加以协调。至于“速度”，指订单“交回”的速度快慢。

四、订货管理流程

订货管理流程如图 15 –1 所示。

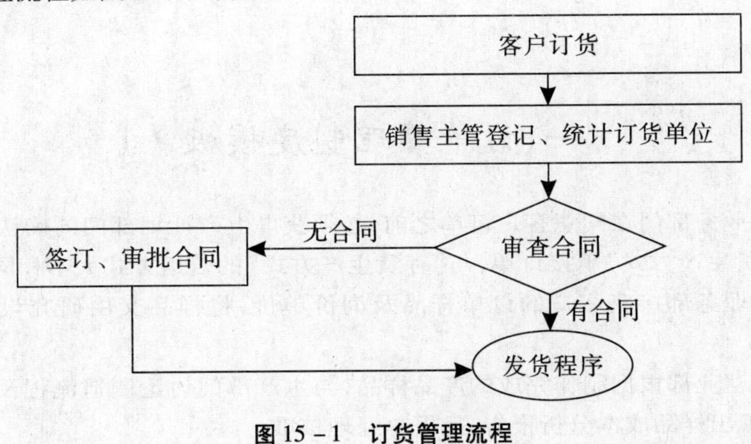

图 15 –1　订货管理流程

五、退货工作流程

退货工作流程如图 15 –2 所示。

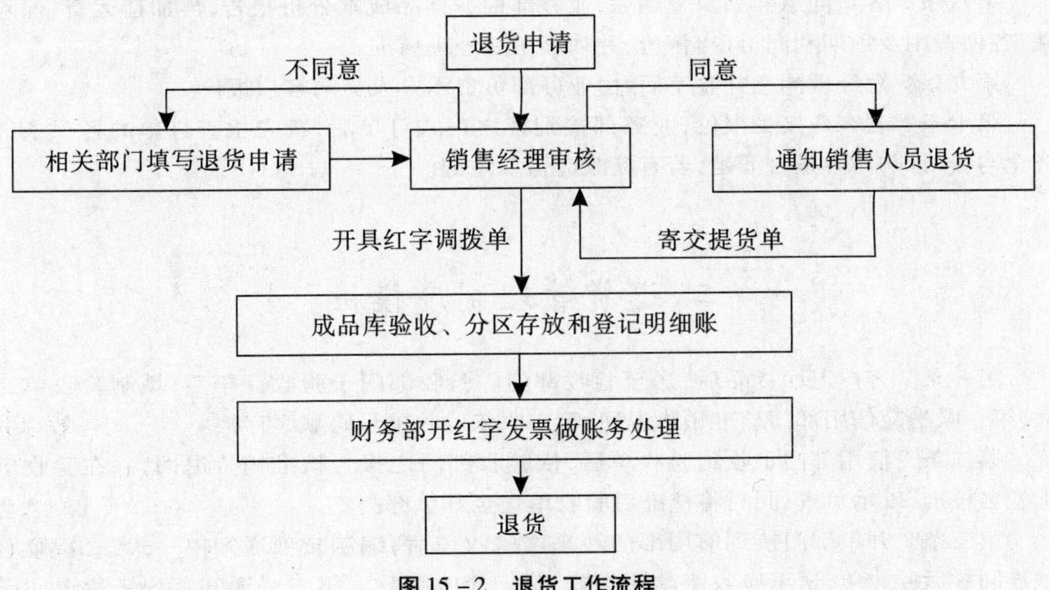

图 15 –2　退货工作流程

第二节　订货、发货与退货管理规范化制度

一、订单管理制度模板

第一条　业务部门在同意客户订单之前，必须获得生产计划部门的确认（注：此点基本准则是“订货生产方式”承接订单，与“存货生产方式”的营运方式大不相同）。

第二条　业务部接获客户的订单样品及询价单价，将样品交由研究设计部门设计打样。

第三条　营业部根据制作完成的产品样品，与生产部门讨论制造流程及可能需要的生产日程后，拟出样品成本分析报告，呈报总经理核准。

第四条　业务部将制作完成的产品样品及设计图样交与客户，由其认可并商议交期（此为产品特性获得客户同意的确认行动）。

第五条　客户同意交期，并同意接受所制成的样品，则由业务单位准确报价工作。

第六条　客户若不同意样品，则由研究设计部门依据客户意见，再予修改。

第七条　若客户不同意交期，则由业务部与生产部及实际生产作业单位研究后，再与客户洽商（交期之订立，必须协调客户需求与工厂生产能力）。

第八条　客户同意样品及交期后，业务部根据样品成本分析报告，再加计运费、保险费、各项费用及预期利润，订出售价，并列表呈总经理核准。

第九条　总经理同意并签字后，由业务部负责承办人员向客户报价。

第十条　若客户接受报价，业务部接到客户正式订单后，首先检查订单的各项条件齐全与否，订购内容是否清楚，若有涂改应盖章注记。

二、退货管理制度模板

第一条　客户退回货品后，送至验收部门。验收部门于验收完毕后，填制验收单二联，第一联送交信用部门核准销货退回，第二联依验收单号码顺序存档。

第二条　信用部门于收到验收单后，依验收部门之报告核准销货退回，并在验收单上签名核准，以示负责；同时将核准后验收单送至开单部门。

第三条　开单部门接到信用部门转来之验收单后，编制贷项通知单一式三份，第一联连同核后验收单，送至应收账款明细账，贷记应收账款。第二联通知客户销货退回已核准并账。第三联依贷项通知单号码顺序存档。

第四条　会计部门收到开单部转来的贷项通知单第一联，验收单核准后，核对其正确无误后，于“应收账款明细账”贷入客户明细账，并将贷项通知单及核准后验收

单存档。

第五条　每月月底总账人员由开单部门取出存档的贷项通知单，核对其编号顺序无误后，加总，一笔过入总分类账。

三、限制退货实施细则

□　瑕疵货品之处理

第一条　经销商收到货品后，有瑕疵品应于15日内通知本公司订货部门给予无条件换货。若因长期放置且储存未依公司规定或人为因素等，影响商品品质或超过保存期限者，公司恕不接受退货（瑕疵品范围包括包装污损、商品严重变色、封口或瓶口密封不良、受潮、有效使用期低于两个月等）。

□　解除契约之退货

第二条　解除契约生效日起30日内申请退货，其退还之商品经验查外观完整，商品品质状况良好，仍可出售，公司将全额退还该货款。

第三条　若退回之货品价值有减损时，得扣除减损之价款。

第四条　该经销商进货部分，若奖金已发放，则得扣除已因该进货而对参加人给付之奖金。

第五条　退货之余款于30日内退还解约之经销商。

□　终止契约之退货

第六条　经销商以书面终止契约，得于契约终止后30日内申请退货。

第七条　终止契约退还之商品公司以经销商原购价格的______%买回所持有之商品，并得扣除已因该项交易而对该经销商给付之奖金。如退还商品之价值减损时，得扣除其减损之价款。

第八条　退货之余款于30日内退还经销商。

四、订货合同模板

1．请于______年______月______日前______批（分批）交清，交货地点______，卖方必须严守交货日期，逾期交货每逾______天罚订货总额______%或由本企业将订货部分或全部取消。

2．所供货品卖方需提供______%备品，不良品必须予以调换。

3．如果因交货误期、规格不符、品质不良而造成本企业损失，卖方应负赔偿责任，货品虽经本企业验收，如因品质不良而致使本企业产品遭客户退货或索赔时，厂商应负责赔偿。

4．所订货品其所用原料若为国外进口，则卖方需提供退税同意书，以供本企业申请外销品冲退税款，否则卖方应负责赔偿。

5. 厂商在签收后存本企业采购部一联，交货时请在送货单上注明订单号码及材料编号名称，送仓库验收。

6. 请照订购数量交货，数量不可超过订购总数的10%，否则拒收。

7. 货品检验应根据本企业所制定的检验标准。

厂商签章：______总经理：______采购部长：______采购员：______

五、交货检验配送管理办法

1. 制定目的

为了及时交货，减少差错的出现，维护公司信誉，特制定本办法。

2. 适用范围

公司客户订货后的交货、检验、配送流程，均依照本办法处理。

3. 权责单位

(1) 业务部负责本办法制定、修改、废止之起草工作。

(2) 总经理负责本办法制定、修改、废止之核准。

4. 交货检验配送办法

(1) 业务部对于客户订货的商品及委托生产的商品的交货期，依协商的生产计划，须经常与制造部保持联络，以掌握其进度。

(2) 业务部若已于指定交货日期前确定可以交货，应主动与客户联系确切的交货时间。

(3) 如果确定订货商品的交货日可能延迟时，应事前通知订货的客户以取得其谅解。

(4) 业务部在交货或配送商品时，应对照订货单，以确定品名、质量、规格、单价、数量包装及其他事项是否符合。

(5) 商品的交货与配送业务由业务部负责。

(6) 在交货或配送商品时应发出送货通知单。送货通知单的内容记载要项包括：

①送货单据。

②客户名称。

③品名、规格、数量、单价、金额。

④明细、其他事项。

(7) 关于商品交货、配送后，客户拒绝收货、要求退货及其他抱怨问题，应妥善协商处理或通知公司业务部处理。

第三节　订货、发货与退货管理实用表单

订货、发货与退货管理实用表单如表 15－1 到表 15－9 所示。

一、销售订单统计表

表 15－1　销售订单统计表

企业名称						负责人					
地址						电话					
产品	日期	数量	备注	产品	日期	数量	备注	产品	日期	数量	备注

二、销售发货日报表

表 15－2　销售发货日报表

客户	规格	卷	重量	备注	客户	规格	卷	重量	备注

______年____月____日

三、销售发货通知单

表 15－3　销售发货通知单

<table>
<tr><td>发货方：</td><td>客户名称及地址：</td></tr>
<tr><td colspan="2">收货人名称及地址：</td></tr>
</table>

______年____月____日

四、销售发货明细表

表 15－4　销售发货明细表

客户：　　　　　　　发货单号：　　　　　　　日期：

	批号	编号	数量	重量(KG)	质量	备注		批号	编号	数量	重量(KG)	质量	备注
1							51						
2							52						
3							53						
4							54						
5							55						
6							56						
7							57						
8							58						
9							59						
10							60						
11							61						
12							62						
13							63						
14							64						
15							65						
16							66						
17							67						
18							68						
19							69						
20							70						
21							71						
22							72						
23							73						
24							74						
25							75						
26							76						
27							77						
28							78						
29							79						
30							80						
31							81						
32							82						
33							83						
34							84						
35							85						
36							86						
37							87						
38							88						
39							89						
40							90						
41							91						
42							92						
43							93						
44							94						
45							95						
46							96						
47							97						
48							98						
49							99						
50							100						
	合计							合计					

五、销售交货单

表 15－5 销售交货单

材料编号		材料名称			
规格		单位		申购单号	
订购单号		订购数量		交货累计	
交货厂商					

六、发货月报汇总表

表15－6 发货月报汇总表

提货单编号	上月结欠		本月订货		本月发货		本月结欠		备注
	数量	金额	数量	金额	数量	金额	数量	金额	
总计									

七、销售发货月报表

表 15－7　销售发货月报表

订购日期	提货单号数	单价	上月结欠		本月订货		本月发货		本月结欠		备注
			数量	金额	数量	金额	数量	金额	数量	金额	

八、销售业务送货单

表 15－8　销售业务送货单

订货日期		送货日期
数　量	货　品　名　称	备　注

九、销售送货明细单

表 15－9　销售送货明细单

	品名	成品编号			数量	单位	单价	金额								付款条件				
		类别	宽度	长度				百	十	万	千	百	十	元	角	千	百	十	元	角
1																				
2																				
3																				
4																				
5																				
6																				
7																				
8																				
9																				
10																				
11																				
12																				
13																				
14																				
15																				
16																				
17																				
18																				
19																				
20																				
21																				
22																				
23																				
主管：　发货：　送货：　填单：　记账：							合计金额													

十、销售送货日记表

表 15－10　销售送货日记表

送货单号码	提单号码	客户名称	客户编号	品　名	品名编号	品级	数量	单价	金额	出库单位	出库代号	发票号码	备注

十一、补货通知单

表 15－11　补货通知单

原通知单号项：	单位：
客　　户：	编号：
品　　名：	
数　　量：	
交货日期：	日期：
补充项目：	

十二、月内销售订交期追踪表

表 15－12　月内销售订交期追踪表

受订日期	客户名称	品名规格	数量	需要日期	交期预定进度 5　10　15　20　25　30	完否

十三、订货单

表 15－13 订货单

企业名称					电　话		
地　址					联系人		
品　名		规格	单位	数量	单　价		总　价
合计							
负责人		承办人			单位签章	日期	

十四、订货明细单

表 15－14 订货明细单

订单号码					客户名称、地址				
品　名					规　格				
批号等级					订货数量				
分批交货数量									
用　途			包装				体积		
完成日期			出货日期						
色号	箱数	箱号	毛重净重	尾箱重	色号	箱数	箱号	毛重净重	尾箱重
总计					总计				

十五、订货登记表

表 15－15 订货登记表

接单日期		制造单号	客户名称	产品名称	数量	单价	金额	预定交货日期	信用情况	生产日期	装运	押汇日期	运费保险单	退税凭证

十六、发货单

表 15－16 发货单

产品名称	产品编号	数 量	单 价	金额

十七、货品欠发单

表 15－17 货品欠发单

原发货凭证（销货单）										已发数	未发数
年	月	日	编号	客户名称	品名	单位	数量	单价	金额		

十八、退货申请单

表 15－18 退货申请单

客户名称						电话	
地址				联系人			
产品名称	提（送）货日期	单位	数量	总价	合同号	发票号	退货原因
合计							
审批	质检部			销售经理			
	市场营销部			办事处			

十九、退货单

表 15－19 退货单

材料编号	名 称	数 量	备 注	签 章
退货原因				

第四节　订货、发货与退货管理规范化细节执行标准

一、商品退货原因及其说明

商品退货原因及其说明如表 15－20 所示。

表 15－20　商品退货原因及其说明

退货原因		说明
制造技术	品质不良 （应以赔偿方式理赔）	手感不佳，染色不均，幅宽不足，损伤，长度不对，规格不符，染色错误，颜色不对，批号不对
销售方面	依商场习惯所发生之退货	销售技巧上所常有之更改颜色
	手续上之错误，如传票填写错误等所引起之错误；合约变更	重复发货，数量错误，色号不对，发错客户，布号不符，规格不符；交期不对
客户方面	客户不良库存	客户之预测准备，流行发生变化所致之退货（不当之退货）
	客户之联络不当	客户（批发商等）之联络错误
仓库及货运方面	保管不当	淋湿，弄脏，损伤等保管不当
	延迟送达	
	发货错误	
工厂方面	交货迟延	重复发货；数量错误；种类不对；规格不符；发错客户；交期不对

二、建立退货准则工作标准

企业处理客户之退货，于厂商而言，不管是“经销商的退货”或是“使用者的退货”，必须有所准则，若是无条件地接受退货，结果卖方承受 100% 的风险；导致无法订立资金营运计划、利益计划；更有甚者，买方不必认真办理订购之有关事项，零售商则可能不积极销售，更加扩大卖方企业本身无法掌握的风险。因此，交易之时，应当事先决定接受何种程度的退货，或者在何种情况下接受退货，作为销售条件的一部分。

例如，决定仅在“不良品或商品损伤的情况接受退货”，或是“销售额的 10% 以内的

退货”;“7天之内保证退货还钱”等。一旦制定商品退货准则后,应适度通知经销商。

企业对外要订立接受退货条件的“退货准则”,对内要有一套企业标准流程作业的“退货工作流程”。接获商品退货消息,就必须了解是否有按照公司所规定的退货准则,唯有符合条件者,才能进行退货处理。

在企业所拟订的管理办法,除非事先已准许客户退货,例如对使用者的“只要在7天内退货,一概退货还钱”,对经销商的“商店滞销库存货都可接受退货”,否则当客户欲退货时,应事先与承办业务员接洽,未事先接洽者,或业务员不接受退货者,原则上均不接受其退货。本公司承办业务员应与客户交涉,并检讨构成退货原因责任是否应归责于本公司。退货原因属于本公司责任者,应予受理退货。退货原因不属于本公司责任者(不当之退货),不予受理退货。退货原因是否应归责于本公司尚待研讨者(品质不良等皆属之),则予暂时保留退货,立即会同检查成品,或送品管部门再检查,然后决定应否受理。

上述所提重点,是“厂商本身接受其客户之退货”。这里说明另一重点,是“公司将本身所进货之商品加以退回到原厂商”。公司每月(或每周)在固定时间将退货商品依照厂商别,分别加以集中,并预先输入计算机,列印“退货清单”,利用厂商送货取款时,一并带回。应列入追踪的是“退货物品”是否有应退而尚未退之商品;其次追踪的是“退货之货款”。货品退货应迅速,否则影响当期应付账款。

三、退货清点工作标准

接到客户退货,首先有必要去查点数量与品质,确认所退货种类、项目、名称是否与客户发货单记载相同。首先,数量是否正确。例如2盒与2箱,虽只差一字,因一箱有24盒,故实际上而言,数量相差24倍之多。其次确定退货物品有无损伤,是否为商品的正常状态。有时,因是"不良品”而遭退货,厂商受理退货后就要加以维修。清点后,仓库的库存量要迅速加以修正调整,而且要尽快制作退货受理报告书,以作为商品入库和冲销销货额、应收账款的基础资料。此程序若不及时实施,“应收账款余额”与“存货余额”在账面上都不会正确,造成账务困扰。

第16章　回款才是硬道理
——账款回收管理

第一节　账款回收管理工作要点

一、账款回收管理工作内容

（一）极力避免让他人持有赔偿请求权，须尽早加以处理。

（二）减价或退货等，须在结算账目之前处理完结。

（三）付款通知单不可出错。

（四）付款通知单，不可迟至对方已截止收件时仍未送达。

（五）不要为了虚有的销售量，或强迫销售而让对方有退货赔偿的机会。

（六）收款日要准时去收款。

（七）双方买卖的条件要明确（如付款方式、付款日期）。

二、制定收账方针工作内容

当账款为客户拖欠或拒付时，企业应当首先检讨现有的信用标准及信用审批制度是否存在纰漏，然后重新对违约客户的资信等级进行调查、评价。

对于信用品质恶劣的客户应当从信用名单中排除，对其所拖欠的款项可先通过信函、电讯甚至派员的方式进行催收，态度可以渐加强硬，并提出警告。

当这些措施无效时，可以通过法院裁决。为了提高诉讼效益，有必要联合其他被该客户拖欠或拒付账款的企业协同向法院起诉，以增强该客户信用品质不佳的证据力。

对于信用记录一向正常的客户，在去电、去函的基础上，不妨派人与客户直接进行协商，彼此沟通意见，达成谅解妥协，既密切了相互间的关系，又有助于较为理想地解决账款拖欠问题，并且一旦将来彼此关系置换时，也有一个缓冲的余地。

当然，如果双方无法取得谅解，也只能付诸法律进行最后裁决。

三、账款回收工作流程

第一步，会计人员根据“出货单”会计联、发票，制作传票登入客户别应收账款明细账。

第二步，“出货单”客户联经客户签收，签收联由公司会计单位保管，交由业务人员按时收款。

第三步，每月（或每周期）结账一次，由会计部门提供“客户应收账款明细表”“应收账款账龄分析表”给予业务单位，以利收款。

第四步，业务单位应依据会计部门所提供的当月的"应收账款明细表"，向客户催收款项；凡因"销货退回"及"销货折让"所发生的应收账款减少，须经主管核准。

第五步，业务人员收回现金者，应于当日或次日上班时如数交会计部出纳人员入账，若有延迟缴回或调换票据缴回者，均依挪用公款议处；收回票据之发票人若非与统一发票抬头相同者，应经同一抬头客户正式背书，否则应由收款人亲自在票据上背书，并注明客户名称备查，若经查明该票据非客户所付者，即视同"挪用公款"议处。

第六步，业务人员依"应收账款明细表"，收取客户款项（现金或票据），回公司填写"收款通知单"，联同所收款项一并交给会计单位（出纳）签收，一联给予业务人员连同凭证。

第七步，账款收回时，会计部门应即将其填入当天"出纳日报表"的"本日收款明细表"栏中，并过入"客户别应收账款明细表"中，凭此销账及备查。

第八步，业务主管除督促加强"客户应收账款明细表"的催收外，应核对应收未收款之"客户签联"与"应收账款明细表"二者是否相符合。一旦不符合，立即追查原因。

第九步，会计部门为加强催收应收账款，应每月编制"应收账款账龄分析表"，并将超过60天尚未收者，列表注明债务人、金额，该表单交由业务单位加以催收，业务主管并注明迟滞原因，交由总经理室财务组评估单位绩效。

第十步，会计部门针对迟延未收的"应收账款"，凡超过规定期限60天未收回者，除列表通知业务单位继续催收，应通知法律部门采取必要行动，并应呈报总经理财务组。

第十一步，会计部门应核对应收账款明细账、总分类账及有关凭证是否相符；不定期向债务人函证应收账款余额。

第十二步，迟滞收回的应收账款，若欲列为"呆账"加以冲销，须经主管核准。

第十三步，业务部至迟应于出货日起60日内收款。如超过上列期限者，会计部门就其未收款项详细列表，通知各业务部门主管，内部管理程序视同呆账处理，并自奖金中扣除，日后收回票据时，再行冲回。

四、账款回收流程

账款回收流程如图16－1所示。

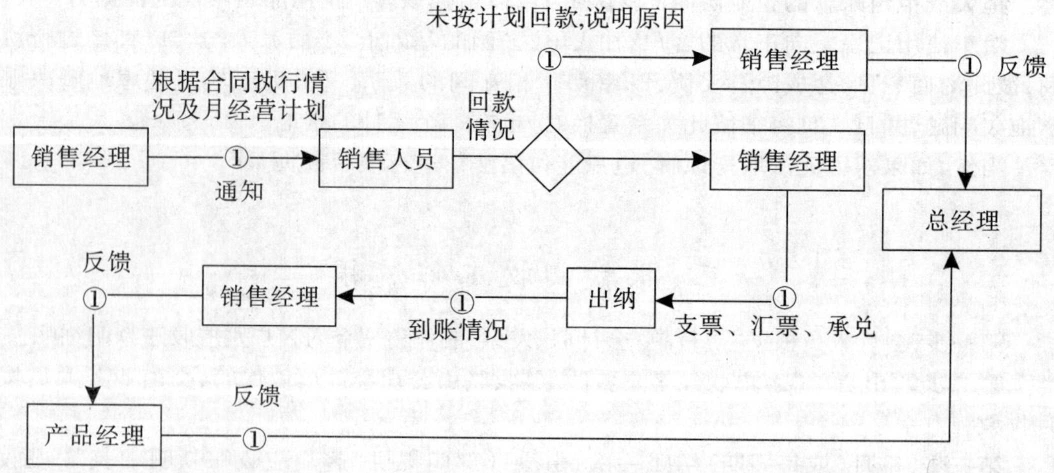

图16－1　账款回收流程

五、汇票回款流程

汇票回款流程如图 16－2 所示。

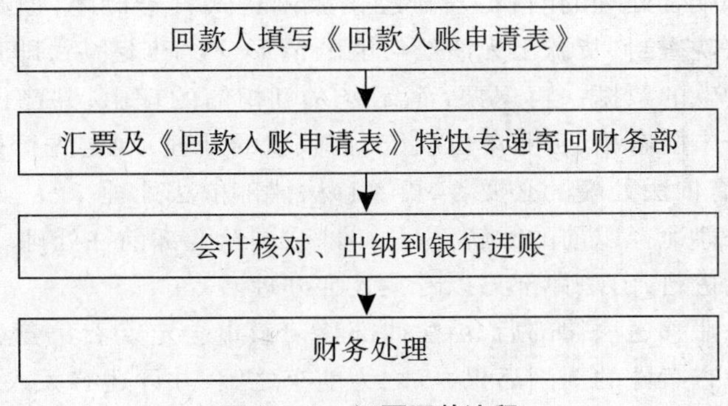

图 16－2　汇票回款流程

第二节　账款回收管理规范化制度

一、账款回收管理制度

第一条　当月货款未能于次月 5 号以前回收者，自即日起至月底止，列为“未收款”。

第二条　未收款又未能于前项期限内回收者，即转列为“催收款”。

第三条　经销店有下列所述的情形者，其货款列为“准呆账”。

1. 经销店已宣告倒闭或虽未正式宣告倒闭，但其征候已渐明显者。

2. 经销店因他案受法院查封，货款已无清偿的可能者。

3. 支付货款的票据一再退票，而无令人可相信的理由者，并已停止出货一个月以上者。

4. 催收款迄今未能解决，并已停止出货一个月以上者。

5. 其他货款的回收明显有重大困难的情形，经签准依法处理者。

第四条　对于未收款应做如下处理：

1. 当月货款未能于次月 5 日以前回收者，财务部应于每月 10 日以前将其明细列交营业部核之。

2. 前项情形该辖区经理级主管，应于未收款期限内，监督所属解决。

第五条　对于催收款应做如下处理：

1. 未收款未能依第四条第二款解决，以致转为催收款者，该经理级主管应于未收款转为催收款后五日内将其未能回收的原因及对策，以书面提交副总经理，呈总经理核示。

2. 货款经列为催收款后，副总经理应于30日内监督所属解决。

第六条 对于准呆账应做如下处理：

1. 准呆账的处理乃以营业单位为主办，至于所配合的法律程序，由法律部另以专案研究处理。

2. 移送法律部配合处理的时机：对于经销店未正式宣告倒闭，但其征候已渐明显的和经销因他案受法院查封，货款已无清偿可能的情形，应于知悉后，即日遣送法律部配合处理。对于支付货款的票据一再退票，而无令人可相信的理由，并已停止出货一个月以上的和催收款迄今未能解决，营业单位应依（催收款的处理）规定先行处理解决。处理后未能有结果，认为有依法处理的必要者，再签移法律部依法处理。

3. 正式采取法律途径以前的和解，由法律部会同营业部前往处理。

4. 法律程序的进行，由法律部另以专案签准办理。

第七条 准呆账移送法律部后，由法律部移请董事会定期召集营业、企划、财务等单位，召开检查会，检查案件的前因后果，以之为前车之鉴，并评述有关人员是否失职。

二、账款回收实施细则

□ 处理方式

在回收货款时，如果客户要求暂付部分款项，在不伤害对方感情的前提下，尽量说服对方付款。

□ 应对用语范例

1. 一般场合。

对于客户，首先应先做好计划，平常就要勤于拜访对方，为收款工作做准备。另外，须与主管仔细商量，考虑利用信函等方法来督促对方。如客户地处较远的区域，每有货车送货至附近时，就应前往拜访。平时也可利用电话、信函等来加强联络。

2. 对目前付款情况良好之店。

如对方要求暂付部分货款时，销售人员可以如此应对："因为以往我总是如期收齐全部货款，以为本月份也绝对可以百分之百收齐全额，贵公司若不能全部交付货款，我恐怕要头痛了，无论如何请看我的面子想想办法。请务必想办法帮忙……"总之，要设法让对方多付一些货款。

3. 对付款情况总是不佳的商店。

当我们向对方表示："实在很抱歉，这个月份的货款我们完全没收到，今天希望您能一次缴清。您一再地拖延部分余款，会计部一再地催我们，实在是很困难。所以，无论如何请看在我们的面子上，结清余款……"如果对方仍然无法缴付金额时，必须再强调："什么时候我会再来，届时请务必拜托"或"送货时我们会附上发票过来，到时麻烦您了"等。

4. 都市以外区域的情况。

（1）"上个月收款时因只收到部分货款，回到公司后，会计部责怪这种做法将使作业混乱。我们对会计部保证这个月一定设法收齐全额，所以，今天无论如何请多多帮忙、合作……”等，诚心地恳求对方。

(2)“我们这次应该收您______货款，这已列入我们的账款，但因为你们也有你们的计划，所以取其折中，今天希望你们至少能付______元。”

(3)“非常感谢你们这次的付款。不过，老实说，因为是你们，我们特别在单价方面打了折扣给您了，所以，能否请您再多付一些？当然你们也有你们的不方便，但因为本公司每月都制订收款计划，根据此计划来进行对外付款等，如果计划乱掉了，不仅会计部会非常困难，我们也会受到责备。而且对于未付余额较多的客户，我们还须把他们的名字报告上去，对于我们来说，这实在不是我们愿意做的事。很抱歉，讲了这么多，总之希望本月能多收部分货款，无论如何希望您合作，配合我们。”

(4)“谢谢您的这部分付款。本月的货款原为______元，现在还有余款______元，实在很抱歉，能否请您再多付______元，因为本公司财务部对外采购原料都是用现金，因此预定的收款对我们非常重要。在此是否能提一要求，可否把您部分的客户收款拨给本公司代行，请您务必协助。”

(5)收到货款(订金)后应客气言谢。

5. 客户不愿付款，却又不明确说明理由时，应表示：“这几个月以来，我们都只收到部分货款，无法结清全账，不知阁下是否对我有不满之处？如有任何不满敬请不吝指教，我将迅速改正。”

(1)对方表示没有不满之处时，应说：“还是送货时，司机有什么不周到之处，或是您来电时，我们有疏忽、怠慢之处？”

(2)对方仍表示无上列情况时，应说：“还是您对我们商品的质量或价格感到不满？”

(3)对方仍然是没有答案时，接着就请教对方感到满意的原因。

“就您所知道的，我们的商品不像其他建材店一样标上单价，而且我们是以现金交易，所以都由你们自行结算。如果你们不能如期付款，不但上面的会计部会抱怨，主管也会怪我们做事不力。不但如此，主管每月要我们提出未缴齐全款的客户名单，每一千家当中约有二十家左右会被向上报告。这时如果光是我们受到责备倒也没关系，目前客户需要量大，产品供不应求，遇到配货忙时，这些向上报告的客户恐怕会被挪到最后处理，这样我们对客户就说不过去了，凭我一个人的努力也难把货品尽快送达给客户。我明白你们也有不方便的地方，不过还是请您配合付款。另外，如果您有什么特别情况，也请不必客气告知我们，我会设法将情况报告给公司上级。无论如何，诸多见谅，谢谢。”

6. 客户抱怨“其他的店并没有涨价”时应回答：“这次的涨价是因为工资、运费、材料费都提高了的关系。这种涨价是全国性的，有的厂商或批发商也许会因为其他因素，延迟一两天才采取行动，但涨价是势在必行的。诚如您所知道的，最近最令人头痛的问题是，人力招募十分困难，这是一个很现实的问题，我们也面对待遇的改善、现场的机械化等问题，而要克服这些问题就只有靠提高商品价格这个对策了。对经营者而言这是一个攸关存活的问题，所以在价格方面都审慎地做过检查才决定的。而我刚才也说过的，在日期上虽有两三天的差距，但涨价是绝对的趋势，请您务必谅解。”

7. 客户虽知涨价为行业界的一致行动，但仍有不满时应表示：

(1)“关于涨价问题，在今年年初其他厂商及批发商曾强烈反映，希望执行，一度经本公司控制下来，不过基于工资与运费的双双上涨，逼得实在不得不上涨，关于这一点，请您多体谅。”

(2)“如您所说不错，确实在本地区有数家同业者尚未采取行动，不过只有我们是完全依照工会的规定在行动的，其他的业界看到我们的行动后，相信不久也会随后跟着采取涨价行动的。”

(3)“事实上这次的涨价是迫于工资的上涨和为确保从业人员的劳务费而采取的行动，这是全国性的趋势，绝不是我们一家公司自行决定就贸然实施的，关于这一点盼您多谅解。其他可能还有几家店还没有跟着行动，不过，相信近日之内，他们一定会采取行动的。”

(4)“就像您说的，没错，有的厂商还没涨价行动，不过这只是迟早的问题，像××公司最近就准备行动。因为不管怎么说各厂商的库存都不多，再加上人事费等各项经费跟着行动涨价，但事实上他们的业绩有的并不好，也很想涨价，只是还在观望别人的动作罢了。总之，他们都在一旁静观我们公司的动作，这点请您务必理解我们的立场。但若从另一方面来看，等有降价的机会，同样的，我们的行动也是会比其他厂商快的。”

(5)“其他公司我想大概都还在观望别人的动作吧！如果我们公司没有率先行动，恐怕其他的××店也不敢放心贸然行动。总而言之，工资等不断提高已影响到批发商，涨价实在是大势可趋，您不必这么在意。”

(6)“这次的涨价，实际是因为劳务费的提高所致，各厂商目前的人力费都大幅提高，而本公司目前仓库的存货已有限，生产又赶不上需求，正处于困境之中。所以，其他公司最迟在近日内必有涨价动作，这点请您体谅并多合作。”

(7)“现在只要是商品，几乎每样都要涨价，实在是很令人头痛。这次连某产品也不得不面临涨价。一方面是由于石油价格上涨，另一方面人力费也上涨，所以这次的涨价趋势可以说是全国性的，请您多体谅。”

(8)“您说别的厂商尚未涨价，好像只有我们公司自己在涨价。其实，我们只是尽可能提早将消息公布，但实施的时机是和别家公司同步的，关于这一点请您放心，同时请务必配合。”

三、业务员收款实施细则

(一)业务员不可向客户讲出自己的高待遇。

(二)查出客户最适当的收款时间。

例：1. 凡不忌讳“一天早上尚未开市不愿被收款者”，可排在早上第一家收款。

2. 若“客户”不睡午觉，可排在“中午”收款。

(三)每一家客户都要养成“定期收款”的习惯。

(四)要表现紧张感，不可笑，不可摆出低姿态，例如，不可说：“对不起，我来收款。”否则，有些客户会认为你好欺负，而拖延付款。

(五)不能心软，要义正词严，表现出非收不可的态度。

(六)不可与其他公司相提并论，要有信心照本公司规定执行。

(七)不可欠客户人情，以免收款时拉不下脸。

（八）收款要诀：六心

1. 习惯心

2. 模仿心

3. 同情心

4. 自负心

5. 良心

6. 恐吓心

（九）尽可能避免在大庭广众之下催讨。

（十）先小人后君子，售前明告付款条件。

（十一）临走前切勿说出："还要到别家收款"这类的话，以显示专程收款的姿态。

（十二）反复走访付款成绩不佳的客户。

（十三）若客户说："今天不方便。"对策如下：问客户："何时方便？"客户回答："三天后"。则当着客户的面说："今天是某月某日，三天后是某月某日，我就在那天再来收款。"同时在客户的面前在账单的空白处写"某月某日再来"。

届时一定准时来收款。

（十四）避免票期被拖长。

（十五）避免被客户要求"折让"。

四、倒账处理办法

（一）目前部分分公司常有倒账情形发生，由于未能充分掌握时效及处理要领，以致使本公司蒙受不必要的损失。

（二）今后各分公司发生倒账时，或判断即将发生倒账时，必须迅速口头通知总公司法律部处理，禁止"知情不报"或"蒙骗"的情况，若再有类似过失，损失由当事人（业务员及直属主管）负责。

（三）各业务员若有离职或调职，移交清册必须办妥，一份送总公司，且移交的结账清单要会签，直属主管亦负起实地监交的责任，若移交不清，接交人可拒绝承受"呆账"（须于接交日起三天内提出书面报告），否则须负移交后的责任，不得推卸责任。

五、应收账款的评估与改善细则

□ 评估

1. 制定目的

为了使公司销售所得的账款收入，能如期如数收回，以确保利润，避免周转不灵，特制定此办法。

2. 适用范围

本办法适用于应收账款绩效的评估与改善以及呆账的避免。

3. 权责单位

(1)业务部负责本办法制定、修改、废止之起草工作。

(2)总经理负责本办法制定、修改、废止之核准。

4. 账款回收绩效评估

(1)收款率

收款率的管理目的在于促进收款,使客户结清款项后,早日将购入的产品再销售或使用,增进公司再销售的机会。

(2)应收账款周转率

应收款项周转率的管理目的,在于收回现金或票据,提高企业资金周转速度。周转次数愈高愈佳。

(3)逾期率

逾期率的管理目的,在于了解逾期应收账款占当期应收账款总额的比率,并及早收回应收账款,以免形成呆账。

(4)退货率

退货率的管理目的,是使业务人员在推销时提高警觉,能够根据客户的实际状况销售,减少强制销货的发生。

(5)折让率

目的是加强业务人员收款坚持度,当客户要求超出交易条件以外的不当折让时,业务人员须婉言拒绝。

□ 改善应收账款绩效

1. 分析造成应收账款绩效不佳的原因

(1)货款回收率太低的原因:

①主管督导不够积极。

②没有分析应收账款的账龄。

③没有做好货款回收计划。

④业务员在货款回收方面的训练不足。

⑤业务员没有提高货款回收率的观念,主管也没有采取激励办法促使业务员积极回收货款。

⑥不了解客户的付款习性。

⑦业务员强迫推销商品给顾客。

⑧对客户的销售潜力判断错误。

(2)票期太长的原因:

①货款的票期没有原则性的规定。

②竞争厂商采取延长票期的战略,使业务员让步。

③客户拖延付款战术奏效,业务员的说服力不足,以及缩短票期的政策执行不够彻底。

④强迫销货,使进货量大于客户本身的实际销货量。

⑤业务员为了替自己做好关系,对客户施与小惠而损及公司。

⑥业务员对客户的信用调查不足,客户因资金周转不灵而开立过期支票。

(3)货款回收的折让金额太多:

①没有明文规定折让规定,以致滥用。

②在涨价或跌价前后公司没有明确指示,以致客户事后要求折让。

③定价与销售数量不当,许多账款都有尾数,以致客户有可乘的机会。

④业务员在与客户交易时,没有坚持"买卖算分,相请不论"的态度。

⑤业务主管处理折让时,态度不够坚定、明确。

(4)退货太多的原因:

①对客户潜力认识不足,强行塞货,以致没有实销。

②未协助客户做好商品消化的工作。

③客户的库存管理太差,货品存货太久,使商品价值受损。

④业务员为争取业绩,采取寄库手段,届时客户退货抵账。

⑤在推销某些产品时,采取的推销手段不适当,以致客户要求退换其他的产品。

2. 应收账款完全回收的策略

(1)制定既具挑战性又有达成可能性的销售目标;

(2)收款目标合理化且制定奖惩办法,以明确责任归属;

(3)加强票期账务管理,积极催收货款;

(4)做好账龄分析,制定账款管理办法,有效执行信用调查与信用限额制度;

(5)对未收账款制定奖惩办法,加强催收,以利区别"有效应收账款"与"呆账";

(6)做好商品促销工作,协助客户商品销售事宜,出清库存品;

(7)加强业务员的教育训练,提升收款意识与收款技巧。

3. 应收账款的改善

(1)提高付现折扣:

企业在决定付现折扣率时,通常会根据同业销售竞争压力增大及企业本身资金不足而提高付现折扣。一般均以略低于目前银行贷款的利率作为标准。

(2)缩短信用期间:

缩短信用期间也可以减少企业积压在应收账款上的资金数额。

(3)及早收回货款:

所谓及早收回货款,包括两种含义:一为迅速收回应收账款;另一为收回票据必须符合企业所定的信用期间。

(4)加强对业务员、收款员的教育训练。

(5)建立公司内部收款的奖惩办法,并有效执行。

4. 呆账的原因与预防

(1)造成呆账之原因,除前述外,尚有下列几种:

①忽视付款条件的沟通。

②客户本身周转资金不足。

③客户经营不善。

④客户故意或恶意拖延付款。

⑤客户内部作业不健全,办事效率低下,以积压发票或账单作为迟延付款之借口。

(2)有关呆账的预防策略如下:

①扩大客户调查面。

②利用计算机建档。

③加强对增长率的管理与业务员的训练计划。

④采取有利的债权确保措施。

⑤搜集外部经营环境资料。

⑥设定和调整信用限额。

⑦制定呆账奖惩办法。

第三节 账款回收管理实用表单

一、销售收款计划表

表 16－1 销售收款计划表

编号	客户	销售预计		前月赊销余额	本月收款预定额	预计收款日期		实际收款日期			付款方式
		数量	金额			月	日	月	日	收款额	
1											
2											
3											
4											
5											
6											
7											
8											
9											
10											
合计											

二、销售收款状况分析表

表 16 – 2　销售收款状况分析表

客户名称	月份				月份				月份			
	销售额	累计	本月收款	尚欠货款	销售额	累计	本月收款	尚欠货款	销售额	累计	本月收款	尚欠货款
合计												

三、销售收款状况报告表

表 16－3 销售收款状况报告表

	第一季度	第二季度	第三季度	第四季度
销售件数				
收款额				
现金收款额				
现金所占收款额比例(%)				
支票收款额				
支票所占收款额比例(%)				
其他方式(%)				
欠款数额				

四、呆账统计表

表 16－4　呆账统计表

客户名称：							
地址：				电话：			
负责人：							
未收账款总额：	拾	万	仟	佰	拾	圆	角　分
未收账款							
未兑现票据							
备注							

五、呆账追踪补偿表

表16－5　呆账追踪补偿表

客户名称	地址	经办人	发货日期	欠款金额	欠款类型	收回部分	未收金额	补偿

呆账总额：_____万_____仟_____佰_____拾_____元_____角_____分

呆账原因分析：

呆账补偿措施：

六、业务部应收账款月报表

表16-6　业务部应收账款月报表

客户名称	上月前累欠①	②本月销售		③本月折让退货		本月收款④	本月累欠⑤=①+②-③-④	应收未收账款				未收原因处理对策
		数量	金额	数量	金额			1~30天	31~60天	61~90天	91~120天以上	

七、赊领货款余额管理表

表 16－7　赊领货款余额管理表

客户名称	上月欠款余额	本月赊销额	本月回收额					本月欠款余额
			现金	应收票据	支票	折扣	合计	

八、客户赊账回收计划表

表 16-8　客户赊账回收计划表

月别	销售计划金额	回收计划			合计	客户赊款余额	回收率（%）	无法回收率（%）
		现金	90 天内票据	90 天以上票据				
1								
2								
3								
4								
5								
6								
7								
8								
9								
10								
11								
12								

第四节　账款回收管理规范化细节执行标准

一、账款回收计划实施工作流程

货款回收计划，基本上分为两种：以公司为主体的“年度货款回收计划”和以客户别主体的“客户货款回收”。企业内的货款回收计划，所重视的是“回收率”。

除了重视回收率，确保回收金额以外，还要注意“应收账款的滞收状况”，了解尚有多少余额未回收。经营不善的企业，常苦于缺乏周转资金，但却有大批滞收货款。

掌握上述情况，就可以决定公司的回收目标，包括每个月的“回收额合计”“应收账款余额”，按照“月份别”“部门别”“商品别”“客户别”“推销员别”，做成明细的“货款回收计划”,了解每个月份的“计划销售额”以及每个月份的货款回收计划,包括“回收额”(包括现金,如90天内的支票,90天以上的支票)和每个月的“应收账款余额”(包括“不满一个月者”“不满两个月者”“两个月以上者”)。

账款的顺利回收,工作重点有两大方向,一个是公司内部的管理,至少包括“账单的管理”与“内部的各种账款管理行政作业”;其次是“收款人员的各种收款技巧”。收款日期之前,业务员要“确实请求付款”。漫不经心的请求,会降低对方的义务感;约定日期一到,必须按照原先“约定付款条件”而“定期回收”。收取货款工作,如与推销工作相比较,其困难程度有过之而无不及,因此,业务人员应妥善准备为宜。

二、账款收取工作标准

(一)收货回执交给客户查看之后,应马上收回。

(二)客户付款时,不论是支票或现金应当时点清。

(三)客户如无法整笔支付时,尚欠之款项,应再列入该“回执联”内,并请客户再度签证。

(四)客户对某一售货清单内的货款整笔支付时,应将客户所签名的“收货回执联”交还客户,表明银货两讫。

(五)客户要求折让时,在允许范围内可答应客户之要求。对于折让行为的金额,请客户填写“折让证明单”。

(六)货款收取后,与客户握别前,应再度向客户表明到目前为止,尚欠多少。如有歧义,应立即查证,双方将货款金额列记清楚。

(七)收取货款时,如果客户因事外出,你可向其他有关人员收取;如对方因手续或责任上不允许,而客户在短时间内无法赶回时,您不妨先离开并留下字条,待稍后或他日再行拜访并收取货款。

(八)向客户收到支票时,应留心支票之各种有效凭证。

三、避免吞款工作标准

(一)收款单位。收款人员根据“收款单”资料,向客户收取货款,由客户处取得现金或支票时,应填制收款单一式两联,其中现金、即期支票与远期支票、票据应分栏填写,连同现金票据交出纳点收后盖收款章,并退回第一联给收款人员存档。

(二)与客户对账。可采“信函账”与“面对面的对账”。

(三)现金折让的核准。所谓“现金折让”,是指客户愿意提早付款而给予的价格优待。由于提早付款时间的不同,客户所得到的价格优待亦有差异,因此,给予客户折让时,宜先将条件制定出来,以便实施。

(四)逾期未收款的跟催。应收而未收到的账款、简称为“逾期未收款”。“逾期未收款”稍有不慎,可能会进一步演变为“呆账”。企业每个月将应收账款排列出来,以便分析该期间应收账款的情况,作为收款绩效的衡量,以及账款风险的衡量;对于逾龄账款,宜将之列为专案处理，并查明该批账款逾龄的原因，进而设法在一定期间内予以全部清除。

四、票据管理工作标准

（一）保管应收票据的人员不得经办会计记录。

（二）票据的接受、贴现和换新须经保管票据以外的主管人员的书面批准。接受顾客票据须经批准手续，可使伪造票据以冲抵盗用现金的可能性大为减小；票据的贴现和换新（即票据到期后顾客未付款而是签发新的票据）也应经主管人员审核和批准，否则经办人员可能在贴现或顾客付款后截留现金而用伪造的新票据加以掩饰。如果内部审计人员定期直接向出票人函证，则更能加强这种批准程序所产生的控制作用。

（三）违约票据（即呆票）的冲销须按规定的程序批准，已冲销的票据应置于会计部门的控制之下并在以后采取有效的追踪措施。

（四）票据到期时如果顾客只付了其中的部分款项，则应将付款日期、金额、余额等记在票据背面，并在票据登记簿上进行适当记录，以免经办人员剽窃部分付款的现金收入。

（五）核对销售发票、销售合同、销售订单所载明的品名、规格、数量、价格是否一致。

（六）检查销售合同、赊销是否经核准。

（七）核对相应的运货单副本，检查销售发票日期与运货日期是否一致。

（八）检查销售发票中所列商品的单价并与商品价目表核对。

（九）复核销售发票中列示的数量、单价和金额。

（十）从销售发票追查至销售记账凭证或销售记账凭证汇总表。

（十一）从销售记账凭证或销售记账凭证汇总表追查至总分类账及明细分类账。

五、账款追逃工作标准

（一）对于付款不干脆的经销商，在收款前，先打电话予以提醒。

（二）在收款日期一定要拜访，即使出纳员不在，也尽可能要求支付。

（三）拜访时，首先提出收款的目的，未达目的，暂时勿提交易之事。

（四）即使对方已先有客人，也不要离开，耐心等到对方付款为止。

（五）要对方写下收据、记下日期、盖章签字。

（六）侦知对方手头上有现金或账户上刚好进一笔款时，就即刻赶去逮住。

（七）不以感情本位行动，应以讨账本位面对经销商。

（八）即使对方解释或说明苦衷，也不可堕入对方圈套中。

（九）可能导致麻烦的话，率先说出。

（十）对方装模作样地说着手头紧，你也要以同样的方式回敬。

（十一）如果问题还是解决不了，就请经理同行。

第 17 章　将客户满意进行到底
——售后服务管理

第一节　售后服务管理工作要点

一、售后服务管理工作任务

客户是售后服务的直接对象，企业在向客户提供商品的同时，也应提供规范、完善的售后服务。在售后服务体系中，客户投诉管理是最为重要的内容，因为它不但可以纠正市场营销活动中出现的失误和偏差，补救和挽回给客户带来的损失，而且可以提高企业和新产品的信誉，维系原有客户，吸引新客户，从而击败竞争对手，占领更大的市场。

二、顾客投诉管理工作内容

（一）商品质量投诉。其中包括产品在质量上有缺陷、产品规格不符、产品技术规格超出允许误差、产品故障等。

（二）购销合同投诉。其中包括产品数量、等级、规格、交货时间、交货地点、结算方式、交易条件等与原购销合同规定不符。

（三）货物运输投诉。其中包括货物在运输途中发生损坏、丢失和变质，因包装不良造成损坏，因货物装卸不当出现损害等。

（四）服务投诉。其中包括对企业各类人员的服务质量、服务态度、服务方式、服务技巧等提出的批评与不满。

（五）客户提案与建议。主要包括提高服务水平的建议；提高标准化程度、降低成本、优化销售渠道方面的提案与建议；对企业营销业务与管理提出的批评和意见等。

第二节　售后服务管理规范化制度

一、客户售后服务管理制度模板

□　总则

（一）为求增进经营效能，加强售后服务工作，特制定本办法。

（二）包括总则、服务作业程序、客户意见调整。

（三）客户部为本公司商品售后的策划、服务单位。

□　维护与保养作业程序

（四）售后服务的作业分为下列四项：

1. 有费服务（A）——凡为客户保养或维护本公司出售的商品，而向客户收取服务费用者属于此类。

2. 合同服务（B）——凡为客户保养或修护本公司出售的商品，依本公司与客户所订立商品保养合同书的规定，而向客户收取服务费用者属于此类。

3. 免费服务（C）——凡为客户保养或维护本公司出售的商品，在免费保证期间内，免向客户收取服务费用者属于此类。

（五）客户服务中心或各分公司服务组，于接到客户之叫修电话或文件时，该单位业务员应立即将客户的名称、地址、电话、商品型号等，登记于"叫修登记簿"上，并在该客户资料袋内，将该商品型号的"服务凭证"抽出，送请主管派工。

（六）技术人员持"服务凭证"前往客户现场服务，凡可当场处理完妥者即请客户于服务凭证上签字，携回交于业务员于"叫修登记簿"上注销，并将"服务凭证"归档。

（七）凡属有费服务，其费用较低者，应由技术人员当场向客户收费，将款交于会计员，凭以补寄发票，否则应于当天凭"服务凭证"至会计员处开具发票，以便另行前往收费。

（八）凡一项服务现场不能处理妥善者，应由技术员将商品携回修护，除由技术员开立"客户商品领取收据"交与客户外，并要求客户于其"服务凭证"上签认，后将商品携回交与业务员，登录"客户商品进出登记簿"上，并填具"修护卡"以凭施工修护。

（九）每一填妥的"修护卡"应挂于该商品上，技术员应将实际修护使用时间及配换零件详填其上，商品修妥经主任验讫后在"客户商品进出登记簿"上注明归还商品日期，然后将该商品同"服务凭证"送请客户签章，同时取回技术员原交客户的收据并予以作废，并将"服务凭证"归档。

（十）上项携回修护的商品，如系有费修护，技术员应于还商品当天凭"服务凭证"，至会计员处开具发票，以便收费。

（十一）凡待修商品，不能按原定时间修妥者，技术员应即报请服务主任予以协助。

（十二）技术员应于每日将所从事修护工作的类别及所耗用时间填“技术员工作日报表”送请服务主任核阅存查。

（十三）服务主任应逐日依据技术人员日报表，将当天所属人员服务的类别及所耗时间，填“服务主任日报表”。

（十四）分公司的服务主任日报表，应先送请经理核阅签章后，转送客户部。

（十五）服务中心及分公司业务员，应根据“叫修登记簿”核对“服务凭证”后，将当天未派修工作，于次日送请主任优先派工。

（十六）所有服务作业，市区采用6小时，郊区采用7小时派工制，即叫修时间至抵达服务时间不得逾上班时间内6小时或7小时。

（十七）保养合同期满前一个月，服务中心及分公司，应填具保养到期通知书寄给客户，并派员前往争取续约。

□ 客户意见调查

（十八）本公司为加强对客户的服务，并培养服务人员“顾客第一”的观念，特举办客户意见调查，将所得结果，作为改进服务措施的依据。

（十九）客户意见分为客户的建议或抱怨及对技术员的品评。除将品评资料作为技术员每月绩效考核之一部分外，对客户的建议或抱怨，客户部应特别加以重视，认真处理，以精益求精，建立本公司售后服务的良好信誉。

（二十）服务中心及分公司应将当天客户“叫修登记簿”于次日寄送客户部，以凭填寄客户意见调查卡。调查卡填寄的数量，以当天全部叫修数为原则，不采取抽查方式。

（二十一）对技术员的品评，分为态度、技术、到达时间及答应事情的办理等四项，每项均按客户的满意状况分为四个程度，以便客户勾填。

（二十二）对客户的建议或抱怨，其情节重大者，服务部应即提呈副总经理核阅或核转，提前加以处理，并将处理情况函告该客户；其属一般性质者，客户部自行酌情处理之，唯应将处理结果，以书面或电话通知该客户。

（二十三）凡属加强服务及处理客户的建议或抱怨的有关事项，客户部应经常与服务中心及分公司保持密切联系，随时予以催办，并协助其解决所有困难问题。

（二十四）服务中心及分公司对抱怨的客户，无论其情节大小，均应由服务主管亲自或专门派员前往处理，以示慎重。

二、客户投诉处理办法

（一）目的

为求迅速处理客户投诉案件，维护公司信誉，促进质量改善与售后服务，制定本工作流程。

（二）范围

包括客户投诉表单编号原则，客户投诉的调查处理、追踪改善、成品退货、处理期限、核决权限及处理逾期反应等项目。

（三）适用时机

凡本公司产品遇客户反映质量异常的投诉（以下简称“客户投诉”）时，依本施行办法的规定办理。

（四）客户投诉处理流程（见表17－1）

表17－1　客户投诉处理流程表

项目主办部门	客户投诉调查及处理				成品退回处理		客户投诉改善及追踪				
	客户投诉反应	调查	责任归属判定	处理期限管理	检验	收料	改善表提出	改善项目拟定	改善项目确认	改善项目执行	改善项目督促
	服务中心	制造部（质量管理部）	客户部	客户部	品检科	仓储单位	客户部	制造部	客户部	有关部门	客户部

（1）服务中心接到客户投诉将情况反馈到相关部门。

（2）客户投诉的调查。调查投诉的原因、责任，确定处理决定告知客户。

（3）上门维修或成品退回处理。

（4）客户投诉的改善。

（5）客户服务跟踪，调查客户对服务满意度。

（五）处理职责

各部门客户投诉案件的处理职责：

1.业务部门

（1）详查客户投诉产品的订单编号、料号、数量、交运日期。

（2）了解客户投诉要求及客户投诉理由的确认。

（3）协助客户解决疑难或提供必要的参考资料。

（4）迅速传达处理结果。

2.质量管理部

（1）客户投诉案件的调查、提报与责任人员的拟定。

（2）发生原因及处理、改善对策的检查、执行、督促、提报。

（3）客户投诉质量的检验确认。

3.客户部

（1）客户投诉案件的登记，处理时效管理及逾期反应。

（2）客户投诉内容的审核、调查、提报。

（3）处理方式的拟定及责任归属的判定。

（4）客户投诉改善案的提出、洽办、执行成果的督促及效果确认。

（5）协助有关部门与客户接洽客户投诉的调查及妥善处理。

（6）客户投诉处理中客户投诉反映的意见提报有关部门追踪改善。

4.制造部

（1）针对客户投诉内容详细调查，并拟定处理对策及执行检查。

（2）提报生产单位、机班别、生产人员及生产日期。

（六）客户投诉案件处理期限

1.“客户抱怨处理表”处理期限自客户部受理起24小时内给客户以回复。根据具体情况确定处理期限。

（七）客户投诉责任人员处分及奖金罚扣

1.客户投诉责任人员处分

客户部每月10日前应审视上月份结案的客户投诉案件，凡经批示为行政处分者，经整理后送人事单位提报“人事公布单”并公布。

2.客户投诉绩效奖金罚扣

责任归属单位或个人由投诉案件发生的原因决定责任归属单位，并开立“奖罚通知单”呈总经理核准后复印三份，一份自存，一份送会计单位查核，一份送罚扣部门罚扣奖金。

（八）处理时效逾期的反应

客户部于客户投诉案件处理过程中，对于逾期案件应开立“催办单”催促有关部门处理，对于已结案的案件，应查核各部门处理时效，对于处理时效逾期案件，得开立“洽办单”送有关部门追查逾期原因。

（九）本办法由客户部制定并负责解释，经总经理批准后执行，修改亦同。

三、商品售后服务细则

第一条　做好商品售后服务工作是公司更好地为顾客服务，从而提高公司信誉，增强市场竞争力的重要工作之一。

第二条　公司所属门店应建立常规或专题顾客访问制度，采取上门访问、书面征求意见、邀请顾客座谈或利用各种机会等方式广泛征求顾客对本公司商品质量、服务质量的意见和要求，同时做好记录。对顾客反映的意见应及时反馈到有关部门领导，提出改进措施，并组织实施。

第三条　门店对顾客在商品质量方面的反馈意见，应及时分析研究处理，同时将处理意见上报质量管理部门。

第四条　对顾客提出的代购商品的要求，应做到一不推诿，二不敷衍，想方设法尽最大可能满足顾客的购买需求。

第五条　对顾客来信、来电、来访提出的问题，值班店长或其他有关部门应认真做好接待处理工作，做到态度热情虚心，处理及时公正。不管顾客提出的意见正确与否，都应虚心听取，沟通和加强与顾客之间的联系，并做好相关记录。

第六条　本制度责任人为企业负责人。

第七条　本制度每半年考核一次。

四、客户抱怨处理细则

第一条　目的

确保客户迅速获得满意的服务，对客户抱怨采取适当的处理措施，以维持公司信誉，并谋求公司改善。

第二条　范围

已完成交货手续的本公司产品，遭受客户因质量不符或不适用的抱怨。

第三条　客户抱怨的分类

1. 申诉：这种抱怨是客户对产品不满，或要求返工、更换或退货，于处理后不需给予客户赔偿。

2. 索赔：客户除要求对不良品加以处理外，并依契约规定要求本公司赔偿其损失，对于此种抱怨宜慎重且尽快地查明原因。

3. 非属质量抱怨的：客户刻意找种种理由，抱怨产品质量不良，要求赔偿或减价，此种抱怨则非属本公司责任。

第四条　客户抱怨处理流程。

第五条　实施单位

业务部、质量管理部成品科及有关单位。

第六条　实施要点

1. 客户抱怨由业务部受理，先核对是否确有该批订货与出货，并经实地调查了解（必要时会同有关单位）确认责任属本公司后，即填妥抱怨处理单通知质量管理部调查分析。

2. 质量管理部成品科调查成品检验记录表及有关此批产品的检验资料，查出真正的原因，如无法查出，则会同有关单位查明。

3. 查明原因后，会同有关单位，针对原因，提出改善对策，防止再次发生。

4. 会同有关单位，对客户抱怨提出处理建议，经厂长核准后，由业务部答复客户。

5. 将资料回馈有关单位并归档。

第七条　本办法经质量管理委员会核定后实施，修正时亦同。

五、客户投诉处罚规定

第一条　客户投诉处罚的责任归属。

业务部门、服务部门以归属至个人为原则，未能明确归属至个人者应归属至全部门。

第二条　制造部门以各组为最小单位，以归属至责任发生各组为原则，未能明确归属至责任发生组者则归属至全部门。

第三条　客户投诉处罚方式：

1. 客户投诉案件处罚依据《客户投诉处罚判定基准》的原则，判定有关部门或个人，予以处罚个人效益奖金，其处罚金额归属公司。

2. 客户投诉处罚按额度分别处罚。

3. 客户投诉处罚标准依“客户投诉损失金额核算基准”，责任归属部门的营业人员，以损失金额除以该责任部门的总基点数，再乘以个人的总基点数即为处罚金额。

4. 客户投诉处罚最高金额以全月效率奖金50%为准，该月份超过50%以上者逐月分期处罚。

第四条　服务部门的处罚方式：

1. 归属至个人者依照制造部各部门的发生部门处罚方式。

2. 归属至发生部门者依照制造部门全部门的处罚方式。

第五条　制造部门的处罚方式：

1. 归属至发生部门者，依《客户投诉罚扣标准》计扣该部门应罚金额。

2. 归属至全部门营业人员，依《客户投诉处罚标准》每基点数处罚计算全部门每人的基点数。

第三节　售后服务管理实用表单

售后服务管理实用表单如表17－2到表17－7所示。

一、客户投诉记录表

表17－2　客户投诉记录表

<table>
<tr><td>客户名称</td><td></td><td>订单编号</td><td></td><td>制造部门</td><td></td><td>交运日期
及编号</td><td></td></tr>
<tr><td colspan="2">品名及规格</td><td colspan="2">部门</td><td colspan="2">交货数量</td><td colspan="2">金额</td></tr>
<tr><td colspan="2"></td><td colspan="2"></td><td colspan="2"></td><td colspan="2"></td></tr>
<tr><td colspan="2"></td><td colspan="2"></td><td colspan="2"></td><td colspan="2"></td></tr>
<tr><td colspan="2"></td><td colspan="2"></td><td colspan="2"></td><td colspan="2"></td></tr>
<tr><td rowspan="3">投诉内容</td><td>投诉理由</td><td colspan="4"></td><td rowspan="2"></td><td rowspan="3"></td></tr>
<tr><td>客户要求</td><td>赔款　元</td><td>折价　%</td><td>退货</td><td>数量：
金额：</td></tr>
<tr><td>经办人意见</td><td colspan="4"></td><td>签字</td></tr>
</table>

续表

客户名称		订单编号		制造部门		交运日期及编号	
营业部门意见：							
采购部门意见：							
制造部门意见：							
质检部门意见：							
财务部门意见：							
副总经理批示：							
总经理批示：							

二、客户投诉处理表

表 17－3　客户投诉处理表

日　期	编　号	承办主管	查证人	承办人	填表人

投诉者	公司名称				姓名	
	地址				电话	
投诉标的	品名		数量		金额	
	项目				其他	
双方意见	对方意见					
	本方意见					
调查	调查项目及结果					
	调查判定					

续表

日　期	编　号		承办主管	查证人		承办人	填表人	
暂定对策								
最后对策								
发生的原因	1. 开发的错误 2. 设计的错误 3. 材料的错误 4. 原料的错误 5. 作业的错误	6. 检查的错误 7. 使用已久 8. 处理时不小心 9. 使用不慎 10. 其他		情节程度	重大 中等 轻微	备注		

三、客户投诉处理通知书

表 17-4　客户投诉处理通知书

客户名称		部门		经办人	
投诉原因					
订单编号		问题发生部门			
索赔数量		制单号码			
索赔金额		订购数量			
再发率	否	处理期限		回答	
发生原因调查结果		客户希望 1. 换新 2. 退款 3. 打折扣 4. 索赔 5. 其他			
		营业部观察结果			

续表

客户名称		部门		经办人	
处置及公司对策	公司对策				
	对策实施确认				

四、客户抱怨处理表

表17－5　客户抱怨处理表

客户名称		品名		规　格		
交货批号		料　号		抱 怨 数 量	结 案 日 期	
项　　目	内　　容				负责部门签章	
抱怨内容						
客户要求						
调查分析						
改善对策						
抱怨处理建议	(　)赔偿￥____　(　)折价 (　)以良品交换　(　)非本公司责任 (　)检修或返工　(　)其他					
厂长批示						

五、售后服务满意度调查表

表 17－6　售后服务满意度调查表

客户名称				购买时间			
地　址							
联系方式							
调查项目	内　容	A	B	C	D	E	意见
产品使用性　能							
产品外观与包装							
产品价格							
产品设计							
与其他公司产品的比较							
服　务							
客户意见栏	客户签名:						
备注	1. 请在 A～E 栏中打“√”，并敬赐您的宝贵意见。 2. A—极满意　B—比较满意　C—基本满意　D—不太满意　E—不满意						

六、客户提案表

表 17－7　客户提案表

<table>
<tr><td colspan="7">受理编号______　　　　　　　　　　年　月　日
（提案者）______</td></tr>
<tr><td colspan="2">采购部门</td><td>采购者</td><td>电话</td><td colspan="2">经理</td><td>直接主管</td></tr>
<tr><td colspan="2"></td><td></td><td></td><td colspan="2"></td><td></td></tr>
<tr><td>提案内容（客户填写）</td><td colspan="3"></td><td colspan="3"></td></tr>
<tr><td rowspan="2">分析评价内容</td><td colspan="5"></td><td>签字</td></tr>
<tr><td colspan="5"></td><td>签字</td></tr>
<tr><td rowspan="3">结果</td><td rowspan="3">是否采纳的理由</td><td>评价</td><td colspan="4">采用　不采用　研究中</td></tr>
<tr><td>效果</td><td></td><td>实施</td><td colspan="2"></td></tr>
<tr><td>确认（签字）</td><td colspan="4"></td></tr>
</table>

第18章　营销合同范本大全

一、一般商品销售合同

订立合同双方：

供方（甲方）：____________

需方（乙方）：____________

供需双方本着平等互利、协商一致的原则，签订本合同，以资双方信守执行。

第一条　商品名称、种类、规格、单位、数量

品名	种类	规格	单位	数量	备注

第二条　商品质量标准可选择下列第____项作标准：

1. 附商品样本，作为合同附件。

2. 商品质量，按照________标准执行（副品不得超过________%）。

3. 商品质量由双方议定。

第三条　商品单价及合同总金额

1. 商品定价，供需双方同意按________定价执行。如因原料、材料、生产条件发生变化，需变动价格时，应经供需双方协商。否则，造成损失由违约方承担经济责任。

2. 单价和合同总金额：________________。

第四条　包装方式及包装品处理________________。

（按照各种商品的不同，规定各种包装方式、包装材料及规格。包装品以随货出售为原则；凡须退还对方的包装品，应按铁路规定，订明回空方法及时间，或另作规定。）

第五条　交货方式

1. 交货时间：__________________________。

2. 交货地点：__________________________。

3. 运输方式：__________________________。

第六条　验收方法__________________________。

（按照交货地点与时间，根据不同商品种类，规定验收的处理方法。）

第七条　预付货款（根据不同商品，决定是否预付货款及金额）。

第八条　付款日期及结算方式__________________________。

第九条　运输及保险__________________________。

（根据实际情况，需委托对方代办运输手续者，应于合同中订明。为保证货物途中的安全，代办运输单位应根据具体情况代为投保运输险。）

第十条　运输费用负担__________________________。

第十一条　违约责任

1.需方延付货款或付款后供方无货。使对方造成损失，应偿付对方此批货款总价____%的违约金。

2.供方如提前或延期交货或交货不足数量者，供方应偿付需方此批货款总值____%的违约金。需方如不按交货期限收货或拒收合格商品，亦应按偿付供方此批货款总值____%的违约金。任意一方如提出增减合同数量，变动交货时间，应提前通知对方，征得同意，否则应承担经济责任。

3.供方所发货品有不合规格、质量或霉烂等情况，需方有权拒绝付款（如已付款，应订明退款退货办法），但须先行办理收货手续，并代为保管和立即通知供方，因此所发生的一切费用损失，由供方负责，如经供方要求代为处理，并须负责迅速处理，以免造成更大损失，其处理方法由双方协商决定。

4.约定的违约金，视为违约的损失赔偿。双方没有约定违约金或者预先赔偿额的计算方法的，损失赔偿额应当相当于违约所造成的损失，包括合同履行后可以获得的利益，但不得超过违反合同一方订立合同时应当预见到的因违反合同可能造成的损失。

第十二条　当事人一方因不可抗力不能履行合同时，应当及时通知对方，并在合理期限内提供有关机构出具的证明，可以全部或部分免除该方当事人的责任。

第十三条　本合同在执行中发生纠纷，甲乙双方不能协商解决时，可向当地人民法院提出诉讼（或申请__________仲裁机构仲裁的解决）。

第十四条　合同执行期间，如因故不能履行或需要修改，必须经双方同意，并互相换文或另订合同，方为有效。

需方：__________________（盖章）　供方：__________________（盖章）

法定代表人：______________（盖章）　法定代表人：______________（盖章）

开户银行及账号：__________________　开户银行及账号：__________________

________年________月________日

二、农副产品销售合同

农副产品销售合同（一）

合同编号：____________

出卖人（甲方）：____________

买受人（乙方）：____________

签订时间：________年________月________日

签订地点：____________

第一条　标的、数量、价款及交（提）货时间

第二条　质量标准：____

____

____

第三条　包装标准、包装物的供应和回收及费用负担：__________________________

____

第四条　合理损耗标准及计算方法：____

____

第五条　标的物所有权自________时起转移，但买受人未履行支付价款义务的，标的物属于________所有。

第六条　交（提）货方式地点：____

____

第七条　运输方式和到达站（港）和运输费用负担：____

____

第八条　检验标准、方法、地点及期限：____

____

第九条　检疫单位、方法、地点、标准及费用负担：____

____

第十条　结算方式、时间及地点：____

____

第十一条　担保方式（也可另立担保合同）：____

____

第十二条　本合同解除的条件：____

____

第十三条　违约责任：____

____

第十四条　合同争议的解决方式：本合同在履行过程中发生的争议，由双方当事人协商解决；也可由当地工商行政管理部门调解；协商或调解不成的，按下列第______种方式解决：

（一）提交__________仲裁委员会仲裁；

（二）依法向人民法院起诉。

第十五条　本合同经甲乙双方签订后自__________起生效。

第十六条　其他约定事项：____

____

农副产品销售合同(二)

供方：________________

地址：________________

邮编：________________

电话：________________

法定代表人：________________

职务：________________

需方：________________

地址：________________

邮编：________________

电话：________________

法定代表人：________________

职务：________________

(一)产品名称、品种、数量、金额、交售时间

产品名称：________________

品种：________________

计量单位：________________

数量：________________

单价：________________

总金额：________________

交售时间及数量：________________

合计：________________

合计人民币金额(大写)：________________

(二)质量标准、用途

____

____

(三)验收办法及时间、地点

____

____

(四)检验及检疫的单位、地点、方法、标准及费用负担

____

____

(五)交(提)货地点及运输方式和费用负担

____

____

(六)超欠幅度损耗及计算方法

____

____

(七)包装标准、包装物的供应与回收和费用负担

____

____

（八）结算方式及期限

____

____

（九）给付定金的数额、时间

____

____

（十）如需提供担保，另立合同担保书，作为本合同附件

____

____

（十一）违约责任

____

____

（十二）解决合同纠纷的方式

____

____

（十三）其他约定事项

____

____

（十四）本合同于____年____月____日在____签订；有效期至____年____月____日

供方

单位名称：（章）____________

代表人：____________

开户银行：____________

账号：____________

____________年____________月____________日

需方

单位名称：（章）____________

代表人：____________

开户银行：____________

账号：____________

____________年____________月____________日

三、工业品销售合同签约范本

合同编号：________________

出卖人（甲方）：________________　签订地点：________________

买受人（乙方）：________________　签订时间：______年______月______日

第一条　标的、数量、价款及交（提）货时间

第二条　质量标准：____

____

____

第三条　出卖人对质量负责的条件及期限：________________________________

____

____

第四条　包装标准、包装物的供应与回收：________________________________

____

____

第五条　随机的必备品、配件、工具数量及供应办法：________________________

____

____

第六条　合理损耗标准及计算方法：____________________________________

____

____

第七条　标的物所有权自______时起转移，但买受人未履行支付价款义务的，标的物属于______所有。

第八条　交（提）货方式、地点：______________________________________

____

____

第九条　运输方式及到达站（港）和费用负担：____________________________

____

____

第十条　检验标准、方法、地点及期限：__________________________________

____

____

第十一条　成套设备的安装与调试：____________________________________

____

____

第十二条　结算方式、时间及地点：____________________________________

____

____

第十三条　担保方式(也可另立担保合同)：____

____

第十四条　本合同解除的条件：____

____

第十五条　违约责任：

第十六条　合同争议的解决方式：本合同在履行过程中发生的争议，由双方当事人协商解决；也可由当地工商行政管理部门调解；协商或调解不成的，按下列第________种方式解决：

____

(一)提交__________仲裁委员会仲裁；

(二)依法向人民法院起诉。

第十七条　本合同经甲乙双方签订后自__________起生效。

第十八条　其他约定事项：____

____

____

四、工矿产品销售合同

订立合同双方：

出卖人(甲方)：______________________

买受人(乙方)：______________________

为了增强买卖双方的责任感，确保双方实现各自的经济目的，经双方充分协商，特订立本合同，以便共同遵守。

第一条　产品的名称、品种、规格和质量

1.产品的名称、品种、规格(应注明产品的牌号或商标)：

2.产品的技术标准(包括质量要求)，按下列第(　　)项执行：

(1)按国家标准执行；(2)无国家标准而有行业标准的，按行业标准执行；(3)无国家和行业标准的，按企业标准执行；(4)没有上述标准的，或虽有上述标准，但买受人有特殊要求的，按买卖双方在合同中商定的技术条件、样品或补充的技术要求执行。

(在合同中必须写明执行的标准代号、编号和标准名称。对成套产品，合同中要明确规定附件的质量要求；对某些必须安装运转后才能发现内在质量缺陷的产品，除主管部门另有规定外，合同中应具体规定提出质量异议的条件和时间；实行抽样检验质量的产品，合同中应注明采用的抽样标准或抽验方法和比例；在商定技术条件后需要封存样品的，应当由当事人双方共同封存，分别保管，作检验的依据。)

第二条　产品的数量和计量单位、计量方法

1.产品的数量：

2.计量单位、计量方法：

（国家或主管部门有计量方法规定的，按国家或主管部门的期执行；国家或主管部门无规定的，由买卖双方商定。对机电设备，必时应当在合同中明确规定随主机的辅机、附件、配套的产品、易投备品、配件和安装修理工具等。对成套供应的产品，应当明确成套应的范围，并提出成套供应清单。）

3. 产品交货数量的正负尾差、合理磅差和在途自然减（增）量定及计算方法：

第三条 产品的包装标准和包装物的供应与回收

（产品的包装，国家或业务主管部门有技术规定的，按技术规定执行；国家与业务主管部门无技术规定的，由买卖双方商定。产品包装物，除国家规定由买受人供应的以外，应由出卖人负责供应。可多次使用的包装物，应按有关主管部门制订的包装物回收办法执行；有关主管部门无规定的，由买卖双方商定包装物回收办法，列为合同附件。产品的包装费用，除国家另有规定者外，不得向买受人另外收取。如果买受人有特殊要求的，双方应当在合同中商定，其售费超过原定标准的，超过部分由买受人负担；其包装费低于原定标准的，相应降低产品价格。）

第四条 产品的交货单位、交货方法、运输方式、到发地点（包括专用线、码头）

1. 产品的交货单位：

2. 交货方法，按下列第（ ）项执行：

（1）出卖人送货（国家主管部门规定有送货办法的，按规定的办法执行；没有规定送货办法的，按双方协议执行）；

（2）出卖人代运（出卖人代办运输，应充分考虑买受人的要求，商定合理的运输路线和运输工具）；

（3）买受人自提自运。

3. 运输方式：______________________________________。

4. 到货地点和接货单位（或接货人）______________________________。

（买受人如要求变更到货地点或接货人，应在合同规定的交货期限（月份或季度）前四十天通知出卖人，以便出卖人编月度要车（船）计划；必须由买受人派人押送的，应在合同中明确规定；买卖双方对产品的运输和装卸，应按有关规定与运输部门办理交换手续，做出记录，双方签字，明确双方当事人和运输部门的责任。）

第五条 产品的交（提）货期限

（规定送货或代运的产品的交货日期，以买受人发运产品时承运部门签发的戳记日期为准，当事人另有约定者，从约定；合同规定买受人自提产品的交货日期，以出卖人按合同规定通知的提货日期为准。出卖人的提货通知中，应给予买受人必要的途中时间，实际交货或提货日期早于或迟于合同规定的日期，应视为提前或逾期交货或提货。）

第六条 产品的价格与货款的结算

1. 产品的价格，按下列第（ ）项执行：

（1）按政府定价执行；

（2）按政府指导价执行；

（3）不属于政府定价或政府指导价的产品，或因对产品有特殊技术要求需要提高或降低价格的，按买卖双方的商定价执行。

（执行政府定价或政府指导价的，在合同规定的交货或提货期内，遇政府调整价格时，按交货时的价格执行。逾期交货的，遇价格上涨时，按原价执行；遇价格下降时，按新价执行。逾期提货或逾期付款的，遇价格上涨时，按新价格执行；遇价格下降时，按原价执行。由于逾期付款而发生调整价格的差价，由买卖双方另行结算，不在原托收结算金额中冲抵。执行协商定价的，按合同规定的价格执行。）

2. 产品货款的结算：产品的贷款、实际支付的运杂费和其他费用的结算，按照中国人民银行结算办法的规定办理。

（用托收承付方式结算的，合同中应注明验单付款或验货付款。验货付款的承付期限一般为十天，从运输部门向收货单位发出提货通知的次日起算。凡当事人在合同中约定缩短或延长验货期限的，当在托收凭证上写明，银行从其规定。）

第七条 验收方法

（合同应明确规定：1. 验收时间；2. 验收手段；3. 验收标准；由谁负责验收和试验；4. 在验收中发生纠纷后，由哪一级产品质量监督机关执行仲裁等。）

第八条 对产品提出异议的时间和办法

1. 买受人在验收中，如发现产品的品种、型号、规格、花色和质量不合规定，应一面妥为保管，一面在____天内向出卖人提出书面异议；在托收承付期内，买受人有权拒付不符合合同规定部分的货款。

2. 买受人未按规定期限提出书面异议的，视为所交产品符合同规定。

3. 买受人因使用、保管、保养不善等造成产品质量下降的，不得提出异议。

4. 出卖人在接到买受人书面异议后，应在______天内负责处理，否则，即视为默认买受人提出的异议和处理意见。

（买受人提出的书面异议中，应说明合同号、运单号、车或船发货和到货日期；说明不符合规定的产品名称、型号、规格、花色、标志、牌号、批号、合格证或质量保证书号、数量、包装、检验方法、检验情况和检验证明；提出不符合规定的产品的处理意见，以及当事人双方商定的必须说明的事项。）

第九条 出卖人的违约责任

1. 出卖人不能交货的，应向买受人偿付不能交货部分贷款______%（通用产品的幅度为1% ~5%，专用产品的幅度为10% ~30%）的违约金。

2. 出卖人所交产品品种、型号、规格、花色、质量不符合合同规定的，如果买受人同意利用，应当按质论价；如果买受人不能利用的，应根据产品的具体情况，由出卖人负责包换或包修，并承担修理、调换或退货而支付的实际费用。出卖人不能修理或者不能调换的，按不能交货处理。

3. 出卖人因产品包装不符合合同规定，必须返修或重新包装的，出卖人应负责返修或重新包装，并承担支付的费用。买受人不要求返修或重新包装而要求赔偿损失的，出卖人应当偿付买受人该不合格包装物低于合格包装物的价值部分。因包装不符合规定造成货物损坏或灭失的，出卖人应当负责赔偿。

4. 出卖人逾期交货的，应比照中国人民银行有关延期付款的规定，按逾期交货部分货款计算，向买受人偿付逾期交货的违约金，并承担买受人因此所受到的损失。

5. 出卖人提前交货的产品、多交的产品和品种、型号、规格、花色、质量不符合合同规定的产品，买受人在代保管期内实际支付的保管、保养等费用以及非因买受人保管不善而发生的损失，应当由出卖人承担。

6. 产品错发到货地点或接货人的，出卖人除应负责运交合同规定的到货地点或接货人外，还应承担买受人因此多支付的一切实际费用和逾期交货的违约金。出卖人未经买受人同意，单方面改变运输路线和运输工具的，应当承担由此增加的费用。

7. 出卖人提前交货的，买受人接货后，仍可按合同规定的交货时间付款；合同规定自提的，买受人可拒绝提货。出卖人逾期交货的，出卖人应在发货前与买受人协商，买受人仍需要的，出卖人应照数补交，并负逾期交货责任；买受人不再需要的，应当在接到出卖人通知后十五天内通知出卖人，办理解除合同手续，逾期不答复的，视为同意发货。

第十条　买受人的违约责任

1. 买受人中途退货，应向出卖人偿付退货部分货款______%（通用产品的幅度为1%～5%，专用产品的幅度为10%～30%）的违约金。

2. 买受人未按合同规定的时间和要求提供应交的技术资料或包装物的，除交货日期得以顺延外，应比照中国人民银行有关延期付款的规定，按顺延交货部分贷款计算，向出卖人偿付顺延交货的违约金；如果不能提供的，按中途退货处理。

3. 买受人自提产品未按供方通知的日期或合同规定的日期提货的，应比照中国人民银行有关延期付款的规定，按逾期提货部款总值计算，向出卖人偿付逾期提货的违约金，并承担出卖人实际支付的代为保管、保养的费用。

4. 买受人逾期付款的，应按照中国人民银行有关延期付款的规定向出卖人偿付逾期付款的违约金。

5. 买受人违反合同规定拒绝接货的，应当承担由此造成的损失和运输部门的罚款。

6. 买受人如错填到货地点或接货人，或对出卖人提出错误异议，应承担出卖人因此所受的损失。

第十一条　不可抗力

当事人双方的任何一方由于不可抗力的原因不能履行合同应及时向对方通报不能履行或不能完全履行的理由，并应在________天内提供证明，允许延期履行、部分履行或者不履行合同，并根据状况可部分或全部免予承担违约责任。

第十二条　合同争议的解决方式

本合同在履行过程中发生的争议，由双方当事人协商解决；由当地工商行政管理部门调解；协商或调解不成的，按下列第________种方式解决：

1. 提交仲裁委员会仲裁；

2. 依法向人民法院起诉。

第十三条　其他

按本合同规定应该偿付的违约金、赔偿金、保管保养费和经济损失，应当在明确责任后十天内，按银行规定的结算办法付清，否则按逾期付款处理。本合同自________年________月________日起生效，合同履行期内，当事人双方均不得随意变更或解除合同。合同如有未尽事宜，须经双方共同协商，做出补充规定，补充规定与本合同具有同等效力。本合同正本一式二份，双方各执一份；合同副本一式________份，分送银行（如经公证或鉴证，应送公证或鉴证机关）……等单位各留存一份。

出卖人：__________________（章）　　买受人：__________________（章）

法定代表人：__________________　　法定代表人：__________________

委托代理人：__________________　　委托代理人：__________________

地址：__________________　　地址：__________________

开户银行:______________ 开户银行:______________
账号:______________ 账号:______________
电话:______________ 电话:______________
邮编:______________ 邮编:______________

_____年_____月_____日 订

五、房屋销售合同

甲方:______________(以下简称甲方)

乙方:______________(以下简称乙方)

为了确保甲、乙双方的合法权益,现就住宅及车库买卖有关事项签订协议如下:

第一条 经甲乙双方共同协商,甲方自愿将位于______________市______________号______________单元______________楼的住宅一套及一楼车库杂物房一间出售(出让)给乙方,其中:住宅建筑面积为______________平方米,车库杂物房建筑面积为______________平方米。

第二条 上述住宅及车库杂物房的出售价(含出让价,下同)为人民币______(大写)元(¥______元)(以下金额均为人民币)。此价格自甲乙双方签订协议书之日起不得变更。

第三条 付款方式:实行分期付款,首期支付______万元整,第二期支付______万元整。具体支付时间及方式如下:

(一) 乙方陪同甲方到银行归还上述住宅按揭贷款余额取回《中华人民共和国房屋所有权证》(以下简称《房产证》)时支付甲方售房款______(大写)万元整。

(二)在甲方办妥上述住宅所有权过户手续并将新的《房产证》及车库杂物房的《使用权出让证》交给乙方的当天支付______(大写)万元整。

第四条 甲方必须在收到乙方支付的首期购房款并归还按揭贷款余额取回《房产证》后的15日内,与乙方共同到房产部门办理上述住宅所有权过户手续,并将新的《房产证》交给乙方。上述住宅一经办理所有权过户手续,房屋的产权及使用权归乙方所有,甲方不再拥有产权及使用权,原入住人员或存放的物品必须在住宅所有权过户后的十五日内搬离。

第五条 鉴于甲方原来只拥有车库杂物房的使用权而无所有权,仅取得车库杂物房的《使用权出让证》,而《使用权出让证》又不能到发证机关办理“使用人”变更手续的实际情况,该车库杂物房及对应的《使用权出让证》自乙方付清上述购房款(含车库杂物房的出让金)之日起至该车库杂物房使用权终了之日止归乙方使用和保管。

第六条 上述住宅及车库杂物房的交易金额(人民币壹拾陆万元整)不包括售房应缴税费及办理住宅所有权过户手续费等各种税费,此项税费由乙方承担。

第七条 违约责任:

(一)乙方未在规定的时间内将购买上述住宅、车库的款项支付给甲方的,由甲方按日加收违约金额的百分之____的违约金。

(二)甲方在收到乙方支付的购房款后未按规定时间办理上述住宅所有权过户手续

并将新的《房产证》以及车库杂物房《使用权出让证》交给乙方的，甲方除必须将住宅《房产证》及车库杂物房《使用权出让证》交给乙方外，必须按日支付全部售房款百分之____的违约金。

（三）甲方未在规定时间内搬离上述住宅及车库杂物房的，必须按市场房屋出租价格的三至五倍价格向乙方支付房屋租金。

（四）房屋买卖协议签订后，甲方违约不出售（出让）上述住宅及车库杂物房，如已收取乙方的购房款的，甲方除必须按乙方规定的时间退还已收取的乙方购房款外，必须另行支付给乙方三万元整违约金；如乙方已付款但中止购房的，甲方只按已收款项的80%退回给乙方；如未支付任何购房款，无论哪一方违约，违约方应向对方支付违约金壹万元整。

第八条　本协议经双方签字并经市公证处公证后生效。

本协议一式三份，甲乙双方各执一份，________市公证处存一份。

甲方（盖章）：　　　　　　　乙方：（盖章）：

签订日期：________年________月________日

六、商品房销售合同

本合同双方当事人：

卖方（以下简称甲方）：________

注册地址：________营业执照号码：________邮政编码：________

法定代表人：________　职务：________　联系电话：________

委托代理人：________　职务：________地址：________邮政编码：________

联系电话：________

委托代理机构：________注册地址：________营业执照号码：________

邮政编码：________法定代表人：________职务：________联系电话：________

买方（以下简称乙方）：________

（本人）（法定代表人）姓名：________国籍：________（身份证）（护照）（营业执照号码）：________地址：________邮政编码：________联系电话：________

委托代理人：________职务：________地址：________

邮政编码：________联系电话：________

根据《中华人民共和国合同法》《中华人民共和国城市房地产管理法》及其他有关法律、法规之规定，在平等、自愿、协商一致的基础上，就乙方向甲方购买商品房，甲、乙双方达成如下协议：

第一条　甲方用地依据及商品房坐落位置。

甲方以________方式取得位于________、编号为________的地块的土地使用权。

（土地使用权出让合同号）（土地使用权划拨批准文件号）为________。

划拨土地使用权转让批准文件号为________。

土地使用权证号为________，土地面积为________。地块规划用途为________，土地使用权年限自________年________月________日至________年________月________

日止。

甲方经批准，在上述地块上建设商品房，(现定名)(暂定名)________，主体建筑物的性质为________，属________结构，建筑层数为________层。工程建设规划许可证号为________。

第二条　乙方所购商品房的面积。

乙方向甲方购买商品房(以下简称该商品房)建筑面积共________平方米(其中实际建筑面积________平方米，公共部位与公用房屋分摊建筑面积________平方米)，共________(套)(间)。(该商品房屋平面图见本合同附件一，房屋以附件一上表示为准)。该商品房分别为本合同第一条规定的项目中的：

第________(幢)(座)________层________号房。

第________(幢)(座)________层________号房。

第________(幢)(座)________层________号房。

第________(幢)(座)________层________号房。

上述面积为(甲方暂测)(房地产产权登记机关实际测定)面积。如暂测面积与房地产产权登记机关实际测定的面积有差异的，以房地产产权登记机关实际测定面积(以下简称实际面积)为准。

根据法律规定的房屋所有权与该房屋占用土地范围内的土地使用权一致的原则，该商品房相应占有的土地使用权，在办理土地使用权登记时由政府主管部门核定。

第三条　该商品房销售特征。

该商品房为(现房)(预售商品房)。

预售商品房批准机关为________，商品房预售许可证号为________。

该商品房为(内销)(外销)商品房。

外销商品房批准机关为________，外销商品房许可证号为________。

第四条　价格与费用。

该商品房(属于)(不属于)政府定价的商品房。按实际建筑面积计算，该商品房单位(售价)(暂定价)为(________币)每平方米________元，总金额为(________币)________亿________千________百________拾________万________千________百________拾________元整。

除上述房价款，甲方依据有关规定代政府收取下列税费：

1.代收________，计(________币)________亿________千________百________拾________万________千________百________拾________元整；

2.代收________，计(________币)________亿________千________百________拾________万________千________百________拾________元整；

3.代收________，计(________币)________亿________千________百________拾________万________千________百________拾________元整；

4.代收________，计(________币)________亿________千________百________拾________万________千________百________拾________元整；

5.代收________，计(________币)________亿________千________百________拾________万________千________百________拾________元整；

6.代收________，计(________币)________亿________千________百

__________拾__________万__________千__________百__________拾__________元整。

第五条　实际面积与暂测面积差异的处理。

该商品房交付时，房屋实际面积与暂测面积的差别不超过暂测面积的±________%（不包括±__________%）时，上述房价款保持不变。

实际面积与暂测面积差别超过暂测面积的±__________%（包括±__________%）时，甲乙双方同意按下述第__________种方式处理：

1. 乙方有权提出退房，甲方须在乙方提出退房要求之日起________天内将乙方已付款退还给乙方，并按________利率付给利息。

2. 每平方米价格保持不变，房价款总金额按实际面积调整。

3. ____。

第六条　价格与费用调整的特殊约定。

该商品房出现下列情况之一时，房价款和代政府收取的税费可作相应调整：

1. 由于该商品房属于政府定价的预售商品房，有权批准单位最后核定的价格与本合同第四条规定的价格不一致，按政府有关部门最后核定的每平方米价格调整。

2. 预售商品房开发建设过程中，甲方代政府收取的税费标准调整时，按实际发生额调整。

3. ____。

第七条　付款优惠。

乙方在______年______月______日前付清全部房价款______%的，甲方给予乙方占付款金额____%的优惠，即实际付款额为(____币)______亿______千______百______拾______万______千______百______拾______元整。

第八条　付款时间约定。

乙方应当按以下时间如期将房价款当面交付甲方或汇入甲方指定的______银行（账户名称：______，账号：______）：

1. ______年______月______日前支付全部房价款的______%，计(______币)______亿______千______百______拾______万______千______百______拾______元；

2. ______年______月______日前支付全部房价款的______%，计(______币)______亿______千______百______拾______万______千______百______拾______元；

3. ______年______月______日前支付全部房价款的______%，计(______币)______亿______千______百______拾______万______千______百______拾______元；

4. ______年______月______日前支付全部房价款的______%，计(______币)______亿______千______百______拾______万______千______百______拾______元；

5. ______年______月______日前支付全部房价款的______%，计(______币)______亿______千______百______拾______万______千______百______拾______元。

第九条　交接商品房时的付款额约定。

在双方交换该商品房时，乙方累计支付的款额应当占全部房价款的______%，计(______币)______亿______千______百______拾______万______千______百______拾______元。其余房价款在房地产产权登记机关办完权属登记手续之日起______天内付清。

第十条　乙方逾期付款的违约责任。

乙方如未按本合同第八条规定的时间付款，甲方对乙方的逾期应付款有权追究违约利息。自本合同规定的应付款限期之第二天起至实际付款之日止，月利息按______计算。逾期超过______天后，即视为乙方不履行本合同。届时，甲方有权按下述第______种约定，追究乙方的违约责任：

1. 终止合同，乙方按累计应付款的______%向甲方支付违约金。甲方实际经济损失超过乙方支付的违约金时，实际经济损失与违约金的差额部分由乙方据实赔偿。

2. 乙方按累计应付款的______%向甲方支付违约金，合同继续履行。

3. ____。

第十一条　交付期限。

甲方须于______年______月______日前，将经竣工验收（包括建筑工程质量验收和按规定必需的综合验收）合格，并符合本合同附件二所规定的装饰和设备标准的该商品房交付乙方使用。但如遇下列特殊原因，除甲、乙双方协商同意解除合同或变更合同外，甲方可据实予以延期：

1. 人力不可抗拒的火灾、水灾、地震等自然灾害；

2. ____；

3. ____。

第十二条　甲方逾期交付的违约责任。

除本合同第十一条规定的特殊情况外，甲方如未按本合同规定的期限将该商品房交付乙方使用，乙方有权按已交付的房价款向甲方追究违约利息。按本合同第十一条规定的最后交付期限的第二天起至实际交付之日止，月利息在______个月内按______利率计算；自第______个月起，月利息则按______利率计算。逾期超过______个月，则视为甲方不履行本合同，乙方有权按下列第______种约定，追究甲方的违约责任：

1. 终止合同，甲方按乙方累计已付款的______%向乙方支付违约金。乙方实际经济损失超过甲方支付的违约金时，实际经济损失与违约金的差额部分由甲方据实赔偿。

2. 甲方按乙方累计已付款的______%向乙方支付违约金，合同继续履行。

3. ____。

第十三条　设计变更的约定。

预售商品房开发建设过程中，甲方对原设计方案作重大调整时，必须在设计方案批准后______日内书面通知乙方。乙方应当在收到该通知之日起______天内提出退房要求或与甲方协商一致签订补充协议。乙方要求退房的，甲方须在乙方提出退房要求之日起______天内将乙方已付款退还给乙方，并按______利率付给利息。

第十四条　交接通知与乙方责任。

预售商品房竣工验收合格后，甲方应书面通知乙方办理交付该商品房手续。乙方应在收到该通知之日起______天内，到甲方指定地点付清本合同第九条规定的应付款项。若在规定期限内，乙方仍未付清全部应付款项，甲方有权按本合同第十条规定向乙方追究违约责任。

第十五条　交接与甲方责任。

在乙方付清本合同第九条规定的应付款之日起____天内，双方对该商品房进行验收交接、交接钥匙、签署房屋交接单。若因甲方责任在乙方付清全部应付款之日起____天后仍未进行验收交接，乙方有权按本合同第十二条的约定追究甲方违约责任。

第十六条 甲方关于装饰、设备标准承诺的违约责任。

甲方交付使用的商品的装饰、设备标准达不到本合同附件二规定的标准的，乙方有权要求甲方补偿双倍的装饰、设备差价。

第十七条 质量争议的处理。

乙方对该商品房提出有重大质量问题，甲、乙双方产生争议时，以________出具的书面工程质量评定意见作为处理争议的依据。

第十八条 甲方关于基础设施、公共配套建筑正常运行的承诺。

甲方承诺与该商品房正常使用直接关联的下列基础设施、公用配套建筑按以下日期投入正常运行：

1. ____；
2. ____；
3. ____；
4. ____；
5. ____；
6. ____；

第十九条 关于产权登记的约定。

在乙方实际接收该商品房之日起，甲方协助乙方在房地产产权登记机关规定的期限内向房地产产权登记机关办理权属登记手续。如因甲方的过失造成乙方不能在双方实际交接之日起______天内取得房地产权属证书，乙方有权提出退房，甲方须在乙方提出退房要求之日起______天内将乙方已付款退还给乙方，并按已付款的______%赔偿乙方损失。

第二十条 关于物业管理的约定。

该商品房移交后，乙方承诺遵守小区（楼宇）管理委员会选聘的物业管理公司制定的物业管理规定；在小区（楼宇）管理委员会未选定物业管理机构之前，甲方指定______公司负责物业管理，乙方遵守负责物业管理的公司制定的物业管理规定。

第二十一条 保修责任。

自乙方实际接收该商品房之日起，甲方对该商品房的下列部位和设施承担建筑施工质量保修责任，保修期内的保修费用由甲方承担：

1. 墙面__________保修__________月；
2. 地面__________保修__________月；
3. 顶棚__________保修__________月；
4. 门窗__________保修__________月；
5. 上水__________保修__________月；
6. 下水__________保修__________月；
7. 暖气__________保修__________月；
8. 煤气__________保修__________月；
9. 电路__________保修__________月；
10. __________ 保修__________月；
11. __________ 保修__________月；
12. __________ 保修__________月；

13. ________　　保修________月；

14. ________　　保修________月。

保修期内，因不可抗力的因素或其他非甲方原因造成的损坏，甲方无须承担责任，但可协助维修，维修费用由乙方承担。

第二十二条　乙方购买的房屋仅作________使用，乙方使用期间不得擅自改变该商品房之房屋结构和用途。除本合同及其附件另有规定者外，乙方在使用期间有权与其他权利人共同享用与该商品房有关联的公共部位和设施，并按占地和公共部位与公用房屋分摊面积承担义务。甲方不得擅自改变与该商品有关联的公共设施、公共用地的使用性质。

第二十三条　甲方保证在交接时该商品房没有产权纠纷和财务纠纷，保证在交接时已消除该商品房原由甲方设定的抵押权。如交接后发生该商品房交接前即存在的财务纠纷，由甲方承担全部责任。

第二十四条　自该商品房交付之日起，（________号划拨土地使用权批准文件）（甲方与________签订的________号土地使用权出让合同）中规定的甲方权利、义务和责任依法随之转移给乙方。

第二十五条　本合同未尽事项，由甲、乙双方另行议定，并签订补充协议。

第二十六条　本合同之附件均为本合同不可分割之部分。本合同及其附件内，空格部分填写的文字与印刷文字具有同等效力。

本合同及其附件和补充协议中未规定的事项，均遵照中华人民共和国有关法律、法规和政策执行。

第二十七条　甲、乙一方或双方为境外组织或个人的，本合同应经该商品房所在地公证机关公证。

第二十八条　本合同在履行中发生争议，由甲、乙双方协商解决。协商不成的，甲、乙双方同意由________仲裁委员会仲裁（甲、乙双方不在本合同中约定仲裁机构，事后又没有达成书面仲裁协议的，可向人民法院起诉）。

第二十九条　本合同（经甲、乙双方签字）经________公证（指外销商品房）之日起生效。

第三十条　本合同生效后，甲乙双方任何一方无正当理由要求终止合同的，除双方签订补充协议外，责任方须按本合同及其补充协议的有关条款之规定承担违约责任，并按实际已付款（已收款）的________%赔偿对方损失。

第三十一条　本合同自生效之日起________天，由甲方向________申请登记备案。

第三十二条　本合同连同附表共________页，一式________份，甲、乙双方各执一份，________各执一份，均具有同等效力。

甲方（签章）：________　　乙方（签章）：________

代表人/代理人：________（签章）　代表人/代理人：________（签章）

________年________月________日　________年________月________日

签于________　签于________

附件一：________

房屋平面图（略）

附件二：________

装饰、设备标准

1. 外　墙：________________

2. 内　墙：________________

3. 顶　棚：________________

4. 地　面：________________

5. 门　窗：________________

6. 厨　房：________________

7. 卫生间：________________

8. 阳　台：________________

9. 电　梯：________________

10. 其他：________________

七、二手房销售合同范本

买方（受让方）：________________（以下简称甲方）

卖方（转让方）：________________（以下简称乙方）

甲、乙双方经共同协商，本着平等互利、自愿的原则，就房屋买卖有关事项订立本合同。

（一）房屋具体情况：

1. 位置：________________区。

2. 房屋套型________________，建筑面积________________平方米，结构________________楼层________________，用途________________。

3. 该房屋的销售价格为每平方米________元人民币，总计房价________亿________仟________佰________拾________万________千________百________拾元整。

（二）乙方销售该房屋应具备合法的《房屋所有权证》，如买卖该房屋引发产权纠纷，概由乙方负责处理。《房屋所有权证》书证号：________________。

（三）房屋四界：

房　　屋　　四　　界	
东：	西：
南：	北：

（四）本合同经甲、乙双方签章，交本市房地产交易中心登记后，由甲方一次性向乙方支付总房价款的________%，计________元的定金或________元的预付款，其余________%，计________元价款则交××房地产交易中心代存，代办完房屋产权过户手续乙方将房屋腾空并连同该房屋有关图纸、资料、房屋钥匙等交给甲方后，甲、乙双方同时到房地产交易中心由乙方凭甲方出具的书面证明领取售房余款。

（五）甲、乙双方互相监督，不得隐瞒买卖成交价额。甲方协助乙方办理产权过户手续，其税费按规定各自缴纳。

（六）本合同甲、乙双方签章并由房地产交易中心登记。双方均不得违约。如甲签章违约，乙方不退还定金；乙方违约，则双倍退还甲方定金；违约方还应承担产权转回已缴和应缴纳的税费和造成的经济损失。

（七）乙方卖给甲方的房屋，在办理过户手续期间，如因不可抗力原因而不能进行交易的，甲方提出撤销合同时，乙方应当同意，并如数退还甲方定金。

（八）其他决定事项：

1. ______________________________；
2. ______________________________；
3. ______________________________；
4. ______________________________。

（九）本协议一式______份，甲方执存______份，乙方执存______份，××房地产交易中心执存______份。

买方：______________________________
姓名（签章）：______________________________
现户籍所在地：______________________________
身份证号：______________________________
工作单位：______________________________
电话号码：______________________________
登记人：______________________________
共有人：______________________________
代理人：______________________________
卖方：______________________________
登记人：______________________________
共有人：______________________________
代理人：______________________________

甲方（签字）　　　　　　　　　　乙方（签字）

签订时间：________年________月________日

八、采购办公用品及耗材销售合同

买方名称：______________××公司（以下简称甲方）
地　　址：______________________
邮　　编：______________________
联 系 人：______________________
电　　话：______________________
传　　真：______________________
卖方名称：______________××公司（以下简称乙方）
地　　址：______________________
邮　　编：______________________
联 系 人：______________________

电　　话：____________________

传　　真：____________________

开户银行：____________________

账　　号：____________________

甲乙双方根据《中华人民共和国合同法》及相关法律法规的规定，本着友好合作、协商一致的原则，就甲方向乙方采购办公用品及耗材事宜达成协议如下：

第一条　合同标的

1. 甲方向乙方购买办公用品及耗材

____

____

2. 产品描述

产地：____________________

型号：____________________

规格：____________________

3. 乙方向甲方免费提供上述产品的送货及售后退换等服务。

第二条　合同价款

1. 单价及总价

单价：____________________

总价：____________________

2. 供货价格

A. 在同等产品中，我方愿按最低优惠价格提供产品给贵单位；

B. 按照标书中所提出的"达到一定采购量"后享受的优惠价格执行。

3. 价格调整

每一个季度结束前5个工作日内，乙方可对采购清单根据市场情况进行一次价格更新，个别产品如价格调整浮动至4%时，即可进行更新（包括误报的错误价格），以书面方式通知。预期通知的将计为下一个季度（个别产品除外）。

4. 执行更新价格

甲方在接到乙方的价格调整通知后2个工作日内，给予最终确认（以书面确认单为准）。如在规定时间内未接到确认单，将视为已确认。更新价格确认后即日起执行新的价格。

5. 本合同货款单价已包括货物移交至甲方所需的一切税费。

第三条　支付方式

本合同采用以下第______种方式支付。

1. 货到甲方指定地点，甲乙双方共同对产品进行验收，每个季度（或月）结束后5个工作日内，乙方需提供发票及甲方订单，经甲方将产品订单与产品验收单对照核实后，确认发生费用与乙方提供的发票相符，甲方按实际发生的一个季度（或月）货款一次性付清。

2. 合同签订后______个工作日内甲方向乙方支付预付款（货款总额的______%）即人民币______（￥______）；乙方负责将设备运到甲方指定地点，设备验收合格后，甲方在一周内向乙方支付货款总额的______%，即人民币______（￥______）；余款（货款总额的

______%）即人民币______（￥______），作为质保金待设备质保期满后一周内支付。

第四条　包装及运输

1. 乙方应为商品提供适宜商品运输的包装方式，产品采用密封性形式，包装上应注明防潮、防湿、防震、防锈、忌粗暴搬运，对于由于包装不良所发生的损失及由于采用不充分或不妥善的防护措施而造成的任何锈损，乙方应承担由此而产生的一切费用和/或损失。

2. 乙方负责无偿将商品运送至甲方订单所指定地点。运输过程中，商品毁损、灭失的风险由乙方承担。

3. 商品运送至甲方指定地点后，由甲乙双方共同对商品进行检验并办理相关商品移交手续。商品移交后，商品毁损、灭失的风险由甲方承担。

4. 运输费用由乙方承担。

第五条　交货地点、交货期限

1. 交货地点：______________________________

2. 交货时间：______________________________

注：一般送货时间为一个工作日或以订单上甲方要求时间为准，如遇采购方有急用商品订单，则当日或以最短时间将对方所订货物送到指定地点（特殊商品除外）。

第六条　检验

1. 货到后，甲方按订单内容收货，产品的规格型号均以订单要求为准，对于使用单位要求更换规格型号的情况，乙方必须通过物产管理部采购管理室的同意后更换，对于清单外的产品按照招标书的要求以“达到一定采购量”的价格出售给甲方。

2. 甲方收到产品的同时填写一般产品采购验收单，确认产品符合要求后甲方在验收单上签字确认，同时验收单复印一份给乙方。季度（或月）末结款时以验收单上产品数量、价格为准。

3. 对于更换的产品需在验收单上注明，对于增加的产品或价格有变动的产品需另外填写验收单。

4. 对于应急采购产品按甲方对产品的要求，乙方保证在8小时内送到甲方指定地点。

第七条　质量保证

乙方保证所提供所有产品为投标书中所规定之原厂产品，质量符合标书中之规定的标准。如果产品质量与投标书的标准不符，乙方应负责更换；如更换后仍不能达到招标书规定标准，甲方有权退货。

第八条　售后及其他服务

1. 产品在使用过程中如出现质量问题或者不能达到使用要求，甲方可以要求乙方在24小时内进行退换，对于退换货的情况双方需做好验收记录，以备结算时对账。

2. 乙方应提供有效的联系人和联系电话，如有变更，乙方应及时、主动通知甲方。每批订单将指定专人负责跟单送货，送货人应佩戴公司标志，遵守相关的规章制度。如有特殊情况需另行安排人员跟单送货；作好送货情况交接表，以避免因更换送货人员而耽误退换或补货等的及时性。

3. 将采用电子商务系统功能模块实现更多用户自助功能。

第九条　环保和安全要求

1. 乙方承诺所提供商品和服务符合国家环境保护的有关规定，并承担由此造成的经济损失。

2. 乙方所提供商品和服务不能对甲方的正常使用人员的人身健康造成危害，并承担由此造成的经济损失。

第十条　产品瑕疵

1. 在交货之前，乙方应就产品的品质、规格、性能、数量及重量做出准确和全面的检验，保证其产品不存在任何瑕疵。

2. 如甲方发现乙方所售产品存在任何瑕疵，有权要求乙方进行换货。换货必须全新并符合招标书规定的品质、规格和性能。若换货仍不能达到甲方的要求，甲方有权要求退货，并由乙方负担因此而产生的一切费用和甲方遭受的一切损失。

第十一条　违约责任

1. 合同生效后具有法律责任，甲乙双方应本着信守合同、友好协商的原则，处理本合同有关事宜。

2. 甲乙双方如有一方违约，由违约方承担由此给守约方造成的经济损失。

3. 如甲方未按合同规定的时间付款，每延期一日应向乙方支付一季度总货款千分之二的违约金，但总计不超过总价的百分之五。

4. 如乙方未按合同规定时间将产品运到甲方指定地点或未按约定时间送到全部产品（经甲方允许可以延期送的产品除外），每延期一日，乙方应向甲方支付一季度总货款千分之二的违约金，但总计不超过合同总价的百分之五。

5. 如乙方提供的货物质量与招标书规定不符，甲方有权退货，并要求乙方承担甲方由此受到的经济损失。

第十二条　合同的变更和解除

1. 除非遇到不可抗力因素，导致本合同不能履行，未经甲乙双方一致书面同意，任何单方无权变更合同的内容。

2. 对本合同的任何修改或补充，只有在双方授权的代表签字后生效，并成为本合同不可分割的组成部分，与本合同具有同等法律效力。

3. 如本合同任何一方严重违反合同，另一方应及时向违约方发出书面纠正通知，违约方应于收到书面纠正通知之日起 30 日内纠正违约行为，否则守约方有权解除合同并要求违约方赔偿因解除合同而造成的损失。

4. 本合同任何一方破产、解散，本合同自动终止。

第十三条　不可抗力

1. 由于严重的水灾、火灾、地震、政府政策调整等和其他公认的不可抗力或双方认可的不可抗力而导致本合同任何一方无法履行全部或部分合同义务，则合同延期执行，该方可就受不可抗力事件影响部分不承担未履行本合同的责任，但应在 72 小时内及时通知另一方，以减轻可能给对方造成的损失，并应在随后的十天内通过挂号信邮寄有关部门出具的证明给另一方，作为不可抗力的证明。

2. 受不可抗力影响的一方，应尽一切努力减轻和克服不可抗力的影响，并在不可抗力事件后，继续履行合同职责。对因不可抗力造成的损失，双方互不承担责任。

3. 在不可抗力的影响下，受阻方可暂时停止执行合同的受阻部分。当不可抗力事件持续时间超过三个月以上，双方可以就解除合同及其他未尽事宜进行协商处理。

第十四条 通知

本合同中任何通知必须为书面形式。

注：以传真、电报通知的必须同时以挂号及特快专递再行通知。

第十五条 争议解决和适用法律

1. 与本合同有关的或因执行本合同所产生之争议，应由双方友好协商解决，不能解决时，任何一方均可向北京仲裁委员会提出仲裁。

2. 仲裁为终局裁决，对双方均具有法律约束力。

3. 争议处理期间除正在审理的部分以外，双方应继续执行合同的其余部分。

4. 本合同的订立、效力、解释、履行及争议的解决适用中华人民共和国的法律、法规。

第十六条 其他

1. 本合同未尽事宜，应由甲、乙双方协商后以书面形式补充，加盖甲、乙双方公司印章并经双方授权代表签字后生效。

2. 本合同一式五份（共 6 页），甲方执三份，乙方执二份，具有同等法律效力。

3. 本合同自甲、乙双方加盖公司印章，并经双方授权代表签字后生效。

甲方：________ 乙方：________

代表：（签章） 代表：（签章）

九、建材订货合同

甲方（需方）：________

地址：________ 邮编：________ 电话：________

法定代表人：________ 职务：________

乙方（供方）：________

地址：________ 邮编：________ 电话：________

法定代表人：________ 职务：________

第一条 甲方向乙方订货总值为人民币______元。其产品名称、规格、质量（技术指标）、单价、总价等如表所列：

产品名称	规格及型号	质量	单价	总价

第二条 产品包装规格及费用________

第三条 验收方法________

第四条 货款及费用等付款及结算办法________

第五条 交货规定

1. 交货方式：________

2. 交货地点：________

3. 交货日期：________

4. 运输费：________

第六条　经济责任

（一）乙方的责任：

1. 产品花色、品种、规格、质量不符本合同规定时，甲方同意利用者，按质论价。不能利用的，乙方应负责保修、保退、保换。由于上述原因致延误交货时间，每逾期一日，乙方应按逾期交货部分货款总值的______%向甲方偿付逾期交货的违约金。

2. 乙方未按本合同规定的产品数量交货时，少交的部分，甲方如果需要，应照数补交。甲方如不需要，可以退货。由于退货所造成的损失，由乙方承担。如甲方需要而乙方不能交货，则乙方应付给甲方不能交货部分货款总值的5%的罚金。

3. 产品包装不符本合同规定时，乙方应负责返修或重新包装，并承担返修或重新包装的费用。如甲方要求不返修或不重新包装，乙方应按不符合同规定包装价值______%的罚金付给甲方。

4. 产品交货时间不符合同规定时，每延期一天，乙方应偿付甲方延期交货部分货款总值______%的罚金。

（二）甲方的责任：

1. 甲方如中途变更产品花色、品种、规格、质量或包装的规格，应偿付变更部分货款（或包装价值）总值______%的罚金。

2. 甲方如中途退货，应事先与乙方协商，乙方同意退货的，应由甲方偿付乙方退货部分货款总值______%的罚金。乙方不同意退货的，甲方仍须按合同规定收货。

3. 甲方未按规定时间和要求向乙方交付技术资料、原材料或包装物时，除乙方得将交货日期顺延外，每顺延一日，甲方应付给乙方顺延交货产品总值______%的罚金。如甲方始终不能提出应提交的上述资料等，应视同中途退货处理。

4. 属甲方自提的材料，如甲方未按规定日期提货，每延期一天，应偿付乙方延期提货部分货款总额______%的罚金。

5. 甲方如未按规定日期向乙方付款，每延期一天，应按延期付款总额______%付给乙方，延期罚金。

6. 乙方送货或代运的产品，如甲方拒绝接货，甲方应承担因而造成的损失和运输费用及罚金。

第七条　产品价格如需调整，必须经双方协商，并报请物价部门批准后方能变更。在物价主管部门批准前，仍应按合同原订价格执行。如乙方因价格问题而影响交货，则每延期交货一天，乙方应按延期交货部分总值的______%作为罚金付给甲方。

第八条　甲、乙任何一方如要求全部或部分注销合同，必须提出充分理由，经双方协商，并报请上级主管部门备案。提出注销合同一方须向对方偿付注销合同部分总额______%的补偿金。

第九条　如因生产资料、生产设备、生产工艺或市场发生重大变化，乙方须变更产品品种、花色、规格、质量、包装时，应提前______天与甲方协商。

第十条　本合同所订一切条款，甲、乙任何一方不得擅自变更或修改。如一方单独变更、修改本合同，对方有权拒绝生产或收货，并要求单独变更、修改合同一方赔偿一切损失。

第十一条　甲、乙任何一方如确因不可抗力的原因，不能履行本合同时，应及时向对方通知不能履行或须延期履行、部分履行合同的理由。在取得对方主管机关证明后，本合同可以不履行或延期履行或部分履行,并免予承担违约责任。

第十二条 本合同在执行中如发生争议或纠纷,甲、乙双方应协商解决,解决不了时,按以下第( )项处理:(1)申请仲裁机构仲裁;(2)向人民法院起诉。

第十三条 本合同自双方签章之日起生效,到乙方将全部订货送齐经甲方验收无误,并按本合同规定将货款结算以后作废。

第十四条 本合同在执行期间,如有未尽事宜,得由甲乙双方协商,另订附则附于本合同之内,所有附则在法律上均与本合同有同等效力。

第十五条 本合同共一式____份,由甲、乙双方各执正本一份、副本____份,报双方主管部门各一份。

第十六条 本合同有效期自______年______月______日起至______年______月______日止。

订立合同人:

甲方:____________________(盖章)

经办人:____________________

负责人:____________________

电 话:____________________

开户银行账号:____________________

乙方:____________________(盖章)

经办人:____________________

负责人:____________________

电 话:____________________

开户银行账号:____________________

签订日期:__________年__________月__________日

十、汽车销售合同范本

出卖人(甲方):______________________________

买受人(乙方):______________________________

(一)汽车型号及金额:

汽车品牌:__________型号:__________发动机号:__________车价:__________

(二)交车方式:

交车地点:____________________ 交车时间:____________________

付款方式:____________________ 付款时间:____________________

(三)质量维修:

1. 出卖人向买受人出售的汽车,其质量必须符合国家颁布的汽车质量标准。

2. 出卖人向买受人出售的汽车,必须是在《全国汽车、民用改装车和摩托车生产企业及产品目录》上备案的汽车。

3. 出卖人向买受人出售汽车时要真实、准确介绍所销售车辆的基本情况。

4. 出卖人在买受人购买车辆时必须向买受人提供:(1)销售发票;(2)(国产车)车辆

合格证、(进口车)海关进口证明和商品检验单；(3)保修卡或保修手册；(4)说明书；(5)随车工具及备胎。

5. 买受人在购车时应认真检查出卖人所提供的车辆证件、手续是否齐全。

6. 买受人在购车时应对所购车辆的功能及外观进行认真检查、确认。

7. 汽车在购买后，由出卖人负责与生产厂家的维修站联系、解决。

8. 如属于在汽车售出前流通过程中出现的质量问题，出卖人未向买受人出示的，依法承担责任。

9. 如买受人使用、保管或保养不当造成的问题，由买受人自行负责。

(四)违约责任：

____

____

____

____

____

____

(五)争议解决：

因本合同引起的或与本合同有关的任何争议，由双方当事人协商解决；也可提交当地仲裁委员会仲裁。

(六)合同文本：本合同一式二份，双方各执一份，具有相同的法律效力。

(七)合同效力：本合同经甲乙双方签章后生效。

买受人(签章)：____________　　出卖人(签章)：____________

地址：____________　　地址：____________

电话：____________　　电话：____________

______年______月______日

十一、药品销售合同范本

合同编号：

甲方(买方)：____________　　乙方(卖方)：____________

签订地点：____________

签订时间：______年______月______日

为明确双方的权利和义务，现根据《中华人民共和国合同法》等法律法规和招投标文件的规定，本着平等协商的原则，就有关事宜达成如下协议：

(一)概况

1. 数量：所需药品的实际数量。买方需要临时增加药品数量的，须在用药 24 小时前书面提出。

2. 价格：①卖方提交药品的价格必须同中标成交通知书中确认的价格一致；②买卖双方在合同约定的交付期限内遇政府价格调整的，重新协商并签订补充条款。价格上涨,按原中标价,若不能按原中标价,则校方可进行询价,选低价;价格下降,按新价;新增加品种,校方进行询价,选低价。

品名	规格	生产厂家	单位	数量	合同价	小计(元)	
合计人民币金额(大写):							(小写)

(注:空格如不够,可另接)

3. 生产厂家不得更改。

(二)质量标准

卖方交付的药品必须符合药典或国家药品监督管理部门规定的标准,并与投标时的承诺相一致;药品不符合质量标准的(以药检部门的检验结果为准),买方有权在其他中标的药品中选择替代药品,差价从履约保证金中扣除。

(三)有效期限

1. 卖方交付药品的有效期必须与招投标文件中规定的有效期一致。

2. 卖方所提供药品的有效期不得少于6个月。

3. 特殊品种双方另行协商。

(四)包装标准

1. 卖方提供的药品必须按标准保护措施进行包装,以防止药品在转运中损坏或变质,确保药品安全无损地运抵指定现场,否则其所造成的一切损失均由卖方负责。

2. 每一个包装箱必须附一份详细装箱单和质量合格证。

3. 特殊要求。

(五)配送

1. 配送由卖方委托的药品经营企业负责。每次配量以买方的采购计划及合同为准。

2. 配送时必须提供同批号的药检报告书(进口药品附注册证)。

(六)伴随服务

如果卖方对可能发生的伴随服务需要收取费用的,必须在报价时注明,如无特别注明即视为卖方免费为买方提供相应的伴随服务。

(七)双方的义务

1. 卖方应按照合同中买方规定的时间,配送药品并提供伴随服务。

2. 买方在使用成交药品时,如遇第三方提出侵犯其专利权、商标权或保护期的,其责任由卖方承担。

3. 买方应购买本合同项下的成交品种。卖方无违约行为的,买方不得以任何理由购买其他品牌的药品替代本合同成交品种。

4. 买方应完成本合同的药品采购量。

5. 买方应按照合同规定结算货款。

(八)履行期限

双方约定本合同履行期限为 天(不得少于一季),自 年 月 日起至 年 月 日止。

本合同履行期满前十天，一方当事人就续约一事提出书面异议的，本合同终止。双方均未提出异议的，则本合同自动续约；续约的新合同中双方权利义务、履行期限等与本合同相同，数量根据实际情况由双方另行协商。

（九）结算方式及期限

1. 双方约定通过下列第______种方式结算：

①转账支票　②代记凭证　③电汇　④汇票　⑤其他

2. 结算期限。

（十）违约责任

1. 48 小时不能及时供货，出现 3 次此种情况，则停止该品种的供货资格，差价从履约保证金中扣除。

2. 卖方未按合同规定履约（包括质量、价格、服务等），买方可收取违约金，违约金为______。卖方迟延履行的，每延误 1 天，违约金为迟交药品货款的______%，直至履约为止。违约金的最高限额是合同总价的 10%，一旦达到违约金的最高限额，买方即可终止本合同。

3. 买方未按合同规定履约（未完成药品采购量等），卖方可收取违约金，违约金为______。买方迟延履行的，每延误 1 天，违约金为拖延药品货款的______%，直至履约为止。违约金的最高限额是合同总价的 10%，一旦达到违约金的最高限额，卖方即可终止本合同。

4. 若违约，则没收履约保证金。

（十一）合同争议解决方式

本合同在履行过程中发生争议的，由双方当事人协商解决。协商不能解决的，选定下列两种方式中的一种解决（不选定的划除）：①提交当地仲裁委员会仲裁。②依法向当地人民法院提起诉讼。

（十二）合同效力

本合同自双方签字、盖章之日起生效，招标文件及投标文件均为合同的附件。

（十三）附则

1. 本合同如有未尽事宜，双方可通过协商签订补充协议，补充协议与本合同具有同等效力。

2. 本合同（包括续约合同）履行期限均不能超出招标周期（即自合同签订生效之日始，至下一轮招标结果通知发布之日止）。

3. 本合同一式六份，甲方五份，乙方一份。

甲方（加盖合同专用章）：	乙方（加盖合同专用章）：
单位地址：__________________	单位地址：__________________
法定代表人：__________________	法定代表人：__________________
委托代理人（签字）：____________	委托代理人（签字）：__________________
联系电话：__________________	联系电话：__________________
账　号：__________________	税　号：__________________
邮　编：__________________	邮　编：__________________
传真号码：__________________	传真号码：__________________

签约日期（即合同生效日期）：______年______月______日

十二、船舶销售合同

立契约书人××有限公司(以下简称甲方)、×××有限公司(以下简称乙方)兹就船舶买卖事宜,订立本合同,条款如下:

第一条　甲乙双方约定有关后记船舶的买卖事宜,甲方卖出、乙方买入。

造船时间及地点:______年______月________日;地点:______

尺度:____;总长:____米;____型宽:____米;吨位:____;净吨:______;总吨______。

主机:____种类:____数目:____;功率:____千瓦:____推进器型号:____;螺旋桨数目:____。

第二条　买卖总金额为______元整。乙方依照下列方式支付款项予甲方。

1. 本日(订约日)先交付定金______元整。

2. 甲方必须在______年______月______日前将后记的船舶点交与乙方,并将下列登记文件及使用权文件交付与乙方。乙方未支付的余款,俟船舶点交及办理船舶所有权、渔业权移转登记完毕并经船舶所在地航政主管机关盖印证明时一次付清。

(1)甲方公司同意出售本契约标的物的全体股东会议记录三份。

(2)乙方公司及法定代表人印鉴证明书三份。

(3)乙方法定代表人资格证明书三份。

(4)乙方公司章程及董事、监事、股东名册三份。

(5)乙方法定代表人户籍誊本三份。

(6)乙方公司执照、营业登记证影本各三份。

(7)税务机关出具的最近无欠税证明书正本。

(8)船舶所有权登记证正本。

(9)船舶吨位证书正本。

(10)船舶国籍证书正本。

(11)设备目录正本。

(12)航海记事簿正本。

(13)法律所规定的其他文书正本。

(14)船舶检查簿正本。

(15)渔业执照正本。

(16)渔业权抛弃申请书。

(17)船舶无线电台执照正本。

(18)契约渔船船图。暨进口器材规格说明书。

(19)船舶勘航力证书正本。

(20)货舱、冷藏室及其他供载运货物部分适合于受载运送与保证书正本。

(21)船舶无共同海损分担额并不负担救助及捞救报酬额证书正本。

第三条　甲方于第二条第(2)项乙方支付余款同时,应将后记船舶的所有权及渔业权移转登记与乙方。

第四条　在甲方尚未将船舶点交与乙方之前,若有故障、毁损或遗失时,应由甲方负责，即乙方免除支付价金义务。

第五条 甲方保证后记船舶所具的性能与说明书相符，并须在第三条交付前先行试航，以证明其性能。

第六条 有关后记船舶的品质、性能，由甲方对乙方保证，并以一年为限。在此期间，若非乙方的过失或发生自然性故障，甲方负有赔偿损失及修理的义务。

第七条 若发生第六条的情形，虽经甲方修复或补充完整，而船舶仍然无法维持继续作业或短欠，或其性能降低长达一个月时，乙方可根据下列方式选择其一，向甲方提出要求。

(1)换取同种类船舶。其条件为乙方须就已使用该船舶的时间长短支付船价，每半年乙方应支付甲方相当于第二条总金额三分之一的款项。

(2)退还船舶。但甲方得扣除乙方使用船舶所应付如前(1)的款项，其余定金退还与乙方。有关使用船舶的时间、其计算方法则无论乙方是否使用，规定从第三条甲方点交船舶日始至乙方提出退还船舶要求之日止，为使用时间。

第八条 乙方若未能在第二条日期前支付余额以交换船舶，则甲方无须催告，本契约视同作废，甲方得将船舶移动、航行并停泊于原船籍港。

有关前述甲方的船舶移动、航行费，以及停泊时所需的一切费用，应由乙方负担。甲方除上述权利外，尚可将定金没收，作为损害赔偿。

第九条 甲方若未能在第二条所列日期前点交船舶，乙方得向甲方催告，于十日之内点交船舶。在此期限内，甲方若仍然无法点交，则本契约视同作废。乙方得请求甲方退还第二条的定金以及与定金同额的损害赔偿。

第十条 约定事项：

(1)双方同意以××港为点处所。渔船内所存燃料油归还甲方。

(2)本契约买卖标的物的保险，其受益人应于点交同时变更指定为乙方，变更后的保险费用由乙方负担。

(3)所有甲方雇用的人员(包括船员)，于本契约买卖标的物交清同时，由甲方负责遣散。

(4)本契约买卖标的物交接前所属的所有费用，包括雇用人员薪资，船员分红，及其他一切所有债务及税捐概由甲方负责处理与乙方无涉。

(5)自交接后有关本契约买卖标的物的一切权责纠葛，及绝无其他设定抵押情况，如有其他设定抵押情况发生时应视为违约处理。

(6)甲方保证本契约买卖标的物毫无产权纠葛，及绝无其他设定抵押情况，如有其他设定抵押情况发生时应视为违约处理。

(7)所有甲方负担的应付款项，如因甲方未付致涉及乙方权益时，在尾款范围的金额内乙方得代甲方径行垫付，抵付尾款，如超出尾款金额则应由甲方负责处理。

(8)如本契约书涉讼时，双方同意由××法院管辖。

本契约一式三份，当事人及见证人各执一份为凭。

卖方(甲方)：______________________

名称：______________________

地址：______________________

代表人：______________________

住址：______________________

身份证号码：______

营业证号码：______

买方（乙方）：______

名称：______

地址：______

代表人：______

住址：______

身份证号码：______

营业证号码：______

见证人：______

住址：______

身份证号码：______

______年______月______日

十三、一般货物运输合同

订立合同双方：

托运人：______

承运人：______

托运人详细地址：______

收货人详细地址：______

根据国家有关运输规定，经过双方充分协商，特订立本合同，以便双方共同遵守。

第一条　货物名称、规格、数量、价款

货物编号	品名	规格	单位	单价	数量	金额（元）

第二条　包装要求

托运人必须按照国家主管机关规定的标准包装；没有统一规定包装标准的，应根据保证货物运输安全的原则进行包装，否则承运人有权拒绝承运。

第三条　货物起运、到达地点

起运地：______路______号

到达地：______路______号

第四条　货物承运日期：______

货物运到期限：______

第五条　运输质量及安全要求：______

第六条　货物装卸责任和方法：______

第七条　收货人领取货物及验收方法：______

第八条　运输费用、结算方式：____________________

第九条　各方的权利和义务

（一）托运人的权利义务

1. 托运人的权利：要求承运人按照合同规定的时间、地点，把货物运输到目的地。货物托运后，托运人需要变更到货地点或收货人，或者取消托运时，有权向承运人提出变更合同的内容或解除合同的要求。但必须在货物未运到目的地址前通知承运方，并应按有关规定付给承运人所需费用。

2. 托运人的义务：按约定向承运人收取运杂费。否则，承运人有权停止运输，并要求对方支付违约金。托运人对托运的货物，应按照规定的标准进行包装，遵守有关危险品运输的规定，按照合同中规定的时间和数量交付托运货物。

（二）承运人的权利义务

1. 承运人的权利：向托运人、收货人收取运杂费用。如果收货人不交或不按时交纳规定的各种运杂费用，承运人对其货物有扣压权。查不到收货人或收货人拒绝提取货物，承运人应及时与托运人联系，在规定期限内负责保管并有权收取保管费用，对于超过规定期限仍无法交付的货物，承运人有权按有关规定予以处理。

2. 承运人的义务：在合同规定的期限内，将货物运到指定的地点，按时向收货人发出货物到达的通知。对托运的货物要负责安全，保证货物无短缺、无损坏、无人为的变质，如有上述问题，应承担赔偿义务。在货物到达以后，按规定的期限，负责保管。

（三）收货人的权利义务

1. 收货人的权利：在货物运到指定地点后有以凭证领取货物的权利。必要时，收货人有权向到站，或中途货物所在站提出变更到站或变更收货人的要求，签订变更协议。

2. 由于在普通货物中夹带、匿报危险货物，错报本忠货物重量等而招致吊具断裂、货物摔损、吊机侧翻、爆炸、腐蚀等事故，托运人应承担赔偿责任。

3. 货物包装缺陷产生破损，致使其他货物或运输工具、机械设备被污染腐蚀、损坏，造成人身伤亡的，托运人应承担赔偿责任。

4. 在托运人专用线或在港、站公用线、专用铁道自装的货物，在到站卸货时，发现货物损坏、缺少，在车辆密封完好或无异状的情况下，托运人应赔偿收货人的损失。

5. 罐车发运货物，因未随车附带规格质量证明或化验报告，造成收货人无法卸货时，托运人应偿付承运人卸车等费用。

（四）承运人的责任

1. 不按合同规定的时间和要求配车（船）发运的，承运人应偿付托运方违约金____元。

2. 承运人如弄错到货地点或接货人，应无偿运至合同规定的到货地点或接货人。如果货物逾期到达，承运人应偿付逾期交货的违约金。

3. 运输过程中货物灭失、短少、变质、污染、损坏，承运人应按货物的实际损失（包括包装费、运杂费）赔偿托运人。

4. 联运的货物发生灭失、短少、变质、污染、损坏，应由承运人承担赔偿责任的，由终点阶段的承运人向负有责任的其他承运人追偿。

5. 在符合法律和合同规定条件下的运输，由于下列原因造成货物灭失、短少、变质、污染、损坏的，承运人不承担违约责任：

（1）不可抗力；

(2)货物本身的自然属性;

(3)货物的合理损耗。

本合同正本一式二份,合同双方各执一份;合同副本一式______份,送有关单位给留一份。

托运人:________________ 承运人:________________

代表人:________________ 代表人:________________

地　　址:________________ 地　　址:________________

电　　话:________________ 电　　话:________________

开户银行:________________ 开户银行:________________

账　　号:________________ 账　　号:________________

签约日期:______年______月______日

签约地点:________________

十四、铁路局包裹托运单

铁路局包裹托运单

包裹票号码

注意事项:

1. 除包裹票票号及实际重量栏由车站填写外,其他各栏均由发货人填写清楚。

2. 每件包裹最大重量不得超过 60 千克,最小体积不得小于 0.01 立方米。

3. 危险品(爆炸、易燃、自燃、有毒、腐蚀性物品等)和限制运输物品均不得按包裹托运。

4. 包裹的包装外部应写明发到站、发收货人姓名、单位、住址、电话。

5. 个人托运人包裹,分为保价运输和不保价运输两种。按哪种方式运输,由旅客或发货人选择,并在托运单上注明。

______年______月______日

到站	站		经由		站	
发货人	单位、姓名:				电话:	
	详细地址:					
收货人	单位、姓名:				电话:	
	详细地址:					
顺序号	品名	包装种类	件数	实际重量	声明价格	记事
合计						

续表

发货人	单位、姓名：	电话：
	详细地址：	
收货人	单位、姓名：	电话：
	详细地址：	
发货人	单位、姓名：	电话：
	详细地址：	
收货人	单位、姓名：	电话：
	详细地址：	

十五、海上运输合同

订立合同双方：

__________（简称甲方）委托__________交通厅海运局（简称乙方）计划外托运__________（货物），乙方同意承运。根据《经济合同法》和__________海上运输管理规定的要求，经双方协商，特订立本合同，以便双方共同遵守。

第一条　运输方法

乙方调派______吨位船舶一艘（船舶______吊货设备），应甲方要求由______港运至______港，按现行包船运输规定办理。

第二条　货物集中

甲方应按乙方指定时间，将______货物于______天内集中于______港，货物集齐后，乙方应在五天内派船装运。

第三条　装船时间

甲方联系到达港同意安排卸货后，经乙方落实并准备接收集货（开集日期由乙方指定）。装船作业时间，自船舶抵港已靠好码头时起______小时内装完货物。

第四条　运到期限

船舶自装货完毕办好手续时起于______小时内将货物运到目的港。否则按规定承担滞延费用。

第五条　启航联系

乙方在船舶装货完毕启航后，即发报通知甲方做好卸货准备，如需领航时也通知甲方按时派引航员领航，费用由______方负担。

第六条　卸船时间

甲方保证乙方船舶抵达______港锚地，自下锚时起于______小时内将货卸完。否则甲方按超过时间向乙方交付滞延金每吨时 0.075 元，在装卸货过程中，因天气影响装卸作业的时间，经甲方与乙方船舶签证，可按实际影响时间扣除。

第七条　运输质量

乙方装船时，甲方应派员监装，指导工人按章操作，装完船封好舱，甲方可派押运员（免费一人）随船押运。乙方保证原装原运，除因船舶安全条件所发生的损失外，对于运送________货物的数量和质量均由甲方自行负责。

第八条　运输费用

按______水运货物一级运价率以船舶载重吨位计货物运费______元，空驶费按运费的50%计(　　)，全船运费为______元，一次计收。

港口装船费用，按______港口收费规则有关费率计收。卸船等费用，由甲方直接与到达港办理。

第九条　费用结算

本合同经双方签章后，甲方应先付给乙方预付运输费用______元。乙方在船舶卸完后，以运输费用凭据与甲方一次结算，多退少补。

第十条　本合同正本一式二份，甲乙双方各执一份，副本一式______份，交______等部门各存一份备案。本合同如有未尽事宜，由双方按照______交通厅海上运输管理的有关规定充分协商，做出补充规定。补充规定与本合同具有同等效力。本合同提交______公证处公证（或工商行政管理机关鉴证）。

甲方________（盖章）　　乙方________（盖章）

代表人：________（签章）　　代表人：________（签章）

开户银行：________　　开户银行：________

账号：________　　账号：________

______年______月______日订立

十六、包船运输合同

运方（甲方）：________________

地　址：________　邮编：________　电话：________

法定代表人：________　职务：________

承运方（乙方）：____________船运公司

地　址：________　邮码：________　电话：________

法定代表人：________　职务：________

乙方同意甲方托运________货物，经双方协商一致，签订本合同，共同遵守执行。

第一条　运输方法

乙方调派________吨船舶一艘，船名________，编号________，船舶有________吊装设备，应甲方要求由________港运至________港________号码头，按现行包船运输规定办理。

第二条　货物包装要求

乙方将货物用________材料包装，每包体积________米，重量________吨（或________型号包装集装箱）。

第三条　货物集中与接收时间

甲方应于______年______月______日至______月______日内将货物集中于______港______号码头。由乙方联系港口接收集货，货物由甲方看守。

第四条 装船时间

乙方于______年______月______日将船舶抵达港，靠好码头，于______月______日时至______时将货物装完。

第五条 运到期限

乙方应于______年______月______日______时前将货物运达目的港码头。

第六条 启航联系

乙方在船舶装货完毕启航后，即发电报通知甲方做好卸货准备。如需领航时亦通知甲方按时派引航员领航，费用______元由______方负担。

第七条 卸船时间

甲方保证乙方船舶抵达目的港码头，自下锚时起于______小时内将货物卸完。

第八条 运输质量

乙方装船时，甲方派员监装，指导照章操作，保证安全装货，装完船封好舱，甲方派押运员一人押运，乙方保证原装原运。

第九条 运输费用

以船舶载重吨位计货物运费______元，空驶费按运费的50%计______元，全船运费为______元。

第十条 运费结算办法

本合同签订后，甲方应于______年______月______日前向乙方预付运输费用______元。乙方在船舶卸完后，甲方应于______年______月______日付清运输费用。

第十一条 甲方违约责任

1. 甲方未按时集中货物，造成乙方船舶不能按时装货、按时起航，每延误一小时应向乙方偿付违约金______元。

2. 甲方未能按时卸货，每延迟一小时应向乙方偿付违约金______元。

3. 甲方未按时付清运输费用，每逾期一天，应向乙方偿付未付部分运输费用______%的违约金。

4. 甲方如不履行合同或擅自变更合同，应偿付乙方______元违约金。

第十二条 乙方违约责任

1. 乙方未按期将货物运达目的港码头，每逾期一天，应偿付甲方违约金______元。

2. 乙方船舶起航后未电报通知甲方准备卸船时间，所造成损失由乙方负责。

3. 乙方违章装、卸造成货物损坏，应赔偿实际损失，并向甲方偿付损失部分价款______%的违约金。

4. 乙方不履行合同或擅自变更合同，应偿付甲方______元违约金，并退还甲方的预付款。

第十三条 不可抗力

1. 在装、卸货物过程中，因气候影响装、卸作业时间，经甲乙双方签证，可按实际时间扣除。

2. 因______级以上风暴影响，不能按期履行合同，双方均不负违约责任。

第十四条 本合同执行中如发生争议，先由双方协商解决，协商不能解决，双方可按

下列第(　　)项解决:(1)申请仲裁机关裁决;(2)向人民法院起诉。

第十五条　本合同一式二份,甲乙双方各执一份。

甲方:______________________

代表人:______________________

______年______月______日

乙方:______________________

代表人:______________________

______年______月______日

十七、航空运输合同

托运人(姓名)______与中国民用航空______航空公司(以下简称承运人)协商空运______(货物名称)到______(到达地名),特签订本合同,并共同遵守下列条款:

第一条　托运人于______月______日起需用______型飞机______架次运送______(货物名称),其航程如下:

______月______日自______至______,停留______日;

______月______日自______至______,停留______日;

运输费用总计人民币______元。

第二条　根据飞机航程及经停站,可供托运人使用的载量为______千克(内含客座)。如因天气或其他特殊原因需增加空勤人员或燃油时,载量照减。

第三条　飞机吨位如托运人未充分利用,民航可以利用空隙吨位。

第四条　承运人除因气象、政府禁令等原因外,应依期飞行。

第五条　托运人签订本合同后要求取消飞机班次,应交付退机费______元。如托运人退机前承运人为执行本合同已发生调机费用,应由托运人负责交付此项费用。

第六条　托运方负责所运货物的包装。运输中如因包装不善造成货物损毁,由托运方自行负责。

第七条　运输货物的保险费由承运方负担。货物因承运方问题所造成的损失,由承运方赔偿。

第八条　在执行合同的飞行途中,托运人如要求停留,应按规定收取留机费。

第九条　本合同如有其他未尽事宜,应由双方共同协商解决。凡涉及航空运输规则规定的问题,按运输规则办理。

托运人:______________　　承运人:______________

开户银行:______________　　开户银行:______________

银行账号:______________　　银行账号:______________

______年______月______日订

十八、售后服务协议

甲方：____________________公司　　　　　　　　乙方：____________________

甲、乙双方为共同开拓市场，做好__________________产品的售后服务工作，乙方在经销__________________产品时，必须承担售后服务工作，经双方协商，就__________________产品在乙方经销区域内的售后服务达成以下协议：

第一条　甲方的责任与权利

1. 积极配合乙方开展售后服务、维修工作及执行当地职务的有关规定。

2. 负责为乙方培训维修技术人员。

3. 甲方售后服务中心定期和不定期对乙方的服务质量和执行协议情况进行检查。

第二条　乙方的责任

1. 必须设立____产品售后服务机构，配备足够数量的合格维修人员、设备及服务场地。

2. 乙方必须为辖区内的____产品提供售前、售中及售后服务，不得以任何借口推诿。

3. 不得擅自改变产品原设计，若有因擅自改造所造成的一切后果自负。

4. 若出现产品重大故障和事故时，应迅速通知甲方并协助甲方进行调查和技术鉴定。

5. 接受甲方的指导与监督，每月的维修质量信息反馈单于__________日前送回或传真至甲方售后服务中心。

6. 乙方维修点积极展开用户回访活动，回访量不得低于当月维修数量的____%。

第三条　保修范围

1. 凡属__________产品，自售出之日起，免费保修一年，对个别地方需延长保修期的，必须经甲方批准方可。

2. 对保修期内的因用户自身原因造成的产品保障和事故，乙方按甲方规定费用标准收取工本费。

3. 在保修期外，乙方必须严格按甲方所规定的有关收费标准收费。

第四条　服务要求

1. 乙方必须为用户提供上门服务，做到市区叫修后__________小时提供上门维修，郊县叫修后__________小时提供上门维修。

2. 乙方为用户提供维修服务时，必须统一填写维修单，维修完毕后由用户签名。

3. 乙方必须严格执行甲方制定的售后服务管理制度。

4. 消毒柜配件以旧换新。

第五条　本协议一式两份，甲、乙双方各执一份。自签字之日起即时生效，均具有同等法律效力。

本协议有效期限自____年____月____日起至____年____月____日止，为期____年。

甲方（盖章）：________　　　　　　　　乙方（盖章）：________

代表人（签字）：________　　　　　　代表人（签字）：________

电话：________　　　　　　　　　　　电话：________

签约日期：______年______月______日

签约地点：____________________